黄金珠宝企业风险管理

陶明浩　主编

中国金融出版社

责任编辑：吕　楠
责任校对：孙　蕊
责任印制：陈晓川

图书在版编目（CIP）数据

黄金珠宝企业风险管理／陶明浩主编．—北京：中国金融出版社，2023.9
ISBN 978-7-5220-2172-0

Ⅰ.①黄…　Ⅱ.①陶…　Ⅲ.①黄金—工商企业—企业管理—风险管理—中国②宝石—工商企业—企业管理—风险管理—中国　Ⅳ.①F426.89

中国国家版本馆 CIP 数据核字（2023）第 182580 号

黄金珠宝企业风险管理
HUANGJIN ZHUBAO QIYE FENGXIAN GUANLI
出版
发行　中国金融出版社
社址　北京市丰台区益泽路 2 号
市场开发部　(010)66024766，63805472，63439533（传真）
网 上 书 店　www.cfph.cn
　　　　　　(010)66024766，63372837（传真）
读者服务部　(010)66070833，62568380
邮编　100071
经销　新华书店
印刷　保利达印务有限公司
尺寸　185 毫米×260 毫米
印张　18.25
字数　390 千
版次　2023 年 9 月第 1 版
印次　2023 年 9 月第 1 次印刷
定价　96.00 元
ISBN 978-7-5220-2172-0

《黄金珠宝企业风险管理》编委会

（全国黄金珠宝企业风险管理人才培训指定教材）

编撰专家顾问：

王立新　王春利　王振营　叶志斌　毕立君　刘仲元　刘科军
杨　奕　陈小竹　陈建平　周桃林　侯惠民　徐晓岚　黄　滢
黄志勇　曹　阳　焦瑾璞

主　　编：

陶明浩

副 主 编：

马千里　马楚雄　王　涛（黄金报社）　王兴猛　王忠善
叶向洲　宁才刚　朱坚力　邬浩楠　李广为　李广国　李伟柱
杨　军　杨　佩　杨宝慈　肖　阳　张震宇　陈美峰　陈德官
苗志国　林国春　周德奋　郑　峰　施　伟　翁国强　翁德新
唐　烈　黄仕坤

执行主编：

王　涛（珠宝国检）　刘　逆　刘清军　江　进　杨　麟

编　　委：

于添祎　王　众　王振芳　冯小英　吕　磊　朱筱燕　刘和剑
李　爽　李佳佳　杨　柳　何鉴晖　宋镇江　张正虹　陈　帅
赵　旭　顾筱倩　郭士军　郭相宏　黄学庆　黄凌燕　崔金林
隗合新　焦　扬　廖双阳

序　言 PREFACE

对于黄金珠宝企业而言，内部控制和风险管理是一个永恒的主题，永不过时。风险，就如同隐藏在海面下的暗礁，稍有疏忽便会遭受触礁之痛，它时刻都在威胁着企业的生存，若不能及时识别和控制就会导致企业的失败。过去和现在都有过不少教训，内部控制和风险管理已经越来越被企业和监管部门所重视。

近十年来，中国证监会、沪深证券交易所和国资委分别针对上市公司和中央企业出台了多部法规，如《上市公司内部控制指引》《中央企业全面风险管理指引》《中央企业资产损失责任追究暂行办法》等，要求企业建立健全公司内部控制制度，尽早建立风险管理长效机制。财政部等五部委还联合发布了《企业内部控制基本规范》，要求上市公司尽快完善内部控制，提升内部管理水平和抵御风险的能力。

综观国内外企业发展史上大大小小的失败案例，毫不夸张地说，企业的失败在很大程度上都可以归咎为内部控制和风险管理的失效。内部控制及风险管理涉及企业运营的各个层次，包括各项业务、流程中的各个环节和企业中的每名成员。如何建立一套严谨规范、行之有效的内控系统或风险管理体系，帮助企业防患于未然，增强企业的抗风险能力，是每名管理者的必修课。尤其是在当今市场环境瞬息万变、百年不遇之大变局下，企业需要面对的外部不确定性因素日益增多，也使得企业管理面临更大的压力。完善企业内部控制建设，提高企业风险管理水平，已然成为当务之急。

为了给黄金珠宝行业企业的决策人、高级管理人员、各职能部门的管理人士提供一个适用的参照标本，本书以提高专业人员的企业风险管理能力为出发点，着重阐述了风险管理意识以及企业风险识别、风险评价、风险决策和风险防控等理论知识，首次引入了舆情管理、供应链管理和汇率管理三个新领域的风险管理与控制理念，便于读者提高国际风险管理能力。本书还适用于大专院校、科研单位、金融机构等从事内部控制和风险管理专业或专题研究的相关人士参考学习。希望能够通过本书阐述的风险管理理论与实践知识，给黄金珠宝企业启示和借鉴，以促使企业更好地发展。

最后，感谢在本书编辑过程中给予关心和帮助的所有人士，感谢北京黄金经济发展研究中心为本书作出的积极贡献。

编委会

2023 年 11 月 9 日

目　录 CONTENTS

第一部分　黄金珠宝企业风险与风险管理

第一章　风险与风险管理概述 ······ 1
　第一节　风险的内涵及种类 ······ 1
　第二节　企业风险的定义及成因 ······ 6
第二章　黄金珠宝企业风险管理 ······ 9
　第一节　企业风险管理的起源 ······ 9
　第二节　黄金珠宝企业风险管理的概念 ······ 11
　第三节　黄金珠宝企业风险管理组织体制 ······ 18
　第四节　黄金珠宝企业风险管理的基本程序 ······ 20
　第五节　黄金珠宝零售企业风险管理综述 ······ 23
第三章　黄金珠宝企业内部控制 ······ 31
　第一节　内部控制与风险管理的关系 ······ 31
　第二节　黄金珠宝企业应该遵守的控制规范体系 ······ 38
　第三节　黄金珠宝企业内部基本规范 ······ 40
　第四节　公司治理、内部控制与风险管理 ······ 43

第二部分　黄金珠宝企业风险理论与实务

第四章　战略（决策）风险管理 ······ 46
　第一节　战略概述 ······ 46
　第二节　战略风险概述 ······ 55
　第三节　战略风险识别 ······ 57
　第四节　战略风险评估 ······ 59
　第五节　战略风险管理 ······ 62
第五章　生产、经营风险管理 ······ 64
　第一节　生产风险管理 ······ 64

第二节 营销风险管理 …… 66
第三节 新产品开发风险 …… 71
第四节 智慧安防系统风险管理 …… 74
第六章 财务风险管理 …… 77
第一节 流动资产管理风险 …… 77
第二节 汇率风险 …… 80
第三节 利率风险 …… 85
第七章 人力资源风险管理 …… 92
第一节 人力资源风险管理 …… 92
第二节 核心人才流失风险管理 …… 102
第八章 法律及税务风险 …… 110
第一节 筹资风险 …… 110
第二节 投资项目风险管理 …… 117
第三节 信用风险管理 …… 125
第四节 其他法律及税务风险管理 …… 140
第九章 舆情监控风险 …… 149
第一节 舆情监控的含义 …… 149
第二节 舆情监控体系 …… 159
第三节 舆情监控风险控制系统 …… 161

第三部分 黄金珠宝企业风险管理理论运用前沿

第十章 风险管理前沿运用 …… 166
第一节 风险管理理论概述 …… 166
第二节 风险管理理论前沿 …… 170
第十一章 上海黄金交易所风险管理工具 …… 175
第一节 上海黄金交易所交易业务规则 …… 175
第二节 上海黄金交易所风险控制管理办法 …… 183
第三节 上海黄金交易所黄金 ETF 业务 …… 192
第十二章 黄金珠宝企业避险实用工具 …… 195
第一节 上海期货交易所工具 …… 195
第二节 中国金融期货交易所工具 …… 198
第三节 ETF 及其他金融工具运用 …… 203
第四节 供应链金融风险管理 …… 208

第十三章 风险管理模型 …… 216
第一节 市场套利 …… 216
第二节 期现套利 …… 220
第三节 跨品种套利 …… 229
第四节 跨市场套利 …… 231
第五节 场外期权运用 …… 235
第十四章 外汇风险管理 …… 248
第一节 外汇交易 …… 248
第二节 外汇风险的产生与影响 …… 254
第三节 外汇风险的类型 …… 257
第四节 外汇风险的识别与衡量 …… 260
第五节 外汇风险的管控 …… 264
第六节 企业的外汇风险战略 …… 274
结束语 …… 281

第一部分
黄金珠宝企业风险与风险管理

第一章　风险与风险管理概述

第一节　风险的内涵及种类

一、风险的定义

风险是什么？据考证，“风险”来自意大利语的 risque，是在早期的航海贸易和保险业中出现的。根据《新华字典》的解释，风险喻指可能发生的危险和灾祸，在经济生活中特指投资或利润可能收不回来。从广义上讲，只要某一事件的发生存在两种或两种以上的可能性，那么就认为该事件存在风险。

（一）风险的五种学说

关于风险的定义，不同学者分别从可能性与不确定性、预期与实际、主观与客观等角度进行了描述，目前理论界尚无一种公认的权威性定义，下面简要介绍五种常见学说。我国理论界目前倾向于接受的风险定义为：风险是预期结果的不确定性。

1. 风险损害可能说

风险损害可能说是危险含义的一种学说。该学说认为，危险即是灾害损失发生的可能性。美国学者海恩斯早在 1895 年所著的《风险——一项经济因素》中，从经济学意义上提出了风险的概念。他认为，风险意味着损害的可能性。某种行为能否产生有害的后果应以其不确定性界定，如果某种行为具有不确定性时，其行为反映了风险的负担。

2. 风险的主观说

世界上第一个对风险进行理论探讨的经济学家是美国学者威雷特博士，1901 年他在其学位论文《风险与保险的经济理论》中给风险下了这样的定义：“风险是关于不愿发生的事件发生的不确定性的客观体现。”1986 年，美国经济学者罗伯特·I. 梅尔在所著的《保险原理》一书中将风险定义为：“在一定条件下损失的不确定性。”我国台湾学者宋明哲将其归为“主观说”。他认为，“主观说”的特点是强调“损失和不确定性”。

不确定性是风险的本质特征，某种行为能否产生有害的后果应以其不确定性而定，只有存在不确定的有害后果的行为，才会承担风险。损失的不确定性，包括损失是否发生的不确定性、损失发生时间和地点的不确定性、损失程度的不确定性等几个方面。

主要为心理学、社会学、哲学等认可。

3. 风险的客观说

风险客观说的学者认为风险是客观存在的损失的不确定性。因为风险是客观存在的，是不以人的主观意识而转移的客观环境或客观条件变化的产物，所以它是可以预测的。在对风险事故进行观察的基础上，可以用客观概率对这种不确定性加以定义并测量其大小，而且所有的结果都以金钱来计价。主要运用于保险精算、经济学、财务理论、流行病学、安全工程等领域。

“客观说”的代表人物是美国学者小阿瑟·威廉姆斯和里查德·M. 汉斯。在他们的著作《风险管理与保险》中将风险定义为：“在给定情况下和特定时间内，那些可能发生的结果间的差异。”这种观点强调，风险是客观存在的事物，因而可以用客观尺度来衡量，这就使数学尤其是概率统计等科学方法也开始应用在风险理论中。

4. 风险因素结合说

这类学说不强调区分风险的客、主观性，而是着眼于风险产生的原因与结果，认为人类的行为是风险事件发生的重要原因之一，风险是个人和风险因素的结合体，风险事件的发生及其后果与人为因素有着极为复杂的互动关系。

风险因素结合说由美国学者佩费尔在 1956 年提出，在《保险与经济理论》一书中，他认为：不确定性是主观的，概率是客观的。某种事件的概率为 1 或 0 时，不存在不确定性，某种事件的发生和不发生，其概率相等时，不确定性最大，风险是按此概率测定出来的。

该学说的主要观点是：风险是不幸事故与风险状态所存在的一种客观关系，其产生的相对频率可以由概率测定出来。风险和不确定性互为表里，前者是表面现象，以客观的概率进行测算；后者是心理状态，凭主观臆断进行测定。

5. 预期与实际结果变动说

预期与实际结果变动说是风险定义学说之一。该学说的学者们认为，风险是在一定条件下、一定时期内，预期结果和实际结果之间的差异，差异越小则风险越小，差异越大则风险越大。这种定义尤其是在财务风险管理领域得到了广泛运用。较为典型的是学者威廉姆斯和海因斯对风险所下的定义：“风险是在一定条件下，一定时期内可能产生结果的变动。”

这些学说虽然有助于我们从不同的角度把握风险的实质和特性，但是都具有片面性，因此，在综合各种学派及吸收前人的研究成果的基础上，我们将风险定义为：风险是指人们由于未来行为决策及客观条件的不确定性而导致的实际结果和预期结果之间的偏离。

（二）风险的不确定性

不确定性即是风险最本质的特性，是指不一定发生的事件或不确定的状态，有主观不确定性和客观不确定性之分。具体来讲，可以包含以下三种情况。

1. 发生与否不确定

这主要是说在某种情况下，风险有发生的可能，也有不发生的可能，风险是属于未来的，即未来某种损失发生的可能性。比如地震、火灾、疾病，发生与不发生的可能性都存在，这是风险不确定性的一种情况。

2. 何时发生不确定

这主要是指风险的发生是必然的，但是什么时候发生却是偶然的。比如，人的死亡是必然的，但是死亡的时间却是偶然的。

3. 发生的后果及影响不确定

风险发生后造成什么样的后果？风险发生造成的损失是全部还是部分损失？风险发生造成的损失（物质的、人身的）后果及影响，有可能是轻微的，也有可能十分严重，这是风险不确定性的第三种情况。如火灾的发生导致的损失，在火灾发生前是难以准确测定的。

因此，风险是一种客观的存在，不管人们认识不认识、喜欢不喜欢，它都按照自身的规律存在和发生。而不确定性是人的一种主观认识，是具体的人对风险损失的一种感受。例如，吸烟有致癌的风险，这是客观存在的，不以人的意志为转移的，但是这种致癌的风险究竟在哪个吸烟者身上发生、何时发生，后果究竟有多严重，是不能确定的。

二、风险构成的三个因素

风险由风险因素、风险事故和损失三个基本要素构成。每个要素都有不同方面的意义。

（一）风险因素

风险因素是指引起或增加风险事故发生的机会或扩大损失幅度的原因和条件，是风险事故发生的潜在原因，是造成损失的间接原因。例如，建筑物的建筑材料与建筑结构以及干燥的气候和风力，对火灾事故而言，是风险因素；雇员业务素质的高低，对经济单位某项工作的成败而言，是风险因素；等等。一般根据风险因素的性质划分为实质风险因素、道德风险因素和心理风险因素三种类型。

实质风险因素又称物理风险因素，是有形的并能直接影响事物物理功能的有形因素。例如，环境污染对于人类健康危害、汽车刹车系统失灵对于交通事故、易燃建筑材料对于建筑物火灾等，都是物质风险因素。

道德风险因素是与人的品德修养有关的无形的因素，通常表现为由于恶意行为或不良企图，故意促使风险事故发生或损失扩大。例如，员工随便更改食品的保质期、制作汉堡使用过期面包、存在偷工减料的现象等。

心理风险因素是与人的心理状态有关的无形的因素，又称风纪风险因素。它是由于人们主观上的疏忽或过失，以致增加风险事故发生的机会或扩大损失程度的因素。

以上三种风险因素中，道德风险因素和心理风险因素属于与人的行为有关的风险因素，故二者归入无形风险因素或人为风险因素。

（二）风险事故

风险事故是指造成生命财产损失的偶发事件。如火灾、地震、雷电、车祸等。

（三）损失

损失是指非故意的、非预期的和非计划的经济价值的减少。因此，风险事故发生会造成损失。

风险是由风险因素、风险事故和损失三者构成的统一体。就某一事件来说，如果它是造成损失的直接原因，那么它就是风险事故；而在其他条件下，如果它是造成损失的间接原因，它便成为风险因素。暴风雨造成路面积水、能见度差，引起连环车祸，暴风雨就是风险因素；暴风雨毁坏房屋、庄稼等，暴风雨就是风险事故。

三、风险的特征

风险是人们对未来行为的决策及客观条件的不确定性而导致的实际结果与预期结果之间偏离的程度。风险具有客观性、普遍性、偶然性、可变性和可测定性等特征。

1. 客观性

风险是人类社会中客观存在的，是非常普遍的现象，它的发生和产生破坏的形式是多种多样的。自然界的运动是由其运动规律所决定的，而这种规律是独立于人主观意识之外而存在的。人们只能发现、认识和利用这种规律，而不能改变这种规律，因此，风险是一种客观存在。

2. 普遍性

人类的历史就是与各种风险相伴的历史。当今社会，风险已渗入社会、企业、个人生活的方方面面，个人面临着生、老、病、死、意外伤害等风险……正是由于这些普遍存在的对人类社会生产和人们的生活构成威胁的风险，才有了保险存在的必要和发展的可能。

3. 偶然性

从全社会看，风险事故的发生是必然的。然而，对特定的个体来说，风险事故的发生是偶然的，这就是风险的偶然性。这种偶然性表现出种种不确定性：①风险事故发生与否不确定；②风险事故何时发生不确定；③风险事故将会怎样发生，其损失多大，也是不确定的。

4. 可变性

风险处于运动、变化之中。风险的变化，主要是由风险因素的变化引起的。这种变化主要来自：①科技进步；②经济体制与结构的转变；③政治与社会结构的改变。

5. 可测定性

个别风险的发生是偶然的，不可预知的，但随着云时代的到来，通过大数据对大量风险事故的观察分析发现，风险往往呈现出明显的规律性。运用统计方法去处理大量相互独立的偶发风险事故，可比较准确地反映风险的规律性。根据以往大量资料，利用概率论和数理统计的方法可测算风险事故发生的概率及其损失程度，并且可构造出损失分布的模型，成为风险估测的基础。

四、风险的分类

风险按不同的分类方式，分为不同的种类。

（一）按风险产生的原因分类

1. 自然风险

自然风险是指因自然力的不规则变化而使社会生产和社会生活等遭受威胁的风险。自然风险的特征有：第一，自然风险形成的不可控制性；第二，自然风险形成的周期性；第三，自然风险事故引起后果的共沾性，即自然风险事故一旦发生，其涉及的对象往往很广。

2. 社会风险

社会风险是指由于个人或团体的行为（包括过失行为、不当行为及故意行为）而使社会生产及人们生活遭受损失的风险。

3. 政治风险

政治风险又称“国家风险”，是指在对外投资和贸易过程中，因政治原因或订约双方所不能控制的原因而使债权人可能遭受损失的风险。

4. 经济风险

经济风险是指在生产和销售等经营活动中由于受各种市场供求关系、经济贸易条件等因素变化的影响或经营者决策失误，对前景预期出现偏差等导致经营失败的风险。

5. 技术风险

技术风险是指伴随着科学技术的发展、生产方式的改变而产生的威胁人们生产与生活的风险。如核辐射、空气污染和噪声等。

（二）按风险标的分类

风险标的是指保险合同中的被保险物或者人的身体、寿命等，依据风险标的分类，风险可分为财产风险、人身风险、责任风险与信用风险。

1. 财产风险是指导致一切有形财产的损毁、灭失或贬值的风险以及经济或金钱上损失的风险。

2. 人身风险是指导致人的伤残、死亡、丧失劳动能力以及增加医疗费用支出的风险。人身风险所致的损失一般有两种：一种是收入能力损失；另一种是额外费用损失。

3. 责任风险是指由于个人或团体的疏忽或过失行为，造成他人财产损失或人身伤亡，依照法律、契约或道义应承担民事法律责任的风险。与财产风险和人身风险相比，责任风险是一种更为复杂而又比较难以控制的风险，尤以专业技术人员，如医师、律师、会计师和理发师等职业的责任风险为甚。

4. 信用风险是指在经济交往中，权利人与义务人之间，由于一方违约或违法致使对方遭受经济损失的风险。

（三）按风险性质分类

纯粹风险是指只有损失机会而无获利可能的风险，例如各种自然灾害，意外事故都属于纯粹风险。投机风险是指既有损失可能又有获利机会的风险，例如投资股票、基金就存在投机风险。

（四）按风险产生的社会环境分类

静态风险是一种在经济条件没有变化的情况下，一些自然行为和人们的失当行为形成的损失可能性。比如暴风雨等自然原因所致的损失或损害就属于静态风险。动态风险是指由于社会经济、政治、技术以及组织等方面发生变动所致损失或损害的风险。例如，价格水平和技术变化可能会使经济单位和个人遭受损失。

（五）按产生风险的行为分类

基本风险是指特定的社会个体所不能控制和预防的风险。它的形成通常需要较长时间的孕育过程，这种风险事故一旦形成，影响面极大，任何特定社会的个体都很难在较短的时间内遏制其泛滥和蔓延，必须采取阶段性的措施加以预防和克服。如与经济失调、政治变动和特大自然灾害等相联系的风险。

特定风险是指与特定的社会个体有因果关系的风险。比如火灾、爆炸、盗窃和民事法律责任等。与基本风险相比，特定风险的风险事故影响面较小，损失较低，一般可以采取措施进行控制和预防。随着知识、技术和社会条件的变化，基本风险与特定风险也可能相互转化。

（六）按风险损失处置分类

可分散风险是指对风险带来的损失可通过联合足够多的参与者进行合作，将风险分摊转移。如个人面临疾病及可能发生交通事故，通过买保险可以将风险损失分散或转移。

不可分散风险是指对风险带来的损失无法分散转移。如每个人都会面临死亡、市场经济中的竞争。

（七）按其他方法分类

除了上述基本的分类方法以外，还可以依照其他分类方法进行分类。如：按风险产生的原因，可分为客观风险与主观风险；按风险的可控程度，可分为可控风险与不可控风险；按风险涉及的范围，可分为局部风险与全面风险等。

第二节　企业风险的定义及成因

企业风险是客观存在的，给企业生产经营目标的实现带来负面影响的不良事件发生的可能性。这些“给企业生产经营带来负面影响的不良事件”的产生，既有内因，也有外因；既有主观原因，也有客观原因。但不外乎企业外部风险因素、企业内部风险因素以及内外部交互作用产生的风险因素。在风险无法回避的情况下，必须认清风险的来源，从而采取有效措施防范和控制风险。

一、企业风险的定义及分类

企业风险又称经营风险，国务院国资委发布的《中央企业全面风险管理指引》（以下简称《指引》）对企业风险的定义是：“未来的不确定性对企业实现其经营目标的影响。”我们认为，可分为战略风险、法律风险、市场风险、经营风险、财务风险等。

（一）战略风险

战略风险可理解为企业整体损失的不确定性，是指企业在发展方向和发展速度等战略方面的制定和实施上，所需要的条件不充分或者不存在，未发生的影响企业战略目标的各种不确定性事件。

（二）法律风险

法律风险是指由于合约在法律范围内无效而无法履行，或者合约订立不当等原因而引起的风险。

（三）市场风险

市场风险是指由于市场及相关的外部环境的不确定性而导致企业市场萎缩、达不到预期的市场效果乃至影响企业生存与发展的一种可能性。比如市场环境变化带来产品滞销，导致跌价或不能及时卖出产品的风险等。

（四）经营风险

经营风险是指因生产经营方面的原因给企业目标带来不利影响的可能性，它是来源于企业生产经营内部的诸多因素的影响。经营风险主要包括政策风险、采购风险、生产风险、存货变现风险、市场风险、财务风险、法律风险、团队风险等。

1. 政策风险

政策风险是指由于国家宏观经济政策的变化，如货币政策、财政政策、行业政策、地区发展政策等，导致市场价格波动而产生的风险。这种风险在黄金投资领域尤为显著，因为黄金价格受到多种因素的影响，其中之一就是宏观经济政策。政策风险是一种系统性的风险，不仅涉及国家政策的制定和调整，还与全球经济环境、政治局势、市场反映等因素密切相关。政策风险具有复杂性和难以预测性的特点，因此对于投资者来说，密切关注政策动向并采取相应的风险管理措施是至关重要的。

2. 采购风险

采购风险通常是指采购过程中可能出现的一些意外情况，包括人为风险、经济风险和自然风险，具体来说，如采购信息不准导致原材料难以满足生产要求或货物不符合订单要求、呆滞物料增加、采购人员工作失误或和供应商之间存在不诚实甚至违法行为，这些情况都会影响采购预期目标的实现。

3. 生产风险

生产风险是指企业在原材料、设备、技术人员、生产工艺及生产组织等生产过程中诸要素的不确定性。生产风险会引起企业生产无法按预定成本完成生产计划，使企业预期收益具有不确定性。

4. 存货变现风险

存货变现风险是指企业生产的产品、设备或其他的物品，在存储、销售过程中，存在存储和能否销售及时变现的不确定性。如长期积压存货，导致成本费用增加；市场不景气，产品冷滞等原因，导致滞销。

5. 市场风险

市场风险是指本企业产品在市场上是否适销对路，有无市场竞争力（技术、质量、服务、销售渠道及方式等）。

6. 资金风险

资金风险是指企业因经营管理不善而造成困难甚至破产倒闭（资本结构、资产负债率、应收应付款及现金流问题等）。

7. 法律风险

法律风险是指因签订合同不慎，陷入合同陷阱而造成企业严重经济损失（违约、欺诈、知识产权侵害等）。

8. 团队风险

团队风险是指核心团队问题及在招聘、工作分析、职业计划、绩效考评、工作评估、薪金管理、福利、激励、员工培训、流失和知识管理等人力资源管理的各个环节中产生的风险。

在企业经营过程中，应牢固树立风险意识，切实采取防范措施，最大限度地防止经营风险。

（五）财务风险

财务风险是指由于多种不确定因素的作用，企业未能实现预期财务收益，从而产生损失的可能性。包括筹资风险、投资风险、现金流量风险、外汇风险、资金回收风险、收益分配风险、资本运营风险等。

二、经营风险形成的原因分析

（一）企业内部形成的经营风险

自然和社会运动的不规则性，经济活动的复杂性及经营主体的经验和能力的局限性，不可能完全正确地预见客观事物的变化，因而企业风险就不可避免。按照构成企业的人、财、物和信息等最基本要素，企业所面临的风险可以分为以下几种。

1. 人力资源的风险，主要包括关键岗位或关键技术人员的流失。

2. 财务方面的风险，即与企业筹资、融资以及经营现金流等相关的各类风险，比如资金结构不合理、资金回收策略不当等风险。

3. 物的风险，即企业的产品生产或销售的风险、材料的采购、物流体系的风险，设备运行和工艺风险等。

4. 信息的风险。企业的经营决策，离不开对各种信息的有效了解和运用。信息在传递和交流过程中，由于不准确、不能及时到达接收方等原因，可能导致管理人员的决策失误。

企业的成功经营，离不开这四种要素的有效流动。

（二）企业外部形成的经营风险

在经济进入全球化的今天，企业面临着空前激烈的全球竞争与日新月异的技术变革，企业的生存环境正处在一个由相对稳定向相对不稳定转变的过程中。企业的外部环境分为政治经济环境、社会文化环境、自然环境、技术环境以及人口等方面。

首先，必然会受到政治经济的影响，各种政治观点、政治实力的对抗以及不同宗教信仰的冲突等，都可能引起动乱、战争或政府的更迭，其结果可能造成企业生产经营活动的中断或经营条件的破坏。

其次，任何企业都处于一定的社会文化环境中，企业营销活动必然受到所在社会文化环境的影响和制约。社会文化环境是指企业所处的社会结构、社会风俗和习惯、信仰和价值观念、行为规范、生活方式、文化传统、人口规模与地理分布等因素的形成和变动。文化环境的改变，通常会影响企业的市场环境，且有着极强的渗透性。

再次，自然环境主要包括气候、季节、自然资源、地理位置、自然灾害等，从多方面对企业的市场营销活动产生着影响，给企业带来风险。

复次，作为企业经营者，应该时刻关注企业外部与自身相关的各种新技术的变化，也称为技术风险。

最后，就是人口要素变化构成的风险。人口的变化，通常会影响消费者的构成。

第二章　黄金珠宝企业风险管理

第一节　企业风险管理的起源

人类对付风险的实践活动自古至今一刻也没有停止过。随着人类社会的发展，人类所面临的风险不断发展变化，人们防范风险的意识也不断提高，对付风险的办法日益增多。到20世纪中叶，在美国，风险管理作为一门系统的管理科学被提出，随后形成了近乎全球性的风险管理运动。

一、风险管理的产生

企业风险管理的理论与实践在1950—1960年产生于美国。第二次世界大战后美国经济和世界经济的迅猛发展，科学技术的进步，产业结构的调整与规模的增大，市场结构的变化和市场竞争的加剧，消费者保护主义的兴起，工业化和城镇化使财产和人口高度集中，以及社会政治和法律结构的不断变化等，使各种变数不断增多，变数之间的联系更加错综复杂，各种不确定因素大大增加，导致经济组织面临的风险日益增多，损失后果日益严重。因此，企业这个独立靠环境生存并对环境变化反应最为敏感的经济组织对上述发展的反应，以及学界的同步研究，是现代企业风险管理理论和实践得以产生的直接原因。

二、风险管理发展阶段

一般认为，风险管理可分为三个阶段：企业可保风险管理阶段、企业纯风险管理阶段和企业风险管理阶段。

（一）企业可保风险管理阶段

企业风险管理职能传承于保险管理职能。从现代组织管理发展的角度看，风险管理职能像大多数管理职能一样，是一个继承性的管理职能。现代风险管理的实践最初产生于企业的保险管理职能。

早在20世纪初，现代企业就开始用保险来处理其面临的纯粹风险，当时在美国铁路和钢铁行业的一些大企业开始出现“保险经理”的职位。随着其他行业生产规模的扩大，保险在企业预算中逐渐成为重要的项目。此后，保险购买和相应的管理便成为企业一项专门的管理职责。

第二次世界大战后，随着政治、经济和社会的发展，企业面临的风险不断增多，其保险项目开始多元化，同时与保险购买有关的问题也日益复杂化，加之保险市场存在的问题和管理人员对此不断做出能动性反应，最终导致企业保险管理职能从保险组合及有关职责的传统领域开始扩张。

20世纪50年代中期，企业保险管理职能的扩张引起了学界的注意。1956年9月，美国学者 Gallagher 在《哈佛商业评论》上发表的论文 *Risk Management*：*A New Phase of Cost Control* 被认为是最早使用风险管理观念的文献之一（Vaughan，1997）。1960 年初，学界和业界开始了“定义风险管理”的过程（这通常是任何学科发展的第一阶段）。这时的风险管理概念和实践仍属于“可保风险管理”的范畴。

1960 年，美国学者 Robert Mehr 和 Bob Hedges 总结了“可保风险管理”理论与实践的框架，并提出了该框架下风险管理的对策组合。

1. 风险可以通过保险或金融对冲的方法转移给其他组织和个人。

2. 风险可以主动或被动方式自留。即不购买保险而简单自留风险；或者可模仿保险过程，在内部对风险定价，提取风险补偿基金，对损失进行处理。

3. 风险可通过投资自动消防系统、监控系统或其他安全措施而得以减少。

4. 风险可通过不承担有风险的活动或替代以风险较小的活动而得以规避。

虽然这个风险对策体系今天看来，显得还很粗糙，但在当时已经基本反映了企业对可保风险管理的实践。不仅如此，“可保风险管理”理论和实践的框架对后来的风险管理发展起到了承上启下的作用。

（二）企业纯风险管理阶段

1960 年以后，企业风险管理最重要的进展表现为企业不再完全依赖保险作为风险管理的唯一手段。这其中的原因主要有以下三个：一是企业发现它们的某些风险是不可保的；二是保险无法满足组织特定的需要；三是企业可以通过内部的管理活动控制风险和不确定性对组织的影响。例如，大企业可以像保险人那样预测某些类型的损失；其他企业则可以运用损失预防手段来有效处理特定的风险问题。

20 世纪 70 年代和 80 年代，风险管理的实践得到了企业界广泛的认可，并日益向着复杂化的方向发展。风险管理在此期间的另一个重要发展，是非保险“风险融资”活动的兴起。这其中重要的背景，是美国商业保险市场出现了两次严重的萎缩；尤其是发生在 80 年代中期的最严重的美国商业保险市场的萎缩，导致非传统保险的其他风险融资手段的创新，如专属自保险公司和风险自留集群等。这样，风险控制和风险融资便成为现代风险管理理论与实践中研究和操作的两大对策组合。

20 世纪 70 年代中期，风险管理开始步入国际化的阶段。此时，美国风险与保险管理协会（Risk and Insurance Management Society，RIMS）开始与欧洲和亚洲的风险管理学者和专家进行交流，促成全球范围内许多国家和地区建立了风险管理的专业性协会，如日本、新加坡、澳大利亚和中国台湾地区等都在此时先后成立了风险管理的专业性协会。

1983 年，RIMS 在洛杉矶首届世界风险管理年会上发布了“101 条风险管理准则”，标志着企业风险管理理论与实践进入了一个新阶段。不过，此时学界和业界对风险管理学科和管理范围的认识仍主要限于“纯风险”的范畴。

（三）企业风险管理阶段

20 世纪 80 年代后期，人们不仅希望预防风险损失，而且还想从风险管理中获益，以风险为基础的资源配置与绩效考核便应运而生，这样使经济损失尽量最小。

20 世纪 90 年代以来，社会环境和经济环境发生了很大的变化，建立良好的全面风险管理体系迫在眉睫，基于整体层面的风险管理应运而生。

2003 年 7 月，美国反虚假财务报告委员会（The Committee of Sponsoring Organizations of the Treadway Commission，COSO）发布企业全面风险管理框架的征求意见稿，并于2004年9月发布《企业风险管理——整合框架》（ERM）正式稿，将风险管理纳入企业的各种活动中，并将战略目标引入风险管理。

ERM从内部控制的角度出发，融合了整合风险管理、整体风险管理、综合风险管理的思想，广泛地定义了风险管理，确立了适用于各种类型的组织、行业和部门的风险管理标准。

企业全面风险管理的特征如下：

1. 战略性。风险管理主要运用于企业战略管理层面，站在战略层面整合和管理企业层面的风险是全面风险管理的价值所在。

2. 全员化。企业全面风险管理是一个由企业治理层、管理层和所有员工参与的，对企业所有风险进行管理，旨在把风险控制在风险容量以内，增进企业价值的过程。在这个过程中，只有将风险意识转化为全体员工的共同认识和自觉行动，才能确保风险管理目标的实现。

3. 专业性。即风险管理的专业人才实施专业化管理。

4. 二重性。企业全面风险管理的商业使命在于：（1）损失最小化管理；（2）不确定性管理；（3）绩效最优化管理。全面风险管理既要管理纯粹的风险，也要管理机会风险。

5. 系统性。全面风险管理必须拥有一套系统、规范的方法，来确保所有的风险都得到识别，而且所有的风险都得到管理。

第二节　黄金珠宝企业风险管理的概念

随着中国经济的发展、人民消费水平的提高，黄金珠宝正在成为继住房、汽车之后中国居民的又一大消费热点。我国黄金珠宝企业的经营风险也在逐渐增大，如何充分认识和有效预防及有效控制企业的运营风险，已成为珠宝首饰经营企业尤其是中小珠宝首饰企业在发展中必须要面对和解决的一个重大问题。

一、我国黄金珠宝行业发展历程

黄金珠宝玉石首饰行业（以下简称珠宝行业）可以定义为从事黄金珠宝玉石首饰生产、流通和服务的同质性生产活动的集合。珠宝行业是一个古老的行业，我国近代珠宝行业作为一个产业主要经历了以下三个阶段。

（一）封闭阶段

这一阶段我国实行计划经济体制，贵金属买卖受到全面管制，制造工艺仅仅承袭传统。

其中解放初期到1966年，主要在北京、天津和上海，由公私合营转变过来的小规模工厂，以传统工艺向国营大百货商店供货。

1966年到20世纪80年代初，由于“文革”，珠宝首饰被当成资本主义的奢侈品，几年之内工厂关门、人员流失、技术停滞。“文革”后期，为挣取外汇，珠宝行业以工艺美术品厂的形式得以少量恢复，主要向我国香港地区、东南亚出口。

（二）半开放阶段

这一时期，监管部门对于贵金属的买卖管制开始放宽，逐步引进国外先进的生产工艺和技术。但是由于金银制品许可证制度的存在，珠宝行业进入门槛很高，市场竞争非常不充分。

1982 年，随着我国改革开放，国务院批准恢复黄金首饰内销权，贵金属在有管制的条件下开始流通，各大城市纷纷开设黄金首饰零售店。

1986 年开始掀起黄金购买热潮。国内一些地质矿产企业产业转型进入珠宝行业。同时深圳等沿海地区引进一大批珠宝合资企业和来料加工企业。

1993 年以后宝石市场开始空前活跃。珠宝行业出现转型分化。原有的国有企业及合资企业每况愈下，而股份制企业和私营企业异军突起。

1993 年，国务院 63 号文件明确了黄金市场化的方向，引导周生生、周大福等优秀珠宝首饰企业进入中国市场，行业竞争开启。面对越发激烈的竞争环境，珠宝首饰企业更多地将重心转移到技术研发、设计优化、品牌建设等方面。

（三）开放阶段

这一时期，贵金属管制取消，国内生产工艺和技术日趋成熟，行业进入壁垒降低，逐步走向完全市场竞争。

2003 年 5 月取消了经营金银制品许可证制度之后，自然人可以注册经营生产加工批发珠宝首饰。这标志着我国珠宝产业完全开放，内地珠宝首饰的生产、加工、批发、零售已经全面开放为市场机制管理。

回顾我国黄金珠宝市场的发展，2003—2013 年是其高速发展的黄金期，但 2013 年因全球黄金价格大幅下跌，随后两年金价持续走低，叠加经济增速下行、反腐、房价高企等因素，黄金珠宝行业迎来近三年的调整期。而后随着经济和金价逐渐企稳、房价平稳回落，珠宝行业从 2016 年开始回升，并于当年一举跃升为全球第一大珠宝消费市场。2017 年和 2018 年延续平稳增长态势，到 2021 年我国珠宝行业整体规模已经达到 7200 亿元，2022 年行业整体基本保持平稳（见图 2-1）。

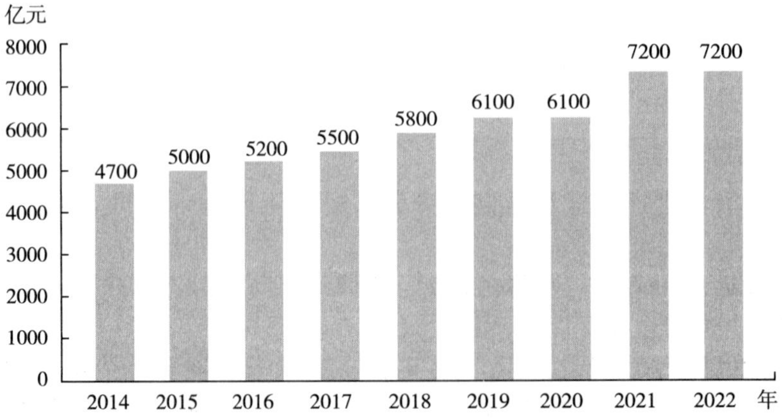

图 2-1　2014—2022 年中国珠宝首饰市场规模

二、黄金珠宝行业的特征和现状

（一）珠宝行业的特性

在过去几年中，我国珠宝行业经历了一个持续稳定的发展过程，产业链越来越完善，消费市场稳定扩张，品牌建设特色明显，行业规范有序发展，从业人员的素质日益提升，奠定了珠宝行业发展的基础。珠宝行业相比于其他行业来说，具有其本身的行业特殊性。我国珠宝行业的特性主要体现在以下几个方面。

1. 品牌竞争趋势明显

随着国际及港资品牌的进入，国内珠宝品牌在与之竞争的十多年间已经从初期的代加工生产逐步向品牌塑造和渠道建设转变。借助品牌赋予珠宝更多的内涵将成为大型珠宝零售企业抓住消费者的重要手段。

2. 行业集中度逐步提高

当前珠宝行业竞争激烈，市场竞争者数量众多，不但存在众多内地品牌相互竞争，港资及外资品牌的进驻也加剧了行业的竞争程度。此外，行业内还存在较多知名度较低的珠宝企业，上述企业普遍销售规模较小、分布较为分散，导致当前珠宝行业集中度较低。而资金实力和品牌影响力对珠宝首饰品牌企业的发展至关重要，是其拓展渠道的基础。

3. 渠道拓展成为竞争核心

随着产业化分工深化和市场竞争渐趋激烈，纯粹的制造业务在珠宝产业链中的地位不断下降，设计开发、销售渠道和售后服务价值不断增强。因此，通过快速扩张建立全国范围的销售渠道从而获得销售的主动权，为品牌带来更多溢价，成为更多品牌的必然选择。

4. 新零售模式促使行业发生变革

根据商务部《走进零售新时代》的报告，新零售是以消费者为核心，以提升效率、降低成本为目的，以技术创新为驱动，要素全面革新的商品交易方式。在消费升级和技术升级的驱动下，新零售模式应运而生，越来越多的珠宝零售企业开展了要素变革的探索，以提升经营效率，降低运营成本，不断适应和满足消费者的消费需求。

5. 新消费品牌特征

伴随着新零售模式对零售行业带来的变革，新消费品牌呈现出一些不同传统品牌的特征。首先，大多数新消费品牌都具有直接面对消费者营销（DTC）的特征。无论是采用线上销售还是自营的方式，直接面向消费者的品牌具有更少的中间环节，更直接地与消费者互动，更高效的用户反馈和产品迭代。其次，通过与消费者更紧密的互动，新消费品牌往往能够建立用户喜爱的品牌调性。新消费品牌则致力于建立与用户的情感联系，表达自己的品牌态度和品牌调性，通过与消费者产生情感的共鸣进而获取消费者的认同。越来越多的黄金珠宝零售企业更加重视线上渠道的搭建和线上宣传，拉近自身和消费者的距离。

6. 企业的融资相对困难

珠宝行业主要经营的是贵重金属或是玉器、石料等，具备体积小、价值高和周转慢的特点，并且此行业对于现金的要求比较高。在此种背景下，珠宝企业要想获取更大的发展，逐渐成长为全国范围内的强势品牌，就需要在各个环节中实现有效的调整和业务发展。在此环节中更是离不开大量的资金。所以，越大的珠宝企业，对于资金的需求量也越大。但是由于企业当前融资渠道比较有限，主要以民间借贷、银行贷款为主，因此融资问题也十分困难。近年来，一些融资租赁公司也开始不断地探索黄金珠宝产业的相关借贷和金融业务，旨在更有效地控制和降低企业融资成本。

7. 过剩危机的增加

一些品牌不断地扩大自身的生产经营规模，并且更注重数量，但是在某种程度上忽视了质量问题，一些非珠宝经营企业看到了这个行业的经济收益，因此也不管自身行业知识水平和能力问题就盲目地参与到珠宝行业中，甚至一些企业刚刚成立就出现了相继倒闭的问题，但是当前不断出现的销售形势和产能，也很难对过剩危机进行缓解。

（二）国内珠宝市场结构现状

现阶段，国内黄金珠宝市场主要由以下三大品类构成：（1）黄金；（2）铂金、K 金等贵金属饰品；（3）宝石镶嵌饰品等。受到中国崇尚黄金珠宝的传统文化影响，且与近年来高金价驱动下投资者旺盛的投资需求相关联，黄金类珠宝占据主要的国内珠宝市场。铂金、K 金及钻石、玉石等珠宝品类占据余下的珠宝市场。目前，我国珠宝市场以黄金类、钻石类产品为主，市场集中度较低。根据数据统计，2021 年在我国黄金珠宝市场中，黄金的市场规模占比最大，高达 58.3%。其次是钻石和翡翠，占比均为 13.9%。2022 年，根据中国珠宝玉石首饰行业协会对珠宝玉石行业的全品类综合统计来看，各珠宝品类市场规模有增有减。其中，黄金产品市场规模约为 4100 亿元，钻石产品市场规模约为 820 亿元，玉石市场规模约为 1470 亿元，彩色宝石产品市场规模约为 280 亿元，珍珠产品市场规模约为 240 亿元，铂金及白银产品市场规模约为 90 亿元，流行饰品及其他品类产品市场规模约为 190 亿元，如图 2-2 所示。

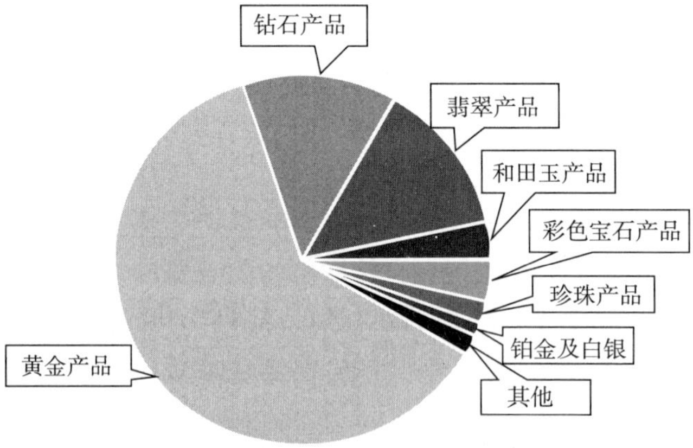

图 2-2　2022 年中国珠宝行业细分产品市场规模占比

（三）现代黄金珠宝企业的经营模式

我国珠宝企业的经营模式走向多元化，不仅包括直营、联营和加盟这三种传统的经营模式，还包括依托计算机网络的电商经营模式。直营模式是国内大品牌珠宝企业所采用的主要模式，该模式是一种总部集中控制经营的方式，所有权和经营权皆归属于总部；联营模式是指珠宝企业借助大商场、大超市的信誉和便利条件，在商场和超市内设置柜台进行产品销售，销售所得利润由商场和超市转交给合作的珠宝企业；加盟模式是指珠宝企业采取加盟的经营方法来节约资金投入、快速扩张市场并且降低经营风险，但是该模式也存在企业对加盟商无法实现有力控制等问题；随着计算机技术的日益成熟，国内电子商务行业不断发展起来，很多珠宝企业开始选择通过电商平台来销售商品，这一经营模式还不够成熟，还有大量的市场空间有待开发（见表 2-1）。

表 2-1　黄金珠宝行业主要品牌及其经营情况

品　牌	主要产品	主要经营模式	主要经营区域
Tiffany、Bvlgari、Cartier	钻石	自营	一线城市
周大福	黄金	自营、加盟	一线、二线城市
六福	黄金	自营、加盟	一线、二线城市
周生生	黄金	自营	一线、二线城市
周大生	钻石	自营、加盟	二线至四线城市
老凤祥	黄金	加盟、经销	二线、三线城市
中国黄金	黄金	加盟、经销	一线、二线、三线城市
莱百股份	黄金、铂金、白银	自营	一线城市

三、黄金珠宝行业经营风险的来源以及成因

（一）黄金珠宝企业产业链特性

我国的珠宝首饰产业链主要包括素金（含黄金和铂金）首饰产业链和镶嵌（含钻石和翡翠等）首饰产业链（见图 2-3、图 2-4）。这两个产业链的流程大致相同，其中素金首饰的原料供应和镶嵌首饰的原料供应上略有区别，前者原料供应中的黄金以国内为主，铂金主要依靠进口，通过上交所交易；后者的原料供应几乎依赖国外进口。珠宝首饰行业的产业链涉及矿石开采、原料加工冶炼、珠宝首饰加工和销售的全过程，我国的珠宝首饰企业几乎分布在整个产业链之中，但很多高端制造机械如生产纯金链条的织链机、倒模机等仍需要国外进口，产品设计方面也是以国外知名品牌的设计为导向。

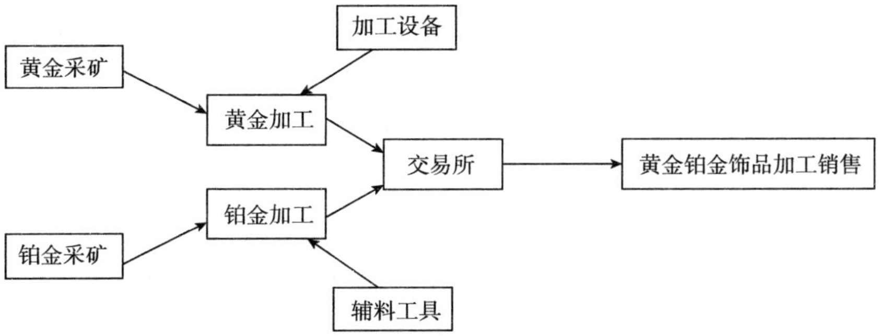

图 2-3　素金首饰结构链

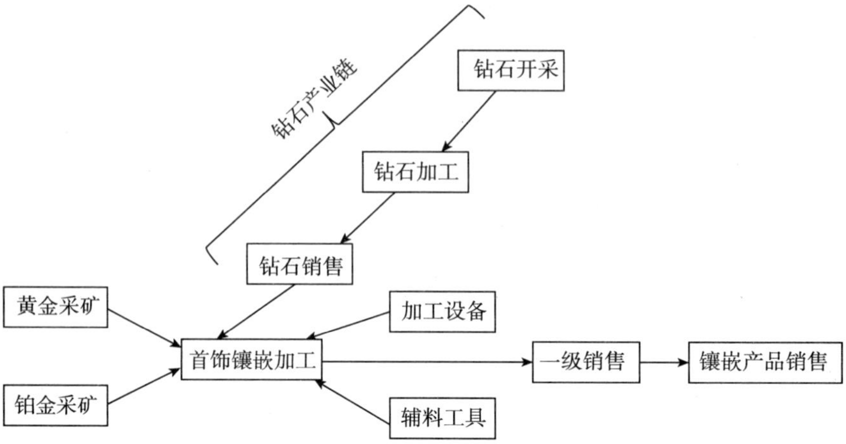

图 2-4 镶嵌首饰结构链

珠宝首饰行业中的企业，包括行业内上游、中游和下游三个层次的经营制造商。其中，上游珠宝经营商的主要经营方式为进料加工和来料加工，进料加工主要是指企业自身出资在上交所采购黄金原料进行加工制作，来料加工则是接受其他企业的委托或者国外订单进行饰品的生产和加工，部分企业在加工制造成品的同时，还进行珠宝首饰、宝石原料与半成品的批发和直销，并主要以展销的形式进行。中游企业主要是指那些资金比较雄厚但又不进行珠宝首饰生产的中间经营商，以批发业务为主。下游企业则是以零售为主，零售也以加盟、自营、经销等形式为主（见图 2-5）。另外还有珠宝首饰产业的辅助产业，包括珠宝首饰包装，珠宝检测，加工设备、器材、灯光、辅料、专用工具的生产制造等其他企业或机构（见图 2-6）。

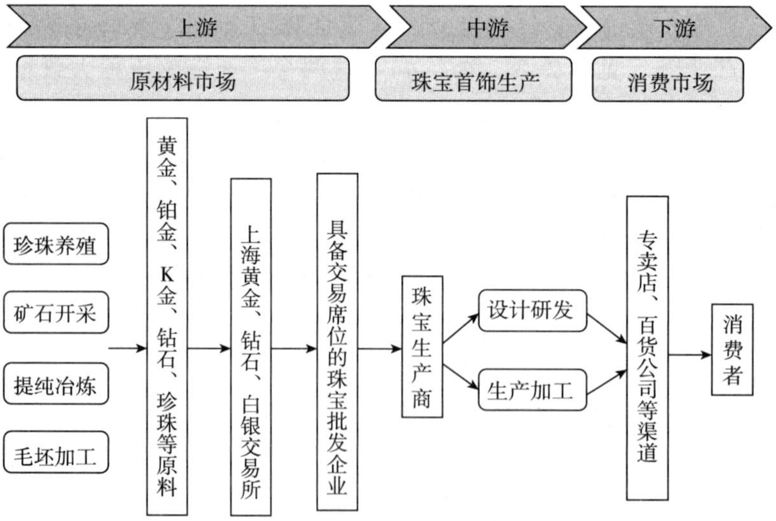

图 2-5 珠宝首饰行业产业链

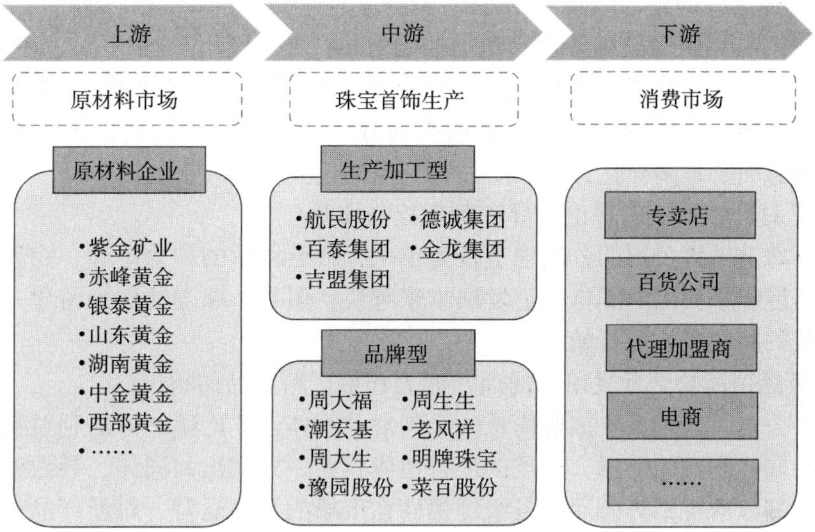

图 2–6 珠宝首饰行业全景图谱

珠宝首饰行业由于其产业链的特殊性，经营珠宝首饰的企业在经营中所面临的风险类型及其形成机制也有其特点。

（二）黄金珠宝企业风险类型

企业经营风险是指某一对企业目标的实现可能造成负面影响的事项发生的可能性，常见的企业经营风险主要有政策风险、市场风险、财务风险、法律风险以及团队风险等。作为现代管理科学的关键研究结果，经营风险管理是指企业利用风险管理的理论及方法，合理配置管理资源，以防范经营风险给企业带来巨大的损失。

鉴于黄金珠宝行业的特性及经营模式分析等，珠宝行业在经营过程中存在相对于其他行业来说不可避免的较为特殊的风险类型，简单阐述如下。

1. 产品存货风险

由于珠宝产品的单位价值较高、体积较小，因此，珠宝产品在生产、运输、销售等环节中都存在风险。如果珠宝企业未能采取有效措施防范内盗、外盗的发生，一旦出现抢劫、调包或偷窃等情况，将给企业带来一定影响。

2. 产品设计引发的经营风险

闻名于世的卡地亚、蒂芙尼等凭借其独特的产品设计吸引广大顾客。但是产品的自创设计存在很高的风险，一旦珠宝企业对外部环境评估严重不足，或者设计构思本身存在缺陷，很容易造成由于设计失败而进行大量生产，从而给企业造成经济损失。另外，如果企业自创的珠宝首饰设计款式新颖，也很容易被别的企业模仿，从而严重影响企业产品的销售。但如果珠宝企业的研发设计水平较为滞后，同样会威胁到企业核心竞争力的提升。

3. 产品结构风险

目前，我国珠宝首饰市场上商品结构还比较单一。黄金、铂金占珠宝市场交易额的70%以上，宝玉石交易占20%~30%，这是我国传统的黄金保值观念造成的。在宝玉石交易中，种类也主要限于钻石、红蓝宝石和翡翠，而且主要为钻石。

4. 销售渠道选择的经营风险

（1）缺乏对分销渠道的统筹设计和把控能力

目前，部分珠宝营销商对分销渠道的设计缺乏统筹性，特约加盟政策吸引力严重不足。部分珠宝公司为了增加销售量，加速扩大分销商销售渠道，缺少实地考察及绩效评审，使分销商店面管理多样化，不利于品牌形象的建立。

（2）缺乏对分销渠道的理论指导和管理控制体系

目前部分珠宝销售公司的分销渠道较为单一，缺乏科学的理论指导、完善的管理体系的构建。虽然近年来我国的零售渠道发展越来越快，但是，珠宝销售公司单一的营销渠道对于快速发展的品牌是不可行的。

（3）各级经销商缺乏开发市场的运营能力和推广新产品的积极性

珠宝销售公司、代理商、加盟商是一个利益共同体，不论哪一方的利益受到威胁必然会引起整个共同体利益的受损，严重的还将造成其中一方撤出共同体，导致整个体系的坍塌。然而目前部分珠宝销售公司的各级经销商在市场的开发运营、对新产品进行开拓、完成销售任务等方面还存在一定的缺陷。

（4）缺乏对二级经销商销售可持续发展理念的灌输和培养

目前很多珠宝企业拥有一级代理商和二级代理商，但是对于二级代理商的管理较为松散，从而呈现出二级代理商流动性大的问题，特别是加盟商频繁进入，这主要是由于分销渠道成员在认定机制上存在缺陷，缺乏对二级经销商销售可持续发展理念的灌输和培养。

（5）缺乏对渠道成员信用管理机制的构建

要想确保珠宝公司的良性发展就必须对下属的一级子公司、加盟的二级分销商建立有效的信用管理机制，形成整个营销体系有序的、良好的合作伙伴关系。例如，某珠宝公司对本公司 2017 年违反相关信用规定的分销二级公司进行统计后发现：违反信用事件的高达 300 起之多，其中的违规加盟商事件多达 110 起，违规窜货事件高达 34 起，出现违规拖欠货款的 67 件，违规代销其他品牌珠宝产品的高达 40 余件。这些严重违反信用的事件大大影响了该珠宝公司的市场营销效果，严重破坏了该公司的良好品牌形象，这也充分反映出该公司在营销渠道管理方面还存在很大缺陷，缺乏对渠道成员信用管理机制的构建。

第三节　黄金珠宝企业风险管理组织体制

企业风险管理是一项复杂而艰巨的系统工程，为了能较好地实现风险管理目标。黄金珠宝企业需要建立一个专门的组织结构对风险管理的整个过程进行具体的规划，以实施有效的监督和控制。风险管理组织就是指通过确定一定的组织结构和组织关系，使企业各部门各成员协调工作，从而保证风险管理目标的实现，它是整个风险管理中很重要的组成部分，也是使风险管理得以成功实施的必要条件。

一、组织结构

企业风险管理组织结构如图 2-7 所示。

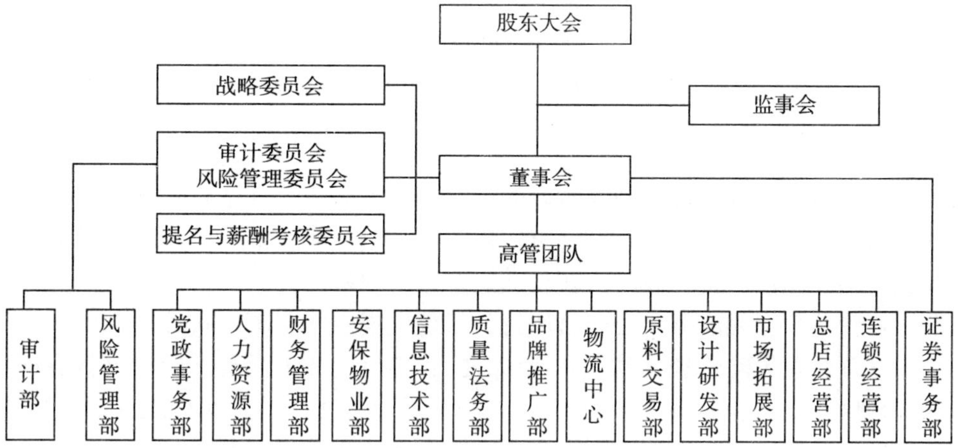

图 2-7　企业风险管理组织结构

二、风险管理组织结构关系

（一）董事会

董事会是黄金珠宝公司的权力机构，企业的法定代表，又称管理委员会、执行委员会，由两个以上的董事组成。除法律和章程规定应由股东大会行使的权力之外，其他事项均可由董事会决定。董事会负责公司重大投资及其各项业务活动决策，并实施其有效监督。它对股东大会负责，并承担财务损失的责任。因此，董事会实施有效的风险管理，监督和评估公司总体的风险水平，确保公司所承担的风险在可接受的范围之内。

（二）风险管理委员会

风险管理委员会是董事会下设的专门工作机构，主要负责审议公司风险管理策略和重大风险管理解决方案，以及重大决策的风险评估报告，并向董事会提交全面风险管理年度报告。风险管理委员会的主要职责包括：制定公司风险管理流程，确保公司整体风险的管理；建立独立的风险管理单位来度量、控制和报告风险；建立风险检查和评价制度；督促各项风险内部管理措施和规章制度的贯彻实施；定期检查风险程度等。

（三）风险管理部

风险管理部是风险管理委员会下设的常设机构，在风险管理上独立于各业务部门和高层管理人员的风险管理执行机构。主要职责是牵头实施全线的风险管理，是全行业风险的综合管理部门。承担风险偏好及风险管理战略的拟定、风险管理体制的建设和推进、风险管理政策及基本制度的制定及全面风险报告职责。

（四）各业务职能部门

业务管理部门是风险识别、控制的主体，应当接受风险管理职能部门和内部审计部门的组织、协调、指导和监督，主要包括业务管理或执行部门，如生产部门、销售部门、供应部门等。其主要职责是：（1）执行风险管理基本流程。（2）研究提出本职能部门或业务单位重大决策、重大风险、重大事件和重要业务流程的判断标准或判断机制。（3）研究提出本职能部门或业务单位的重大决策风险评估报告。（4）做好本职能部门或业务单位建立风险管理信息系统的工作。（5）做好培育风险管理文化的有关工作。（6）建立健全本职能部门或业务单位的风险管理内部控制子系统。（7）办理风险管理其他有关工作。

（五）首席风险官

首席风险官是风险管理发展到新阶段的产物。全球第一个首席风险官（CRO）制度始建于 1993 年。全球化的浪潮，市场竞争的加剧，风险的累积加大，客观上要求首席风险官制度建立。但在国内，首席风险官职位缺失是普遍现象。

其职责：使董事会风险委员会能够履行其章程中规定的职责；按照公司的风险管理愿景，沟通和管理企业风险管理的建立和持续维持；确保业务单元首席执行官具有适当的风险管理权和地区；确认企业风险管理正在每个业务单元发挥职能，而且正在及时识别和有效管理所有的重大风险；与风险委员会沟通有关企业风险管理的状况；把企业风险管理模式推荐给首席执行官（CEO）和业务单元领导，并协助将其融入他们的经营计划和持续报告；确保风险管理能力在所有业务单元和企业的发展和维持。

第四节　黄金珠宝企业风险管理的基本程序

与其他行业的企业一样，黄金珠宝企业风险管理的基本程序是风险识别、风险评估、选择风险管理技术和风险管理效果评价的循环过程。

一、风险识别

1. 风险识别的概念

风险识别是风险管理的第一步，是指对所面临的以及潜在的风险加以判断、分类和鉴定风险性质的过程。对风险的识别一方面可以通过感性认识和经验进行判断；另一方面，也是更重要的，则必须依靠对各种客观的会计、统计资料进行分析、归纳和整理，发现各种风险的损害情况。

2. 风险识别的方法

要对企业存在的风险进行识别，就需要对企业进行全面而深入的调查研究，分析可能存在的风险因素和可能发生的风险类别，进而做出比较准确的判断。

现在使用的风险识别方法，可以分为宏观领域中的决策分析（可行性分析、投入产出分析等）和微观领域中的具体分析（资产负债分析、损失清单分析等）。下面介绍几种主要方法。

（1）现场观察法

即通过对企业的各种生产经营活动和具体财务活动的观察，来了解和把握企业所面临的各种风险。

（2）财务报表分析法

企业的风险普遍显现为财务风险，体现在报表上。财务报表分析法是以企业的资产负债表、损益表和现金流量表等财务报表为依据，通过采取水平分析法、垂直分析法、趋势分析法、比率分析法等，来识别企业当前所面临的所有风险，甚至还能发现企业未来的风险。

（3）案例分析法

在识别企业风险时，比照过去的企业风险管理实践中类似的案例从中总结经验和方法，汲取有关教训。如根据以往的赊销经验，判断企业的现金流量风险。

（4）失误树分析方法

失误树分析方法是以图解表示的方法来调查损失发生前种种失误事件的情况，或对各种引起事故的原因进行分解分析，具体判断哪些失误最可能导致损失风险发生。

（5）德尔菲法

德尔菲法又称风险专家调查列举法，即由风险管理人员将该企业、单位可能面临的风险逐一列出，并根据不同的标准进行分类。专家所涉及的面应尽可能广泛些，有一定的代表性。一般的分类标准为：直接或间接，财务或非财务，政治性或经济性等。

（6）生产流程分析法

生产流程分析法又称流程图法，即将企业的各项经济活动按照内在的逻辑联系建立一系列的流程图，针对流程图中的每一个环节逐一进行调查、研究和分析，从中发现潜在的企业风险的一种风险识别方法。通过对经济活动流程图进行分析，可以发现企业活动的薄弱环节，即极易产生企业风险的环节，这样就可以对其进行重点的把握和分析。

（7）SWOT 分析法

SWOT 分析是一种系统分析工具，通过识别项目的优势、劣势、机会以及成本，从多个角度对项目风险进行定性识别。

风险的识别还有其他方法，诸如情景分析、核对表格、环境分析、保险调查、事故分析等。企业在识别风险时，应该交互使用各种方法。风险识别是一个长期而全面考虑的过程。

二、风险评估

1. 风险评估的概念

风险评估是指在风险识别的基础上，通过对所收集的大量资料加以分析，运用概率论和数理统计，估计和预测风险发生的概率和损失幅度。风险评估的重要性在于不仅使风险管理建立在科学的基础上，而且使风险分析定量化，为选择最佳管理技术提供较可靠的依据。

2. 风险评估的常用方法

（1）风险因素分析法

其一般思路是：调查风险源→识别风险转化条件→确定转化条件是否具备→估计风险发生的后果→风险评价。

（2）内部控制评价法

内部控制评价法是指通过对被审计单位内部控制结构的评价而确定审计风险的一种方法。

（3）分析性复核法

分析性复核法是注册会计师对被审计单位主要比率或趋势进行分析，包括调查异常变动以及这些重要比率或趋势与预期数额和相关信息的差异，以推测会计报表是否存在重要错报或漏报的可能性。

（4）定性风险评价法

定性风险评价法是指那些通过观察、调查与分析，并借助注册会计师的经验、专业标准和判断等能对审计风险进行定性评估的方法。风险管理人员通过风险识别阶段所得到的信息，运用一定的方法，进行信息加工和处理，从而得到风险事件发生的概率及其损失程度这两个重要指标，为风险管理者选择风险处理方法、进行风险管理决策提供依据。

（5）风险率风险评价法

风险率风险评价法是定量风险评价法中的一种。

三、选择风险管理技术

根据风险评价的结果，为实现风险管理目标，选择与实施最佳风险管理技术是风险管理的第三步。实际中，通常采用几种管理技术优化组合，使其达到最佳状态。常用的方式有避免、自留、预防、抑制和转嫁。

1. 避免

避免风险是指放弃某一计划或方案从而避免可能由此带来的损失后果。这是一种消极的处理技术。

采用避免风险技术通常在两种情况下进行：一是某特定风险所致损失频率和损失幅度相当高时；二是在处理风险时其成本大于其产生的效益时。

2. 自留

自留风险是企业或单位自我承受风险损害后果的方法。它包括主动自留和被动自留。通常情况下，在风险所致损失频率和幅度低、损失短期内可预测以及最大损失对企业或单位不影响财务稳定时采用。

3. 预防

损失预防是指在风险损失发生前为了消除或减少可能引发损失的各种因素而采取的处理风险的具体措施，其目的在于通过消除或减少风险因素来降低损失发生频率。通常在损失频率高而损失强度低时采用。

常用的方法有：工程物理法和人类行为法。事故产生有两种可能性：一是物的不安全状态；二是人的不安全行为。“工程物理法”就是损失预防措施侧重于风险单位的物质因素的一种方法，如防火结构设计、防盗装置等；而“人类行为法”是指损失预防侧重于人们行为教育的一种方法，如职业安全教育、消防教育等。

4. 抑制

损失抑制是指在损失发生时或之后为了缩小损失幅度而采取的各项措施。它是处理风险的有效技术，例如，安装自动喷淋系统和火灾报警器等。损失抑制的一种特殊形态是割离，这是指将风险单位割离成许多独立的小单位而达到缩小损失幅度的一种方法。损失抑制法通常在损失幅度高且风险又无法避免和转嫁的情况下采用。

5. 转嫁

转嫁风险是指一些单位或个人为避免承担风险损失，有意识地将损失或与损失有关的财务后果转嫁给另一单位或个人承担的一种风险管理方式。常用方式有：保险转嫁和非保险转嫁。非保险转嫁包括出让转嫁和合同转嫁，前者主要用于投机风险中，如股票下跌时出让股票；后者主要是企业将具有风险的经营活动承包给对方，并在合同中明确规定由对方承担风险损失的赔偿责任，如建筑承保合同等。

四、风险管理效果评价

风险管理效果评价是指对风险管理技术适用性及其收益情况的分析、检查、修正与评估。由于风险的性质具有可变性，人们认识水平具有阶段性以及风险管理技术处于不断完善的过程中，因此对风险的识别、衡量、评价，乃至技术的选择需要定期检查、修正，使选择的风险管理技术适应变化了的情况需要，从而保证管理技术的最优使用。

在一定时期内，风险处理方案是否为最佳，其效果如何，需要有科学的方法来评估。看风险管理效益的高低，主要看其能否以最小的成本取得最大的安全保障，这里的成本是指为采取某项风险处理方案所支付的费用及其机会成本，保障程度则指采取了该项方案而减少的风险损失（包括直接损失和间接损失）。

若前者大于后者，说明该项管理技术是不可取的；若后者大于前者，说明该项技术是可取的，但不一定是最佳技术。从经济效益来讲，所谓最佳技术是指各项可供选择的技术中，能使效益比值最大的技术。因采取该项风险处理方案而支付的各种费用容易看出，若效益比值小于1，则该项风险处理方案不可取；若效益比值大于1，则该项风险处理方案可取。从经济效益看，使此效益比值达到最大的风险处理方案为最佳方案。

第五节　黄金珠宝零售企业风险管理综述

随着中国零售市场进入一个新的发展周期，整体从以往的增量市场进入未来可能以存量为主的市场，同时各种不确定因素交织，包括消费群体的迭代、消费者行为和习惯的改变、新兴技术的变革等，零售企业所面临的风险前所未有。通过提升风险管理，企业可以在不同的经济周期中更好地应对挑战、降低损失，并寻求机会实现长久的发展。

近年来卡地亚、宝格利等国际高端品牌珠宝企业纷纷进入中国，抢占市场份额，随着电子商务的兴起，网上珠宝零售模式以其个性化服务和价格透明也为行业带来了新的机遇和挑战。由于行业竞争加大，市场日趋饱和，珠宝零售企业近年来在经营上越来越艰难，市场环境的复杂和多变，对珠宝零售业的风险管理提出了更高的要求。由于珠宝零售业是传统行业，而且很多都是家族企业，因此风险管理中存在着一些问题，风险管理意识和管理水平急待提升。

一、零售企业的含义

新零售（New Retailing）即企业以互联网为依托，通过运用大数据、人工智能等先进技术手段，对商品的生产、流通与销售过程进行升级改造，进而重塑业态结构与生态圈，并对线上服务、线下体验以及现代物流进行深度融合的零售新模式。

目前零售业比较主流的定义分为两种，一种是营销学角度的定义，即零售业是任何一个从事由生产者到消费者的产品营销活动的个人或公司，他们从批发商、中间商或者制造商处购买商品，并直接销售给消费者。另一种是美国商务部的定义，即零售业包括所有把较少数量商品销售给普通公众的实体。他们不改变商品的形式，由此产生的服务也仅限于商品的销售。零售板块不仅包括店铺零售商，而且包括无店铺零售商。

零售活动既包括百货商店、超级市场、专门零售商店、品牌专卖店、售货摊等主要面向最终消费者（如居民等）的销售活动，也包括互联网、邮政、电话、售货机等方式的销售活动，还包括在同一地点进行加工生产和销售的店铺所进行的销售活动。

二、我国零售业发展的现状

在产品日趋同质化、顾客需求日益多样化的今天，零售企业仅靠价格战、广告战已不能获得竞争优势，目前零售企业经营自有品牌商品成为一种引人关注的商业现象，作为零售企业应对市场激烈竞争的有效手段，零售企业自有品牌战略的产生有着其经济学动机，随着我国零售市场的全面开放，零售企业在市场中先导行业的作用日益凸显，但仍然存在许多问题。

（一）业态层次不齐，差距明显

20 世纪 90 年代以前，中国零售市场长期保持着百货商店一统天下的单一格局，其市场份额达 60%以上。在过去的 10 年里，中国零售业走完了国外零售业 150 年的商业历程，西方发达国家历经 8 次零售革命形成的 20 余种业态几乎全部在中国出现，但是各种新型业态同时出现没有时间阶段性，且部分业态具有明显的不足，与国际上通行的标准业态相比有较大的差距。

（二）整体规模偏小，各项成本较高

目前，国内企业的规模扩张更多的是一种外延式扩张，更看重的是网点资源的抢占，规模效益没有充分体现，只在一定程度上提高了综合毛利率，但各类经营费用居高不下，导致净利润率远远低于国际巨头。过高的运营成本归因于两个方面，外部因素是我国物流费用偏高，占 GDP 的 16.7%，而发达国家仅为这个数字的一半；内部因素则是销售成本和管理成本偏高。商品周转速度慢、采购配送水平低造成高库存和断货共存等问题。外商的这种规模化优势和低价销售策略大大提高其市场占有率，使国内零售企业市场份额不断缩小，直接影响国内零售企业市场地位。

（三）管理技术、管理水平与国际零售业的差距较大

我国商业企业的管理还主要依靠传统管理方式和方法。零售企业的从业人员的素质较低，普遍不能适应企业的发展，而且缺乏高级管理人才，从而导致企业缺乏原始创新。

在营销方面，主要还是依靠购物折价、礼物赠送等促销方式，而不是以树立品牌、服务、信誉以及企业整体形象等系统的营销战略为主导。缺乏市场细分，在商品组合、服务标准、价格、促销和店面布置等方面，采用标准化管理不足。

尤其突出的是没有高科技的支持，主要是信息化程度低。企业管理没有运用现代化的电子信息技术。国外的商业企业以管理信息系统、电子数据处理系统、决策支持系统为核心，形成了以网络为辅助的自动化管理，这与传统的零售业运作方式截然不同。

我国零售业企业的目标市场定位不很明确。市场定位不仅是企业自身的问题，而且关系到整个行业结构、规模结构与空间结构。我国零售业企业定位不明确，导致对目标顾客的需求状况难以准确把握，也难以确认真正的行业竞争对手，因此难以占领巨大的市场份

额，从而难以形成具有自己企业特色的竞争优势。

（四）人才匮乏，组织架构不适应

随着消费倾向年轻化，企业需要能理解年轻消费群体的运营人员，利用新营销手段、新媒体平台与消费者建立紧密连接，技术人员也需要了解和跟踪新的技术实现方式，以更直接和有效的方式满足运营需求，而实体零售的这些专业人才相对匮乏，人员结构也相对老化和传统，组织架构也不适应数字化全渠道发展的需要，企业在数字化过程中捉襟见肘，组织架构、绩效考核、激励机制都不适应数字化要求。

（五）零售业发展存在的其他问题

供求不平衡，城乡层次差距大；外来企业对本土企业产生冲击；企业盲目扩张，缺乏市场管理体系；从业人员素质不高，服务水平低；市场秩序混乱，缺乏质量控制体系；产品创新意识不够，管理体系不配套等。

三、我国零售业自有品牌的发展

（一）自有品牌的优势

自有品牌（Private Brand，PB）是指零售企业搜集、整理、分析消费者对某些商品的需求特性的信息后，自设生产基地或选择合适的生产企业进行生产加工，最终由零售企业使用自己的商标对该新产品注册并在各销售点销售的商品品牌。

自有品牌商品具有科技含量低、购买风险小、购买频率高的特性，具有风格独特、价格低廉、统一设计、统一货源、统一价格的优势，可以形成系列产品。尤其适合特定顾客的需要。

（二）零售业发展自有品牌的必要性

1. 有利于形成价格竞争优势

自有品牌发展增强了商品的竞争力，最突出的表现是它实现了商品的低价，有利于形成商业企业经营特色。

2. 有利于连锁经营的发展

自有品牌商品是在零售业日益集团化、连锁化的大趋势下产生的，规模经济对自有品牌的创建和发展有决定性的作用。

3. 有利于形成商业企业的文化效应

集约化经营方式是通过提高企业现有技术水平，加强企业管理来实现的。大型零售商业企业应根据市场经济的客观要求，将管理思想和经营观念向重视“以人为本”为核心的企业软性管理转变，由过去重视“监督管理”转向重视企业员工积极性的调动。

（三）我国零售业自有品牌发展存在的问题

1. 面对生产者强势品牌的竞争压力

在人们的传统观念中，零售商是从事商品销售的，消费者对其自行开发生产的商品的质量持怀疑态度，对贴牌商品的质量和安全也存在类似担忧。当今市场供应同质化，消费者行为日益个性化，排挤性竞争加大，企业规模扩大之后也将带来前所未有的成本压力。

2. 缺乏质量控制体系

自有品牌商品以零售商的名义销售，其质量好坏直接影响着零售企业的形象，所以质量控制显得格外重要。在自有品牌产品中，单一商品出现质量事故会对零售商及其自有品牌带来不良影响。

3. 零售商采取自有品牌与全国性品牌的矛盾

没有几个品牌是不想成为全国性品牌的，也没有不把全国性品牌当作自己未来的目标的。至于说是选择做自有品牌还是做全国性品牌，取决于多方面因素。

4. 缺乏产品创新意识

在建立品牌的过程中广告是不可或缺的，但品牌的长期维持却不是简单的广告能够做到，还需要品牌维持的整个系统和持续不断的消费者独特价值提供和创造，产品创新的能力和热情就不高。

（四）零售业自有品牌的发展策略

1. 通过连锁化集团化扩大企业的经营规模

规模化经营是指零售企业的经营面积、经营项目和销售量要达到一定的规模，只有具备相当的规模，才能体现出规模经济的意义。实现规模扩张，获得总成本优势，从而赢得竞争优势。而零售商品牌，特别是著名的零售商品牌就是实行连锁扩张最重要的资源。

2. 通过战略联盟策略，进行零售商自有品牌的开发

联合开发策略就是超市与实力强劲的大生产商联合开发自有品牌商品，共同分担开发费用，共担风险，共享利润。商品不但冠以超市自有品牌，还冠以在市场上为公众所熟知的生产商品牌，形成鲜明的双品牌现象。战略联盟策略这种模式的优势在于超市可充分利用自己的销售能力控制较为弱小的中小生产商，在生产上不必分散过多的精力和资金，专注于自有品牌的开发。

3. 大量专业化优秀人才的培养是自有品牌开发的关键

零售企业在实施自有品牌的建设过程中，必须加强对人力资源的规划与建设，从管理、营销、品牌建设与维护、基层服务等多个层面挖掘人力资源的价值。同时，要加强对企业人员及经营管理者的教育与培训，提高员工素质和服务水平，做到企业人员培训经常化、制度化、标准化。

4. 发展自有品牌是未来的新趋势

未来商业竞争越来越表现为品牌的竞争，自有品牌的兴起正是品牌竞争的产物，也是未来零售企业制胜之路。加强对商品的调控权，摆脱大供应商的限制，发展自有品牌正在成为连锁零售企业销售方式的新趋势。

5. 自有品牌文化是价格竞争的优势

零售业发展自有品牌有利于降低商品的价格，形成价格竞争优势，有利于充分发挥无形资产的优势，有利于连锁经营的发展，有利于提高零售企业的经营管理水平，有利于体现零售业文化价值从而形成商业企业的文化效应。

6. 建立健全品牌运行保护机制

零售企业还应加强对自有品牌的保护，在实施自有品牌战略时，立足长远，着眼未来，建立一套系统的品牌运作机制和保护体系，建立品牌危机管理的预警机制。在自由竞争的国际市场中，要注重运用法律武器，维护本公司品牌的合法权益。

四、黄金珠宝零售企业面临的风险

国家统计局数据显示，2023 年 10 月，限额以上单位金银珠宝零售总额为 264 亿元，同比（名义）增长 10.4%。1-10 月，限额以上单位金银珠宝零售总额为 2749 亿元，同比（名义）增长 12%，增速居于第二位，仅低于餐饮收入零售总额增速。金银珠宝零售市场持续向好。

目前国内黄金珠宝零售企业参差不齐，行业繁杂，跨地域广阔，新生代电商不规范，缺乏数字智能化，给不少企业和个人带来了麻烦和损失。除了主要的风险，还有些不可小视的风险，如多元化风险、盲目扩张风险、走私风险、洗钱风险、库存减值风险、产能过剩风险、经常成本过高风险、价格竞争风险、企业主能力跟不上或专断风险、大额资金不规范风险、追求上市做假账风险、头部企业集中给中小企业带来的风险等。

1. 市场风险

销售端有市场竞争加剧，出现货品积压、销售不畅的风险，也有商场信用不佳，结算拖欠货款等风险，供应端有黄金、钻石等原料价格变动给企业带来的成本风险，也有供应商不能及时供货以及提供产品质量不合格等风险。

2. 法律风险

存在所销售产品质量不合格，或者产品抄袭侵犯他人专利，被处罚和曝光的风险。比如某年“3・15”中查到某些珠宝企业的黄金产品批次含金量不达标，另一些企业的钻石在级别、净度等指标上未能达标而导致处罚，严重影响企业声誉，对销售造成不利影响。

3. 财务风险

因珠宝零售属于资本密集型产业，企业通常会选用负债经营模式，如果盲目扩张，过度使用财务杠杆，资产负债率过高，短期偿付能力弱，一旦企业的经营状况不及预期，资金回收不及时，则有可能导致资金链断裂、企业经营失败的严重后果。

4. 运营风险

企业内部运营各个环节对实现经营目标均存在各自不同的风险。例如，产品设计与开发能力不强，产品缺乏个性或性价比不高，导致产品滞销的风险；存货管理不善，出现货品损坏、失窃的风险；市场营销方法选择不当，导致营销费用高企而销售业绩未能改善的风险；等等。

5. 战略风险

企业战略决策风险可能是企业最重大的风险，而企业战略的制定对于企业管理人员素质的要求很高。企业战略如果过于激进，一旦市场风险来临，经营未达到预期，则可能导致企业经营失败，如果过于保守，则企业可能丧失发展的动力和机会。

6. 合规风险

企业合规风险是指在经营过程中，由于未遵守相关法律法规、行业标准、道德规范以及内部规定，可能面临法律诉讼、罚款、声誉损害、经营中断等不利后果的风险。

《网络安全法》《数据安全法》《个人信息保护法》等法律法规的颁布对零售行业的合规工作影响较大。工业和信息化部及各地方政府部门加大了对企业对于相关法律法规遵循情况的检查和监督力度。零售企业面临的常见信息安全相关风险包括数据泄露风险、支付安全风险、网络攻击风险、内部数据安全、供应商和外包商管理风险。

五、黄金珠宝零售企业风险管理存在的问题

1. 风险管理意识淡薄

门店拓张缺乏风险意识，前期调研或论证不充分，造成投资错误。珠宝零售门店前期投入很大，一旦失误，退出成本很高，给企业带来的危害也很严重。如果企业负债率太高，失去了应有的财务弹性，一旦面对银行抽贷，就只能宣布破产。

2. 对于存货和客户信用的风险认识不足

珠宝零售企业产品的重要原料是钻石和黄金，而珠宝的市场价格与原料价格密切相关，原料价格的变化，直接影响到企业存货成本和销售价格。珠宝零售企业常常忽视这一风险，单批进货数量过大，又未采取对应的风险管理措施，产品销售一旦不顺畅，还未能出售，市场销售价格就已经低于企业成本了。企业为了增进销售，未能对客户的信用情况进行严格审查，造成坏账无法收回的情况在行业内也时常见到。

3. 风险管理组织和制度缺失

因为企业风险管理意识淡薄，所以珠宝零售企业通常没有设立独立的风险管控部门，存在着组织机构上的缺失。即便设置了相关部门，也没有配备专职风险人员，承担风险的主体不明确，一出风险事件，各个部门或者岗位间就相互扯皮，互相推诿，使风险管理缺乏约束，从而无力承担独立的、具有权威性的、及时有效管理企业风险的职责，使企业风险管理流于形式。对风险管理的范围、最大风险承受度、重大风险事项的审核批准等风险管理事项缺少制度管理，职责不清晰。风险管理组织和风险制度的缺失在很大程度上使全体员工在工作中缺乏对企业风险管理的认识，加大了企业出现风险事故的可能性。

4. 内部信息传递与沟通不畅

信息与沟通是风险管理的重要内容。如果企业没有建立起良好的内部信息传递和沟通系统，风险相关的信息传递不及时、不通畅，企业管理层无法及时获得重要的风险信息，从而未能采取必要的风险应对策略，对风险进行有效规避和防范。内部各部门人员、同一部门不同岗位人员，由于信息沟通不顺畅，也可能造成风险事件，给企业带来损失。

5. 经营管理水平参差不齐

珠宝零售企业管理模式滞后，盲目扩张，缺乏优秀的专业的复合型管理人才，对整个行业及国内外政策了解不够，信息闭塞，不能及时跟进学习、调查研究、引进高效的经营策略和风险控制，导致管理水平低下，影响珠宝零售企业的发展。

6. 珠宝零售产品单一或缺乏，无法满足客户多元化需求，缺乏质量控制体系

7. 线上线下不能有效融合，大数据时代的数字化智能化模式未引入，无法提高多渠道服务能力，市场秩序混乱，未形成有效的管理防控体制

六、完善黄金珠宝零售企业风险管理的措施

（一）强化风险管理意识，建立风险管理的企业文化

1. 企业负责人要有风险管理意识，居安思危的风险意识

首先，企业负责人要有风险管理意识，居安思危，在企业发展战略制定、经营管理决

策过程中要有风险意识。其次，企业全体人员要形成共识，重视风险管理的宣传和教育工作。企业各层级各岗位人员都应接受经营风险知识的培训，建立正确的风险管控意识，而不是认为风险管理只是管理层的事，与基层员工无关。全体人员都建立了风险管理意识，才能为风险管理提供良好的控制环境。

2. 结合国内外政策及自身情况，做好市场调研论证

珠宝零售企业的发展和扩张，应结合国家宏观经济发展周期、行业竞争情况，以及企业自身的发展水平、资金现状、融资能力等内外部因素进行综合考量。在进行门店投资时，要求有关部门事先进行充分的市场调研和可行性论证，并且设定如果经营市场变化，业绩未能达标情况下的对策，经过严格审核批准和精心准备后才进行投资。

3. 黄金珠宝零售企业应具有财务弹性，以应对流动性风险和信用风险

珠宝零售企业应保持一定的财务弹性，经营中的负债率不宜过高，并备有一定的安全准备金，以应对可能发生的流动性风险；在银企关系融洽的时期，也应考虑到一旦遭遇银行抽贷的风险企业将要面对的困境，从而采取适当的预防措施，而不可只顾眼前利益，用完所有银行批准的信用额度。

4. 做好库存及原料价格风险防控，提高存货原料风险管理意识

由于黄金、钻石的价格波动较大，而珠宝零售企业所经营的产品对原料市场价格的变化极其敏感，因此，珠宝零售企业应谨慎对待存货和原料的购进。企业应以减小单次进货量，增加进货频率，或是与供应商约定以一定时期的中间价作为结算标准，以降低因原料价格波动而给企业经营带来的不利因素。当然有条件的企业可以建立期货头寸，以远期合约方式对冲价格风险。总之，珠宝零售企业应强化存货价值变动的风险管理意识。

5. 严格客户信用审批，跟进应收账款

对于客户的信用建立严格的审核批准制度，在应收账款形成后要及时进行严格跟进，以规避相关风险。

（二）建立风险管理组织体系，健全风险管理制度

1. 黄金珠宝零售企业应设立独立的风险管理部门

珠宝零售企业应当设立独立的风险管控部门，如果企业规模较小，无法建立专职部门，也应该设置风险管理岗位，由专人负责组织日常风险管理工作，同时管理层应赋予风险管理人员必要的独立行使的监督权。

2. 制定符合本企业的风险管理制度并落实到位

应结合珠宝零售企业自身的行业特点和本企业的发展阶段、员工素质、企业管理水平、可利用资源等实际情况制定符合本企业的风险管理制度，重视制度的全面性、重要性、适应性、可操作性。风险管理制度中应有严格的考核机制和合情合理的奖惩制度，否则制度再好，也难免无法落实，形同虚设。

3. 风险管理应融入企业管理制度体系

风险管理的理念，应融入整个企业管理制度体系，在人事制度、财务制度、产品开发制度等的制定和实施过程中都应该考虑对应的风险，并有相应的风险管控措施。

（三）建立完善的风险管理信息传递系统

1. 全面完善的信息沟通机制

全面完善的信息沟通机制可以帮助企业及时了解面临的风险情况，帮助企业及时进行风险识别和风险评估，正确采取措施，进行风险应对、沟通，使企业风险管理有效进行。

2. 通畅的信息传递渠道

珠宝零售企业身处复杂的市场环境，面对着产品积压、质量问题、存货安全、资金安全等各种各样纷繁复杂的风险，各层级员工对自身所处环境的风险有敏锐的观察和体会，企业应该有通畅的信息传递渠道，让风险信息及时传递到风险管理部门和管理层。

3. 风险信息传递制度化

重要的风险信息传递应形成正式制度规定，明确重要风险信息的范围、内容、传递方式、传递时限、风险处理时限等内容，让风险信息制度化、规范化。企业可定期召开风险管理专题会议，分析当前企业面临的主要风险和应对措施，收集各方面对风险管理的建议，持续地对风险因素进行有效控制。

（四）建设复合型风控人才团队

随着零售企业的外部和内部环境发生诸多变化，专业化、数字化、智能化的趋势，也对人才有了更高更专的挑战。例如，由于日益复杂的宏观经济趋势和多变的业务环境，越来越严格的外部合规要求，数字化转型战略实施，消费者对商品服务的要求及对可持续发展、环境保护和社会责任的期待等，珠宝零售企业对风险管理人员的能力也有了更多样性的要求，以满足瞬息万变的行业企业挑战。

（五）建设数字化智能化数据风控体系

以数据为驱动的风险防控成为行业趋势。近年来数字化转型已经深入零售行业，零售消费品企业也逐渐意识到传统的风险管理方式已难以满足实时性、动态性、赋能战略和业务发展的需求。企业需要结合自身特点，引入数据驱动的风险管理工具赋能企业发展，帮助企业实现经济目标。

整个黄金珠宝行业供大于求，珠宝零售企业面对的是一个非常严峻的市场环境，只有苦心经营、转化经营观念，才有可能继续生存下去。精细化管理是市场对珠宝零售企业的要求；同时，珠宝行业作为重资产行业，具有对原料价格变动极度敏感的行业特性，要求企业对于风险管理必须予以充分重视。企业应强化风险管理意识，建立相关组织和风险管理制度，重视风险信息的及时传递与沟通，切实做好风险管理工作。

第三章　黄金珠宝企业内部控制

第一节　内部控制与风险管理的关系

内部控制与企业风险管理的联系十分紧密。内部控制是在一定环境下，单位为了提高经营效率，充分有效地获得和使用各种资源，达到既定管理目标，而在组织内部实施的各种制约和调节的组织、计划、程序和方法。风险管理是指如何在项目或者企业一个肯定有风险的环境里把风险可能造成的不良影响降至最低的管理过程。

内部控制的实质是风险管理，风险管理是内部控制的主要内容，企业风险管理包括内部控制。但两者之间的关系并不是简单的相互关系，两者之间存在相互依存、不可分离的内在联系。主要表现在以下几个方面。

第一，组成要素重合。内部控制与风险管理的组成要素中，控制环境、风险评估、控制活动、信息与沟通、监督要素是重合的。

第二，最终目标相同。内部控制与风险管理的目标都包括经营目标、合规性目标、报告目标。

第三，参与主体相同。内部控制与风险管理是全员参与的过程，最终责任人都是管理者，且两者的实施主体、过程也是一致的。

第四，风险防范是内部控制的一个重要目标。有了风险防范的目标，内部控制才能发挥重要的作用。

第五，风险包含内部风险和外部风险。内部风险存在于企业的各个生产经营活动环节；内部控制是一种管理规范，通过建立控制体系、流程的形式直接直观地描述企业生产经营业务过程，便利地收集风险信息。所以，内部控制是风险管理的重要手段之一。

第六，内部控制的一个基本作用是控制风险；风险管理是指在企业生产经营过程中，对企业可能面临的风险进行识别、评估和控制，最终目标也是控制风险。

总而言之，风险管理是内部控制的发展，风险管理拓展了内部控制的内涵，内部控制发展成了以风险为导向的内部控制。因此，内部控制与风险管理一体化，将它们作为一个整体进行理解与处理。

研究内部控制与风险管理的关系，要从内部控制理论的演变与发展开始。

一、企业内部控制理论的演变与发展

内部控制是一个既智慧又复杂的话题，是企业治理结构的精髓所在，内部控制经历了一个不断发展、逐渐完善的历史进程，如图 3-1 所示。

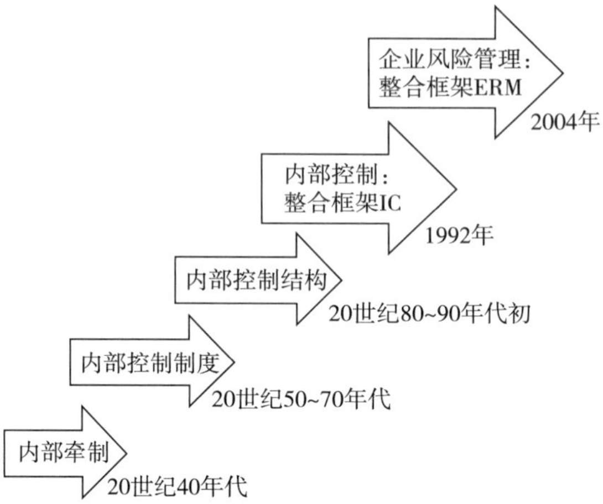

图 3-1　内部控制理论演进的历史阶段

（一）萌芽期——内部牵制

现代意义上的内部控制理论是由早期的内部牵制发展而来的。内部牵制源远流长，早期的内部牵制主要通过会计的组织制度体现出来。这一阶段的内部牵制仅仅局限于一般性的经济制约关系。对于企业而言，这是一个基于企业个体行为层面控制的内部经济制约的阶段。因此，这一时期只是内部控制理论发展的萌芽时期。这一阶段的内部牵制可以概括为以业务授权、职责分工、定期核对等会计控制为基本内容，采用账簿之间的核对和账簿与财产之间的一致性验证为主要手段，控制的目的主要是查错防弊。

（二）发展期——内部会计控制与内部管理控制

1934 年美国《证券交易法》首先提出了“内部会计控制”的概念。审计程序委员会（CAP）下属的内部控制专门委员会于 1949 年对内部控制首次做出了如下权威定义：“内部控制是企业所制定的旨在保护资产、保证会计资料可靠性和准确性、提高经营效率，推动管理部门所制定的各项政策得以贯彻执行的组织计划和相互配套的各种方法及措施。”1953 年 10 月，审计程序委员会（CAP）又发布了《审计程序公告第 19 号》，将内部控制划分为会计控制和管理控制。

1972 年，美国审计准则委员会（ASB）在第 1 号公告中，对管理控制和会计控制提出今天广为人知的定义：（1）内部会计控制。会计控制由组织计划以及与保护资产和保证财务资料可靠性有关的程序和记录构成。（2）内部管理控制。管理控制包括但不限于组织计划以及与管理部门授权办理经济业务的决策过程有关的程序及其记录。这种授权活动是管理部门的职责，它直接与管理部门执行该组织的经营目标有关，是对经济业务进行会计控制的起点。

（三）成熟期——内部控制结构和内部控制整体架构

1. 内部控制结构阶段

20 世纪 80 年代至 90 年代，内部控制的发展进入内部控制结构阶段。这一阶段开始把控制环境作为一项重要内容与会计制度、控制程序一起纳入内部控制结构之中，并且不再区分内部会计控制和内部管理控制。

1988 年 4 月，美国注册会计师协会发布《审计准则公告第 55 号》，规定从 1990 年 1 月起以该公告取代 1972 年发布的《审计准则公告第 1 号》。该公告首次以“内部控制结构”一词取代原有的“内部控制”一词。该公告的颁布和实施可视为内部控制理论研究的一个新的突破性成果，其重点表现在：一是正式将内部控制环境纳入内部控制范畴；二是不再区分内部会计控制和内部管理控制。

2. 内部控制整合框架阶段

1992 年 9 月，美国反虚假财务报告委员会的发起组织委员会（COSO）发布了一份报告《内部控制——整合框架》（IC），提出了内部控制的三项目标和五大要素（如图 3-2 所示），标志着内部控制进入一个新的发展阶段。

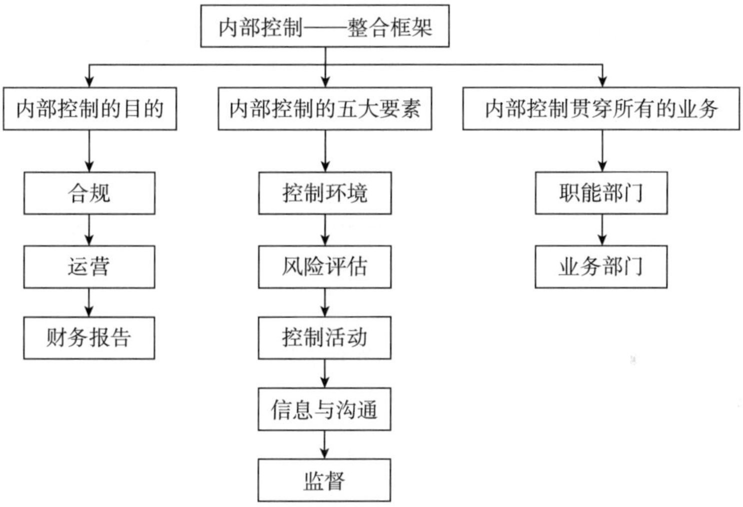

图 3-2　COSO 内部控制整合框架

内部控制的三项目标包括：取得经营的效率和有效性；确保财务报告的可靠性；遵循适用的法律法规。

内部控制的五大要素包括：控制环境（包括员工的正直、道德价值观和能力，管理当局的理念和经营风格，管理当局确立权威性和责任、组织和开发员工的方法等）、风险评估（为了达成组织目标而对相关的风险所进行的辨别与分析）、控制活动（为了确保实现管理当局的目标而采取的政策和程序，包括审批、授权、验证、确认、经营业绩的复核、资产的安全性等）、信息与沟通（为了保证员工履行职责而必须识别，获取的信息及其沟通）、监督（对内部控制实施质量的评价，主要包括经营过程中的持续监控，即日常管理和监督、员工履行职责的行为等，也包括个别评价或者两者的结合）。这些要素从管理当局运营的业务中衍生出来，并整合在管理过程当中。

3. 全面风险管理阶段

2004 年，美国反虚假财务报告委员会下属发起组织委员会通过全面检讨修订 1992 年的 COSO 报告，发布了新的《企业风险管理——整合框架》（ERM），风险管理整合框架认为，全面风险管理是一个过程。

这个过程受董事会、管理层和其他人员的影响。这个过程从企业战略制定一直贯穿到企业的各项活动中，用于识别那些可能影响企业的潜在事件并管理风险，使之在企业的风险偏好之内，从而确保企业实现既定的目标。整合框架由企业目标、全面风险管理要素、企业各层级构成（见图 3-3）。企业的目标有战略目标、经营目标、报告目标与合规目标。全面风险管理要素有内部环境、目标设定、事项识别、风险评估、风险应对、控制活动、信息与沟通、监督。企业的层次包括主体层次、各部分、各业务单元及下属各子公司。ERM 三个关系是：风险管理的要素是为企业目标服务的；企业各个层级都要坚持同样的四个目标；每个层次都必须从风险管理八要素进行风险管理。

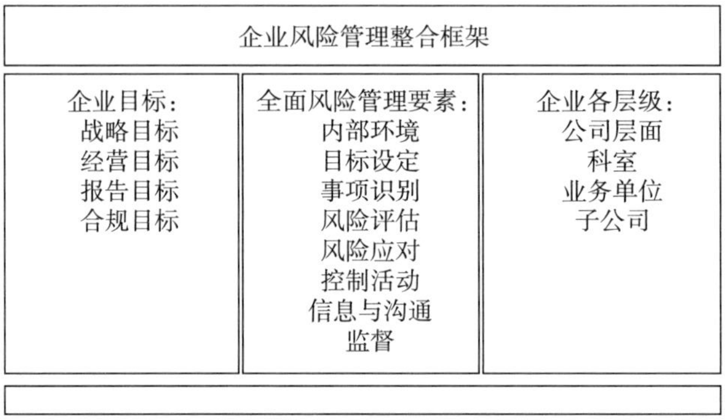

图 3-3 企业风险管理整合框架

与 COSO 内部控制整合框架相比，风险管理整合框架具有以下六个方面的主要特点：

（1）内部控制涵盖在企业风险管理活动之中，是其不可分割的组成部分。

（2）拓展了所需实现目标的内容。在实现目标方面增加了战略目标。

（3）引入风险组合观，使企业除考虑实现企业目标的过程中关注风险之外，还有必要从企业角度和业务单元两个角度以“组合”的方式考虑复合风险。

（4）更加强调风险评估在风险管理中的基础地位，将 COSO 报告的风险评估扩展为一个由四要素组成的过程——目标设定、事项识别、风险评估和风险应对，并相应地在岗位设置上做出具体安排，如设置首席风险官。

（5）扩展了控制环境的内涵，内部环境取代控制环境。

（6）扩展了信息与沟通要素，企业不仅要关注历史信息，还要关注现在和未来可能影响目标实现的各种事项。

二、2017 年版 COSO《企业风险管理框架》

2016 年 6 月，美国反虚假财务报告委员会发布了新版企业风险管理框架“企业风险管理——服务与企业战略和绩效的实现”征求意见稿。2017 年 9 月 6 日晚（美国时间 9 月 6 日早），全球风险管理行业翘首以盼的 COSO 更新版《企业风险管理框架》正式发布。

该版本框架主要分为以下两个部分：

第一部分提供了对当前和不断发展的企业风险管理概念和应用的看法。

第二部分为框架内容，由五种易于理解的部分构成，这五部分容纳了不同的观点和执行结构，并加强了战略和决策的制定。

（一）2017 年《企业风险管理框架》与 2004 年《企业风险管理——整合框架》的异同

COSO 的新框架基于以下这样一个基本假设：每个企业存在的目的均是为利益相关方提供价值，但在价值追求过程中会面临不确定性。“不确定性”一词被定义为未知的事项，而“风险”则定义为，该等不确定性对制定和执行业务战略以及实现业务目标造成的影响。相较于 2004 年发布的上一版框架《企业风险管理——整合框架》，新框架强调了制定战略和提升绩效过程中的风险。

新版本更新的内容主要包含：

1. 变更了题目和框架展现方式；
2. 应用了要素和原则的编写结构；
3. 简化了企业风险管理的定义；
4. 强调了风险和价值之间的关联性；
5. 重新审视了企业风险管理整合框架所关注的焦点；
6. 检验了关于文化在风险管理工作中的定位；
7. 提升了对战略相关议题的研讨；
8. 增强了绩效和企业风险管理工作的协同效应；
9. 体现了企业风险管理支持更加明确地做出决策；
10. 明确了企业风险管理和内部控制的关系；
11. 优化了风险偏好和风险承受度的概念。

没有变化的部分是保留了 2004 年出版的《企业风险管理——应用技术》，只是对框架本身进行了更新，风险管理工作者仍然可以使用 2004 年发行的风险管理相关工具和技术。

（二）主要观点

1. 重新定义了风险及风险管理

风险被重新定义为：事项发生并影响战略和商业目标实现的可能性。

对于风险的定义，第一版只强调风险的“负面性”，第二版已经将风险的范畴扩大到对风险的“正面”和“负面”影响兼顾。

也有感到遗憾的地方，自从 2009 年国际标准化组织发布 ISO 31000 系列标准，国际上对风险的定义就逐步趋同，即不确定性对目标的影响，况且这一标准是国际标准化组织首次采纳中国提出的定义，但 COSO 此次并没有采用此定义，而是相对保守地采用了 2000 年前后出现的典型的风险定义。

企业风险管理被定义为：组织在创造、保持和实现价值的过程中，结合战略制定和执行，赖以进行管理风险的文化、能力和实践。

关于企业风险管理的定义变化最为彻底，直接抛弃了第一版的定义，将风险管理工作直接从“一个流程或程序”提升到“一种文化、能力和实践”，用于实现组织创造、保持和实现价值。另外，也从定义上撇清了风险管理和内部控制的模糊关系。

2. 一个真正的“管理框架”而不再是“控制框架”

虽然第一版框架就强调对利益相关方价值的创造，但是从内容上讲还是一个被放大了的“控制框架”，无法直接为价值创造服务，只能间接支持价值创造活动。

新的框架从企业使命、愿景和核心价值出发，定位的宗旨为提升主体的价值和业绩，强调嵌入企业管理业务活动和核心价值链，从主要的要素和内容看也发生了翻天覆地的变化，从而使一个崭新的“管理框架”诞生，这种视角是一种新型的企业管理视角，对企业管理界来说是一场理念的变革。如果说在原有“控制框架”下，会计师事务所可以在实施内部控制框架的基础上，协助企业加强风险管理工作，但新的“管理框架”更像是企业决策者或企业管理咨询顾问关心的范畴。

近年来，基于风险导向的管理理念逐渐兴起，企业管理领域中常见的公司治理、企业文化、战略管理、卓越绩效、危机管理、高效沟通等都可以应用此套框架实现更好的标准化和科学化，因此基于风险的管理理念将成为主流并渗透到企业管理的各个方面。

3. 更广泛的主体适用性

正式版发布日期之所以一推再推，其中一个原因就是虽然框架名为《企业风险管理》，但 COSO 希望这个框架可以适用于任何类型、任何规模的组织，包括营利机构、非营利机构、政府部门等。

所以 COSO 期望的主体适用性已经从企业转向了各类型的主体，正文部分的描述中有些内容故意回避了“企业”一词来显示对不同主体的包容性。

从理论上来讲，只要一个主体有明确的愿景、使命和核心价值观，设定了所要期望达到的目标，风险管理框架就具备了被实施的条件。

但是目前关于非营利机构、政府部门等实施风险管理框架还是一个新的领域，我们也非常期待这些领域的最佳实践的出现。

4. 关于风险管理的局限性

COSO 分别于 1992 年、2004 年发布了内部控制框架和企业风险管理框架，这两个框架均列示了企业内部控制和风险管理工作的局限性，而且这两个框架的局限性基本一致，这也从另外一个角度印证了 2004 年版的企业风险管理框架还是一个大内控的“控制框架”。

新版本的框架中删除了关于对风险管理局限性的章节，作为一套“管理体系”而非“控制体系”，突破原来的局限性是不言自明的。

三、内部控制与风险管理的关系

内部控制包含以下五大要素。

1. 内部环境。这是企业实施内部控制的基础，一般包括治理结构、机构设置及权责分配、人力资源政策、企业文化等。

2. 风险评估，即企业及时识别、系统分析经营活动中与实现内部控制目标相关的风险，合理确定风险应对策略。

3. 控制活动，即企业根据风险评估结果，采用相应的控制措施，将风险控制在可承受度之内。

4. 信息与沟通，即企业及时、准确地收集、传递与内部控制相关的信息，确保信息在企业内部、企业与外部之间进行有效沟通。

5. 监督，即企业对内部控制建立与实施情况进行监督检查，评价内部控制的有效性，发现内部控制缺陷，并及时加以改进。

全面风险管理包含八个要素，即内部环境、目标设定、事项识别、风险评估、风险应对、控制活动、信息与沟通、监督（见图 3-4）。各个要素之间具有一致性且贯穿于企业风险管理的全过程。

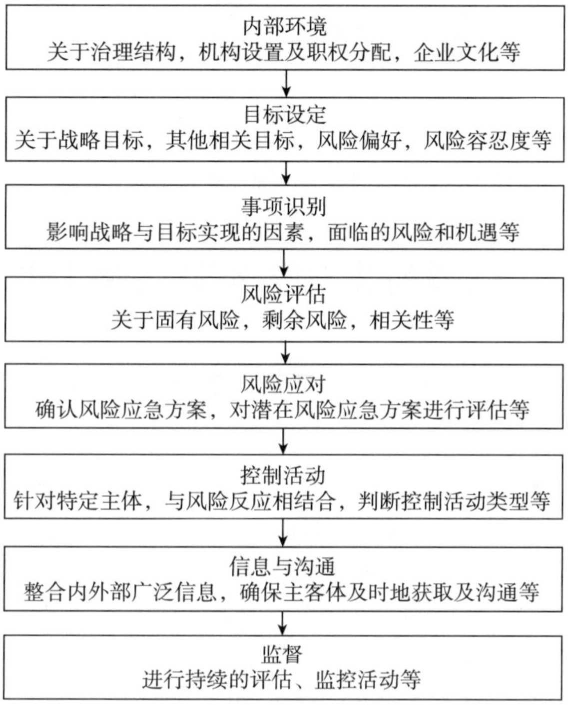

图 3-4　全面风险管理八个要素贯穿于企业风险管理的全过程

在正式版新框架中，自然无法绕开关于风险管理和内部控制关系的解释，在第一册框架应用环境中，第一部分内容中就描述了风险管理和内部控制的关系：“内部控制主要聚焦在主体的运营和对于相关法律法规的遵从性上。”“企业风险管理的相关概念并没有包含在内部控制中（例如，风险偏好、风险承受度、战略目标和目标设定等概念，这些都是内部控制体系实施的前提条件）。”

为了避免重复，一些在内部控制中比较常见的概念部分，风险管理新框架并未重复叙述（例如，与财务报告目标相关的舞弊风险、与合规目标相关的控制活动、与运营目标相关的持续及独立评估）。然而，一些在内部控制中的概念在本框架中被进一步地研究和深化了（例如，企业风险管理中的治理和文化部分）。

在 COSO 公布的《常见问题》解释上，COSO 表明两个体系并不是相互代替或取代，而是侧重点各不相同相互补充，但同时也强调了内部控制作为一种经历时间考验的企业控制体系，是企业风险管理工作的一个基础和组成部分。

在历史上，COSO 在表述两个体系的关系时有时模糊、有时清晰，这样算是在现阶段给两个体系的关系做了个“了断”，随着新框架在企业的实施，相信二者的关系和界限会越来越清晰。企业风险管理包含内部控制，企业风险管理比内部控制更广泛，拓展和细化了内部控制，以便形成一个更全面地关注风险的更加强有力的凝练概念，如图 3-5 所示。

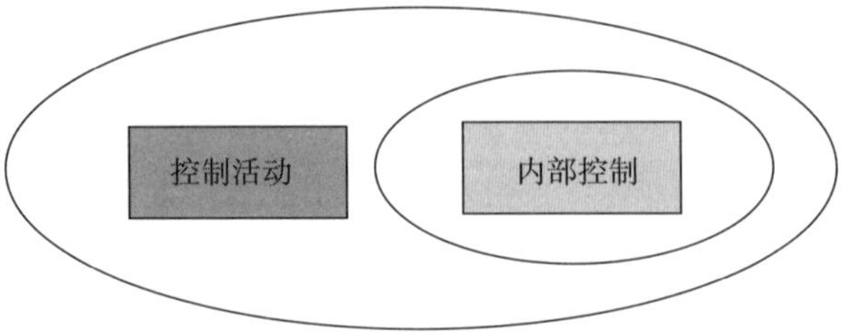

图 3-5 风险管理与内部控制的关系示意图

第二节 黄金珠宝企业应该遵守的控制规范体系

一、我国内部控制规范体系的建立与发展

相对于发达国家内部控制的产生与进程而言，中国企业的内部控制起步较晚。中国企业内部控制是在企业经济活动的外在推动下，渐渐开始引起重视，中国企业内部控制体系从 2001 年出台的《企业内部会计控制基本规范》开始，历经数次修正与不断完善。

2006 年 3 月，温家宝总理在第十届全国人大四次会议上的《政府工作报告》中提出“完善内控机制与管理制度，推进制度创新”。为了推动上市公司建立健全内控制度，提高企业管理水平和防范风险的能力，上海证券交易所于 2006 年 6 月 5 日率先出台了《上市公司内部控制指引》，6 月 6 日，国务院国资委颁布《中央企业全面风险管理指引》。

2006 年 7 月，受国务院委托，财政部牵头，由财政部、国资委、证监会、审计署、银监会和保监会联合发起成立了企业内部控制标准委员会。许多监管部门、大型企业、行业组织、中介机构、科研院所的领导和专家学者积极参与，为构建我国企业内部控制标准体系提供了组织和机制保障。

企业内部控制标准委员会的职责和目标是总结我国经验，借鉴国际惯例，有效利用国际国内资源，充分发挥各方面的积极作用，通过数年的努力，基本建立一套以防范和控制舞弊为中心，以控制标准和评价标准为主体的内部控制制度体系，并以监管部门为主导，各单位具体实施为基础，会计师事务所等中介机构咨询服务为支撑，形成政府监管和社会评价相结合的内部控制实施体系，推动公司、企业和其他非营利组织完善治理结构和内部约束机制，不断提高经营管理水平和可持续发展能力。

（一）《企业内部控制基本规范》

2008 年 6 月 28 日，财政部会同证监会、审计署、银监会、保监会制定并印发《企业内部控制基本规范》（以下简称《基本规范》）。自 2009 年 7 月 1 日起适用于中华人民共和国境内设立的大中型企业（包括上市公司）执行，同时鼓励小企业和其他单位参照其内容建立与实施内部控制。

我国内部控制基本规范指出内部控制是企业的管理层（董事会、监事会、经理层、职能部门管理层）和全体员工围绕确保企业经营管理的合法合规、资产完整、财务会计报告及其信息的真实可靠这一系列目标共同实施的过程。我国企业内部控制整体框架与 COSO-ERM 框架相比，在设计上既有相似之处又结合了我国企业经济发展的特点，具有自身的特色。

《基本规范》要求企业建立内部控制体系时应符合以下目标：合理保证企业经营管理合法合规、资产安全、财务报告及相关信息真实完整；提高经营效率和效果；促进企业实现发展战略。目标的设置在 COSO 风险管理框架的 4 个目标基础上又增加了一项“资产安全”。

《基本规范》借鉴了以美国 COSO 内部控制整合报告为代表的国际内部控制框架，并结合中国国情，要求企业建立与实施的内部控制，应当包括下列五个要素：（1）内部环境；（2）风险评估；（3）控制活动；（4）信息与沟通；（5）内部监督。

企业内部控制标准委员会在《企业内部控制基本规范起草说明》中明确，《基本规范》在形式上借鉴了 COSO 内部控制整合报告五要素框架，同时在内容上体现了 COSO 风险管理八要素框架的实质。其八要素实质主要指在风险评估要素中细化表述了风险管理的流程：风险识别、风险分析和风险应对策略，并且在风险应对策略中比照 COSO 风险管理框架说明了风险规避、风险降低、风险分担和风险承受四种应对策略。

（二）《企业内部控制配套指引》

在颁布了《基本规范》之后，财政部、证监会、审计署、银监会和保监会于 2010 年 4 月 26 日联合发布了《企业内部控制配套指引》（以下简称《配套指引》），其中包括 18 项《企业内部控制应用指引》（以下简称《应用指引》）、《企业内部控制评价指引》（以下简称《评价指引》）和《企业内部控制审计指引》（以下简称《审计指引》）。《配套指引》对《基本规范》做进一步的细化，该指引的制定发布，标志着“以防范风险和控制舞弊为中心、以控制标准和评价标准为主体，结构合理，层次分明、衔接有序、方法科学、体系完备”的企业内部控制规范体系建设目标的基本建成。《配套指引》自 2011 年 1 月 1 日起按已定时间表在境内外不同类型的公司施行。同时，鼓励相关非上市大中型企业提前执行。

《应用指引》针对组织结构、发展战略、人力资源、社会责任、企业文化、资金活动、采购业务、资产管理、销售业务、研究与开发、工程项目、担保业务、业务外包、财务报告、全面预算、合同管理、内部信息传递、信息系统共 18 项企业主要业务的内控领域或内控手段，提出了建议性的应用指导，为企业以及外部审核人，建立与评价内控体系提供了参照性标准。

《评价指引》为企业对内部控制的有效性进行全面评价，形成评价结论、出具评价报告提供指引。该指引明确内部控制评价应围绕内部环境、风险评估、控制活动、信息与沟通、内部监督等要素，企业应当确定评价的具体内容及对内部控制设计与运行情况进行全面评价。同时，指引中对内部控制评价的内容、程序、缺陷的认定、评价报告、工作底稿要求、评估基准等方面做出了规定。

《审计指引》为会计师事务所对特定基准日与财务报告相关内部控制设计与执行有效性进行审计提供指引。它明确注册会计师应对财务报告内部控制的有效性发表审计意见，内部控制审计过程中注意到的非财务报告内部控制的重大缺陷予以披露。同时，就审计计划工作、审计实施、如何评价控制缺陷、审计期后事项、审计报告内容和方法以及审计工作底稿做出了规定。

二、内部控制规范的框架体系

总结我国内部控制规范体系，包括基本规范、应用指引、评价指引和审计指引三个类别，依次是核心统领、应用指引和事后鉴定三种类型。

如图 3-6 所示，企业内部控制规范是一个科学的体系，基本规范、应用指引、评价指引和审计指引三个类别构成一个相辅相成的整体。

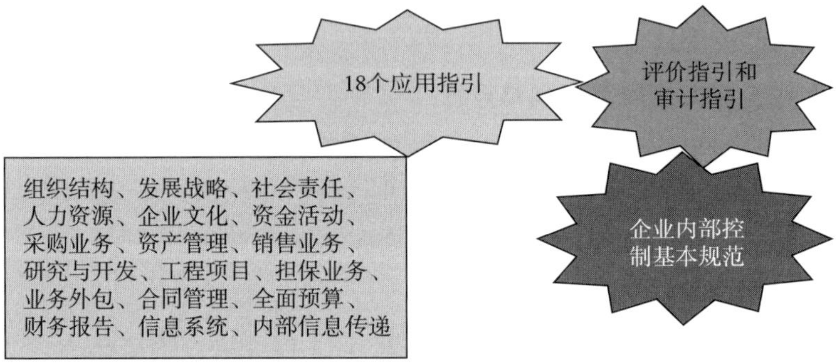

图 3-6 企业内部控制标准框架结构

1.《基本规范》规定了内部控制的基本目标、基本要素、基本原则和总体要求，是内部控制的总体框架，在内部控制标准体系中起统领作用。

2. 内控体系的有效实施，还需要一些具有可操作性的具体应用规范。《应用指引》是对企业按照内部控制原则和内部控制“五要素”建立健全本企业内部控制所提供的指引，在配套指引乃至整个内部控制规范体系中占据主体地位。

3.《评价指引》和《审计指引》是对企业按照内部控制原则和内部控制“五要素”建立健全本企业“事后控制”的指引，是对企业贯彻《基本规范》和《应用指引》效果的评价与检验。

第三节 黄金珠宝企业内部基本规范

一、内部控制的目标

《基本规范》将内部控制定义为：由企业董事会、监事会、经理层和全体员工实施的旨在实现控制目标的过程。这与 COSO 内控框架对内部控制的定义基本无区别。

《基本规范》将内部控制的目标归纳为以下五个方面：1. 合理保证企业经营管理合法合规；2. 合理保证企业资产安全；3. 合理保证企业财务报告及相关信息真实完整；4. 提高经营效率和效果；5. 促进企业实现发展战略。与 COSO 内控框架理论一样，它也是对目标提供合理保证，而在目标类别上，COSO 是三个目标类别，分别是运营目标、报告目标和合规目标。

该定义反映了以下基本概念：内部控制是一个过程，它是实现目的的手段，而非目的本身；内部控制受人的影响，它不仅仅是政策手册和图表，而且涉及企业各层次的人员；内部控制只能向企业董事会和经理层提供合理的保证，而非绝对的保证；内部控制是为了实现五类既相互独立又相互联系的目标。

二、内部控制的原则

黄金珠宝企业的内部控制建设面临外部环境、文化理念、管理层经营哲学、各种竞争等多方面的环境变量与因素的影响，企业的内部控制体系也需将众多的因素与风险纳入控制范围予以考虑。在纷繁复杂的环境和因素影响下，企业构建并实施内部控制体系，应当遵循以下基本原则。

（一）合法性原则

内部控制应当符合法律、行政法规的规定和有关政府监管部门的监管要求。

（二）全面性原则

全面性原则是指强调内部控制应当贯穿决策、执行和监督的全过程，覆盖企业及其所属单位的各种业务和事项。内部控制在层次上应当涵盖企业董事会、管理层和全体员工，在对象上应当覆盖企业各项业务和管理活动，在流程上应当渗透到决策、执行、监督、反馈等各个环节，避免内部控制出现空白和漏洞。

（三）重要性原则

内部控制应当在兼顾全面的基础上突出重点，针对重要业务与事项、高风险领域与环节采取更为严格的控制措施，确保不存在重大缺陷。

（四）有效性原则

内部控制应当能够为内部控制目标的实现提供合理保证。企业全体员工应当自觉维护内部控制的有效执行。在内部控制建立和实施过程中存在的问题应当能够得到及时地纠正和处理。

（五）制衡性原则

企业的机构、岗位设置和权责分配应当科学合理并符合内部控制的基本要求，确保不同部门、岗位之间权责分明和有利于相互制约、相互监督。履行内部控制监督检查职责的部门应当具有良好的独立性。任何人不得拥有凌驾于内部控制之上的特殊权力。

（六）适应性原则

内部控制应当合理体现企业经营规模、业务范围、业务特点、风险状况以及所处具体环境等方面的要求，并随着企业外部环境的变化、经营业务的调整、管理要求的提高等不断改进和完善。

（七）成本效益原则

成本效益原则又称为成本与效率效益原则，是指内部控制应当权衡实施成本与预期效益，以适当的成本实现有效控制。内部控制应当在保证内部控制有效性的前提下，合理权衡成本与效益的关系，争取以合理的成本实现更为有效的控制。

三、内部控制的实施体系

《基本规范》规定了内部控制的实施体系。

（一）以法制为推动

强调要研究制定内部控制的规范体系，国务院有关部门也可以根据法律法规、《基本规范》及其配套办法制定有关政策性文件，明确贯彻实施规范的具体要求。

（二）以企业实施为主体

企业应当根据有关法律法规、《基本规范》及其配套办法，制定本企业的内部控制制度并组织实施。在组织实施内部控制制度时，应当充分利用信息技术手段，并建立内部控制实施的激励约束机制，将各责任单位和全体员工实施内部控制的情况纳入绩效考评体系。

（三）以政府监管和社会评价为保障

为推动企业有效实施内部控制规范，政府有关部门应对企业建立与实施内部控制的情况进行监督检查，会计师事务所应对企业内部控制的有效性进行审计，并出具内部控制审计报告。

四、内部控制的要素

借鉴 COSO 框架，《基本规范》将内部控制的要素归纳为内部环境、风险评估、控制活动、信息与沟通、内部监督五个方面。

（一）内部环境

内部环境是企业实施内部控制的基础，《基本规范》将内部环境的要素归纳为以下六个方面，即公司治理结构、内部机构设置与职责分工、内部审计、人力资源政策、企业文化和法制环境。同时明确，企业应当成立专门机构或者指定适当的机构具体负责组织协调内部控制的建立及日常工作。

（二）风险评估

风险评估是指企业及时识别、系统分析经营活动中与实现内部控制目标相关的风险、合理确定风险应对策略。企业应当根据设定的控制目标，全面系统、持续地收集相关信息，结合实际情况，及时进行风险评估。《基本规范》将风险评估的要素归纳为以下四个方面，即确定风险承受度、识别风险（包括内部风险和外部风险）、风险分析和风险应对。

（三）控制活动

控制活动是指企业根据风险评估结果，采用相应的控制措施，将风险控制在可承受范围之内。《基本规范》将控制活动或控制措施概括为以下七个方面，即不相容职务分离控制、授权审批控制、会计系统控制、财产保护控制、预算控制、运营分析控制和绩效考评控制等。同时规定企业应当建立重大风险预警机制和突发事件应急处理机制，明确风险预警标准，对可能发生的重大风险或突发事件，制定应急预案、明确责任人员、规范处置程序，确保突发事件得到及时妥善处理。

（四）信息与沟通

信息与沟通是指企业及时、准确地收集、传递与内部控制相关的信息，确保信息在企业内部、企业与外部之间进行有效沟通。《基本规范》主要围绕内部和外部信息的收集、信息在内部和对外部相关者间的传递、信息技术平台、反舞弊机制、举报投诉制度和举报人保护制度等展开。

（五）内部监督

内部监督是指企业对内部控制建立与实施情况进行监督检查，评价内部控制的有效性。发现内部控制缺陷，并及时加以改进。《基本规范》主要针对内部监督的类型和方式、内部控制自我评价和缺陷认定机制、内部控制记录制度等进行规定。

第四节 公司治理、内部控制与风险管理

一、公司治理、内部控制与风险管理的含义

（一）公司治理

狭义上，公司治理主要是指公司的股东、董事及经理层之间的关系；广义上，公司治理还包括公司与利益相关者（如员工、客户、供应商、债权人、社会公众）之间的关系及其相关法律、法规等。从经济学的角度看，公司治理起源于所有权和经营权的分离，其实质是解决因所有权与控制权的分离而产生的代理问题。

公司治理是解决所有者（股东）与经营者（董事/经理）之间的关系，推动企业高效运作并创造价值的机制。公司治理的任务是通过促进股东、管理层以及债权人之间的协作，保护股东利益，实现公司各个利益相关方的共赢及其他相关目标。在公司治理的实践过程中，董事会始终处于核心地位。

我国的黄金珠宝企业大多遵循相对滞后的家族式企业管理方式，对于这些公司来说，随着业务的日益扩张，它们可能缺乏有效管理公司所需要的各种技能，导致家族回报未能实现最大化。因此，这些公司可能需要家族以外的管理专家代为管理。

（二）内部控制

内部控制是指一个单位的各级管理层，为了保证其经济资源的安全、完整，确保经济和会计信息的正确可靠，协调经济行为，控制经济活动，利用单位内部分工而产生的相互制约、相互联系的关系，形成一系列具有控制职能的方法、措施、程序，并予以规范化、系统化，使之成为一个严密的、较为完整的体系。

（三）风险管理

风险管理是指如何在项目或者企业一个肯定有风险的环境里把风险可能造成的不良影响减至最低的管理过程。

二、风险管理、内部控制与公司治理三者之间的关系

尽管对三者的关系有各种不同的看法，但理论界和实务界都基本一致地认为，三者是密不可分甚至是完全相同的，见图 3-7。在企业风险管理的框架下，风险管理、内部控制、公司治理三者的关系可从以下四个方面来体现。

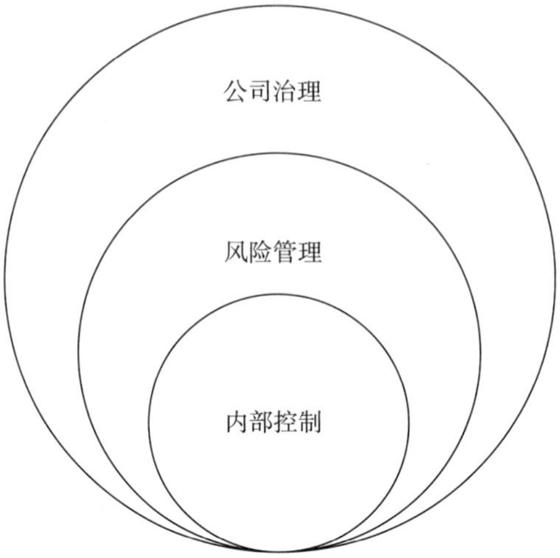

图 3-7　风险管理、内部控制、公司治理的关系

（一）管理范围的协调

风险管理框架下的内部控制是站在企业战略层面来分析、评估和管理风险，是把对企业监督控制从细节控制提升到战略层面及公司治理层面。风险管理不仅仅关注内部控制建立，最主要的是关注内部控制运行与评价，从企业所有内外风险的角度为公司治理层、管理层、持续改进内部控制设计和运行提供思路，风险管理比内部控制的范围要广泛得多，如图 3-8 所示。

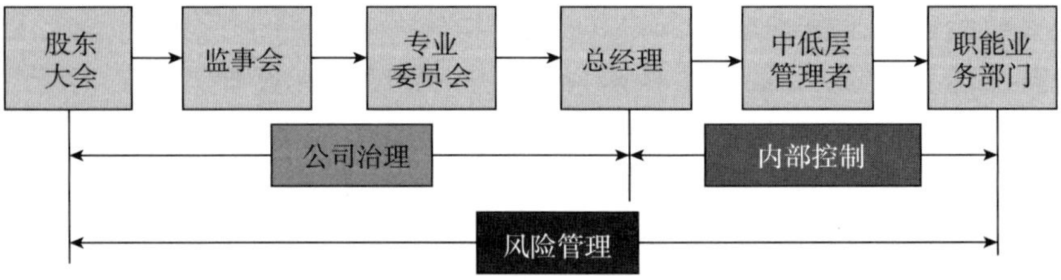

图 3-8　风险管理、内部控制、公司治理三者的关系

（二）前动与后动的平衡

在风险管理框架下的内部控制既包括提前预测和评估各种现存和潜在风险，从企业整体战略的角度确定相应的内控应对措施来管理风险，达到控制的效果，又包括在问题或事件发生后采取后动反应，积极采取修复性和补救性的行为。显然，在未发生风险的负面影响前即采取措施，更能够根据事件或风险的性质，降低风险的损失，降低成本，提高整体管理效率。

（三）治理、风险、控制的整合

在风险管理框架下的内部控制试图寻求一个有效的切入点使内部控制真正作为组织战略管理的重要成分嵌入组织内部，提高组织对内部控制重要性的认同，并使内部控制能为组织战略目标的实现作出更多的贡献。依照风险管理的整体控制思维、扩展内部控制的内涵和外延，将治理、风险和控制作为一个整体为组织目标的实现提供保证。这一整合的过程将克服原本内部控制实施过程中内部控制与管理脱节的问题，整个组织风险管理的过程也是内部控制实施的过程，内部控制不再被人为地从企业整个流程中分离出来，提高了内部控制与组织的整合性和全员参与性。

（四）“从上到下”控制基础和“从下到上”风险基础执行模式的融合

过去，一提到内部控制，人们往往认为是管理者制定相应的规章制度约束员工的。但在风险管理框架下的内部控制既体现内部控制从上到下的贯彻执行，也强调内部控制从下到上参与设计、反馈意见以及“倒逼”机制，即从上到下控制基础和从下到上风险基础执行模式的融合。

如表 3-1 所示，风险管理框架下的内部控制（风险管理）既包括管理层以下的监督控制，又包括管理层以上的治理控制，按照内部控制五要素分析内部治理控制。

表 3-1　风险管理框架下的公司内部控制治理

内部控制要素	公司治理中的体现（举例，并不全面）
控制环境	1. 股东（大）会、董事会、监事会、经理层的职责定位； 2. 董事会内部职责分工与授权，如内设的战略、执行、审计、薪酬、提名专业委员会等； 3. 董事会、监事会与经理团队的沟通氛围； 4. 股东与董事会的风险偏好； 5. 董事长主持董事会工作，其职业修养与专业能力将影响治理效果； 6. 董事、监事能力； 7. 独立董事的独立性。
风险评估	1. 战略、目标、重大经营计划等决策需对内、对外风险充分评估； 2. 为具体治理活动设计控制措施前需要进行风险评估。
控制活动	1. 治理结构本身的牵制机制设计，如监事会的设立、独立董事制度、审计委员会设立等； 2. 企业战略和目标的制定与决策程序； 3. 通过听取业绩报告，董事会对经理战略执行的过程控制； 4. 董事会对经理的决策授权与监督； 5. 董事、监事、经理的考核激励控制； 6. 公司章程，董事会及其下属委员会、监事会的议事规则； 7. 信息披露的控制程序。
信息与沟通	1. 股东、董事、监事履行职责时，必须适时得到充分的相关信息； 2. 董事会与经理团队应建立正常的沟通机制，适时了解战略和目标的执行情况，及时采取行动； 3. 股东分散、不参与企业的经营管理，董事会应按规定适时地披露相关信息，保障所有股东的合法权益。
监督	1. 董事会（或审计委员会）聘请独立第三方对经理履行职责情况的检查； 2. 监事会对董事会与经理层的监督检查。

第二部分
黄金珠宝企业风险理论与实务

第四章　战略（决策）风险管理

第一节　战略概述

一、战略的定义

（一）战略的内涵

战略一词最早来源于军事领域，即军事将领指挥军队作战的谋略。用在公司经营管理中是指公司从全局考虑做出的长远性谋划。在中国，“战略”一词历史久远。“战”指战斗或战争；“略”指谋划。春秋时期的《孙子兵法》被认为是中国最早进行全局筹划的著作。随着人类社会的不断发展进步，人们逐渐将战略思想应用到公司经营管理中，公司战略应运而生。例如，美国学者安索夫在《从战略计划走向战略管理》一书中，首次提出了“公司战略管理”的概念。安索夫指出，公司战略管理是把公司的战略发展问题作为一个多因素和多层次的整体复杂系统来处理，既重视技术经济方面的环境因素，也重视公司自身的内部结构条件以及文化、政治和法律等各方面的变化发展可能产生的各种影响，并且还把战略计划的制订、控制与实施结合成一个统一体的动态管理过程。

管理学家亨利·明茨伯格教授认为，在公司的经营活动中，管理者在不同的场合以不同的方式赋予公司战略不同的内涵。明茨伯格教授还提出了战略的五种定义，即计谋、计划、定位、观念和模式。

其他学者也从不同的立场、角度、意图，强调战略的应变性、竞争性和风险性。战略是公司为之奋斗的终点与公司为达到它们而寻求的途径的结合物。强调公司战略的重要属性。

（二）战略类型

1. 市场渗透战略

市场渗透战略是由公司现有产品和现有市场组合而产生的战略，其要点在于扩大现有产品的销售量，通过扩大产品使用者的数量、扩大产品使用者的使用频率、改进现有产品的特性以吸引新用户等方法达到上述目的。这种战略表面上看风险最小，但如果市场发展对公司产生一些不利因素，则成为风险最大的一种战略。这些因素有：该公司在市场上只有微弱优势，出现了多个强有力的竞争对手；管理者把精力集中在现有事务的处理上，可能错过了更好的投资机会；顾客需求的改变导致现有目标市场需求的缩减；某项重大技术突破使原有产品的销路化为乌有。

2. 市场开发战略

市场开发战略由现有产品与开辟新市场组合而成。它至少包括以下两个方面。

第一，扩大市场半径，即公司在巩固原有市场基础上千方百计地使产品从某一地区走向全国，甚至打入国际市场等。

第二，在原有市场上挖掘潜在的需求，主要是根据消费者的需要，对产品结构、性能等方面的因素进行改进或提高。这种战略比市场渗透战略的风险大，由于这种战略不能降低因客户减少或技术落后而导致的风险，因此只能作为一种短期战略。

3. 产品开发战略

产品开发战略是在原有市场上，改进产品、增加品种、以新产品取代老产品。

实施这一战略，当公司推出的新产品不适合原有市场顾客的需要时，会产生较大的风险。因此，在公司决定采取这一战略之前，一定要对顾客是否会接受新产品进行市场调查，做出较准确的判断。

4. 多样化战略

多样化战略是用新开发出的产品去占领新开拓的市场。采用这种战略时应考虑下列两项因素。

其一，现有的资源及市场情况，要深入研究应采用哪种类型的多样化战略，公司领导要高瞻远瞩，坚决抵制某些经营领域的短期利益诱惑。

其二，要处理好多样化经营与专业化生产的关系。

（三）公司战略的含义

公司战略是在社会发展中逐渐演变而形成的，在不同时期，人们对于公司战略的认知和理解各不相同。以 20 世纪 80 年代为分界线，公司战略的概念主要分为传统和现代两种。

1. 公司战略的传统概念

美国哈佛大学教授迈克尔·波特对战略的定义堪称公司战略传统概念的典型代表。他认为："战略是公司为之奋斗的一些终点与公司为达到它们而寻求的途径的结合物。"波特的定义概括了 20 世纪 60 年代和 70 年代人们对公司战略的普遍认识，他强调公司战略的指导性、全局性和持久性。

2. 公司战略的现代概念

20 世纪 80 年代以来，由于公司外部环境变化速度加快，传统概念受到局限，于是公司战略的现代概念受到广泛的重视。公司战略的现代概念更强调在变化的环境中积极主动预测未来，而不是被动地针对变化做出反应；现代概念更强调公司战略的应变性、竞争性和风险性。

公司的大部分战略是事先的计划和突发应变的组合。战略制定的任务包括制订一个策略计划，随着事情的进展不断进行调整。一个实际的战略是管理者在公司内外各种情况不断出现的过程中不断规划、调整和再规划的结果。

（四）公司战略的特征

制定战略是决策的前提，战略制定要立足主体本身。公司战略通常具备以下几个特征。

1. 指导性

公司战略界定了公司的经营方向、远景目标，明确了公司的经营方针和行动指南，并筹划了实现目标的发展轨迹及指导性的措施与对策，在公司经营管理活动中起着导向的作用。

2. 全局性

公司战略立足于未来，通过对国际、国家的政治、经济、文化及行业等经营环境的深入分析，结合自身资源，站在系统管理高度，对公司的远景发展轨迹进行了全面的规划。凡需要进行高层次谋划和决策，又要照顾各个方面和各个阶段性质重大的、相对独立的领域，都是战略的全局。全局性表现在空间上，整个世界、一个国家、一个地区、一个独立的战略方向，都可以是战略的全局。

3. 持久性

“人无远虑，必有近忧”“今天的努力是为了明天的收获”。公司战略一方面，着眼于长期生存和长远发展的思考，兼顾短期利益，确立远景目标，并谋划实现远景目标的发展轨迹及宏观管理的措施、对策。另一方面，围绕远景目标，公司战略必须经历一个持续、长远的奋斗过程，除根据市场变化进行必要的调整外，制定的公司战略通常不能朝令夕改，要具有长效的稳定性。

4. 竞争性

竞争是市场经济不可回避的现实，也正是因为有了竞争，才确立了战略在经营管理中的主导地位。面对竞争，公司战略需要进行内外环境分析，明确自身的资源优势，通过设计适当的经营模式，形成特色经营，增强公司的对抗性和战斗力，推动公司长远、健康发展。

5. 系统性

立足长远发展，公司战略确立了远景目标，并围绕远景目标设立阶段目标及实现各阶段目标的经营策略，以构成一个环环相扣的战略目标体系；同时，根据组织关系，公司战略需要由总体战略、竞争战略、职能战略三个层级构成一体。

6. 风险性

公司做出任何一项决策都存在风险，战略决策也不例外。如果市场研究深入，行业发展趋势预测准确，设立的远景目标客观，各战略阶段人、财、物等资源调配得当，战略形态选择科学，制定的战略就能引导公司健康、快速的发展；反之，制定的战略就会产生管理误导，甚至给公司带来破产的风险。战略是基于客观情况而提出的克敌制胜的斗争策略，它是在一定的客观条件下，变被动为主动，化劣势为优势的保障。

7. 目标性

公司战略需要在全局性基础上针对具体问题、主要矛盾做出，即具有明确的目的。公司战略的目标性有利于全局性把控，能使公司有的放矢，使战略更适应主体。

8. 前瞻性

前瞻性是谋划的前提和决策的基础。在广泛调查研究的基础上，全面分析、正确判断、科学预测国内外战略环境、敌友关系，以及影响敌对双方关系的未来发展变化等因素。前瞻性决定决策的成效，在前瞻性前提下制定决策可以使战略更符合全局需要。

9. 应变性

公司的经营活动就是把现在的资源运用于不确定的未来，它要迎接来自各方面的竞争、压力和困难等挑战。一般来说，成功的公司战略具有承受更大风险的能力，这就要求战略制定后不能一成不变，而应根据公司外部环境和内部条件的变化，适时地加以调整，以适应变化后的环境和情况，这就是公司战略的应变性。

（五）公司战略的构成要素

公司战略是由经营范围、成长方向、竞争优势和协同作用四个要素构成。

1. 经营范围

经营范围是指公司从事生产经营活动的领域。其主要解决以下两方面的问题：一是公司目前所处的经营领域是否有足够的机会以保证公司的生存和发展，因而对是否仍处在这一经营领域做出决策；二是公司应进入何种经营领域以获得充分发展的空间。在确定公司的经营范围时，对公司的产品和市场范围应该按行业来描述，因为行业是具有共同特征的产品、市场、技术和使命的集合，能够较明确地为公司确定经营范围提供分析的基础。

2. 成长方向

成长方向是指公司在产品和市场的结合方面的移动方向。公司成长方向矩阵如表 4-1 所示。

表 4-1 公司成长方向矩阵

市 场	当前产品	未来产品
当前市场	市场渗透	产品开发
未来市场	市场开发	多样化

3. 竞争优势

竞争优势是指公司在产出规模、组织结构、劳动效率、品牌、产品质量、信誉、新产品开发以及管理和营销技术等方面所具有的各种有利条件。公司在市场竞争中与竞争对手发生激烈的对抗，而决定输赢的关键在于谁拥有强大的竞争优势。

4. 协同作用

协同作用是指公司在战略的制定和实施过程中，必须努力寻求各种类型的共同努力。一般来讲，公司战略的协同作用可分为以下四类。

（1）投资协同作用。投资协同作用产生于公司内各经营单位联合利用公司的设备、共同的原材料储备、共同研究开发的新产品以及分享公司专用的工具和专有技术。

（2）作业协同作用。作业协同作用产生于充分利用已有的人员和设备，共享由经验曲线形成的优势等。

（3）销售协同作用。销售协同作用产生于公司产品使用共同的销售渠道、销售机构和推销手段。

（4）管理协同作用。管理协同作用是贯穿于上述三种协同作用之中的、涉及公司素质和能力的核心协同作用。

二、公司战略的分层

公司战略是把战略的思想和理论应用到公司当中，是公司为了适应未来环境的变化，寻求公司长期生存和发展而制定的总体性、长远性的谋划。目前，将公司战略分为三个层次，即选择可竞争的经营领域的总体战略、某经营领域具体竞争策略的业务战略（也称竞争战略）和涉及各职能部门的职能战略。三者的关系如图 4-1 所示。

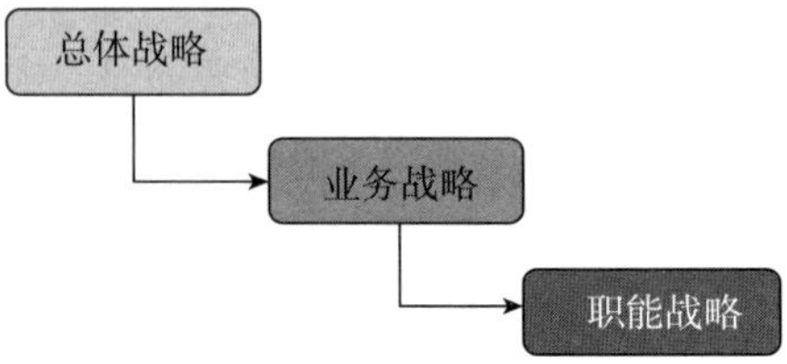

图 4-1 公司战略三个层次的关系

（一）总体战略

总体战略又称公司层战略。在大中型公司里，特别是实行多种经营的公司里，总体战略是公司最高层次的战略。它需要根据公司的目标，选择公司可以竞争的经营领域，合理配置公司经营所必需的资源，使各项经营业务相互支持、相互协调。总体战略一般又包含发展型战略、稳定型战略、收缩型战略。

（二）业务战略

公司二级战略常被称为业务战略或竞争战略。业务战略涉及各业务的主管以及辅助人员。

业务战略着眼于公司中某一具体业务单元的市场和竞争状况，相对于总体战略有一定的独立性，同时又是公司战略体系的组成部分。业务战略主要回答在确定的经营业务领域内，公司如何展开经营活动，以及在一个具体的可识别的市场上，公司如何构建持续竞争优势等问题。

常见的业务战略有成本领先战略、差异化战略和集中化战略。

（三）职能战略

职能战略又称职能层战略，主要涉及公司内部的职能部门，如营销、财务、生产、研发、信息技术等，其目标是如何更好地配置公司内部资源，为各级战略服务，提高组织效率。

职能战略是在公司特定的功能管理区域中开发的策略，用于实施和支持公司总体战略和业务战略。职能战略主要回答某个职能相关部门如何有效工作的问题，提高公司资源的最大利用效率。使总体战略和业务战略的内容得到具体实施，并协调各项职能。

三、实施战略应遵循的原则

公司在实施战略的过程中需要遵循一定的原则，从而使其成为对公司发展有促进作用的战略。

（一）目标可行

目标可行原则是指战略目标的设定应具有一定的前瞻性和适当的挑战性，使战略目标通过一定的努力可以实现，并能够使长期目标与短期目标有效衔接。

（二）资源匹配

资源匹配原则是指公司应根据各业务部门与战略目标的匹配程度进行资源配置。

（三）责任落实

责任落实原则是指公司应将战略目标落实到具体的责任中心和责任人，构成不同层级彼此相连的战略目标责任圈。

（四）协同管理

协同管理原则是指公司应以实现战略目标为核心，考虑不同责任中心业务目标之间的有效协同，加强各部门之间的协同管理，有效提高资源的使用效率。

四、公司使命与公司战略目标

（一）公司使命

一个公司的成立和成长都有其愿景，即对未来的愿望和憧憬，是公司创立者和经营者对公司未来的构思与设想。公司使命是公司与其他类型组织进行区分的原因。而公司使命是在公司愿景的基础上对自身和社会发展所做出的承诺，即公司应该满足什么需要以及应该从事何种业务。公司使命对于公司战略的发展尤为重要，是公司生存的根本目的，是公司需要完成工作、实施战略的行为规范指导。公司使命通常包括公司目的、公司宗旨和经营理念。

1. 公司目的

公司目的是公司组织的根本性质和存在理由的直接体现。组织按其存在理由可以分为两大类：营利组织和非营利组织。以营利为目的而成立的组织，其首要目的是为其所有者带来经济价值。例如，通过满足客户需求、建立市场份额、降低成本等来增加公司价值。其次目的是履行社会责任，以保障公司主要经济目标的实现。相反，以非营利为目的成立的组织，其首要目的是提高社会福利、促进政治和社会变革，而不是营利。一般而言，公司是最普通的营利组织，红十字会是最普通的非营利组织。

2. 公司宗旨

公司宗旨是阐述公司长期的战略意向，其具体内容主要为公司目前和未来所要从事的经营业务范围。公司的经营业务范围应包括公司的产品（或服务）、客户、市场和技术等几个方面。

公司宗旨反映出公司的定位。定位是指公司采取措施适应所处的环境，包括相对于其他公司的市场定位，如生产或销售什么类型的产品或服务给特定的部门，或以什么样的方式满足客户和市场的需求，如何分配内部资源以保持公司的竞争优势等。

3. 经营理念

经营理念是指经营主体在经营过程中所遵循的原则，即经营主体的价值观、价值理念和行为准则，是公司文化的高度概括。经营理念主要通过公司对利益相关者的态度、公司提倡的共同价值观、政策和目标以及管理风格等方面体现出来。经营理念同样影响着公司的经营范围和经营效果。

（二）公司战略目标

公司战略目标是公司使命的具体化，即公司的基本战略。公司战略目标是将公司使命转换为明确的、具体的业绩目标，从而使公司的发展有一个可以测度的标准，通常由战略目标和财务目标等方面组成。

1. 战略目标

公司可根据对整体目标的保障、员工积极性的发挥以及公司各部门战略方案的协调等实际需要，选择自上而下、自下而上或上下结合的方法制定战略目标。公司战略目标是公司在实现其使命过程中所追求的长期结果，是在一些最重要的领域对公司使命的进一步具体化。它包含市场方面的目标、技术和发展方面的目标、生产力方面的目标、物资和金融方面的目标、人力资源方面的目标、员工工作积极性的目标、社会责任的目标。

2. 财务目标

公司财务目标又称公司理财目标，是财务管理的一个基本理论问题，也是评价公司理财活动是否合理有效的标准。公司财务目标是公司经营目标在财务上的集中和概括，是公司一切理财活动的出发点和归宿。制定财务目标是现代公司财务管理成功的前提，明确合理的财务目标，财务管理工作才有明确的方向。因此，公司应根据自身的实际情况和市场经济体制对公司财务管理的要求，科学合理地选择、确定财务目标。财务管理是公司管理的一部分，是有关资金的获得和有效使用的管理工作。财务目标取决于公司的总目标，包括偿债能力目标、盈利能力目标、营运能力目标等。

五、战略分析

战略分析是通过资料的收集、整理、分析、组织和解决内外环境等多方面的问题。通过战略分析，可以大概了解外部环境的机会与威胁，以及内部资源的优势与劣势，建立和发现战略行动的约束条件。

（一）外部环境分析

外部环境分析从公司外部的政治和法律环境、社会文化和自然环境、技术环境、经济环境，进行外部环境分析和预测，使企业保持竞争优势。

政治和法律环境多指国家的方针政策、法令法规、国内外的政治形势的发展对企业造成的影响。政治环境是保障企业生产经营活动的基本条件。

社会环境多指社会人口、消费心理、文化传统、社会流动性、价值观。

技术环境多指与企业所处的行业相关的科学技术水平和发展趋势，它会影响到企业能否及时调整战略决策，以获得新的竞争优势。

经济环境包括整个市场的宏观经济发展形势、世界经济发展形势和企业行业的经济发展趋势，经济环境对企业生产经营的影响更为直接具体。

（二）外部行业环境分析

公司分析外部宏观环境变化导致的行业竞争结构的变化，从而影响公司的战略选择。

波特提出的五力分析模型又称波特竞争力模型，该模型是用于行业分析和商业战略研究的理论模型，它指出行业竞争结构取决于潜在竞争者的威胁、替代品的威胁、供应商讨价还价的能力、购买者讨价还价的能力以及行业内部竞争者竞争的特点，见图4–2。

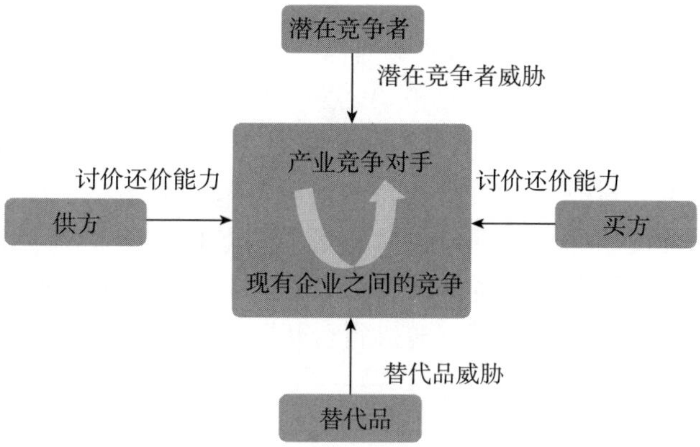

图4–2　波特五力分析模型

波特的框架为产业环境中各种竞争力的系统分析提供了强大的工具，能帮助管理者进行战略性思考。需要注意的是，竞争力之间相互影响，因此在进行产业分析时必须同时考虑所有的因素。事实上，产业分析引导管理者进行系统性思考，思考他们的战略选择如何受到产业竞争力的影响，他们的战略又将如何影响五种竞争力和改变产业环境。

（三）内部环境分析

企业的内部环境是指企业内部拥有的与企业经营活动有关的各种要素的总和，既包括各种资源也包括各种能力。无论外部环境发生了什么样的变化，企业和战略管理者必须先了解企业内部资源和能力的形成、现状以及水平，然后判断外部环境变化对企业的影响，并且能够扬长避短和趋利避害。

内部环境分析的内容诸多，可以从公司资源、公司能力、公司的核心竞争力几个方面展开。进行内部环境分析，要了解公司自身所处的相对地位，具有哪些资源以及战略能力。常用的战略分析工具有波士顿矩阵、通用矩阵、SWOT分析等。

1. 企业资源分析

企业资源是企业可以获取和整合的与企业价值创造活动有关的各种要素。企业的战略选择首先受制于其拥有的资源和能够整合的资源。通过与竞争对手比较来确认自己在资源上的优势和劣势，评价资源优势的价值创造力和可持续性。从企业资源的内在属性看，企业资源可以划分为人力资源、有形资源、无形资源。

2. 企业能力分析

企业能力是指企业所拥有的利用和整合企业资源实现企业经营目的所需的各种知识方法、技巧、经验等。企业战略受制于其拥有的能力以及对能力的整合。企业战略管理者需要厘清自己的能力，包括能力的类型、数量和质量等。企业能力主要由研发能力、生产管理能力、营销能力、财务能力和组织管理能力五方面组成。

核心能力使企业针对所选择的行业，市场和商业模式，通过长期持续的资源投入和学习积累而建立的一系列关键和可持续的资源和能力优势，并与相应的管理模式和企业文化相匹配，使这些关键和可保持的资源和能力优势得到有机整合，形成一种相互匹配，支撑和强化的关系。

3. SWOT 分析

（1）SWOT 分析原理

所谓 SWOT 分析，就是将与研究对象密切相关的各种主要内部优势、劣势和外部的机会和威胁等，通过调查列举出来，并依照矩阵形式排列，然后用系统分析的思想，把各种因素相互匹配起来加以分析，从中得出一系列相应的结论，而结论通常带有一定的决策性。

运用这种方法，可以对研究对象所处的情景进行全面、系统、准确的研究，从而根据研究结果制定相应的发展战略、计划以及对策等。与其他的分析方法相比较，SWOT 分析从一开始就具有显著的结构化和系统性的特征。SWOT 分析法的主要理论基础也强调从结构分析入手对企业的外部环境和内部资源进行分析，如图 4-3 所示。

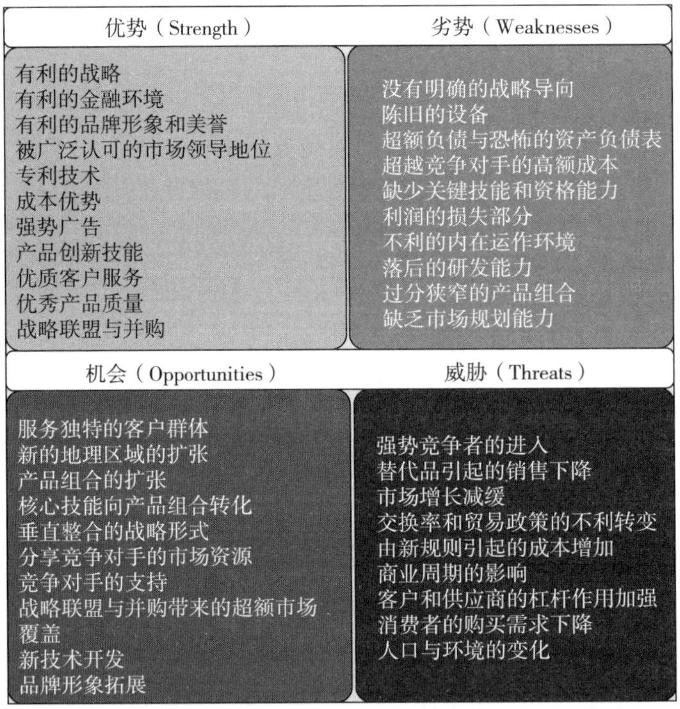

图 4-3 SWOT 分析法

（2）SWOT 分析法的应用

SWOT 分析法常常被用于制定集团发展战略和分析竞争对手情况，在战略分析中，它是最常用的方法之一。进行 SWOT 分析时，主要有以下几个方面的内容。

1. 分析环境因素

运用各种调查研究方法，分析出公司所处的各种环境因素，即外部环境因素和内部环境因素。在调查分析这些因素时，不仅要考虑历史与现状，而且更要考虑未来发展问题。

2. 构造 SWOT 矩阵

将调查得出的各种因素根据轻重缓急或影响程度等排序方式，构造 SWOT 矩阵。在此过程中，将那些对公司发展有直接的、重要的、大量的、迫切的、久远的影响因素优先排列出来，而将那些间接的、次要的、少许的、不急的、短暂的影响因素排列在后面。

3. 制订行动计划

在完成环境因素分析和 SWOT 矩阵的构造后，便可以制订出相应的行动计划。制订计划的基本思路是：发挥优势因素，克服弱点因素，利用机会因素，化解威胁因素；考虑过去，立足当前，着眼未来。运用系统分析的综合分析方法，将排列与考虑的各种环境因素相互匹配起来加以组合，得出一系列公司未来发展的可选择对策。

SWOT 分析是对企业内外部因素各方面内容进行综合和概述，分析企业的优势和劣势，面临的机会和威胁，进而帮助企业进行战略选择的一种方法。根据 SWOT 分析，可以将企业的战略分为以下几种，如图 4-4 所示。

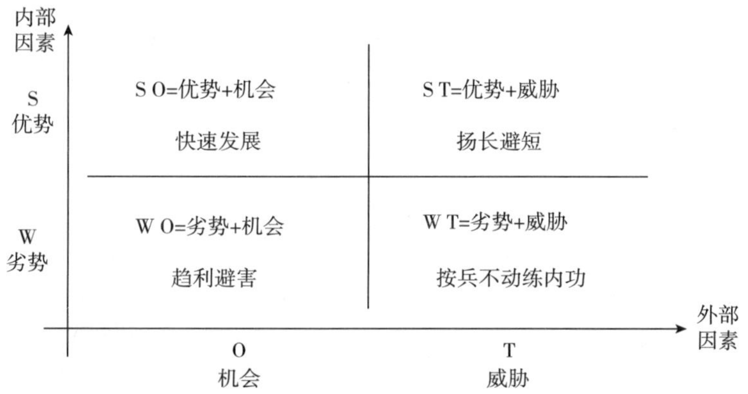

图 4-4 SWOT 分析

第二节 战略风险概述

一、战略风险概念

在企业管理领域，战略风险概念处于百家争鸣、百花齐放的局面，但是至今人们对战略风险的概念尚未达成一致的认识，所以对战略风险没有一个明确的定义。根据现有的文献来看，主要从以下三个方面对战略风险的概念进行了阐述。

第一个方面是将决策理论观作为切入点，Andrews（1971）提出战略风险是由于领导者做出影响公司全局的决策而造成的风险，认为战略风险是战略本身存在的风险。

第二个方面主要从风险理论的角度入手，将企业发生损失的概率认定为战略风险，该风险会引发企业的行业竞争力下降或企业收益波动等不良问题，进而导致企业的经济利益或非经济利益发生损失，这种观点认为战略风险是一种战略层面的风险。

第三个方面是从战略目标出发，将战略风险定义为阻碍战略目标实现的可能性。该观点认为，在企业对战略制定和实施的过程中，战略风险是那些实现企业战略目标所需要的条件是不充分或是不存在而无法保障企业战略目标得以实现的可能性。此观点简单可行，从战略的角度体现了战略风险和其他类型风险的区别，并且该观点对于战略风险管理工作具有较强的指导性，适用于战略风险的识别，分析以及防范等各个环节，因此，本教材采用的是该项定义。

二、战略风险的成因

战略风险是阻碍企业战略目标实现的可能性。根据战略风险管理理论，企业之所以存在战略风险的本质原因是企业的战略目标与内外部环境变化无法匹配的结果，这种不匹配主要分为主动适应性失衡和被动适应性失衡两种情况。当企业的战略调整超前于内外部环境变化时，战略目标无法和内外部环境之间达到平衡，属于主动适应性失衡；当企业内外部环境发生剧烈变化时，企业未及时对战略进行调整或调整偏离变化方向，致使战略目标无法和内外部环境之间平衡，属于被动适应性失衡。企业的外部环境一般指宏观环境如政治、经济、社会、行业等，企业的内部环境可以用企业内部资源和企业能力两方面综合反映，所以上述的战略与内外部环境的不匹配则演变为战略与外部环境、企业内部资源和企业能力三要素以及各要素之间的失衡，如图 4-5 所示。

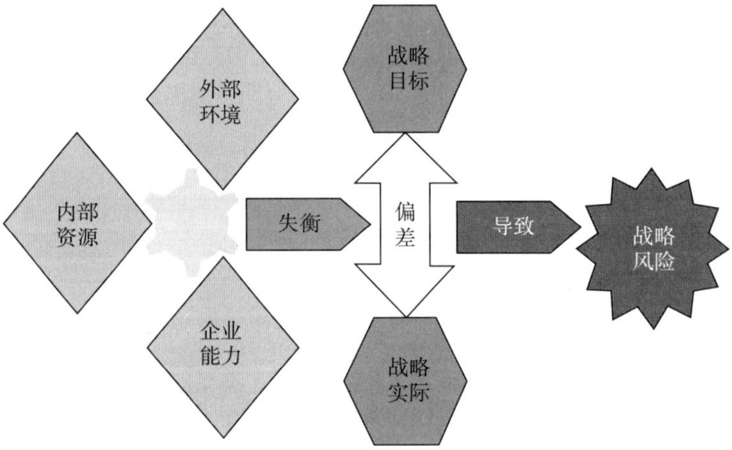

图 4-5　企业战略风险的成因

三、战略风险管理过程

由战略风险的成因可知，战略风险管理理论的核心在于根据企业内外部环境的变化来调整战略或是采取一些措施以保证战略与外部环境、企业内部资源和企业能力三要素及各要素之间的平衡。到目前为止，国内外尚未对战略风险管理达成统一的认识，但大多数学者认为企业的战略风险管理过程应该与全面风险管理过程保持一致性，所以企业战略风险管理流程一般包括以下四个方面。

（一）战略风险识别

战略风险识别的前提是对战略风险影响因素分析。

企业应充分利用企业资源收集内外部环境变动的情况，保障数据资料真实、可靠、可利用程度高；通过收集的资料找出战略风险的影响因素，对战略风险影响因素进行分析并识别出企业目前存在的战略风险。

（二）战略风险评估

根据风险发生的可能性以及其对企业造成的影响程度两方面进行综合度量，得出企业应重点关注的战略风险。

（三）战略风险处理

根据战略风险评估的结果和企业对风险的承受度调整风险管理策略，提出战略风险的处理措施。

（四）战略风险检查和风险评价

企业可以利用上述过程找到企业关于战略风险管理体系的漏洞和不足，做出有针对性的改进。监督战略风险管理的整改情况，保证战略风险管理的解决措施能够有效落实。

第三节　战略风险识别

一、战略风险影响因素分析

企业应充分利用企业资源收集内外部环境变动的情况，保障数据资料真实、可靠、可利用程度高；通过收集的资料找出战略风险的影响因素，对战略风险影响因素进行分析。从外部宏观环境、外部行业环境、内部环境三个影响因素进行分析。

（一）外部宏观环境因素

外部宏观环境因素是造成战略风险的重要因素，主要包括经济、政治、社会、技术、法律等宏观环境。根据国务院国资委颁布的《中央企业全面风险管理指引》，影响战略风险的环境因素主要有国内外的经济政策和产业政策、国际环境、行业的发展周期、市场需求等，这些环境因素的变化都可能对企业实现长期发展的战略目标造成重大影响，需要企业对战略规划做出新的调整，否则可能会造成环境因素与企业战略目标之间的失衡，引发企业的战略风险。

（二）外部行业环境因素

外部行业环境因素主要依照波特五力模型中涉及的行业中决定企业竞争规模和程度的五种力量，重点关注企业在行业中的地位，不同的行业地位，企业采取的战略目标不同，战略目标决定着企业的战略措施，任何不当定位，都会引发企业的战略风险。

（三）内部环境因素

企业内部环境因素包含企业内部资源及企业能力。

1. 企业内部资源因素

企业内部资源为企业实现战略提供了强大的动力，企业内部资源因素主要包括财务资源、人力资源、文化资源、客户资源等方面。财务资源是企业能够正常运转所必不可少的资源，企业的日常生产和经营活动都需要强有力的财务资源做支撑，财务资源一旦缺失，企业的基本活动将陷入停滞，造成巨大的战略风险。人力资源是企业间竞争的核心武器，当人力资源流失过快时，将会给企业带来巨大的人才损失，不利于企业实现战略目标。文化资源也是对企业发展至关重要的一个因素，优秀的企业文化能提高公司的凝聚力和效益，而落后的文化资源将会给公司带来危机。客户资源能够帮助企业提高市场份额和市场占有率，如果客户资源匮乏将严重地影响产品销售，给公司战略目标的实现造成阻力。

2. 企业能力因素

企业能力因素是指企业所具备的能在一定程度上帮助企业实现战略目标的技能，它主要包括管理能力、产品和技术的创新能力等。高水平的管理能力能使企业拥有精简的组织结构和高效的业务流程，帮助企业提高效率和效益。产品和技术的创新能力是企业在激烈市场竞争中的一项武器，能够使企业保持核心竞争力，从而促进企业更好地实现战略目标。企业的内部资源因素和能力因素之间有着密不可分的联系，它们都属于企业内部环境因素，在一定条件下，企业内部资源因素可以向能力因素转化。根据战略风险的形成机理，当企业的环境、内部资源以及能力之间失衡时，需要企业发挥能动性对各个因素进行调整，协调好各因素和战略目标之间的关系，达成新的平衡，否则就可能会使战略目标的预期和实际产生偏差，从而引发巨大的战略风险。

二、战略风险识别

通过外部宏观环境、外部行业环境、内部环境战略影响因素分析，借助专家调查法、头脑风暴法、现场观察法等，并结合企业内部因素和外部环境因素的变化对企业可能造成的战略风险进行识别。

战略风险在不同的环境中所表现出来的侧重点有所差异，但是从影响因素来源分析，可将战略风险分为宏观层面战略风险、行业层面战略风险与企业层面战略风险三种类型。宏观层面战略风险是由企业所在的外部宏观环境变化决定的；行业层面战略风险是由企业所处的行业本身所决定的；而企业层面战略风险与企业自身的实际情况有关。

（一）宏观层面战略风险

经济、政治、社会、技术、法律等均是影响企业的外部宏观环境因素，不同的因素针对不同的企业影响情况不同，产生的相应战略风险也不同，单一因素或多个综合因素均可以识别为宏观层面战略风险，可分为政治层面战略风险、经济层面战略风险等。

1. 政治层面战略风险

政治层面战略风险是企业面临的宏观环境下的风险，属于系统性风险。面对这种风险，一般来说企业是比较被动的，拥有较少的话语权。企业需要把握好政策的方向，不断地进行自身的调整，去适应政策变化的新环境。因为只有积极地跟着政策走，才能最大限度地减少政治方面的因素给企业带来的不确定性。

2. 经济层面战略风险

经济层面战略风险主要是由于国内外经济形势变化而给企业生产经营带来的不确定性。例如，2020 年受新冠疫情影响，全球经济发展速度放缓，全球性企业受经济下行影响，其营业收入增速放缓，导致企业引发经济层面战略风险。

2020 年中国新冠疫情控制较好，中国企业有序复工复产，中国经济平稳上升，疫情对中国区域市场的企业影响较小，中国区域市场的企业虽然有影响，但是可能未引发经济层面的战略风险。

（二）行业层面战略风险

行业层面战略风险是该行业中与企业经营有关的因素导致的风险，属于系统性风险。可能来自下游客户和上游供应商，也可能来自潜在进入者、替代者或行业内部竞争者。

1. 客户层面战略风险

客户层面的风险可能是客户信用不佳和大客户流失造成的，若客户不及时还款，拖欠货款或服务款，可能会导致企业发生现金流不足的情况。

2. 供应商层面战略风险

供应商层面的战略风险主要是原材料供应不足或原材料质量不符合企业需求的危险。

（三）企业层面战略风险

企业层面战略风险包括企业内部资源和企业能力因素带来的不确定性。

1. 企业内部资源层面战略风险

市场竞争实质上是核心技术、核心人才、雄厚财力的竞争。企业拥有专利技术、优秀大量的科研人才、雄厚的资金是一个公司具备核心竞争力的体现。若企业存在核心技术缺乏、核心员工流失严重、企业资金周转困难等问题，内部环境因素的不断变化将会对企业可持续发展和企业合规管控的战略目标的实现带来负面影响，不利于公司的发展，将导致内部资源层面战略风险。

2. 企业能力层面战略风险

企业能力层面战略风险分析主要看发展能力，发展能力主要考察八项指标是否异常，发展能力八项指标是指营业收入增长率、资本保值增值率、资本积累率、总资产增长率、营业利润增长率、技术投入比率、营业收入三年平均增长率和资本三年平均增长率。企业发展能力存在问题，不利于公司的发展，将导致企业能力层面战略风险。

第四节 战略风险评估

由于企业资源的有限性，企业不能关注全部的风险，需要对风险进行评估，关注风险发生概率较大、风险损失重大的战略风险，为下一步进行风险有效处理奠定基础。战略风险评估采用定性衡量方法，就是风险管理人员通过风险识别阶段所得到的信息，运用一定的方法，进行信息加工和处理，从而得到风险事件发生的概率及其损失程度这两个重要指标，为风险管理者选择风险处理方法、进行风险管理决策提供依据。

企业风险定性评估方式可以将企业风险概率表示为“很小”“中等”“较大”，企业风险导致的损失大小也相对划分为“轻度损失”“中等损失”“重大损失”，在风险衡量等级图的坐标系中对风险进行定位。企业应该针对不同的企业风险在风险衡量等级图中不同的位置进行不同的处理策略。

战略评估是战略管理的重要环节，其主要的职能是在战略实施的过程中发现问题和纠正问题。不言而喻，不同的战略评价方法和战略控制手段，会对这一职能的实现产生不同的效果。因此，应该根据现实需要来选择恰当的战略评价和控制方法。

一、有效的战略评价

（一）有效战略评价的标准

1. 兼顾长期和短期

对战略进展的评价既要立足于当前状态，同时也应该根据内外部条件的变化趋势，研判战略在未来时期可能出现的结果以及与预期目标的偏差，使战略评价具有现实性和前瞻性。

2. 充分的反馈

有效战略评价的充分性体现在以下两个方面，一是战略评价的内容是战略目标的充分描述，即评价的内容全面且与企业经营目标直接相关；二是能对战略实施中出现的偏差原因进行准确把脉和系统分析，能够向管理者提供改善企业经营的有用信息。

3. 及时的反馈

评价活动应能提供及时信息，这种及时性应因分析目标的不同而有所区别。在某些情况下，管理者需要掌握当日的最新信息；而在另些时候，给管理者提供信息的频率和时效则可以适当放宽。比如，若企业拟通过收购另一家企业来进行多元经营，就需要及时、快捷、实时地得到各种反映或评价信息；而对研究与开发部门，从市场上收集、加工、提炼信息的频率则可以降低。

（二）战略评估分析标准

战略评估受到环境、时机、人为等多种因素的影响，很难给出一个具体而统一的分析标准和评价体系。研究发现，几乎找不到完全可靠的办法证明某一项战略一定是最好的战略或一定会成功。但战略评价并非没有原则可循。理查德·鲁梅特提出了战略评价的四个标准或四项原则，即一致性、协调性、可行性和优越性。

1. 一致性

一个战略方案中不应出现不一致的目标和政策。

2. 协调性

协调性是指在评价战略时，既要关注单个战略任务内部执行的协同性，又要关注战略组合的匹配性，经营战略必须对外部环境和企业内发生的关键变化做出适应性反应。

3. 可行性

企业所能调集的各种资源是战略制定和执行的硬约束。通常，财务资源就是战略制定的最直接的硬约束，对于战略选择来说，更重要的制约因素是企业的人力资源和组织能力。一个好的经营战略不仅不能浪费资源，更不能超出企业现有的资源边界。

4. 优越性

战略执行必须能起到保持和增强企业现有竞争力的目的。竞争优势的来源很多，天时、地利与人和都可以成为企业的竞争优势。按照以沃纳菲尔特、大为·柯林斯、塞西尔·蒙哥马利等为主要代表的资源学派的观点，只要是拥有较竞争对手更稀缺的资源，如企业的技能、文化、销售网络、独特的位置等，都有可能获得竞争优势。不仅如此，对资源的合理配置也可以提高整体效能，军事理论家、棋手和外交家等早就深谙此道理，这一道理也为越来越多的企业家所熟知。

此外，在竞争中的定位，形成占优的位置，也可以在企业战略中发挥关键作用。因此，在评价战略时，应当考察战略与企业现有位置之间的关联，以及现有位置的优越性。好的位置其优势至少具备两点：一是具有防御优势，即对手攻占这一位置需要付出巨大的代价，这会阻止竞争者向本公司发动全面进攻；二是具有自我延续性，即只要是基础性的，关键内外部因素保持不变，位置优势便趋向于自我延续。

（三）战略评估实施的要点

战略评价是一个主观的过程，但却要得到客观的结果。评价中应注意以下四个方面。

1. 信息收集要准确、全面、及时

信息完备、及时反馈，是实现有效战略评价的理想状态。战略评价的准确性与评价所依据的信息质量具有高度的相关性。信息收集工作的好坏，直接关系到整个战略评价的质量。为了保证信息收集的质量，应坚持准确性、全面性、及时性的三个原则。

2. 战略评估要适度

适度原则既包括评价项目的适度、评价频率的适度，又包括评价活动力度的适度。评价工作成绩时尤其需要注意在何时、何地以及间隔多久进行评价。应根据所评价问题的性质及对战略实施的重要程度，确定合理的评价频率与深度。

3. 评估指标要全面

全面性原则既包括评价项目上的全面，又包括评价跨度上的全面。战略评价项目不能仅仅局限在财务指标上，还应该对经营上的指标，顾客指标、人力资源指标等进行全面评价。同时兼顾长期指标与短期指标，帮助企业认清形势，明晰现状，加强管理，加快发展。

4. 评价要重激励，而不是重惩处

战略评估的重点是提供正向激励，从而树立战略执行的标杆，以推动有利战略执行的行为持续进行，在这方面日本企业的做法给了我们很好的启示。日本的很多企业实行终身雇佣，内部没有全面的年度绩效评价问题。战略评估的目的不是找出执行较差的人，而是推动战略更好地执行。

二、有效的战略控制

要实现有效的战略控制，应该遵循以下几项原则。

（一）适度控制原则

战略控制依据计划展开，但并非刚性执行计划，要有一定的弹性。适度原则包括以下两个方面：一方面，控制的时间上不宜过短；另一方面，不要过于执着于战略目标，而应该评价战略执行的方向是否正确。

（二）重要性原则

对影响战略执行的重要事项进行控制，从而降低战略控制的成本，也能保证战略执行的顺畅。

（三）例外原则

只有在战略预测与实际差异达到一定程度，出现例外事件，才有必要调整战略，或对战略执行进行调控。

（四）适应性原则

不同部门和业务单元在战略执行中的作用是不同的。战略控制也应该根据不同单元在战略执行中的职责进行控制。

（五）激励为主原则

战略控制的目的是执行，控制如果能让战略执行者切实体会到执行的利益，则更有利于激发执行战略的愿望。所以，对有效执行战略的部门或个人进行激励，有利于强化战略执行，而惩罚则很难起到同样的效果。

（六）信息反馈原则

战略控制中的信息反馈包括以下两个方面：一是对战略预测中的各种前提是否正确的信息进行反馈，以便战略调整；二是对战略执行中的各种信息进行反馈，便于进行战略控制和调整。

第五节　战略风险管理

一、提高战略风险管理的重视程度

战略风险是给企业战略目标实现造成阻力的风险，对企业长远的生存与发展起着至关重要的作用。领导层的重视程度对企业进行战略风险管理是十分重要的，优化战略管理需要领导层充分认识到战略风险的重要性，加强对战略风险的系统化管理，培养自身对于风险识别的超前意识，在风险给企业造成巨大损失之前采取有力的应对措施；加强战略风险管理的宣传，让员工树立起战略风险管理的意识，发挥群众力量来提高企业战略风险管理水平；聘请业界经验丰富的风险管理顾问，定期对管理战略风险的相关部门人员进行培训，学习风险关键点和风险管理的最新理论成果；选拔和培养公司风险管理人才，组成特定的风险管控小组，更有效、全面地识别公司实现战略目标时，内外部环境因素的变化，将战略风险控制在公司可承受的范围之内。

二、密切关注政治和法律环境等外部环境的变化

政治风险和法律风险均属于系统风险。根据 PEST 战略分析法理论，可以发挥主观能动性。通过密切关注政治和法律环境的变化，来降低政治风险和法律风险所带来的不确定性。在政治风险中，主要涉及国家产业政策和国际环境不稳定两方面因素，在国内市场，企业要深入了解国家对行业的政策，把握好政策中对企业的优惠条件，帮助企业在良好的政策环境下高效地开展业务。

在开展业务活动时，企业必须全方位地了解国家的政治、经济和法律方面的政策，成立专门的风险识别小组，找出业务中容易触发的风险点，及时调整企业的项目开展计划和合同条款，并在合同中明确索赔条款和责任人，尽可能地避免合同风险带来的不确定性，充分发挥法务部的作用，让法务部将法律法规中对公司业务活动中造成影响的政策变化，及时和市场部进行沟通，减少市场部在开展业务时未能了解法律和政策变化而给公司

带来不利影响的可能。

三、提高产品和技术的自主创新能力

市场竞争激烈而导致的行业风险，可以通过提高产品和核心技术的创新能力来实现。市场竞争激烈，企业要想降低行业风险和技术风险在激烈的市场竞争中占据有利地位，必须加大研发投入，提高产品和技术的创新能力，提供差异化产品，增强企业的核心竞争力，在技术上抢占先机。提高产品和核心技术的创新能力需要从以下三个方面着手：一是引进大量的科研型人才，提高科研部门人才的薪资待遇，调动员工创新的积极性，同时鼓励员工出国交流学习，学习国外先进的技术和经验，提高员工的学习能力和创造能力。二是要加强研发部门和市场部门的交流和沟通。市场需求不断变化，技术部必须紧跟时代潮流，毕竟产品和技术的创新，要在满足用户需求的基础上进行，才能有更好的市场。三是在进行产品和技术创新时一定要注重安全性，只有获得消费者的信赖才能赢得更多的订单为公司创造利润。

通过提高产品和技术的创新能力，企业除了可以有效地降低市场竞争激烈、产品技术创新能力不足等因素带来的行业风险和技术风险的不确定性，还能在一定程度上减少因知识产权以及盈利能力弱等因素带来的法律风险和财务状况风险。

四、启动企业风险测评机制

启动企业风险测评机制，实行各业务部门自评的举措，优化责任追究制度和重大风险管控机制，明确战略风险管理的责任人和责任部门，避免出现风险管控不当，各部门相互扯皮、推诿的现象，使战略风险在第一道防线中实现闭环管理，进一步明确运营管理部在第二道防线所起的作用。

充分发挥内部审计部门的作用，监督各部门关于战略风险应对的落实情况，对于战略风险管理落实过程中存在的客观环境或人为原因导致战略风险应对措施执行效果不理想的情况，要及时向管理层反映和报告。除此之外，要实现企业董事会对战略风险管理的监督，以保证领导层能够在风险发生意外变化的情况下，第一时间制订应对计划，减少战略风险给公司带来的损失。

企业战略风险管理对保障企业战略目标实现具有重要意义，对企业的发展方向以及在激烈的市场竞争中生存发挥至关重要的作用。战略风险管理水平越来越成为企业保持竞争力的重要因素。

第五章　生产、经营风险管理

第一节　生产风险管理

一、生产风险的概念

生产风险是指企业在原材料、设备、技术人员、生产工艺及生产组织等方面难以预料的障碍存在。生产风险导致企业生产无法按预定成本完成生产计划，给企业带来不确定的风险。

企业生产管理是对各项生产活动的计划、组织和控制工作。

狭义：生产管理是以生产产品或提供服务的生产过程为对象的管理。主要包括生产过程的组织、生产能力的核定、生产计划的编制实施、日常的生产准备等。

广义：生产管理是对全部生产活动的管理。除包括狭义的内容外，还包括确定企业生产方向的规模，工厂布置，能源管理，劳动组织和成本、费用控制，生产风险管理等。

总之，企业的生产风险管理是企业生产管理的其中一部分。

二、生产风险的主要影响因素分析

黄金珠宝行业的产业链涉及矿石开采、原料加工冶炼、珠宝首饰加工和销售的全过程，我国的黄金珠宝企业几乎分布在整个产业链之中。不论是开采类企业还是销售类企业，企业的生产过程均是投入→转换→产出的过程。企业的投入主要是人力、财力、物料、设备、技术、信息、能源、土地等，不同企业的转换过程不同，有物理过程、位置变化过程、交易过程、存储过程、生理过程、信息过程等，产出为产品或服务。

黄金珠宝行业中的企业，包括行业内上游、中游和下游三个层次的经营制造商。其中，上游的黄金珠宝经营商的主要经营方式为进料加工和来料加工，进料加工主要是指企业自身出资在上交所采购黄金原料进行加工制作，来料加工则是接受其他企业的委托或者国外订单进行饰品的生产和加工，部分企业在加工制造成品的同时，还进行黄金珠宝首饰、宝石原料与半成品的批发和直销，并主要以展销的形式进行。

黄金珠宝企业的中游企业主要是指那些资金比较雄厚但又不进行珠宝首饰生产的中间经营商，以批发业务为主。下游的企业则是以零售为主，零售也主要以加盟、自营、经销等形式为主。另外还有黄金珠宝产业的辅助产业，包括珠宝首饰包装，珠宝检测，加工设备、器材、灯光、辅料、专用工具的生产制造等其他企业或机构。

从黄金珠宝行业的产业链中可以看出，黄金珠宝原料开采成本、首饰成品与半成品的加工成本、经销商的采购成本以及黄金珠宝市场需求和价格的波动等，都将影响产业链中各类企业的经营绩效。

由于其产业链的特殊性，经营黄金珠宝的企业所面临的生产风险因素也有其特点。主要有以下几点。

1. 原材料

原材料持续、稳定的供给应能得到保证，要防止原材料价格变化对生产可能带来的不利影响。

2. 生产安全

企业现有的生产设备能否满足新产品生产的要求，以及企业能否获得新产品生产所必需的专用设备是决定企业生产能否正常进行的关键。生产设备的正确选择对产品的生产效率及成本预算有着重大影响。工人的安全生产意识也会成为影响企业安全生产的关键。

3. 生产工艺

产品的生产工艺应根据产品具体的性能要求而定，同时也应考虑经济效益指标的情况。如果生产工艺制定不当，可能使产品的次品率升高，产品质量下降。

4. 技术人员的获得

高新技术产品的生产一般对技术人员要求比较高，能否获得满足企业要求的技术人员是生产能否顺利进行的关键。

三、生产风险管理的分类

1. 产品质量风险管理

产品质量风险管理是一个系统化的过程，是对黄金珠宝产品在整个生命周期中对风险进行识别、评估、处理以及评价的过程。产品的生命周期包括产品从最初的研究、生产、市场销售一直到最终从市场消失的全部过程。生产企业防范生产过程中的产品质量风险，首先应该明确产品的特征，根据特征分析影响这些特征的关键因素，进而确定风险的大小，根据风险的大小确定企业管理资源的投入和控制的方法。

2. 原材料风险管理

原材料风险管理主要关注企业所购买原材料价格、质量，采用事前控制措施，防范原材料价格带来产品成本增加，导致企业效益下降的风险，或者原材料质量未达到企业规定，导致企业产品质量下降的风险。

3. 安全生产风险管理

安全生产风险管理是以风险控制为主线，提出风险控制与管理内容，关注事前的风险分析与评估，超前控制风险，把安全防范的关口前移，实现动态的、主动的和超前的安全生产风险管理。

四、生产风险的控制策略

黄金珠宝企业生产风险的基本控制策略包括以下内容。

1. 生产目标管理

制订出严密的生产计划和生产作业计划，明确生产及其管理的具体要求。

2. 对生产要素的组织

使各生产要素在生产过程中能迅速有效地结合起来，形成一个整体。按精益生产方式的要求，生产现场管理必须合理地组织现场的各种生产要素，做到人流、物流运转有序，信息流及时准确，使生产现场始终处于正常、有序、可控的状态。具体地讲，就是生产上精心组织，管理上精雕细刻，工艺上精益求精，成本上精打细算，操作上精耕细作，精神上精诚团结。

3. 生产过程管理

根据已有计划，按照其具体要求组织生产。生产过程管理是以最佳的方式将企业生产的诸要素、各环节和各方面的工作有效地结合起来，形成生产系统，以最少的耗费，取得最大的生产成果和经济效益。

生产过程是指从投料开始，经过一系列的加工，直至成品生产出来的全部过程。在生产过程中，主要是劳动者运用劳动工具，直接或间接地作用于劳动对象，使之按人们预定的目的变成工业产品。

4. 信息管理

为生产风险防范指示方向。所谓信息管理是指在整个管理过程中，人们收集、加工和输入、输出信息的总称。信息管理的过程包括信息收集、信息传输、信息加工和信息储存。

信息收集就是对原始信息的获取。信息传输是信息在时间和空间上的转移，因为信息只有及时准确地送到需要者的手中才能发挥作用。信息加工包括信息形式的变换和信息内容的处理。信息形式的变换是指在信息传输过程中，通过变换载体，使信息准确地传输给接收者。信息的内容处理是指对原始信息进行加工整理，深入揭示信息的内容。经过信息内容的处理，输入的信息才能变成所需要的信息，才能被适时有效地利用。信息送到使用者手中，有的并非使用完后就无用了，有的还需留做事后的参考和保留，这就是信息储存。通过信息的储存可以从中揭示出规律性的东西，也可以重复使用。

第二节　营销风险管理

现代企业营销管理对企业自身的发展起着重要的作用，黄金珠宝企业要想在经营的过程中最大限度地避免遭遇市场营销的风险就得做好这方面的管理。市场营销风险管理将采用各种科学完善的方式来进行风险管理，以更好地确保企业的利益并为企业的长远发展做好铺垫。

一、市场营销风险概述

市场营销风险是指企业在开展市场营销活动过程中，由于出现不利的环境因素而导致市场营销活动受损甚至失败的状态。黄金珠宝企业在开展市场营销活动过程中，必须分析市场营销可能出现的风险，并努力加以预防，设置控制措施和方案，最终实现企业的营销目标，这也是销售内控管理的根本目标。

（一）市场营销风险的成因

从实质上分析，市场营销风险的成因主要有以下两种：一种是由企业主观因素造成的；另一种是由市场环境的客观因素形成的。

1. 市场营销风险的主观因素成因

从市场营销风险及所表现出来的几种现象看，其主观因素成因包括以下几个方面。

（1）企业未摆脱传统计划经济体制的影响，仍然保持传统的市场营销观念。企业营销观念错误，必然导致行为错误，错误的行为就会产生风险。

（2）企业决策者习惯于凭主观想象作出营销决策，最终将会导致产品积压、资金搁浅。

（3）企业营销管理者和营销人员不了解市场规则、规范或法规，极易引发市场营销风险。

（4）企业缺乏处理市场营销风险的经验和知识，当企业产生营销风险后，由于缺乏处理市场营销风险的经验和知识，风险不能被及时控制并化险为夷。

（5）企业对市场营销风险的危害认识不足。

2. 市场营销风险的客观因素成因

市场营销活动受到企业外部各种环境因素的影响和干扰，并由此引发市场营销风险。对于此类原因，企业必须加以研究。

（1）市场需求变化的客观性，是导致市场营销风险客观存在的首要因素。

（2）经济形势与经济政策变化产生市场营销风险。

（3）科技进步是导致市场营销风险的又一因素。科学技术的变革，对企业的市场营销活动具有双重作用：一方面，科技进步为企业的市场营销活动提供了新的机遇、新的方式和方法，丰富和发展了企业的市场营销活动；另一方面，每一次新技术的变革，同时也意味着原有技术的淘汰，从这个角度上讲，也给企业的市场营销活动带来了威胁。

（4）外部的其他因素。政治因素、军事因素等都会间接产生市场营销风险。

（二）可控要素和不可控要素

在黄金珠宝营销过程中，有些要素会直接影响到最终的结果，这里将这些要素分为可控要素和不可控要素两类。

1. 可控要素

（1）产品

黄金珠宝产品在销售中应留意黄金珠宝首饰的种类、款式和工艺程度，以及质量、包装、售后效力等。优质产品应质量好而稳定，款式新颖。

（2）价钱

价钱可由企业控制，根据市场情况，决定利润率。影响价钱的各种要素中，有些是可以控制的。

（3）销售渠道

销售渠道又称流通途径，是指商品从生产者手中到消费者手中所经历的全部过程。涉及商品的零售、运输、储存等一系列流通环节，正确选择好这些途径，可以省时省力，是企业可自行决议的可控要素。

（4）促销

将商品有关信息经过向消费者宣传报道、引荐吸引、刺激消费愿望、达到消费目的的一系列开辟市场的方法称为促销。

（5）营销者阅历

丰富的阅历可以有效地添加商品流通量及速度，合理地控制库存，恰当地运用公共关系和人事关系，达到提高销售的目的。

2. 不可控要素

影响黄金珠宝企业营销的不可控要素很多，主要包括以下内容。

（1）管理体制

管理体制是指国家对黄金珠宝行业开展所制定的相应宏观政策，如黄金珠宝进口原料的关税政策、贵金属管理政策、税收政策等，这些严重影响着行业的发展。例如，在泰国其迅猛发展的珠宝业有赖于其豁免首饰原料的进口税、出口税，周边国家纷纷来料加工，使泰国珠宝业从加工到销售逐渐红火起来。

（2）国民收入程度

国民收入程度即一个国家或地域的贫富情况，国民收入高的国家，如美国、日本等国，珠宝贸易额相对高一些。国家富有程度通常用恩格尔系数来衡量。

恩格尔系数：n=收入中用于食品方面的支出÷总收入

（3）国民文化程度

国民受教育程度，以及对珠宝知识的了解程度都制约了珠宝的营销过程。

（4）战争、地震、疫情等其他要素

二、市场营销风险的防范与控制

（一）加强市场营销环境的调查研究

这是市场营销风险控制的根本性措施。黄金珠宝企业从设计产品开始，到定位、分销和促销活动的全过程，都必须深入市场，进行调查研究。

（二）建立风险防范与处理机构

在变化的市场环境下，黄金珠宝企业在运营中风险随时都可能发生，因此建立风险防范与处理机构就如同建立营销机构一样重要。风险防范与处理机构的工作应包括以下几个方面。

（1）在企业内部建立风险预防的规章制度，并督促制度的贯彻执行；

（2）在日常管理工作中进行风险处理演练，以提高对风险处理的应对能力，强化职工的风险防范意识；

（3）在企业出现风险后，由风险防范与处理机构统一处理风险事件。

（三）正确面对发生的风险

当风险发生以后，如何面对风险，是决定风险能否正确和顺利处理的关键。风险的发生会给企业带来损害，也可能给社会、顾客带来损害。

首先，应该诚实地面对社会和顾客，一方面，最大限度地减少对社会和顾客的损害；另一方面快速采取措施制止风险的扩大和扩散。如果风险发生后，企业回避、推脱甚至辩解，反而会使风险扩大，损害增加。

其次，委托权威机构对风险原因进行调查并将结果公布于众。

最后，控制和影响信息发布源。通过一系列措施，最终成功地控制风险的损害程度。

（四）依法处理

风险发生后，企业应该迅速地运用法律武器来处理风险。国家为了规范市场行为，保护公平竞争，维护企业合法权益，制定了一系列相关的经济法律和法规，如《合同法》《价格法》《反不正当竞争法》等，企业决策者应该了解相应的法律法规，在营销活动中依法办事。在日常业务往来中，企业对一些具有潜在风险的业务，首先要依法签订好合同，签订合同是预防风险的第一道门槛。其次，当对方的原因给企业造成风险后，应该当机立断，积极寻求法律途径处理风险。

三、电子商务风险

根据中国互联网络信息中心（CNNIC）发布的第 52 次《中国互联网络发展状况统计报告》，截至 2023 年 6 月，我国网民规模为 10.79 亿人，较 2022 年 12 月新增网民 1109 万人，互联网普及率达 76.4%；在物联网发展方面，截至 6 月，较 2022 年 12 月净增 2.79 亿户，占移动终端连接数的比重为 55.4%。

黄金珠宝电子商务在电子商务以及消费者消费热情的持续推动下，近几年有比较大的发展。国内不少黄金珠宝品牌都在电子商务领域投入了大量的人力、物力，并取得了不俗的成绩。当下，电子商务正促使黄金珠宝企业在经营销售方式上借助互联网的普及而发生变化，黄金珠宝行业采用电子商务进行可持续性的发展，不是一种选择，已经成为一种必然。

（一）从黄金珠宝电子商务的诞生分析其性质和优势

1. 黄金珠宝电子商务的诞生

世界上最早的黄金珠宝电子商务始于 1984 年，是一家叫 Polygon 的公司。正是因为这家公司创造的奇迹，后来许多珠宝企业纷纷效仿，迎头赶上。比如蓝色罗尼河、Mondera 公司、Bidville 公司、Diamond 公司。这几家公司之后也迅速发展成为知名的珠宝企业。

我国黄金珠宝电子商务的正式发展是在 2003 年之后，2003 年之前是我国黄金珠宝电子商务的萌芽期。这个时期的黄金珠宝电子商务以 B2B 模式发展，典型的企业有 21 世纪、八佰拜、优雅网等。这个阶段的黄金珠宝电子商务不成熟，珠宝品牌和第三方平台都缺乏经验，所以没有及时地解决物流、支付、诚信等问题。

2. 黄金珠宝电子商务的性质

黄金珠宝电子商务的本质是电子商务，是一种现代的新型的贸易方式，主要依托信息技术和网络平台。黄金珠宝电子商务集信息管理、电子金融、商贸信息网络于一体，实现了物流、资金流与信息流的高效、和谐和统一。在互联网发达的 21 世纪，电子商务创造的最大奇迹是很大程度上消除了时空观念，极大地缩小了消费、生产、分配、流通的距离，大大促进了物流、资金流和信息流的有效传输和处理。并且电子商务连通了整个世界范围内的贸易，在整个世界范围内缔造了另一个公平、公正的竞争市场，成为连接加工商、销售者和消费者的无形纽带，为他们带来了极大方便。

3. 黄金珠宝电子商务发展的优势

黄金珠宝电子商务之所以发展如此迅猛，是因为较传统商务而言，具有明显的优势。

（1）交易虚拟化。黄金珠宝电子商务是依托互联网的贸易，所以交易虚拟化。在整个交易过程中，顾客在网页上选择心仪的商品，再通过银联完成交易支付，整个交易完全是一个虚拟化的过程。

（2）节约成本。黄金珠宝电子商务相对于其他黄金珠宝营销方式，有效地为企业降低了成本。

（3）高效率。黄金珠宝电子商务在效率方面有着比传统商务更加明显的优势，传统的珠宝商务交易费用高、容易出错、处理速度很慢，而黄金珠宝电子商务的问世极大地缩短了交易时间，使整个过程非常快捷和方便。

（4）创新性。黄金珠宝电子商务有利于企业的技术创新、产品设计创新，促使中小企业不断快速地更新产品，以提高市场应变能力。

（二）黄金珠宝电子商务在发展中存在的问题和面临的挑战

1. 我国珠宝电子商务的现状和面临的形势

中国黄金珠宝行业较外国而言起步太晚，许多的国际奢侈品珠宝都是源于百年传承，而中国，直到20世纪80年代后期才出现零星首饰企业，黄金珠宝行业发展时间不长。另外，中国早期的黄金珠宝行业规模都比较小，缺乏竞争实力。就黄金珠宝电子商务而言，我国的发展时间也不算长，只有短短的十几年时间。

2. 中国黄金珠宝电子商务发展中存在的问题

（1）网络安全问题亟待解决。黄金珠宝电子商务依赖互联网进行，所以网络安全问题对于电子商务来说是一个关键性的问题。

（2）造假和物流安全成为隐患。虽然电子商务的迅速发展为黄金珠宝行业注入了新的活力和动力，但是其在发展过程中必然会受到假冒伪劣产品以及物流安全等各方面问题的影响。很多缺乏诚信的经销商经常采取虚高标价或者以假乱真的手段，导致消费者所购买的产品实物质量与其在网络上看到的商品存在很大的差异。对于电子商务来讲，物流也是其关键性的问题。大多数消费者也对黄金珠宝的邮递心存疑虑，而这已经成为制约我国电子商务模式发展的主要因素。

（3）销售平台分布混乱不堪。如今，国内大多数黄金珠宝电商的发展都是依托比较大型的第三方销售平台。很多传统的黄金珠宝品牌，或者一些规模较小的黄金珠宝电商，都是将自己的黄金珠宝产品和网店放在天猫、京东、唯品会等一系列初具规模的第三方销售平台来展开。

（4）商家承诺与黄金珠宝的售后服务问题。黄金珠宝电子商务的售后服务方式与传统门店售后服务模式相比较而言，目前还处于逐渐完善的阶段。在传统的黄金珠宝售后服务中，客户需要的各项服务都可以直接在门店内完成，而电子商务模式则无法面对面地向顾客提供这样的服务。黄金珠宝电子商务发展过程中的售后服务质量和效率，是影响珠宝企业网络营销发展的关键因素。例如，黄金珠宝电子商务企业利用自身的实体店为客户提供售后服务，对自己销售的产品做出相应的承诺。

（5）体验度低以及品牌忠诚度不高的问题。网络销售黄金珠宝较为突出的问题是体验度低，而恰恰顾客在消费黄金珠宝首饰的时候比较看重对事物的试戴以及对购买氛围的感受。就目前的科技手段来看，解决试戴体验的方法还没找到，而缺少富丽堂皇的殿堂氛围和高素质的销售人员服务的体验更是无法解决，因此网购黄金珠宝天然存在短板。由于网络销售黄金珠宝往往以低价作为卖点，黄金珠宝品牌难以树立，顾客的品牌忠诚度不高，这也是黄金珠宝电商存在的一个难以克服的困难。

3. 黄金珠宝电子商务风险管理的对策与建议

（1）树立黄金珠宝的优质品牌形象。好的品牌形象是激发客户购买欲望的基础。黄金珠宝电商要想在这种复杂的社会环境下生存和发展，就必须采取切实可行的措施将自己的产品与其他种类的产品加以区分，做到产品的差异化，才能创造出属于自己的产品的品牌文化。比如，著名的卡地亚珠宝，如果消费者在市场上看到虎豹题材或者螺丝题材的珠宝首饰的话，那么消费者首先想到的一定是卡地亚珠宝。目前国内黄金珠宝电商似乎只有钻石小鸟成功地开发出了具有品牌意义的首饰款式和品牌文化，为普通消费者所认知和接受，因此我国黄金珠宝电商品牌化之路还比较漫长。

（2）网上商城的合理建设。顾客在自由出入网上商城的同时，也对商城内的黄金珠宝首饰进行比较，而网上商城实际上就是顾客的购货现场。因此，黄金珠宝企业在进行网上销售的过程中，必须充分重视企业自身的品牌塑造，才能促进网上销售效果的不断提高。而网上商城在设计的过程中，必须遵守以下几个原则：首先，网页的布局必须合理。图片的展示必须清晰美观，尽可能多开发视频和三维动画，这样才能将顾客的购买欲望充分激发出来。其次，购物流程必须尽可能地简化，由于大多数顾客在选择产品的过程中，经常会产生迷茫的现象，因此必须尽量地优化搜索工具与购物车功能，为顾客提供更多的便利。只有更好地坚持这一重要的原则，才能保证网上商城销售不断地发展，不断地前行。

（3）创建以顾客为中心的业务流程。赢得顾客的信赖，让顾客对企业的服务感到满意，是确保企业发展的关键因素。而网上购物作为一种全新的购物体验方式，在开发和设计的过程中，就必须时刻为顾客着想，以顾客为中心，提高顾客购买黄金珠宝的体验度、信任度和便利性，提升黄金珠宝的附加价值。同时，必须在物流安全和便利方面做更多的努力，将网络营销、终端展示、渠道销售等作为一个整体的系统来优化，提升黄金珠宝电子商务的销售效果。

第三节 新产品开发风险

一、新产品开发概论

（一）新产品开发的含义

新产品开发是指从研究选择适应市场需要的产品开始，到产品设计、工艺制造设计，直到投入正常生产的一系列决策过程。从广义而言，新产品开发既包括新产品的研制，也包括原有的老产品改进与换代。新产品开发是黄金珠宝企业研究与开发的重点内容，也是黄金珠宝企业生存和发展的战略核心之一。

技术和产品是企业成功的至关重要的因素，特别是在科学与技术快速发展的背景下，产品更新换代的速度加快，企业被迫增加研发的投入，不断地将新产品推向市场，以保持自身的竞争优势。成功的新产品开发不仅可以帮助企业开拓新的市场，同时也可以给企业带来财务增长。早期的一些西方研究结果表明，很多公司四分之一到三分之一的财务增长是通过新产品开发取得的。尽管如此，对于什么是新产品的问题学术界难以给出明确的、可以广泛被接受的答案。这主要是因为产品的类型不同，有些产品可能是过去没有而随着科学技术发展制造出来的产品，也有些是经过部分的改良与创新赋予了产品新的功能或者新的意义而成为新产品。另一种观点认为，产品具有多维的特性，那么新产品可以是技术、服务、形象、包装、质量、特征等产品特性的改变。

不管是完全的新产品还是经过某种功能改变的新产品，都要经过一个由最初的创意构思的筛选，到产品的研究与开发直至市场开拓的过程，这一过程也被认为是创新的过程。在产品创新的过程中，企业内部活动和外部的联系与产品的成功开发密切相关，内部活动包括研究与开发、设计与制造、营销、财务等之间的互动，能够促进企业内部知识与创意的互享以及企业内部知识的转化，并加强与社会需求、竞争对手、供应商、分销商、客户等方面的联系；外部的信息与知识流入企业内部，从而促进企业的产品创新，因此新产品开发被看作知识积累的过程，从这个意义出发，可以说新产品开发也是一个企业的管理过程。

（二）新产品开发的基本方式

企业开发新产品，选择合适的方式很重要。选择得当，适合企业实际，就能少承担风险，易获成功。一般有独创方式、引进方式、改进方式和结合方式四种。

（1）独创方式。从长远考虑，企业开发新产品最根本的途径是自行设计、自行研制，即所谓独创方式。采用这种方式开发新产品，有利于产品更新换代及形成企业的技术优势，也有利于产品竞争。自行研制、开发产品需要企业建立一支实力雄厚的研发队伍、一个深厚的技术平台和一个科学、高效率的产品开发流程。

（2）引进方式。技术引进是开发新产品的一种常用方式。企业采用这种方式可以很快地掌握新产品制造技术，减少研制经费和投入的力量，从而赢得时间，缩短与其他企业的差距。但引进技术不利于形成企业的技术优势和企业产品的更新换代。

（3）改进方式。这种方式是以企业的现有产品为基础，根据用户的需要，采取改变性能、变换形式或扩大用途等措施来开发新产品。采用这种方式可以依靠企业现有设备和技术力量，开发费用低，成功把握大。但是，长期采用改进方式开发新产品，会影响企业的发展速度。

（4）结合方式。结合方式是独创与引进相结合的方式。

二、新产品开发风险

在市场营销活动中新产品的范畴与科技领域的新产品含义不同，不仅仅是新发明创造的产品，其内容广泛得多。新产品除包含因科学技术在某一领域的重大发现所产生的新产品外，还包括以下几个方面：在产品销售方面，只要产品在功能或形态上发生改变，与原来的产品产生差异，甚至只是产品单纯由原有市场进入新市场都可视为新产品；在消费方面，能进入市场给消费者提供新利益或新效用而被消费者认可的产品即为新产品。

在管理的方面又包括国际性新产品、全国性的新产品、本地区的新产品、本企业的新产品。从管理的角度看，目的主要是鼓励企业积极主动地开发新产品。应提示企业并不是只有世界性的、全国性的产品才是新产品，只要企业积极努力，在开发新产品工作方面是可以有所作为的。

新产品从研究到开发再到生产和销售，是一个充满风险的过程，这种风险既蕴含着可使企业发展和盈利以及获取技术优势与市场优势的机会，但也存在失败的风险。新产品的开发生产和销售存在技术风险、生产风险和市场风险，一旦遇到风险而失败则给企业带来的损失是巨大的，新产品开发失败的原因有很多。国外的一项调查显示，新产品开发的成功率：消费品为40%，工业产品仅为20%，服务类产品为18%。而据对国外700家工业企业的调查，新产品开发综合成功率仅为65%。新产品开发之所以会失败，其原因是很多的。

客观原因有：国内外竞争对手抢先进入市场，推出新产品，市场竞争加剧；银行贷款利率升高，投资风险增大；科学技术发展速度较快，新产品开发步伐赶不上科技发展速度，使新产品在开发过程中就夭折；市场需求变化加快和市场趋于分散，迫使企业的新产品面向范围更小的目标市场。

主观原因有：技术上不过关，有的新产品对技术要求甚高，但企业技术能力有限，使产品质量不能保证。如有的企业生产的镶嵌首饰，由于技术上不过关，发生焊点断裂、褪色等，新闻媒体的曝光使消费者很难再购买这种首饰。

另外企业信息不畅，生产出来的产品工艺陈旧，失去了技术上的优势；有的企业在产品开发时机过迟，市场已被竞争者占领；过分重视技术的先进性而忽视对市场需求的分析，结果开发出来的新产品尽管技术水平和性能均比较高，但因不符合国情或超过消费者承受能力而缺乏市场需求……

以上原因导致企业开发新产品遭受一定程度的失败。主要有以下两种情况：一种是企业开发新产品的开发费用、生产成本、销售费用等全部无法收回的彻底性失败；另一种是能在开发的新产品中获取利润，但没能达到预期的利润或市场占有率目标有限度的失败。

三、新产品开发中的风险防范

黄金珠宝企业在开发新产品时需要采取下列策略来降低风险。

一是优质策略。即开发起点高、质量高的优质产品。采用这种策略不能一味地追求技术先进、质量好，必须注意适合国情、适合顾客需要，注意市场潜力，才能有助于新产品迅速占领市场，增强企业的竞争力。

二是低成本策略。在开发过程中要注意大力降低成本。主要从研制的技术路线、产品结构、使用材料、工艺改革等方面挖掘潜力，以低廉的成本优势扩大市场占有率，迅速形成大批量生产，提高利润。

三是配套策略。根据企业自身的具体情况，主动为支柱企业和大型企业开发生产所需的配套产品，为其配套服务。

四是紧跟策略。采用这类策略的企业往往针对市场上已有的产品进行仿造或进行局部的改进和创新，但基本原理和结构与已有产品相似。这种企业跟随既定技术的先驱者，以求用较少的投资得到成熟的定型技术，然后利用其特有的市场或价格方面的优势，在竞争中对早期开发者的商业地位进行侵蚀。

五是补缺策略。每一个企业都不可能完全满足市场的任何需求，所以在市场上总存在未被满足的需求，这就为企业留下了一定的发展空间。要求企业详细地分析市场上现有产品及消费者的需求，从中发现尚未被占领的市场。

六是超越自我策略。这种策略的着眼点不在于眼前利益而在于长远利益。这种暂时放弃一部分眼前利益、最终以更新更优的产品去获取更大利润的经营策略，要求企业有长远的“利润观”理念，要注意培育潜在市场，培养超越自我的气魄和勇气，不仅如此，更需要有强大的技术作后盾。

第四节 智慧安防系统风险管理

一、智慧企业的概念

（一）智慧企业的基本概念

智慧企业是在企业数字化改造和智能化应用之后的新型管理模式和组织形态，是先进信息技术、工业技术和管理技术的深度融合。通过智慧企业建设不仅可以促进企业内部生产关系的转型升级，完成与“互联网+”社会生产力的和谐对接，还能进一步释放企业员工的创新创效活力，为企业提供可持续发展的原动力。智慧企业理论体系由涂扬举先生首次在其著作《智慧企业——框架与实践》中进行了全面诠释，填补了国内外关于智慧企业的理论空白。

从信息化发展角度看，以物联网、大数据和人工智能为代表的信息技术发展，已使智慧企业建设具备信息基础和产业基础；同时，不断提升的工业设备智能化水平，也为智慧企业建设创造了良好的技术支撑，但综观诸多企业的信息化或智能化建设，均存在不系统、不全面、不统一，没有从根本上解决信息孤岛、数据碎片等问题。因此，深入推进智慧企业实践必须正确处理好信息技术、工业技术和管理技术三者的理论关系，采用技术创新和管理创新的双轮驱动模式，实现三者的完美融合，保障各业务数据量化和集成集中共享，统一决策平台和管理智能协同。

作为全球科技强国，我国引领了全球智能化的浪潮，并在国家层面制定了相关宏观政策，例如《中国制造 2025》的规划，坚持创新驱动、智能转型的基本策略。在企业层面，智慧企业的概念已经深入实践，形成了企业数字化改造和智能化应用之后的新型管理模式和组织形态，是先进信息技术、工业技术和管理技术的深度融合。在智慧企业的基础上，我国还在积极发展智慧城市、智慧市政等更大型的智能化工程，期望打造充满“科幻感”的未来智能化生态圈。

在新零售快速发展的当下，黄金珠宝企业需要为消费者创造便捷、高效、贴心的服务体验，转型升级走向智慧黄金珠宝企业，助力企业效益增长，实现长远发展！

（二）智慧企业的主要特征

1. 经营发展特征

更加注重经营发展。智慧企业通过数据驱动、多脑协同、智能决策，在履行社会责任的同时，更加注重企业管理与效益、生存与发展等根本性问题。

2. 风险防控特征

更加注重风险防控。智慧企业始终围绕风险管控，通过建设自动识别、智能管控体系，实现风险识别自动化、风险管控智能化。

3. 人的因素特征

更加注重人的因素。智慧企业除了应实现物物相连外，还应充分考虑人的因素，做到人人互通、人机交互、知识共享、价值创造。

4. 管理变革特征

更加注重管理变革。智慧企业通过信息技术、工业技术和管理技术“三元”融合，实现企业管理层级更加扁平，机构设置更加精简，机制流程更加优化，专业分工更加科学。

5. 全面推进特征

更加注重全面推进。智慧企业是全面的、系统的网络化、数字化和智能化，要求按照全面创新进行规划和建设，做到全面感知、全面数字、全面互联、全面智能。

二、智慧企业管理系统

智慧企业管理系统不是传统企业的数字化、信息化、智能化，而是在企业实现业务大数据化的基础上，基于互联网、云计算、物联网等前沿技术，将先进的信息技术、工业技术和管理技术高度融合，从而产生全新的、具备自动管理能力的企业组织形态和管理模式。智慧企业系统建设目标是企业实现自动管理，即自动预判、自主决策、自我演进。

智慧企业管理系统是为了解决企业内常遇到的信息无法共享、人工重复录入、易出错、工作效率低下、管控能力欠佳、运营成本高等问题，是建设现代智能科技化文明企业的重要举措。

智慧企业管理系统是支撑一体化、自动化、智能化运维管理的技术平台，基于统一运维技术标准和管理规范构建，由信息采集层、信息分析处理层、综合业务功能层、业务用户层组成，具备面向业务的监控管理、操作管理、配置管理、服务管理、度量管理和运维门户等功能，支撑综合监视、运维控制、运维服务三大业务需求。

（一）综合监视

可通过电子巡视、视频录像、门禁、闸机通道、梯控等系统进行联动，时刻监测企业园区、加工车间、销售门店的动态，一旦发现非法刷卡、非法闯入、偷盗等非正常行为，立即预警并启动抓拍功能。大数据平台也可智能分析每个人的行为轨迹，将可疑人员标注做重点监控，起到防患于未然的作用，且所有的功能都可在企业一卡通内集中管理，做到统一认证、统一授权、统一权限、统一审计、统一日志，方便快捷、安全高效，减轻管理人员的压力。

（二）运维控制

主要实现智能化控制、自动化操作、配置维护等功能。企业所用的所有系统，例如考勤管理、人事管理、教育培训、食堂消费、班车优化调度、停车场系统、员工住宿管理等系统间的相互联动、权限分配、基础数据共享、便捷管理都与其息息相关，也都是智慧企业管理系统的核心业务。

（三）运维服务

运维服务可分为基础设施运维服务、应用系统运维服务、安全管理服务、综合管理服务等，以完成对设备的日常维护、对系统的维护改进、对终端的安全管理以及各类技术的支持服务。质量指标主要是异常报告及时率、故障隐患发现率、服务响应及时率、问题解决比率等。

智慧企业改变了以往所面临的信息闭塞、各系统卡片无法通用、管理烦琐、监督不到位、浪费人力物力还达不到效果的尴尬场景。它的出现着实为公司带来很大的福音，也为员工提供了“一卡在手，通行四周”的便利。

三、智慧企业风险管理

未来的企业一定都是智慧的企业。尤其是在如今的“非常态”环境下，企业更需要快速地去适应和管理疫情对产业造成的冲击，实现平稳有序的业务恢复及发展，因此，领导能力和聪明才智就显得比以往任何时候都重要。

然而，据《IBM 商业价值研究院》调查，在新冠疫情前，数字化转型已在时断时续地进行，而现在，数字计划正加速实施。研究发现，由于疫情原因，60%的受访组织加快了对数字技术的投资，超过半数的受访企业（55%）永久性地调整了组织的战略方向。

研究发现，智慧企业的风险管理存在以下几个方面的挑战和难点。

第一，传统企业往往比较重视在硬件和重资产上面的投资，但是对于软件、与消费者创新的连接，以及企业内部数字化管理的重视程度，还需要进一步提高。

第二，总体规划和设计的能力还相对比较欠缺。

第三，企业比较重视市场洞察，对于消费互联网比较熟悉，但是对于工业互联网，以及企业内部数据的重视程度还远远不够。

第四，虽然企业对上云非常积极，但到目前为止，只有 20%到 30%的企业会主动利用混合云来获得更大的市场发展。

第五，就安全问题来说，过去企业的核心数据都会被“保护”在防火墙内。但随着业务转到线上，员工需要远程访问这些数据时，许多业务和隐私的数据就会被暴露在不安全的网络上，给攻击者留下了可乘之机。所以，企业需要一个更“聪明”的安全保障体系，用于全面诊断和评估数字化办公方式对企业安全所造成的潜在威胁，并且修复其中潜在的侵害。

以上这些问题放在疫情的背景下，还表现在企业对业务在线化更为重视，但往往会忽略安全问题、线上线下的结合，以及企业内部流程的“贯通”。

第六章　财务风险管理

第一节　流动资产管理风险

流动资产管理风险的三种常见类型分别是现金管理风险、存货管理风险和应收账款管理风险。黄金珠宝企业须掌握现金管理及存货管理中各类风险的识别与评估方法，同时实施正确的风险处理措施。

一、现金管理：收付风险

（一）风险识别

1. 现金收付风险的来源

这里的现金是指库存现金、银行存款及其他货币资金。现金收付风险是指企业在生产经营运行中，无法按时回收到期的货款，或无法及时偿还到期债务的可能性。由于营运资金不足而引发的风险，是企业面临的主要财务风险之一。一般情况下，企业营运资金不足的原因主要包括现金周转速度减慢、销售规模扩大、营运资金被占用等。

2. 现金收付风险的表现形式

（1）利率风险。不管是借入资金还是持有多余资金的企业，都会面临利率变动风险。

（2）汇率风险。国际资本市场瞬息万变，企业持有的资产或承担的债务会由于汇率的不利变动而造成损失。

（3）期限风险。期限风险主要来源于企业应付账款的存在。企业在和上游供货商开展业务往来时，常常可以取得零成本支付方式，即供货商不要求马上付款，企业相当于获得一笔无息银行贷款。供货商为鼓励企业及时付款，往往会提供一些提前付款的优惠条件。

（4）流动性风险。流动性主要是指企业按时偿还现有或潜在债务的能力，这种能力获得的途径包括企业拥有的自储资金，或将非现金资产迅速转化为现金资产，或从银行等金融机构获得的贷款额度等。

（5）道德风险。道德风险来源于组织内部工作人员和往来厂商对职业技能与职业规则的遵守程度。道德风险表现在职员的心不在焉对一张发票发了两次支票，或收到了客户支票却没有及时存入往来银行，或对到期应收账款没有及时追索等。

（二）风险评估

1. 不确定性分析

企业生产经营活动的现金收付过程中存在的风险，使企业的经营活动处于不确定之中。不确定性就是指事先不能准确知道某个事件或某种决策的结果。不确定性是难以估量的，特别是长期性的预测准确性更差。

2. 敏感性分析

敏感性分析是从众多不确定性因素中，找出对投资项目经济效益指标有重要影响的敏感性因素，加以分析、测算其对项目经济效益指标的影响程度和敏感性程度，进而判断项目承受风险能力的一种不确定性分析方法。根据不确定性因素每次变动数目的多少，敏感性分析法可以分为单因素敏感性分析法和多因素敏感性分析法。

（三）风险处理

现金收付风险处理主要是预防流动性风险和道德风险，采用良好的内部控制制度对黄金珠宝企业化解流动性风险和道德风险具有重要的作用，属于风险控制措施。内部控制制度的设计应注意：以预防控制为主、注意体制牵制、注意程序制约以及注意责任牵制。

1. 与会计制度有关的内部控制制度

第一，依据管理者的批准从事并完成经济业务；

第二，将全部经济业务数额准确及时记入相关的账户，根据会计制度规定编制、报送财务资料；

第三，经管理者的批准方可动用资产；

第四，对资产做出准确记录，将合理的间隔时间与现存的资产相比较，并对发生的任何差异采取适当的措施。

2. 与货币资金有关的内部控制制度

货币资金的管理和控制应当遵循以下原则：严格职责分工；实行交易分开；实施内部稽核；实施定期轮岗制度。

3. 与现金管理有关的管理策略

（1）现金集权管理与分权管理

集权型财务政策在中大型（跨国）公司内较为常见，主要是因为其拥有较强的经济实力和较多的财务专家；分权型财务政策在小型公司内较为常见，小型公司缺乏资金来源和财务专家，且经营管理以灵活多变见长，因此多将财务管理的决策权授予子公司的经理管理。

集权型现金管理体现的是一种集团中心经营管理理念，它将海外业务看作国内业务的扩展。具体做法是，将集团公司内所有现金（或财务）政策的制定、执行、解释和业绩考核评价集中于总部的财务中心，现金政策包括款项的回收、付出、现金资金的使用等。

（2）现金预算

现金预算不是强制性的，除非银行或类似资金提供者要求企业这么做。从企业自身来说，是否贬值现金预算，取决于成本效益原则是否能得到满足。因此现金预算可分为积极现金预算和消极现金预算，前者是企业主动对现金流动情况进行推测以满足提高企业经营管理水平的需要，而且随时对预算进行调整修订；后者多用于监测企业是否具有良好的流动性。

根据编制基础的不同，现金预算可以分为以下三类：以现金流量表为基础的现金预算；以资产负债表为基础的现金预算；以利润表为基础的现金预算。

（3）现金回收与划转

①加速收款

为提高资金使用效率，企业应在不影响与客户关系和销售规模的前提下，加速应收账款的回收。

②延期付款

当企业面临短期资金周转困难时，延期付款便是一种可行的选择，因为对销售方来说，延期付款总要比失去一个客户更能让人接受。

③与银行关系

与银行长期稳定的关系有助于企业实现现金账户的科学筹划，商业银行还有可能对关系较好的往来客户提供理财方面的个性化服务或建议。

二、存货管理：资金占用风险

（一）风险识别

1. 存货风险来源

存货风险是指黄金珠宝企业拥有存货时因价格变动、产品过时、自然损耗等原因而令存货价值减少的可能性。存货风险主要来源于产成品及半成品销售的积压，占用资金不能及时变现；又因原材料采购缺少有序安排、材料库存阶段的坏损、生产产品所需零部件的数量比率不准确、生产过程中的半成品缺乏计划管理等原因而造成的损失浪费，资金沉淀，管理成本增加。

2. 存货风险的表现形式

（1）价格变动风险

价格变动风险包括生产成本和销售价格上的风险，从生产成本上看，在产品设计环节企业就需要对原材料、人工、机器损耗等做出估算，便于计算生产该类产品是否利润可观。

（2）产品过时的风险

黄金珠宝企业改造生产线和更新生产工艺的成本很高，当企业所生产商品的规格、款式、使用性落后于现实的需求时，企业不可避免地将面临产品滞销的风险。因此，企业生产的产品应该具有一定的前瞻性，即在一定时期内不会过时。

（3）自然损耗风险

自然损耗风险源自存货本身的特性和自然环境，如湿度、光照等外在因素变化对存货外观、性能产生的不利影响，对一些珠宝玉石首饰而言，自然损耗可能会超过自身价格风险。

（4）管理模式和方式的风险

企业管理模式和管理方法落后主要是由企业自身的原因所造成的。我国的很多企业往往将存货反映在总账面上，如果要对企业的存货进行一一核查，就会出现无存货明细可查的局面，换句话说，现有的管理模式造成了存货记录的不完整。

（二）风险评估

有两种类型的不确定因素会直接影响到存货的安全性，一是需求不确定因素，它关系到存货生产周期内销售比率的波动；二是完成周期不确定因素，它与存货补给周期的种种变化有关。

1. 存货的成本风险

由于存货投入了资金，因此持有存货是有风险的，因为投入存货的资金已无法用于再投资。存货成本风险产生的主要原因在于投入存货的资金，完成销售再回收，与该种商品的社会需求紧密相关。衡量存货的成本风险，主要看销售存货回笼的资金和其投入成本相比是否能实现产品的销售利润。

2. 存货的流动性风险

黄金珠宝企业的产品流动性强弱，可以通过存货周转率或存货周转天数来衡量，一般来说，存货周转率越高越好，存货转换为现金或应收账款的速度越快，企业越具有较强的流动性。商品库存周期过长，占销售总额的比例过高，是我国黄金珠宝企业普遍存在的问题。

（三）存货风险处理

存货风险处理的管理策略是加强存货控制，存货控制的最基本任务是要设计能够确定各阶段存货需求、发放量及其预测方法、各阶段标准库存量和安全库存、需求和供给，发放和补充的方式，以及能够明确检查预测量和实际差异的库存管理系统。应重点建立存货的内部控制制度，并严格贯彻执行；还需对存货水平准确预测；采用正确的存货管理方法。

1. 建立健全内部控制制度

企业应建立健全存货内部控制制度，结合企业的生产经营特点，从严规范存货采购、消耗、领用环节，进一步明确各职能部门的岗位职责，严格执行岗位各司其职原则，发挥存货内部控制制度的相互牵制作用。

2. 设置科学的库存管理流程

企业存货能够对企业的生产经营状况以及资金流动进行反映，能够直接或间接地影响到企业的财务状况和经营成果。企业应建立起科学高效的存货管理流程，并随着企业的发展不断完善。为能准确地记录存货的入库、出库、结存等，还应健全内部稽核制度，建立起完整的台账体系，制定定期盘点制度，并且在年终时进行存货的全面盘点。

3. 订立科学合理的采购计划、控制库存量

制订科学合理的采购计划、控制最优库存量是规避存货决策风险的重要手段。首先，为了保证企业不间断的生产经营对原材料的需求，应有一定的存储量；其次，为了降低存货对资金的占用，提高资金的使用效率，需要企业确定合理的最低库存量。因此，订立科学合理的采购计划、确定合理的库存量显得尤为重要。

4. 加强仓库的控制作用

仓库的功能除了存储还有更重要的功能。第一，它可以及时提供库存资讯信息，使企业获得准确的物资信息；第二，一个科学的仓库管理还应有监督检查的功能，以反映各部门生产成本的真实性；第三，仓库还要对处于呆滞状态的物料和废料进行合理的管理。

5. 加强仓库管理人员的业务培训

仓库管理人员应当熟悉其所任岗位相关的专业知识与专业技能，遵纪守法，客观公正。企业应定期对相关人员进行不同层面的培训，包括法律法规、存货管理理论及业务方面的培训，不断提高他们的业务素质和职业技能。

第二节　汇率风险

一、汇率风险概述

（一）汇率风险的含义

汇率风险是指在国际经济交易中，由于汇率的波动而引发的，以外币计价的资产（或债权）与负债（或债务）的价值损益的可能性。企业汇率风险敞口来自日常生产经营的多个环节，如出口货款收汇、进口货款付汇、外币债务、境外投资、报表折算等。

1973 年 2 月，各主要发达国家纷纷实行浮动汇率制度，各国主要货币的汇率不仅大幅度、频繁地波动，而且它们之间经常出现难以预料的强弱势的变化。世界经济朝着全球化的方向发展，国际贸易和国际融资规模大幅度增加，从而大大加深了涉外经济主体的汇率风险。

（二）汇率风险的类别

汇率风险通常分为三类。

1. 交易风险。交易风险是指企业以外币计价的合约现金流的本国货币价值，可能会因汇率变化而产生变动。具体来说，企业与贸易伙伴或金融机构签订各种合约，不论签订的是哪一种合约，只要以外币作为计价单位，产生外币计价的合约现金流，就会面临汇率变动引致的交易风险。

交易风险主要表现在以下几个方面。

（1）在商品、劳务的进出口交易中，从合同的签订到货款结算的这一期间，外汇汇率变化所产生的风险。

（2）在以外币计价的国际信贷中，债权债务未清偿之前存在的风险。

（3）外汇银行在外汇买卖中持有外汇头寸的多头或空头，也会因汇率变动而遭受风险。

2. 会计风险。又称换算风险，每个会计年度结算时，企业需编制合并财务报表，如果一家企业有境外子公司，就会承受会计风险。具体来说，企业先将子公司以外币编制的财务报表，转换成以本企业所在地货币编制的财务报表，再进行合并，由于涉及汇率换算，因此合并报表上的利润会因为汇率变动而产生变化。折算风险主要有三类表现方式：存量折算风险、固定资产折算风险和长期债务折算风险。

3. 经济风险。又称经营风险，是指汇率波动对企业的产品竞争力、盈利能力、偿债能力、跨境并购战略决策等造成的中长期影响。例如，当人民币升值时，出口型企业的产品竞争力有下滑的风险，间接造成企业经营能力下降；相反，当人民币贬值时，进口成本会上升，影响国内销售或以该进口商品为原材料的生产成本。

二、汇率风险评估

（一）交易风险的评估

1. 银行外汇买卖风险的评估

银行承担的汇率风险主要是外汇买卖风险。银行在外汇市场上进行外汇买卖，一种是代客进行外汇买卖，充当中介，赚取买卖价差和手续费收入；另一种是银行执行的外汇买卖。无论是出于何种目的进行买卖，银行在某种货币上的买进和卖出很可能出现现金额和期限的不匹配，持有该种货币的多头或空头头寸。这种敞口头寸，就是受险部分，会受到汇率波动的影响。

原则上，银行应当每天轧平所有的缺口头寸，避免不必要的汇率风险，保证赚取无风险的买卖价差收入。但是银行每日的外汇交易非常频繁，买卖的货币种类和期限非常多，轧平所有头寸不但要承担大量的交易成本，在现实中也是不可能的。因此，在银行的经营管理实务中，通常的做法是限定风险的大小，把风险控制在可承担的范围内。常用的限额管理包括缺口头寸限额、盈亏限额等。这些管理方法都是建立在相应的风险评估方式基础上的。

2. 一般企业交易结算风险的评估

对于黄金珠宝企业来说，交易结算风险是计划中或进行中的交易因汇率变动而可能产生的损失。这些交易将会引致未来的外汇现金流量变动，包括已经登记在资产负债表上的外币计价资产和负债，已签订的外币计价的合同，以及计划中尚未成立的外币计价合约。这些现金流量的组成是以不同货币计价的，企业不可能准确地预测未来汇率变动，但企业至少能预测外汇波动风险，并采取手段降低风险。

一般可以先从资产负债表入手，评估已完成的交易形成的外币资产和负债，然后再通过扩展分析范围，将计划中的部分也包括进去，完成对交易结算风险的评估分析。企业不但要知道自己总的风险头寸是多少，还要按不同期限分别来表示，以采取恰当手段进行管理，才能更有效地管理交易结算风险。

（二）经济风险的评估

经济风险是指非预期汇率变动，使企业在将来特定时期的收益发生变化的可能性。经济风险对企业的影响是长期的，而且是复杂且多层面的。企业的经营环境、原料来源以及汇率的波动等是识别企业经济风险的主要因素。经济风险的大小主要取决于汇率变动对企业的产量、成本、价格可能产生的影响程度。

因此，对经济风险的评估与管理需要采用整体和系统的方法。企业需要正确预测汇率变动的时间、方向和幅度，以正确估计这种变动对生产成本、产品价格以及销售数量的影响，进而评估企业可能遭受的损失。对汇率变动引起的收益和成本的敏感性分析和回归分析是评价经济风险的常用方法。

1. 收益和成本的敏感性分析

收益和成本的敏感性分析把现金流量按收益表的不同项目分类，并根据汇率预测情况对收益表的各个项目作出估计。企业的盈余能力和现金流量取决于原材料和产品的价格、销售量，以及各项费用。而价格与销量的变动取决于决定价格的币种与需求弹性。这些因素的综合代表了企业的竞争力，汇率的变动正是通过改变各种价格对企业的竞争力而产生影响的。

2. 回归分析

企业较常用的另一种方法是回归分析法。它是将已有的公司绩效变量（通常为现金流量或股票价格）和汇率的历史数据进行回归分析，测定企业的经济风险。因为是用历史数据来估计企业的现金流量对于汇率变动的敏感性，所以具有客观性的特点。而收益与成本的敏感性分析要求管理人员作出一些主观估计，因此受个人看法影响较大。不过回归分析也有不足，就是历史数据反映的是过去，而不是未来，所以其有效性也是有限的。

（三）会计风险的评估

1. 现行汇率法

现行汇率法就是将外币会计报表中的资产、负债、收入、费用各项目均按现行汇率进行折算。也可以采用会计期间的平均汇率进行折算。而将外币会计报表中折算产生的差额，计入当期的损益，或者在所有者权益项下单列“外币会计报表折算差额”项目反映，并逐年累积下去。

用现行汇率法对外币会计报表进行折算，实际上是将外币会计报表的所有项目乘以一个常数，只是改变外币会计报表的表现形式，并没有改变其中多个项目之间的比例关系。

2. 流动与非流动项目法

流动与非流动项目法是将资产负债表项目划分为流动项目与非流动项目两大类，并对其分别采用不同的汇率进行折算。对于流动资产和流动负债项目，按照资产负债表日的汇率计算；对于非流动资产和负债，以及所有者权益中的实收资本，资本公积等项目，按照历史汇率进行折算；对于利润表各项目，除固定资产折旧费用和摊销费用等按照相关资产入账时的历史汇率折算外，其他收入和费用各项目均按当期的平均汇率折算。

该方法对流动资产及流动负债项目采用现行汇率计算，有利于对子公司营运资金进行分析。不足之处是，区分流动项目和非流动项目并按不同的汇率进行折算，缺乏足够的理论支持。

3. 货币性与非货币性项目法

货币性项目是持有的货币以及将以固定金额或可确定金额收回的资产和负债，除此之外，则属于非货币性项目。该方法对货币性项目采用现行汇率折算，对非货币性项目采用历史汇率折算，所有者权益也按历史汇率折算；对于利润表项目，除折旧费及摊销费用按照有关资产的历史汇率折算外，所有收入和费用均以当期的平均汇率折算；销售成本项目则是在对期初存货、期末存货和当期购货分别进行折算的基础上，按照“期初存货+当期购货-期末存货=当期销货”等式计算确定的。其中期初存货、期末存货按各自的历史汇率折算，当期购货按当期平均汇率折算。利润表项目的折算和流动与非流动性项目法下的折算方法基本相同。

4. 时态法

时态法也称为时间度量法，是由美国注册会计师协会的研究人员列奥纳德·洛伦森于1972 年在其研究报告中针对货币性与非货币性项目法的不足提出来的，并于 1975 年为美国财务会计准则委员会的第 8 号财务会计准则所采用。

时态法的理论依据是：外币会计报表的折算不应改变会计报表所反映的经济事实，因此，在选择汇率时，只能改变计量单位，而不应当改变原有的计量属性。

时态法对于按照历史成本反映的非货币性资产按历史汇率折算，对于按现行成本反映的非货币性资产按现行汇率折算。其他基本和货币性与非货币性项目法相同。

三、汇率风险管理

（一）汇率风险管理的概念

汇率风险管理是指外汇资产持有者通过风险识别、风险衡量、风险控制等方法，预防、规避、转移或消除外汇业务经营中的风险，从而减少或避免可能的经济损失，实现在风险一定条件下的收益最大化或收益一定条件下的风险最小化。在外汇市场上，汇率的波动异常频繁。企业只要存在对外业务，就会存在汇率风险，就要对其进行管理，减少因汇率变动带来的损失。

黄金珠宝企业对汇率风险进行有效的管理，要分三步走。第一步要识别自身面临的汇率风险类型，是交易风险、会计风险还是经济风险；第二步是衡量风险，即预测汇率走势，对汇率风险程度进行测算；第三步是制定汇率风险管理策略，即在识别和衡量的基础上制定相应的管理策略，根据不同情况造成的风险，采用不同的手段进行风险管理，避免产生较大损失。

（二）汇率风险的管理方法

对于交易风险，企业可以采用选择计价货币，在合同中加列保值条款、提前与滞后应收账款、配对管理、国际信贷法、投保货币风险等方法避免和转移外汇风险头寸。如果这些方法不能全部消除企业的外汇头寸，企业还可以在货币市场上主动创造相反的头寸，或采用现成的金融市场合约对冲相应的风险，例如远期外汇合约、外汇期货和期权合约、货币互换合约等。

1. 树立汇率风险中性理念

汇率风险中性是指企业把汇率波动纳入日常财务决策，以保值为核心目标，尽可能降低汇率波动对主营业务以及企业财务的负面影响。汇率风险中性是企业应对汇率双向波动的必然选择，有利于企业实现财务中性，专注主业经营。

黄金珠宝企业应该主动管理汇率风险敞口，套保避险；明确“保值”而非“增值”核心目标；基于实需原则，立足于服务主业经营；建立科学适用的汇率风险管理工作制度。但是不能对汇率风险敞口放任不管，不能根据汇率走势追涨杀跌；也不能以套保的盈亏论英雄，更不能随意更改套保策略。

2. 合理利用汇率避险产品

对于交易风险，企业可以采用选择计价货币，在合同中加列保值条款、提前与滞后应收账款、配对管理、国际信贷法、投保货币风险等方法避免和转移外汇风险头寸，或者采用外汇衍生产品进行套期保值。

外汇衍生产品是企业管理汇率风险的有效工具。目前，我国外汇市场已具备即期、远期、外汇掉期、货币掉期和期权及期权组合等产品。黄金珠宝企业选择这些产品进行套期保值时，也应以保持财务稳健和可持续为导向，遵循实需、适用的原则，避免选择过于复杂的外汇衍生工具，以免因产品运用不当导致更大的风险。同时黄金珠宝企业还应该充分认识，避险保值就像花钱买保险，是以一个比较小的成本来管理比较大的不确定性和可能的损失。下面介绍几种汇率避险策略。

（1）套期策略

a. 用于交易风险

企业常常根据财务部对所涉及的货币的未来变动的看法，对交易风险进行战术性（有选择地）或战略性套期，以保持现金流和收益。大多数企业采用战术性套期，对与短期应收款和应付款交易的交易货币风险进行套期，而战略性套期用于长期交易。

b. 用于外币折算风险

对外币折算风险或资产负债表风险进行套期的目的常常是避免可能发生的货币冲击对净资产的影响。根据对合并资产负债表的汇率风险进行套期的框架，对企业债务结构进行套期的问题也具有极为重要的意义。为了减少汇率对收益波动的影响，企业可利用优化模型设计一套最优的套期策略，以管理其货币风险。

c. 用于经济风险

经济风险常常作为残余风险进行套期。经济风险反映了汇率变动对未来现金流现值的潜在影响，因此很难量化。汇率调整会致使竞争力下降和企业价值降低。

(2) 套期基准及绩效

套期的绩效可以根据其与给定的基准汇率的差距计量。基准汇率是套期合同约定汇率，实际汇率与约定汇率的差异就是套期绩效。套期基准会对最终绩效产生影响，套期基准可能是套期水平（一定的百分比）、报告期等。基准的确定，主要是为了确定套期绩效能够很好地对冲企业汇率风险。

(3) 套期及预算汇率

预算汇率为企业提供了可供参考的汇率水平。预算汇率决定后，企业财务部需确定一个适当的套期汇率，并且确保与该套期汇率的偏离最小。

(4) 管理汇率风险的套期工具

a. 场外交易产品

货币远期合同和货币互换是最常见的场外交易货币套期工具。货币远期合同的定义是购买货币合同，以在未来按照今天设定的价格交付货币。常用的两种远期合同分别是直接远期合同（包括货币的实物交付）和无须交付的远期合同（按净现金结算）。利用远期合同，企业能够完全套期保值。

b. 证券交易所交易产品

证券交易所交易的货币套期工具主要类型是货币期权和货币期货。期权的优点是简单直接且可预测最大的损失，其缺点是成本高。货币期货是在证券交易所交易的合同，并明确某特定货币将要在特定结算日交换的标准数量。

(5) 其他汇率风险管理方法

由于货币套期常常成本很高，企业还有多种行为可以减少汇率风险，包括：(a) 计价货币；(b) 匹配收入和支出；(c) 提前和滞后付款；(d) 净额结算；(e) 多边净额结算；(f) 匹配长期资产和负债。

第三节　利率风险

一、利率风险概述

(一) 利率风险的概念

利率风险是指市场利率变动的不确定性给商业银行造成损失的可能性。巴塞尔委员会在1997年发布的《利率风险管理原则》中将利率风险定义为：利率变化使商业银行的实际收益与预期收益或实际成本与预期成本发生背离，使其实际收益低于预期收益，或实际成本高于预期成本，从而使商业银行遭受损失的可能性。也即原本投资于固定利率的金融工具，当市场利率上升时，可能导致其价格下跌的风险。

（二）利率风险的分类

巴塞尔银行监管委员会将利率风险分为重新定价风险、基差风险、收益率曲线风险和期权风险四类。

1. 重新定价风险，也可以称为成熟期错配风险，是最主要和最常见的一种利率风险形式，主要来源于银行资产、负债和表外业务到期期限或者重新定价期限所存在的差异。20 世纪 70 年代末和 80 年代初，美国储贷协会危机主要就是由于利率大幅上升而带来重新定价风险。如果银行以短期存款作为长期固定利率贷款的融资来源，当利率上升时，贷款的利息收入仍然是固定的，但是存款的利息支出却会随着利率的上升而增加，从而使银行的未来收益减少和经济价值降低。

2. 基差风险，又称为基准风险，指的是当一般利率水平的变化引起不同种类的金融工具的利率发生程度不等的变动时，银行就会面临基差风险。

3. 收益率曲线风险，指的是将各种期限债券的收益率连接起来而得到的一条曲线，当银行的存贷款利率都以国库券收益率为基准来制定时，由于收益曲线的意外位移或者斜率的突然变化而对银行净利差收入和资产内在价值造成的不利影响就是收益曲线风险。收益曲线的斜率会随着经济周期的不同阶段而发生变化，让收益曲线呈现出不同的形状。

4. 期权风险，又称为选择权风险，指的是当利率变化时，银行客户行使隐含在银行资产负债表内业务中的期权给银行造成损失的可能性。简单来说就是客户提前归还贷款本息和提前支取存款的潜在选择中产生的利率风险。

（三）影响因素

1. 宏观经济环境

当经济发展处于增长阶段时，投资的机会增多，对可贷资金的需求增大，利率上升；反之，当经济发展低迷，社会处于萧条时期时，投资意愿减少，自然对可贷资金的需求量减小，市场利率一般较低。

2. 中央银行的政策

一般来说，当中央银行扩大货币供给量时，可贷资金供给总量将增加，供大于求，自然利率会随之下降；反之，中央银行实行紧缩式的货币政策，减少货币供给，可贷资金供不应求，利率会随之上升。

3. 价格水平

市场利率为实际利率与通货膨胀率之和。当价格水平上升时，市场利率也相应提高，否则实际利率可能为负值。同时，由于价格上升，公众的存款意愿将下降而工商企业的贷款需求上升，贷款需求大于贷款供给所导致的存贷不平衡必然导致利率上升。

4. 股票和债券市场

如果证券市场处于上升时期，市场利率将上升；反之利率相对而言也降低。

5. 国际经济形势

某国经济参数的变动，特别是汇率、利率的变动也会影响到其他国家利率的波动。自然，国际证券市场的涨跌也会对国际银行业务所面对的利率产生风险。

资金缺口是一个与时间长短相关的概念。缺口数值的大小与正负都依赖计划期的长短，这是因为资产或负债的利率调整期限决定了利率调整是否与计划期内利率相关。

除了上面谈到的资金缺口指标外，还可以用利率敏感比率来衡量银行的利率风险。近年来，银行经营管理人员逐渐采用动态的利率敏感资产和利率敏感负债的缺口方法，方法之一便是“持续期缺口分析”。

二、利率风险评估

利率是资金的价格，金融机构是资金供给者与需求者的中介机构，其资产与负债绝大多数透过利率来计价，当资产与负债对利率变动的敏感程度不一时，就会产生利率风险。银行要有效地管理利率风险，需将利率风险予以量化，以制定出利率风险管理的目标，并衡量利率风险。从目前西方银行的实践来看，衡量利率风险的方法很多，每种方法各有利弊和不同的适应性。其中最主要的评估方法有以下三种：缺口分析、持续期间分析和仿真分析。

（一）缺口分析

依据剩余到期日或重新定价的期限，可将银行资产与负债分为利率敏感性与非利率敏感性两类。所谓利率敏感性资产和利率敏感性负债，分别指该资产的利息收入或该负债的利息支出，于剩余到期日或重新定价的期间内将受利率变动影响。利息收入或利息支出将不随利率走势而改变的，则为非利率敏感性资产和非利率敏感性负债。利率敏感性资产减利率敏感性负债所得的差额则称为利率敏感性缺口。

利率敏感性缺口=利率敏感性资产规模-利率敏感性负债规模

此缺口的形成主要银行资产与负债的结构不一致或失衡造成的。如果银行能够准确预测利率走势的话，银行可利用较大资金缺口获取较大的利息收益；但如果银行预测失误，较大的资金缺口也会导致巨额利息损失。

利率敏感性缺口反映的是绝对额，利率敏感性比率反映的则是相对额，可用于不同银行的对比。利率敏感性比率是利率敏感性资产和利率敏感性负债金额之比，用公式表示为

利率敏感性比率=利率敏感性资产规模/利率敏感性负债规模

当利率敏感性资产等于利率敏感性负债时，此比率等于1，为“轧平”；当利率敏感性资产大于利率敏感性负债时，此比率大于1，为“正缺口”；反之，则小于1，为“负缺口”。利率敏感性缺口和利率敏感性比率都反映了银行的利率风险。当运用利率敏感性比率分析资产负债敏感程度时，在利率敏感性比率接近于1时，银行管理者仅知道利率敏感性资产接近利率敏感性负债，但它们之间的差额为多少并不知道，而利率敏感性缺口则准确反映了银行资金利率部分的大小。因此，当银行进行资金缺口管理时，通常将利率敏感性缺口和利率敏感性比率两项指标结合起来考察银行资产、负债的利率敏感程度，这样才能有利于作出科学的决策（见表6-1）。

表 6-1 利率敏感性缺口、利率敏感性比率、利率变动与银行净利息收入变动之间的关系

利率敏感性缺口	利率敏感性比率	利率变动	银行净利息收入变动
正值	>1	上升	增加
正值	>1	下降	减少
负值	<1	上升	减少
负值	<1	下降	增加
零	=1	上升	不变
零	=1	下降	不变

“缺口分析”可以用不同的时间期限为基础，如 7 天、30 天、90 天、半年、1 年等。现在银行广泛使用计算机系统来发现利率敏感性资产和负债的缺口。

“缺口分析”的缺点如下：

1. 未考虑货币时间价值，如一年期缺口的现值与二年期同额缺口的现值应有不同，但计算利率敏感性缺口时未考虑其现值差异，而将其视为等值予以加总计算累积；

2. 仅评估利率变动对利息净收入的影响，未考虑利率变动对业主权益现值的影响，也即缺口分析仅就会计层面而未从经济层面考虑利率风险；

3. 该分析只反映了利率变动对收入的影响，而没有考虑到利率变动对银行负债的整体价值的影响。要评估利率波动对银行资产和负债的总体影响，需要运用持续期间分析工具。

（二）持续期间分析

持续期间分析又称为期间（或久期）分析，是利率风险管理方法的另一重要工具，用来揭示银行资产和负债的市场价值对利率变动的敏感性。所谓持续期间是指一个债务支付流量的加权平均寿命或加权平均有效期，这一持续期从债权人角度看是资产持续期，从债务人角度看是负债持续期。资产持续期是把一笔资产作为现金收回平均所需时间，而债务持续期则是把一笔债务付清平均所需时间。持续期间分析利率敏感性，源自债券操作上以存续期间反映现值变动的观念。以债券为例，持续期间模型的公式可定义如下：

$$D=\frac{1\times\frac{C}{(1+R)}+2\times\frac{C}{(1+R)^{2}}+\cdots+N\times\frac{C+F}{(1+R)^{N}}}{\frac{C}{(1+R)}+\frac{C}{(1+R)^{2}}+\cdots+\frac{C+F}{(1+R)^{N}}} \tag{6-1}$$

其中，D=持续期间，C=息票，R=收益率，N=到期数，F=债券面值。

式（6-1）分母是债券的目前价格（P），式（6-1）经整理后可得：

$$\frac{\mathrm{d}P}{P}=-D\left[\frac{\mathrm{d}R}{1+R}\right] \tag{6-2}$$

或

$$\frac{\mathrm{d}P}{P}=-MD\times\mathrm{d}R \tag{6-3}$$

式（6-2）可解释为利率变动时，债券价格将呈反向的变动，变动的程度为 D 的大小。式（6-3）的 MD 为修正的 D，即 $D/(1+R)$。国际清算银行（BIS）1993 年有关利率一般市场风险的计算即是主要以修正存续期间乘以收益变动率为基础。持续期间模型的基本假设为收益率只作微小变动，但是在收益率作较大变动时，债券价值变动与收益率变动的关系式呈现凸性的现象，若式（6-2）及式（6-3）的微分符号改为变量符号，并利用 Taylor 氏展开式，则可得：

$$\frac{\Delta P}{P}=-D\frac{\Delta R}{(1+R)}+\frac{1}{2}CX(\Delta R)^2 \tag{6-4}$$

或

$$\frac{\Delta P}{P}=-MD\Delta R+\frac{1}{2}CX(\Delta R)^2 \tag{6-5}$$

其中，CX 表示凸性或曲度调整数。

常用的 CX 估计式为

$$10^8\left[\frac{\Delta P-}{P}+\frac{\Delta P+}{P}\right]$$

用持续期间模型来衡量资产或负债的利率敏感性，相比其他两种模型较为完整。该分析方法的优点是：（1）考虑了资产或负债的平均年限，不仅考虑了资本或负债项目的到期，而且也考虑到现金流量的到达时期，分析重点在于资产负债现金流量是否轧平，评估市场利率变动对银行资产面及负债面现金流量现值的影响是否相等。（2）提供了一个简便地衡量利率风险的指针，对个别存放款的平均到期日未加以限制，可用来管理不同的目标账户。

“持续期间分析”方法的缺点是：（1）需要以完备的管理信息系统为前提；（2）为了评估利率风险，需要更新每天的各类金融工具的持续期间资料，调整资产负债组合。

（三）仿真分析

“仿真分析”是一种动态的技术，管理者测试各种不同的策略以应对利率的变动，进而取得资产负债最佳组合以达成预期管理目标。为了有效分析银行的利率风险，可将仿真分析和缺口分析两种技术结合起来，以分析动态缺口，即利用仿真分析预测银行未来的财务经济状况，再利用缺口分析来衡量银行未来不同时间段中可能承受的利率风险，以帮助管理者更有效地管理利率风险。

“仿真分析”的优点是：（1）考虑到了资产与负债中所隐含的选择权。（2）可利用不同的资产负债项目或工具，测量在不同利率变动幅度下的银行利息所得。

“仿真分析”的缺点是：由于没有考虑到货币的时间价值，因此该方法较适用于短期利率变动风险分析。

三、利率风险管理

（一）利率风险管理模型

1. 敏感性缺口

银行把在某一时期内到期或需要重新确定利率的资产和负债称为利率敏感性资产或负债。二者之差即为重新定价缺口或资金缺口。正的重新定价缺口使银行面临利率下降的风险，负的重新定价缺口使银行面临利率上升的风险，当缺口为零时，利率变动不会影响银行的净利差收入。它对于货币市场和资本市场上利率变动的层次具有针对性，并依据银行资产负债在央行基准利率变动时所遭受的利率冲击的程度不同建立了不同的计量方法。

2. 存续期缺口模型

存续期模型反映了在市场利率变动时，银行资产与负债净值的变动。它是以现金流量的相对现值为相权数，计量出的资产（或负债）中每次现金流量距离到期的加权平均期限，反映了现金流的时间价值。在存续期缺口模型中，有一点需要引起重视，就是债券的价格—收益率曲线的凸线性。由于凸效应的存在，当利率下降幅度较大时，该模型低估债券价格的上涨幅度；而当利率上升幅度较大时，又高估证券价格的下跌幅度。这使银行的资产负债管理人员能够利用资产与负债组合的凸效应来规避利率风险。理想的资产负债组合应该是资产组合的凸性大于负债组合的凸性。

（二）管理效果

利率是资金的时间价值，是资本这一特殊生产要素的价格。利率的高低对于宏观经济与微观经济都具有重要影响，利率的变化对金融参与者是一种风险。20 世纪 70 年代以来，国际金融市场利率波动的急剧扩大，导致风险管理这门艺术与科学的革命，也产生了对更好的利率风险管理工具、技术和战略的需求，这种需求与金融理论的迅速发展，一起导致许多金融衍生工具的出现，包括新型金融期货合约、金融期权合约、利率互换、上限期权、下限期权、双限期权、互换期权等。利率风险管理，即通过运用这些工具锁定未来的贷款利率或借款利率，以避免因利率变化带来的投资失败或还本付息危机；另外也可运用这些工具，根据利率水平进行投机，获取高风险下的高额回报。

1. 金融机构通过利率风险管理保障利息收益

银行和金融公司通常借入短期款项，贷出长期款项，希望能锁定长短期款项之间的利率差额。但利率上升会导致利差收入下降，银行只要通过买入利率上限期权锁定最高借款成本，即可保证最低净利差收入。不管市场利率怎么变，银行都可获益：如果市场利率在整段结构期限内上涨，银行可把借款成本锁定在利率上限期权，同时以更高的利率贷款；如果市场利率在整段结构期内下跌，银行借款成本降低。

2. 具有负债的公司通过利率风险管理降低筹资成本

对主要使用定息借款的公司而言，买入利率下限期权即可享受利率浮动的收益。市场利率下降，公司买入下限期权的或有收益就可能降低公司的借款成本。对主要使用短期借款的公司，通过买入双限期权，即公司将卖出下限期权的收益，用于买上限期权，从而最大限度地保障取得利率风险投资收益来降低筹资成本。

3. 主权国家通过利率风险管理，降低筹资成本，提高信用评级

发展中国家的债务，经常与浮动利率相联系，通过使用利率互换或利率上限期权，将浮动利率转化为固定利率或取得卖出期权的收入，避免债务国的坚挺货币主要用来支付利息负担，而非用于经济发展，从而提高了该国的信用评级，降低了筹资成本。发达国家发行债券时，通过大量买入利率上限期权，当利率上升时，发债国即可获得套期保值，降低筹资成本。

（三）利率风险管理方法

西方商业银行有多种衡量和管理利率风险的工具和方法，主要包括利率敏感性缺口管理、持续期缺口管理和利用利率衍生工具套期保值。

1. 利率敏感性缺口管理

利率敏感性缺口（*IRSG*）指的是一定时期内利率敏感性资产与利率敏感性负债的差额。而利率敏感性资产（*IRSA*）和利率敏感性负债（*IRSL*）是指那些在某一时期内到期的或需要重新确定利率的资产和负债。利率敏感性资产主要包括浮动利率贷款、即将到期的或短期的贷款、短期投资、同业拆出以及买进的可回购协议等。利率敏感性负债主要包括活期和短期存款、同业拆入、出售的回购协议等。利率敏感性缺口用公式可表示为

利率敏感性缺口=利率敏感性资产−利率敏感性负债

即 $IRSG=ISRA-ISRL$

当利率敏感性资产大于利率敏感性负债时，称为正缺口；当利率敏感性资产小于利率敏感性负债时，称为负缺口；当利率敏感性资产等于利率敏感性负债时，称为零缺口。存在正缺口的银行称为资产敏感型银行，存在负缺口的银行称为负债敏感型银行，存在零缺口的银行称为敏感平衡型银行。

如果一家银行的利率敏感性缺口为正值，说明它的利率敏感性资产大于利率敏感性负债。当市场利率上升时，该银行一方面需要对利率敏感性负债支付更高的利息，另一方面又可以从利率敏感性资产中获取更多的收益。由于利率敏感性资产大于利率敏感性负债，当所有利率同时以等幅上升时，利息收入的增长快于利息支出的增长，净利差收入就会增加。同理，当利率下降时，银行的净利差收入就会下降。如果银行的利率敏感性资产小于利率敏感性负债，利率敏感性缺口为负，那么当利率上升时，利息收入的增长慢于利息支出的增长，银行的净利差收入会下降；反之若利率下降，银行的净利差收入就会增加。

2. 持续期缺口管理

持续期也称为久期，是由美国经济学家弗雷得里·麦克莱于 1936 年提出的。久期最初是用来衡量固定收益的债券实际偿还期的概念，可以用来计算市场利率变化时债券价格的变化程度，20 世纪 70 年代以后，随着西方商业银行面临的利率风险加大，久期概念被逐渐推广应用于所有固定收入金融工具市场价格的计算上，也应用于商业银行资产负债管理之中。持续期是指某项资产或负债的所有预期现金流量的加权平均时间，也就是指某种资产或负债的平均有效期限。

一般来说，当持续期缺口为正，银行净值价格随着利率上升而下降，随利率下降而上升；当持续期缺口为负，银行净值价值随市场利率升降而反方向变动；当持续期缺口等于零时，银行净值价值免遭利率波动的影响。

第七章 人力资源风险管理

第一节 人力资源风险管理

在知识经济的大背景下，人力资本不仅是现代型企业高产出的资本，更是高风险的资本。现代型企业的生存很大程度上依赖人力资本，无论是决策风险、人员流动风险，还是道德风险，都会给企业带来重大损失的可能。

企业普遍认识到，有效的人力资源风险管理机制的建立将有助于企业保留、吸引和激励人才，并有效防范人才使用中的种种风险。当一个企业在人力资源管理质量和结构方面超越对手，同时能够有效控制人员任用、管理中的风险时，这个企业也就具备了在市场中成功的实力。

人力资源风险管理是指在招聘、工作分析、职业计划、绩效考评、工作评估、薪金管理、福利、激励、员工培训、员工管理等各个环节中进行风险管理，防范人力资源管理中的风险发生和风险发生后的补救工作。研究表明，人力资源管理风险是企业管理的主要风险之一，人力资源管理的风险来自人力资源管理各个阶段。其主要分为招聘风险、录用风险、培训风险、绩效管理风险、薪酬管理风险和离职风险等，从而针对风险的种类，运用科学的手段和方法，研究出防范风险的具体实施策略。

一、国内外人力资源风险管理现状

（一）研究的目的与意义

目前，国内大多数企业尚未正视人力资源管理中的风险管理，未意识到风险管理的重要性。企业竞争随着经济的快速发展愈演愈烈。然而，企业的竞争终究还是人才的竞争，因此人力资源管理是企业管理中必不可少的。在内部和外部环境的影响下，人力资源管理面临着各种风险。企业管理中的风险管理，是合理规避风险、消除风险的重要途径，也是提高企业核心竞争力的目的。

人力资源管理既是高产出的管理，也是高风险的管理。在企业管理中，规避与防范风险，提高管理效率，加强核心竞争力，无疑具有相当重要的理论与现实意义。

（二）国内外现状

1. 国外研究现状

人力资源的研究兴起于国外，因此其在人力资源管理方面的研究进度优于国内。

（1）人力资源风险的定义

目前在国外学者的研究当中，人力资源风险还没有统一的概念。

美国学者 *A. H. Willett*（1901）首次提出风险的定义：风险是对于不希望发生的事件发生的不确定性的客观体现。这个定义带来了两个信息，即风险是未知的、风险是负面的。

日本著名教授武井勋（1983）提出“风险是在特定情况和特定时期内自然存在的致使经济损失的变化”。此观点展示了风险的特定性、客观性和负面性。

格拉尔（1956）在《费用控制的新时期——风险管理》一文中初次提及“风险管理”的观念，这标志着风险管理的起点。

（2）人力资源风险的主要因素

美国学者科斯（2001）将人力资源风险分解成以下三个方面的因素：第一，人的有限理性，人并不是时时刻刻都保持理性。第二，人往往会选择对自己有益的事，而忽视整体。第三，人无法获得全面的信息，给决策带来困难。而伦格尼克·霍尔（1988）则认为人力资源风险的主要因素有内部环境和社会环境。这个观点与科斯的恰恰相反，霍尔认为风险是来自环境。

2. 国内研究现状

（1）人力资源风险的定义

林洪藩和周霞（1999）认为风险是指企业在进行人力资源活动中所承受损失的可能性。杨乃定和张莉亚（1999）则主张人力资源风险是指因为人力资源的原因导致企业遭受损失的可能性。这两种说法有着本质上的差别，一种认为是在管理过程中所造成的偏差，而另一种说法偏向于是人力资源的某种原因造成的。

（2）人力资源风险的主要因素

国内学者梁挺（2005）认为人力资源风险是由下列原因产生的：第一，人力资源管理中的管理不善；第二，来自人力资源本身。

孙泽厚和李冬梅（2002）则认为风险是由职工思想品德的欠缺、管理和制度上的漏洞、人力资源选择的错误、人力资源本身能力欠缺所造成的。

这两种观点有些许的重合，后者对风险的因素概括得较为具体，从员工和管理者两个角度进行了分析。

二、人力资源风险的种类

（一）招聘风险

招聘是人力资源获得的重要环节，能岗匹配的原则可以作为招聘过程中的金科玉律。能岗匹配即尽可能令人的能力与岗位需要的能力实现匹配。可以说，能岗匹配原则是降低企业招聘风险的重要理论知识。原因有以下几点。

1. 人的能级区别。不同的人有不同的对应能级，对于一个岗位来说，最适合的人选是恰好能完成这件事的人。如果低能级的人需要承担较高难度的任务，就会造成任务失败等一系列不好的结果；如果让高能级的人去完成较低难度的任务，就会造成人才、时间的浪费，个人的积极性会受到影响，从而造成人员流失。

2. 人有专长的区别。因为人的专长是不能用能级来划分的，对于画家和作家而言，他们的水平是无法比较的，所以要注意各施其才、各展所长。

3. 同一系列有差别的位置对能力的结构和大小有不同的要求。同样是管理人员，中高层管理人员更多需要的是领导与决策能力，而低层的管理人员可能更需要的是技术能力。

4. 不同系列的同级别岗位对能力有不同的要求。同样是经理职别，市场部经理就要具有一定的营销策略和品牌意识，销售部经理就需要销售能力和较大范围的客户源。由此可见，岗得其人、人尽其用的原则能降低企业招聘的风险，否则的话，企业将会面临一些不可预计的后果。

（二）录用风险

员工的录用是根据选拔的结果进行人员调配，其中录用决策要保证科学性和正确性，如果受到主观判断和不正之风的干扰，将会给企业带来一定风险。

1. 录用员工的质量不过关

有时候企业在花费了大量人力、时间和成本的同时却没有招到最适合岗位需求的人才，因为往往企业在前期招聘时，是从大量简历中挑选人才。这时企业仅仅依据应聘者学校的知名度和工作经验就判定应聘者是适合岗位需求的，在这种信息了解不全面、不准确的情况下，会出现人员与岗位不匹配的情况，如果录用的人不能胜任岗位，甚至出现傲慢、不可一世的态度，最大的风险将会是辞退。带来的成本很高，这会导致人员重新招聘、录用，并且企业的生产效率将会大大降低，也会对企业造成严重的负面影响。

2. 职位填补不及时

在企业中，各个部门会把对人员的需求反映到招聘部门，由招聘部门实施招聘，这个时候招聘部门的反应和速度就很重要了。如果这个时候职位填补不及时，就会造成岗位空缺影响公司业绩，所以就要求招聘部门在平时的工作生活中积累人脉，建立人才库，更加高效地为企业提供便利。

3. 用人单位或部门对招聘工作不满意

用人单位或部门对招聘活动的满意程度包括对新员工质量的满意度、对招聘过程的满意度、是否根据单位或部门的需求进行招聘、是否实时和相关部门密切联系等。

4. 新员工对所在岗位不满意

员工一旦进入企业，就会碰到千奇百怪的问题。他们会不断地对企业产生新需求，当新需求没有得到很好满足时，员工对所在岗位的满意度就会下降，造成各类人力资源风险。员工中途毁约离开公司，会给企业带来巨大的经营损失，企业不得不重新招聘，花费数倍成本招到合适的人才。还有一种情况就是，在猎头公司逐渐崛起的社会背景下，企业精心培养的人才被同行业竞争对手挖走，不仅加大了企业的经营成本，还给企业造成了沉重打击。

（三）培训风险

1. 外部培训

外部培训是指由独立的培训机构对企业某些人员进行的培训。这类培训是比较系统全面的培训方式，由一些权威性的专家来授课，但是往往培训内容过于笼统，培训效果达不到最佳。

2. 内部培训

内部培训是指企业内部根据自身需要展开的培训，这类培训更具有针对性，并且可以根据员工的不同需要灵活改变培训方式和内容。但内部培训带来的风险就是，培训内容太过于封闭，接收不到外界最新的资源，很难与时俱进。

（四）绩效管理风险

绩效管理是指各个层级的管理者和员工努力合作为达到组织的目标而共同参与拟定绩效计划、进行绩效沟通、评估绩效考核、反馈绩效结果、提高绩效目标的整个过程。绩效考核结果的评估作为绩效管理的中心环节，如果这个关键步骤的工作出现问题，绩效管理会带来非常严峻的消极影响。绩效考核风险是指绩效考核有可能没有达到预期目标，可分为绩效考核政策风险和考核结果应用不当风险。

绩效考核政策风险主要体现在考评过程中可能出现的不公正性上，如果是偏颇的、缺乏公平的考评，可能会使员工产生负面情绪和思想，不但会贻害组织各个层级的管理活动，还会对组织的绩效管理等活动产生十分严重的干扰和破坏。

考核结果反馈的目的是让考评者正确了解自身的优缺点，对以后的工作加以改进和提高。过分自信的人会弱化自己的短处，只看到自己的长处；过分自卑的人却只能察觉到自己的不足，发现不了自己的闪光点。总的来说，人无完人，领导在对员工进行绩效反馈的时候，要找对方式方法。过于激烈的斥责，会让员工产生抵触心理，不仅对个人绩效目标的实现极其不利，并且也会严重影响企业绩效的未来发展。

（五）薪酬管理风险

公平性原则是薪酬管理的首要原则，可以分为四个层面：外部公平、内部公平、员工公平和小组公平。为了保证相对公平，企业在薪酬管理过程中应有明确的、统一的规范，一定的民主性，并且为员工提供平等的机会条件。

如果员工在企业中产生了不公平感，就会产生以下后果：

1. 当员工感到不公平时，第一个想到的就是弥补不公平，他们会要求更高的收入填补不公平。

2. 当收入增加被拒绝时，他们可能会做出额外的要求，比如换工作等。

3. 当加薪和调换工作都被拒绝时，更严重的后果就出现了。他们往往会消极怠工，用消极的态度面对自己的工作，从而妨碍了公司的发展，也阻碍了自己的前程。

4. 当消极怠工的行为也无效时，员工就会选择辞职。

5. 一些极端的行为也会出现，破坏机器、打砸办公室等。

除了公平性原则以外，薪酬管理还应遵照竞争性原则、激励性原则、经济性原则和合法性原则，否则平均主义导致的弊端将会“浮出水面”。

（六）离职风险

1. 员工单方面解除劳动合同

在用人单位无过错的情况下，员工需提前 30 天通知用人单位解除劳动合同，形式必须为书面形式，口头通知不具有法律效力。此时用人单位不用向员工进行经济赔偿；如果是在用人单位有过错的情况下，例如未按规定及时缴纳社保，员工可随时通知用人单位解除劳动合同，此时用人单位需向员工支付一定数量的经济补偿，这时候单位不仅损失了员工，还损失了金钱。

2. 用人单位单方面解除劳动合同

在员工有过错的情况下，用人单位可随时通知员工解除劳动合同；在员工无过错的情况下，若用人单位没有提前30天告知劳动者解除劳动合同，则须支付劳动者额外一个月的工资并给予一定的经济补偿。无论在什么样的情况下，人员的流失对企业来说总是不利的，因此企业要在招聘、培训、录用等阶段对员工进行严格把关，争取把损失降到最低。

三、企业人力资源风险管理的必要性

随着市场竞争的日益加剧，由人力资源形成的人力资本所凝聚的核心竞争力，成为现代型企业赢得竞争的根本所在。人力资源管理得到越来越广泛的关注，对人力资源管理中的各环节如招聘、培训、考评、薪酬等进行积极地改革实践。然而，风险管理也应得到充分关注，而且，更要将它作为人力资源管理的一个重要环节，上升到战略层面统一规划。这将对现代型企业应对复杂环境变化产生重要意义。

1. 可以提高人力资源管理的整体性效果

人力资源管理各模块之间具有密切联系，是一个不可分割的整体。然而，每个环节又具有各自特征，存在不同风险。将风险管理运用其中，在保证各环节顺利进行的前提下，更进一步加强彼此的联系，使它们在战略的整合下共同发挥作用，支持企业的经营管理。

2. 具有支持性，使人力资源战略更好地支持企业战略

人力资源战略的出发点和落脚点，是从人的角度支持企业战略的实现。人力资源战略管理是一个与企业战略动态匹配的过程。人力资源战略要真正支持企业战略，那么也应该具备风险管理意识。

3. 提高人力资源战略的适应性

风险管理有助于人力资源战略适应环境的变化。战略的确定，以对未来变化的预见为依据；战略形成之后，也不是一成不变的，而要视宏观和微观环境的变化，及时进行战略调整。风险管理的一个重要意义在于，能够保持对环境变化的敏感，使人力资源管理主动地适应环境的变化。

由此可见，在知识经济的大背景下，人力资本不仅是现代型企业高产出的资本，更是其高风险的资本，如果现代型企业缺失了风险管理，其后果将是毁灭性的灾难，风险管理作为现代型企业人力资源管理的重要环节，直接影响企业战略发展。

四、人力资源风险的成因

（一）人力资源管理风险产生的内因

1. 人力资本固有的风险

（1）可交易性

人力资本的可交易性使人力资本在有差异性的个体间进行交易，不断实现自己的价值。简单地说，人力资本的可交易性说的就是自由竞争产生的人员流动现象。人员流动无疑对企业来说是一种损失，不仅增加了人工成本，还面临着商业秘密要泄露的风险。

为此劳动法特意出台了一项叫作“竞业限制”的相关规定，是指在员工和用人单位的劳动关系解除之后，限制员工一定时期内的择业权，对员工造成的损害以经济形式进行补偿，目的就是保护自己企业的技术信息和经营信息等。竞业限制一般在高科技行业运用较为广泛。众所周知中国移动和中国联通之间的竞争十分激烈，在移动工作的高级管理人员或高级技术人员应当与本公司签订竞业限制协议。若此类员工跳槽到中国联通或中国电信等同行业公司，按照合同规定，应对移动公司做出经济赔偿。但这一事件对于移动公司来说，这笔违约金是万万不能弥补公司损失的。公司内部的机密，尤其是有关研发技术方面，一旦被同行对手获取，后果不堪设想。

（2）企业对人力资本控制权的有限性

企业通过交易之后得到的是人力资本的使用权，再经过企业对员工的教育和培训，可得到对人力资本的有限控制权。其余部分的控制权主要取决于员工自身的态度和行为，员工个体的自主性导致了企业对人力资本的有限控制权，见图 7-1。

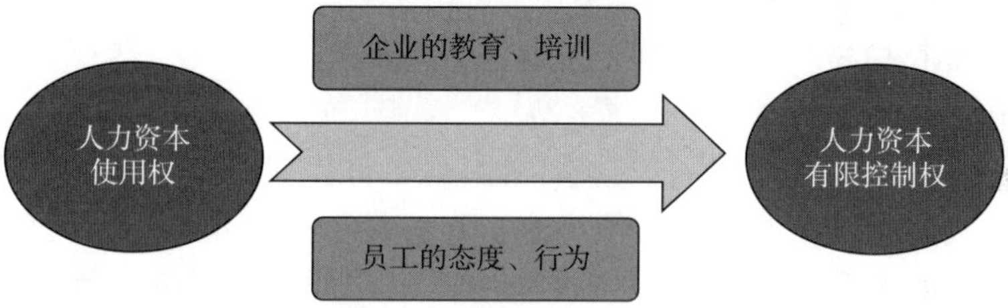

图 7-1 人力资本的有限控制权

2. 人力资源管理风险

（1）人的复杂性

首先，世上没有完全一样的两个人，每个人的先天心理和生理都是完全不一样的个体。其次，由于个体所处的环境不同，后天形成的性格、思想行为也大相径庭。在面对不同的个体，人力资源管理的方法是否有效，有着相当大的未知性。

（2）人力资本投资回报期长、见效慢

人力资本的投资是发生在当前的，但人力资本的回报却是预期的，这种回报收益的回收期越长，对于企业来说风险就越大。

（3）人的有限理性

我们面对的是一个复杂的、未知的世界，在人力资本的交易过程中，这种未知性越大，我们获取的信息就越不完整。可以说，人的能力是有限的，我们并不是无所不知的，我们不可能收集到相关问题的所有答案。阿罗所说过，有限理性指人的行为其实是有意识地控制理性的，但这种所谓的理性行为又是有限的。

（4）人力资源信息的不对称性

人力资本在获得和使用的同时，并不能时时刻刻地掌握有效信息。简单地说，我们在招聘的时候，只能获得应聘者最简单、最基础的信息，类似于性格、身体状况我们是无法得知的，这就给人力资源管理造成一定风险。若员工入职之后，发现脾气暴躁、身体虚弱等情况，就会给企业造成相当的损失。并且员工在工作中的表现，也不能及时反馈到管理部门，会有信息的延迟现象，而不能及时地纠正员工不正当行为。

（二）人力资源管理风险产生的外因

1. 经济

经济因素是人力资源风险的重要外部原因。当经济发展稳定上升时，提供的就业机会较多，市场劳动者也比较多，企业只需要考虑挑选到最佳人才并留住人才；而当经济不景气的时候，就会导致企业大幅裁员。1952 年，英国爆发了历史上第一次真正意义上的经济危机。主要表现为商品积压，销售停滞；生产效率大幅度降低，企业倒闭关门等。在这种背景下，企业大幅裁员，员工失去工作机会。即使没有被裁减的员工，也会因为薪资下调而出现消极怠工或辞职的现象。这些现象给企业带来的是无尽的黑暗——停工或倒闭。

2. 市场

现如今人才市场瞬息万变，市场环境不同的企业也会有不同的境遇。在较规范的人才市场环境下，应聘者基数大，企业挑选到合适的人才概率就大，此外企业提供给劳动者的就业机会较多，应聘者也可以自主选择适合的岗位从而降低区域失业率。而在一些不发达的市场条件下就容易出现人才流失的情况。

3. 人力资源外包风险

（1）外包服务商对客户单位了解不充分

外包服务商与客户单位的第一次交流往往是在签订代理合同之前的谈判阶段，通过这些简短的交流，服务商需要了解到的信息有：客户单位的基本概况、岗位要求、岗位职责、薪资待遇等。如果不是长期有业务来往的单位，只凭一次简单的会面是无法充分了解客户单位的。所以在之后的招聘流程中可能会出现信息的偏差，导致企业损失人才。

（2）外包服务商的业务量过大，无法有效针对某一家企业

江苏领航人才服务外包有限公司作为目前江苏省内最大的人力资源外包服务商之一，开发了薪酬、福利、离职、岗位、业务外包和招聘服务等外包服务产品，每年为 10 万多人、超过 1000 家企事业单位提供外包服务。在这种情况下，我们不得不思考一个问题：领航人才是否有能力给每家单位找到真正适合岗位的人才；在业务量过大的情况下，是否还能保证高质量的服务。

五、人力资源风险识别

要想防范风险，首先要进行风险识别。识别风险就是主动地去寻找风险。比如员工管理中，技术骨干离职风险可能会由以下几个方面产生。

1. 待遇：他是否对他的待遇满意。
2. 工作成就感：他是否有工作成就感。
3. 自我发展：他是否在工作中提高了自己的能力。
4. 人际关系：他在公司是否有良好的人际关系。
5. 公平感：他是否感到公司对他与别人是公平的。
6. 地位：他是否认为他在公司的地位与他对公司的贡献成正比。
7. 信心：他是否对公司的发展和个人在公司的发展充满了信心。
8. 沟通：他是否有机会与大家沟通、交流。
9. 关心：他是否能得到公司和员工的关心。
10. 认同：他是否认同企业的管理方式、企业文化、发展战略。
11. 其他：他是否有可能因为结婚、出国留学、继续深造等原因离职。

人事经理要认真了解客观情况，对可能发生的风险进行有效识别，这是防范风险的第一步。

六、人力资源风险衡量

风险衡量是对风险可能造成的灾害进行分析。主要通过以下几个步骤进行评估。

1. 根据风险识别的类型有针对性地进行调研。

2. 根据调研结果和经验，预测发生的可能性，并用百分比表示发生可能性的程度。

3. 根据程度排定优先队列。

比如，人事经理可以通过与当事人交谈、发调查表等形式进行调研，并根据调研结果和经验，确定该员工在各风险识别条目中离职的可能性。

结果如下：（1）10%；（2）20%；（3）10%；（4）0%；（5）50%；（6）20%；（7）0%；（8）30%；（9）0%；（10）0%；（11）0%。

优先队列是：（5）（8）（2）（6）（1）（3）（4）（7）（9）（10）（11）。

人事经理可以发现，该员工对公平、沟通较为不满，首先是由于公平问题而离职的可能性最大，其次是沟通问题。

七、人力资源风险的防范措施

（一）人力资源方案风险处理

风险处理是解决风险衡量中发现的问题，从而消除预知风险。它一般由以下几个步骤构成：

1. 针对预知风险进行进一步调研。

2. 根据调研结果，草拟消除风险方案。

3. 将该方案与相关人员讨论，并报上级批准。

4. 实施该方案。

人事经理可针对公平问题和沟通问题，进行专项交谈或调查，找出问题的根源，并草拟相应的方案。

随着方案的实施，要对预知风险进行再分析，确保对风险制订的处理方案能够切实有效地进行。并且对执行中的问题进行再评估，总结经验，为将来的风险管理提供数据。

人力资源管理在企业管理中显得越来越重要，并已转变成为企业管理的核心内容，其作用也发生了重要的转变，人力资源管理中的风险管理是指在招聘、工作分析、职业计划、绩效考评、工作评估、薪金管理、福利、员工培训、员工管理等各个环节中进行风险管理，防范人力资源管理中的风险发生。

（二）人力资源人才风险处理

1. 选拔合格人才

不同的人有不同程度的精力和专长，因此我们需要对应聘者进行选拔，包括知识、能力、职业素养、经验和经历、择业意向等方面的考察。如果我们在招聘过程中，合理运用一些测试，就可以了解到应聘者的性格、态度和能力等，避免人岗不匹配的情况。一般来说，主要的测试内容有以下几种。

（1）人格测试

所谓人格，包括体格与生理特质、气质、能力、动机、价值观与社会态度等。人格对工作的影响是很大的，尤其是高级管理的岗位，为选择到合适的人才，必须要进行人格测试。目前市场上最常用的是九型人格测试，在一些大型企业的招聘活动中运用广泛。

九型人格测试是通过一些测试题，这些问题的答案没有好坏和对错之分，通过测试可以了解自己的优点和缺点，也可以帮助企业进行招聘选拔、团队管理等。九型人格测试将人格分为九大类：完美型、助人型、成就型、感觉型、思想型、忠诚型、活跃型、领袖型、和平型。不同的岗位对人格的要求是不一样的，所以要对应聘者进行人格测试来降低人岗不匹配的风险。

（2）兴趣测试

兴趣揭示了应聘者最满意的工作，若当前的工作与兴趣不相符合，那么就不可能保证员工尽职尽责地完成工作。当然，一个对工作有强烈兴趣与对工作毫无兴趣的人相比，两者的工作态度和工作业绩肯定是截然不同的。

如果能对应聘者的兴趣进行测试，根据测试结果合理安排员工的工作，则可以发挥企业员工的最大潜力，为公司高效带来收益。一般来说，人们的兴趣可以分为六类：现实型、企业型、智慧型、常规型、社交型和艺术型。

（3）能力测试

所谓能力测试指的是测出适合某类特定工作应该具备的某种潜在能力的心理测试。这种测试可以清楚地知道什么样的人适合什么样的岗位，能力测试的内容一般分为三项。

①普通能力倾向测试，主要对思维能力、想象能力、记忆能力、分析能力、语言能力等进行测试。

②特殊职业能力测试，指通过测试选择一个有特殊潜力从事某一职业的人，并且能够胜任该项工作的人或根本不需要接受特别训练的人。

③心理运动机能测试，可划分为心理运动能力与身体能力两个方面，这部分测试主要通过体检进行。

2. 培养后备人才

培训方法的选择直接决定了培训的内容，有差异性的培训内容适合不同的培训方法。在企业培训过程中，根据公司的培训目标、内容和对象，选择相应的培训方法。

（1）知识类培训

这类培训一般采用讲授法、专题讲座法、研讨法等，见表 7-1。

表 7-1 适用于知识类培训的培训方法

培训方法	优点	缺点
讲授法	系统全面；利于交流；费用低	内容多；不利于互动；教师水平影响培训效果；方式枯燥单一
专题讲座法	形式灵活；内容集中	传授内容不系统
研讨法	多向式交流；培养学生综合能力；加深理解；形式多样、适应性强	课前准备要求高；对教师要求高

（2）技能类培训

以掌握某些技能为目的的培训方法一般是实践性培训方法，常用的方式有以下几种。

①工作指导法，即由有经验的雇员或主管培训受训人员的方法。

②工作轮换法，即受训者在给定的时间内改变他们的位置以获得不同职位的经验的方法。

③特别任务法，即企业通过分配特殊任务进行一些人员培训的方法。

④个别指导法，即通过资质较深的职工的引导，使新员工迅速掌握职位技能。

这类方法具体见表 7-2。

表 7-2　适用于技能类培训的培训方法

培训方法	优点	缺点
工作指导法	应用广泛	容易出错
工作轮换法	使受训者明确自身；改善部门间的合作	不适用于职能管理人员
特别任务法	提高员工决策能力	只适用于有发展前途的管理人员
个别指导法	缩短培训时间；创造融洽的环境；传递传统工作作风	指导流于形式；不利于创新

（3）行为调整和心理训练类培训

①角色扮演法，即将受训员工置于一个模拟的情境中，并让他担任一个特定的角色，从而处理一些可能会遇到的问题。这种方法的优点是员工参与性强，有利于员工之间的沟通交流，并且具有高度灵活性。缺点主要在于情境是模拟出来的产物，现实生活中所遇到的情况可能会更加复杂。

②拓展训练法。拓展训练可分为场地拓展训练和野外拓展训练两种方式，主要目的是促进团队合作，提高集体凝聚力。

3. 用好现有人才

（1）能力与岗位相匹配

“能岗匹配”的原则有两层含义：第一，个人的能力足够胜任岗位的要求；第二，岗位所需要的能力与某个人的能力完全相符。所谓“匹配”是指这个人的能力不需要有多优秀，恰好能达到岗位要求的能力就是“能岗匹配”了。因此，我们要将录用的员工放到合适的岗位中去，增强团队的整体战斗力，将组织整体的效益达到最优。如果员工与岗位无法兼容，可能会导致人员流失，企业风险上升的情况。

（2）加强绩效考核

通过绩效考核，员工可以从中正确地认识到自身的优点与缺点，这样一来员工为了弥补与同行间的绩效差异就会努力提高自身的素养和学习能力。长此以往，员工越来越需要并希望得到业绩反馈来不断改善自身，由此看来，绩效考核有效地提高了员工的个人业绩，组织业绩也会随之上升。目前最常用的有关键事件法和 360 度绩效评估法等。

①关键事件法是指通过对职工在工作中极其成功或极其失败的事件的考察和剖析，来判定该员工在类似事件或介于关键事件与非关键事件之间可能的行为和表现。这种评估方法既客观又准确，却容易引发职工与管理者之间的摩擦。一个缺乏凝聚力、“貌合神离”的企业是无法提高生产效率的。

②360 度绩效评估法是从工作的努力程度、工作态度和行为结果三个方面进行评价的方法，主要通过上级、同级、下属和自己等几个途径收集评价。这类评估方法使评估更加

民主科学且操作性强，但由于多方面的评估者会造成小团体的出现，某些不合群员工的评估就会出现明显偏差。小团体的出现也会使团队凝聚力减弱，最终导致企业经济利益下降。

4. 留住核心人才

（1）薪酬留人

薪酬管理作为企业管理的重要环节，在风险防范方面也有着不可替代的作用。第一，薪酬是员工用来维持生计的唯一途径，衣食住行全都离不开薪资和报酬。第二，薪酬不仅反映了员工的物质条件，还是一个人社会地位的重要表现。因此，根据员工实际的贡献情况定薪，并适当拉开距离。这样才会使职工间产生竞争意识，从而激励员工填补差距。业绩好的员工拿到了较高薪酬，这是一种鼓励与表扬；业绩落后的员工拿到较少薪酬，这样才会有动力去改进绩效。第三，薪酬差异可以造成社会环境下的人员流动，很多企业选择利用高薪来吸引优秀人才的加盟，以此提高企业绩效。第四，企业通过公平公正的薪酬管理可以使员工感受到自己存在的价值，提高企业凝聚力，让所有员工一致为企业目标的实现而奋斗。

（2）团队文化留人

团队文化是指员工在长期共事的背景下逐渐形成的一种被大家所认可的企业价值观和共同理念等。

①文化导向作用。团队文化是企业的核心价值观，对员工的行为有着导向作用，带领员工走向企业最终的经营目标。

②团队凝聚作用。企业中的员工由于有了共同坚守的信念，在这种信念的作用下，企业员工相互扶持和信任，慢慢产生满足感和归属感，最终成为一个有凝聚力的团体。

③相互激励作用。对于一个团队来说，员工就是这个团队的灵魂。试想，成千上万个有价值的灵魂在一起进行思维的碰撞，怎么能不擦出思想的火花。

第二节　核心人才流失风险管理

2018 年 12 月，新的《劳动合同法》实施后，劳动者的权益得到更好的保护，企业人力资源管理相关工作受到更加严格的规范。同时，随着劳动者自我保护意识加强，企业人力资源管理风险明显上升。

随着经济全球化的发展，近些年企业人才流失的状况日趋严重。核心人才的流失已经成为企业的一个黑洞，它正不断地吞噬着企业的利润，削弱企业的竞争能力，影响员工的士气和企业的生产率。更重要的是离职核心人才很有可能掌握原企业的核心资源等，对原企业来说，是致命的打击。所以“如何留住企业的核心人才”就成为企业管理者所关心的问题。

一、核心人才的含义及离职风险特点

核心人才是指对实现企业目标有直接的重要影响、在组织结构中占据重要岗位并承担着重要职能、控制着关键资源、具备较高人力资本的机会成本（或较高经济租金）的员工。

其工作岗位要求经过较长时间的教育和培训，必须有较高的专业技术和技能，或者要

有本行业内丰富的从业经验及杰出的经营管理才能。核心人才大都在企业中占有举足轻重的地位，一旦流失，将会对企业造成重大损失或不良影响。这些损失和影响概括起来表现为以下特点。

（一）技术和经验的流失

核心人才高比例的流失，会带走企业的商业秘密与技术秘密，而这些都是企业经过投资，耗费大量人力、物力、财力后才拥有的，甚至是一个企业在竞争中处于优势地位的保证。

（二）增加企业的经营成本

核心人才流失造成的损失最终都会反映到企业的经营成本上，造成经营成本的上升，如核心人才离职后的生产损失成本及新员工的失误和浪费带来的成本等。同时，企业要重新招聘、培训新的员工，所以企业人力资源的原始成本和重置成本也必然上升。

（三）影响在职员工的稳定性

如果一个企业的核心人才流失率过高，会使企业整体员工队伍不稳定，从而使一些员工认为企业没有能力吸引并留住人才，并感到本企业没有发展前途，继而产生了“羊群效应”，使越来越多的人员流失。

（四）影响工作的连续性

企业的各项工作都是一个相互关联的整体中的一部分，因而核心人才流出企业时，企业的各项工作的衔接性必然受到极大的影响。同时，某一岗位的工作由于人员的更替，继任者对工作必然要有一段适应的过程，从而也会影响到同一工作的连续性。

（五）使竞争对手的竞争力提高

核心人才流失大多会在本行业内发生，他们或是自己创业、自立门户，或是流向竞争对手企业。无论何种情况都是“为他人做嫁衣”。使得强“敌”弱我，形成更大的竞争力反差。

近年来，随着国际经济形势持续低迷，国内经济“内卷化”的日趋加重，企业间的竞争将更加激烈，这也加剧了企业对核心人才的争夺。核心人才已然成为提升企业竞争力的重要资源。是否拥有核心人才，是否能留住核心人才已成为决定企业在竞争中胜负的关键。

二、核心员工流失风险过程

核心员工的流失不是一朝一夕的，员工从萌发离职念头到实施离职行为离开企业，要经历一个心理冲突、挣扎和行动的过程。员工撤出总体模型将这一过程分解为不满、行为改变、身体撤出、心理撤出四个阶段（见图 7–2、见表 7–3），并将其描述为具有渐进撤出特征，即个体在上一种行为中没有取得成功或无法执行上一种行为时，才会采取下一种行为模式，而很少出现跳跃式的行为选择。

图 7–2　工作撤出总体模型

表 7-3 工作撤出各阶段特性描述

工作特性	不满	行为改变	身体撤出	心理撤出
可观测性	低	较高	高	很高
工作绩效受影响程度	低	较高	高	很高
总体人事风险（流失风险和其他风险）	低	较高	高	很高

三、核心人才流失的原因

核心人才为何离开，企业又应如何留住核心人才？想要解答这些问题，就必须追本溯源，找出核心人才流失的关键症结所在，从造成核心人才流失的原因入手，基于企业在人才管理方面出现的问题，有针对性地制定核心人才战略，为企业留住自己的关键人才。其流失的主要原因可以分为社会环境因素、组织内部因素和个人因素三个方面（见表 7-4）。

表 7-4 离职原因分析

个人因素	组织内部因素	社会环境因素
追求个人物质利益最大化 追求良好的人际关系 追求自我价值实现能力与岗位不匹配 个人健康问题等	薪酬福利不佳 上级领导管理不善 组织对个人职业生涯关注不够 企业无愿景目标 企业内部关系不利于企业发展	社会价值观 竞争对手 政策法规 经济 交通等

从表 7-4 可以看出，核心人才流失的原因主要有以下几点。

（一）独特的心理特征和行为模式，是核心人才流失的基本原因

由于自身价值的不可替代性，核心人才拥有不同于普通员工的心理特征和行为模式。一方面，核心人才有强烈的成就欲望，需要个人发展的空间。另一方面，核心人才十分清楚自我贡献对组织生产经营的重要性，从而期待更高的回报。这种回报期待不仅仅体现在物质方面，还体现在决策参与、组织承认、领导认同等心理需求方面。当企业内部存在制度或管理上的问题，使核心人才感到个性受压抑，挫伤了他的工作积极性、上进心和理想，其萌生去意便不难理解。

（二）个人创造力发展规律，揭示了核心人才流失的客观成因

美国学者库克（Kuck）告诉我们：从核心人才自身角度来看，为了使自身创造力不断提高，他们往往在自身创造力进入稳定期时（一般是进入到一个新环境后的 4 年到 5 年时），就会考虑变换工作部门或研究课题，也就是要选择流动。

（三）社会环境的变迁，促进了核心人才的加速流动

近年来，随着市场经济体制的建立，社会价值观的变迁，就业渠道的拓宽，由于各个企业之间在劳动条件、福利待遇、职业生涯规划方面存在差异，这就使得核心人才可能在不违背法律和不受道德约束的条件下追逐个人利益，一旦机会来临，他们将按照效用最大化的原则来确定自身流动与否及新的流动目标取向。

（四）用人机制不合理，政策环境不佳

企业往往把职工当作被管理的对象，只专注眼前利益，常忽视人力资源管理和继续教育，不注重人才的开发和价值的发掘。员工在企业劳动，给企业创造价值，同时也是自我价值的一种实现，员工在从事企业生产经营过程中，不单纯是为了取得货币性质的薪酬，同时也需要得到机会施展才能，如果没有这种机会，他们的欲望将得不到合理满足，有些论资排辈的传统企业，更使得人才缺乏成长的环境，久而久之就会对那些真正对企业发展有贡献的员工造成极大的打击，从而导致人才流失。

（五）薪酬福利体系不合理

薪酬是吸引员工并留住员工的一件“法宝”，如果企业内部员工干多干少一个样，干好干坏一个样，干与不干一个样，赏罚不分明，分配不合理，就会使核心人才感到企业支付的薪酬不能很好地体现其个人的价值，或者不能正确评估其对企业的贡献，这时，他们必然会选择离开。

（六）缺乏情感和有效的激励机制

国内企业中的一些领导没有注意到激励对挖掘人才潜能的积极作用，而是把人才当成机器一样使用，根本不知道“机器”也有“生锈”的时候，只是一味地让他们“不停地运转”。长此下去，定会导致核心人才身心疲惫，为离职埋下了隐患。

（七）在企业中不受重用，自我价值无法实现

在一些企业中，公司领导由于种种原因对人才不敢大胆授权，致使核心人才在企业里没有发展的空间和晋升的机会，使他们感到“英雄无用武之地”，时间一长，人才的流失也就成了必然。

（八）缺乏个人成就感

任何员工都希望得到上级的赏识，也最喜欢被认可和尊重的感觉。马斯洛的需求层次理论也再一次证明：人类最深层次的需要就是被尊重和自我实现。企业无法满足人才的个人成就感，也成为人才流失的一大原因。

四、核心人才流失风险识别

企业要想吸引和留住核心人才，首先必须知道哪些员工是自己需要的核心人才，复旦大学张文贤教授在其所著《人力资源总监》一书中提出，核心人才是那些终日与顾客直接面对面打交道或通过电话与客户进行各种业务洽谈的形象群体；核心人才还包括从事与企业的生死存亡休戚相关的核心业务人。一般来说，企业核心人才是那些拥有专门技术、掌握核心业务、控制关键资源、对企业会产生深远影响的员工。他们一般具有以下特征：创造、发展企业的核心技术；建立和推动企业的技术和管理升级；扩大企业的市场占有率和提高企业的经济效益；务实、忠诚、积极和有牺牲精神。

企业核心人才是企业的核心和代表，是企业的灵魂和骨干。但核心员工也是人才市场上主要的争夺对象，他们“跳槽”的机会最多、可能性最大，一旦“跳槽”，对企业造成的损失往往难以估量。因此，企业应明确自己核心人才的名单，并根据实际情况制订有针

对性的培养和留人计划。

通过对员工满意度，离职率，员工士气，组织内部沟通、缺勤率、请假率等观察，进行离职风险的识别，尽可能在离职危机没有发生前，启动预防方案，努力将离职危险扼杀在初始阶段。

五、留住企业核心人才的措施

针对企业核心人才的流失原因以及其本身的特质和重要性，企业管理者要正视人才流失问题，树立危机意识；在此基础上，“留人＝硬机制+软环境”。硬机制包括建立完善的薪酬分配制度与绩效考核制度，而软环境则是树立“尊重人才”的管理理念，给予员工充分的信任与尊重以及发展的空间和提升的平台。

（一）从外部环境改进管理策略

1. 推进管理体制的变革

国内的中小企业大多采取的是“家族式管理”，任人唯亲的状况较为严重。这种管理模式会让一些有能力、有技术而非老板“亲信”的员工受到排挤，进而引发核心人才的流失。所以，一方面，企业应适时引入现代的企业管理制度，转变用人观念。大胆使用有才干的外来人才，尤其是核心人才。另一方面，要建立健全企业的各种管理制度，把“人治”转变为“法治”，明确规定各个岗位的职责和权限，做到权责对等。企业的高层领导应适当放权，不应越权管理，以便为有才能的人发挥作用创造良好的环境。

2. 要从战略的高度重视核心人才的流失问题，树立核心人才的流失危机意识

核心人才是企业的稀缺资源，是企业战略最终实现者，那么要求企业管理者要有高瞻远瞩的战略目光，较高的个人素质、魅力、文化水平以及不断进取的精神，能够虚怀若谷，开言纳谏，给予核心人才以充分的重视。建立核心人才信息库，把核心人才的保留当作企业战略的重要部分，学习识别核心人才的方式方法，把握和确定核心人才的心理和行为规律，一旦发现核心人才的情况异常，快速予以反应，采取恰当的方式和应对措施，将核心人才的流失消灭于萌芽状态。

3. 加大违约赔偿力度以感应人才

以法管人，以情感人。企业应与人才签订明确的合同，以增强法律效应，防止人才的随意流失；也是对核心人才随意跳槽的一种有效约束。同时员工从工作中得到工作回报，是理所当然的。企业不能以亏损或其他不正当理由，拿员工待遇说事；因签订的合同是双方的责任。员工的离职与跳槽虽然看上去是个人行为，实际上更多时候却是企业问题行为的折射。如同环境的恶化会造成水土流失一样，企业人才环境的恶化就会造成人才的流失。

4. 运用科学的人才管理策略

企业应制定出一套公正、合理的绩效考核制度，对不同层次的员工制定不同的评估标准，并按此标准进行公开、公正、合理的考核选拔，避免只凭印象及企业主的个人评价行事的做法。

此外，企业还应针对核心人才建立一套有效的激励机制，常见的激励形式有薪酬激励、福利激励、股权激励、荣誉激励等。另外，还要不断挖掘核心人才的潜力，除了对核心人才进行专业技能的培训外，还应向核心人才普及市场知识、经营管理知识等，使其适应市场竞争的需要。

（二）加强完善内部环境制度化、规范化

1. 加强企业文化建设，增强核心人才的主人翁意识

通过情感交流和心理沟通来留住核心人才，在价值理念上爱护核心人才，工作上支持核心人才，生活上关心核心人才，人格上尊重核心人才，心理上满足核心人才，善于用感情纽带把核心人才的心连接在一起，让他们充分感受到组织的温馨，这样核心人才就不会轻易离去。企业文化是一种凝聚力，用企业的发展目标和美好前景来调动核心人才对本职工作的积极性；要注重企业精神和价值观的培育，着重在核心人才中乃至全体员工中树立和企业“共存亡”的归属观念和团队意识，与企业同呼吸、同成长、同发展。

2. 完善企业薪酬分配制度

（1）建立科学、合理、公平、有竞争力的薪酬体系。企业应多注意市场薪酬水平的变化，积极参加薪资调查来确定自己的薪酬水平，使企业薪酬具有外部竞争性和内部公平性。内部公平的薪酬体系要求薪酬与岗位特点、员工个人能力素质以及实际工作绩效相关联。组织在设计薪酬体系之前，应对不同岗位的职责、不同的岗位贡献、不同岗位的复杂性和所需要的知识和能力做出不同的职位价值评估，实行差异性的薪酬制度。薪酬应具备一定的差异性，并与员工的贡献相对应，这样既能体现公平，又对员工起到激励作用。

（2）建立科学有效的激励机制。核心人才的激励应先实施长短激励相结合，物质激励与短期激励相结合。过多的金钱激励不利于核心员工对企业的忠诚度，而给予核心人才更多的非物质关怀以及宽阔的发展空间都能够有效地增加核心人才对企业的忠诚度。可实行员工持股计划。包括普惠制的股票购买计划、面向高层经营者的股票认股权及受限股和奖励股等。员工持股可以把员工利益与企业利益紧密地联系在一起，使员工把公司当成自己的家，更努力地工作，更忠于企业。

3. 建立健全企业绩效考核体系

企业考核制度，首先应本着公开公平的原则，针对企业核心员工的工作性质、特点、岗位职责及风险制定与之相适应的绩效考核标准，并给员工做出一个全面系统公平的评价；其次，让员工明确自己的绩效目标，并通过对结果的反馈、分析绩效的差距来提高员工的绩效；最后，重视绩效管理中的沟通和反馈。对员工的表现做详细的记录并及时进行信息交流，把绩效结果反馈给员工并奖励考核成绩优秀的员工。

4. 完善企业人力资源培训与开发体系

帮助核心人才制定职业生涯发展规划，为其提供良好的职业发展平台。企业应根据自身实际情况，关注核心员工的职位生涯发展，制订具体的行动计划和措施，为员工提供升迁和发展的机会。另外，企业为提高员工能力应根据员工的兴趣、特长及公司的发展需要为员工制订相应的培训计划，使他们不断更新自身的知识和技能，以利于提高员工的绩效和对企业的贡献，让员工清楚地看到他们在企业中的发展前途，这样才能让核心员工和企业结成长期的合作伙伴关系，从而提升整个企业的学习能力和创新能力，提升企业的核心竞争力。

5. 给予核心人才足够的尊重与信任

企业应建立起一种“以人为本”的理念，强调把人看成是一种资源，而不是成本；更不能把人才当成机器一样使用，只是一味地让他们“不停地运转”，贡献与报酬严重失调。

尊重员工的意见，注重感情的投入；敢于放手，充分地信任与尊重核心人才，必要时给予支持。企业管理者要想核心人才发挥其积极作用，必须给予充分的授权，疑人不用，用人不疑，切勿半信半疑，给予诸多的限制，使其难以施展拳脚，打击其积极性。必要时给予恰当的支持，当核心人才完成任务时，给予恰当的赞扬和指导，势必进一步地激发其工作热情，发挥他们的潜能，满足其工作成就感和加强为企业服务的信心。

核心员工是企业的宝贵财富，企业必须能够及时总结核心员工的流失原因，提前做好准备，降低核心员工的流失率，减少流失后的损失，才能在竞争日益加剧的环境中立于不败之地。

（三）核心人才流失风险的事前与事后防范措施

防范核心人才流失风险的管理措施从事前控制措施、事后控制措施两方面加强。

1. 事前控制措施

在核心人才流失风险没有发生前，企业的人力资源管理应该有核心人才流失风险的意识，并制定相关的预防措施和应对方案，这就不至于当有核心人才流失时不知所措，此谓未雨绸缪。

（1）培育核心人才对企业的认同

妨碍核心人才业绩提高的一个因素是在一线员工中缺乏关于企业真正的和有意义的信息。大多数的企业并未将信息共享放在优先地位。因此，许多一线员工对企业究竟取得什么样的收益，自己如何能为企业作出更大的贡献等只有一个笼统又模糊的概念。通过企业简报、论坛、内部网站等，使核心人才更多地了解企业的运营状况、企业的理念和文化，让他们对企业感到更多的骄傲，增进他们对公司客户需求的认识和了解才能有效地达到“双赢”。

（2）提供多种升迁和培训的机会，创造员工成长与发展的空间

随着社会物质文化水平的提高，优厚的薪水已不再是企业调动核心人才积极性的主要手段，其他福利、住房补助、员工持股等起到阶段性促进作用后也日趋平淡。

企业如何为核心人才创造一个学习及职业成长的工作环境，如何为员工提供升迁和发展的机会，将成为企业留住核心人才的关键措施。企业可采用内部职位招聘，后备人才考评培养制度，具体为员工通过考试、面试、年培养期、内部轮岗、通过主管或者经理资格考试等一系列考核培养过程，为员工提供公开平等的升迁机会。企业还可以为员工提供免费的职业培训，如职称、技术、学历等培训，只需与核心人才签订的培训合同书中，单独款项注明培训费用报销比例，同时规定核心人才为企业服务的年限。

企业应根据自身的实际情况，关注核心人才的职业生涯发展，提供职业生涯机会的评估，帮助员工设定职业生涯目标，制订具体的行动计划和措施，营造企业与员工共同成长的组织氛围，即使是制造工厂一线的操作工人，也要让其明确自身的职业发展规划，职业生涯发展规划最好由员工亲自参与制定，让员工人人明确，人人认可，使核心人才对未来充满信心和希望。

（3）建立动态的绩效评估体系，提供有竞争力的薪酬水平

核心人才一般都希望自己的能力能够得到充分的发挥，自己的工作能够得到企业的及时认可，在事业上有成就感和满足感。因此，我们需要建立一套完整的员工绩效评估体

系，及时对核心人才的工作进行评价。该评估系统必须由以往的关注员工的工作态度转移到工作业绩上，能够对员工的工作给予客观公正、全面准确的评价，让员工及时了解自己的业绩情况，从而极大地激发员工的工作热情。整个绩效评估体系中最重要的是要建立评价会见机制，考核的执行者应不断保持与员工的交流，制造一个开放的环境。双向沟通是考核双方双赢的前提，是绩效考核的生命线。

薪酬已不再是激励核心人才的最重要因素，但员工仍希望能够得到与其业绩相符的薪酬，因为这也是衡量自我价值的尺度之一。人力资源管理部门需进行年度薪酬及福利调查，重点与同类型竞争企业相类似岗位对比，参考 GDP 增长率，每年对核心人才有 8%~10%的比率调整薪酬。

2. 事后控制措施

核心人才的工作对企业总体目标的达成重要性不言而喻，但企业有时事前控制措施做得再周密，也难免有员工因这样或那样的原因离职。

（1）建立岗位接替制度及员工洗涤期

在对核心人才考核中发现员工缺勤异常、员工满意度降低、员工已经向其直接领导表述离意时，企业需要立即启动核心人才流失风险管理预案，首先根据其职位由相关职能部门负责人同其谈话，了解其离职原因及去向，一线核心操作员工由人力资源部门普通职员面谈；普通核心管理人员由人力资源部门经理面谈；中层核心管理人员由人力资源部门负责人面谈；高层管理人员由企业高层管理者面谈。谈话内容也因职位级别不同而不同。

当谈话结束后确定无法挽留的，启动岗位接替制度及员工洗涤期。核心人才因掌握企业客户、市场、技术等关键机密的无形资产，在核心人才在岗时企业早就建立了岗位接替制度，秘密为其岗位设置了接替者，由其对原核心人才的市场、客户、技术等信息全面接管，在未正式批准离职前，原核心人才在企业正式被洗涤，洗涤期间不得再接触企业核心机密，直到新核心人才完全接替其工作时为止。企业人力资源管理部门对已离职的核心人才也需定期回访。了解其新工作情况，同时完善公司管理体系。

（2）加强企业人力资源管理，降低核心人才流失率

针对企业核心人才流失风险管理，企业内部都要设立专门的危机管理部门，更新人力资源风险管理理念，并不断健全和完善部门制度。

人力资源风险管理实践的得失成败主要取决于管理者对人力资源风险管理思想精髓的认识。在“人才瓶颈”的背后，真正限制人力资源风险管理体系建设的障碍在于“观念瓶颈”。许多企业之所以人才流失严重，最主要的是犯了善“堵”而不善“疏”的理念错误。

用制度管权、用制度管事、用制度管人。企业的人力资源风险管理当然也离不开制度化的理性原则，它要在一套行之有效的制度下实施管理。所以，缺乏现代人力资源风险管理理念指导下的制度，或者制度本身不健全、制度不系统都会造成人力资源管理的风险。人力资源管理的各项职能是一个整体的系统，而不是简单的堆加。制度的系统性就是要使人力资源管理的各项制度包括工作分析、招聘、考核、激励、薪资、晋升、奖惩、风险等要形成一个完整的体系，不可把任何一项割裂开来。

企业不仅认识到了在人力资源管理中核心人才流失风险控制的重要性，而且越来越多的企业在核心人才风险管理方面增强了风险防范意识。可以确信，随着风险控制理念的不断推广，企业的风险防范水平将得到很大的提升。

第八章　法律及税务风险

第一节　筹资风险

一、筹资风险概述

（一）筹资风险的定义

筹资风险是指企业因借入资金而产生的丧失偿债能力的可能性和企业利润的可变性。筹资风险是指由于负债筹资引起，且仅由主权资本承担的附加风险。筹资风险是指企业在融资活动中由于资金供需市场、宏观经济环境的变化或融资来源结构、币种结构、期限结构等各种不确定因素而给企业带来损失的可能性。

（二）筹资风险的种类

1. 按照筹资风险的成因不同，负债筹资风险可以分为现金性筹资风险和收支性筹资风险。现金性筹资风险指由于现金短缺、现金流入的期限结构与债务的期限结构不相匹配而形成的一种支付风险。现金性筹资风险对企业未来的筹资影响并不大；收支性筹资风险指企业在收不抵支的情况下出现的到期无力偿还债务本息的风险。收支性筹资风险是一种整体风险，它会对企业债务的偿还产生不利影响。

2. 按照筹资方式的不同，负债筹资风险可以分为债务筹资风险和股票筹资风险。债务筹资风险是指企业的举债经营而导致偿债能力的丧失或企业举债后资金使用不当导致企业遭受损失及到期不能偿还债务的可能性；狭义地讲，股票筹资风险是指发行股票筹资时，由于发行数量、发行时机、筹资成本等原因给企业造成损失的可能性。广义地讲，股票筹资风险还包括筹资后资金营运风险和退市风险等。

（三）产生筹资风险的原因

筹资风险的产生有内因和外因之分：

1. 产生筹资风险的内因，主要是负债规模、负债的利息率、负债的期限结构、筹资方式选择不当、信用交易策略不当、筹资顺序安排不当等。

2. 产生筹资风险的外因，主要是经营风险、预期现金流入量和资产的流动性，并且受金融市场的影响。

（四）筹资风险分析

筹资风险的分析就是对这种“不确定性”的一种判断。因此，对企业筹资风险的分析是资信评估中一个重要的方面，筹资风险分析通常包括以下几个方面：

1. 企业盈利能力及其稳定性

盈利能力是企业经营和理财业绩的主要方面，是企业生存和发展的基础。一个健康企业其偿债资金一般来源于其盈利，而非负债资金，这样企业才有能力抗击各种风险，有实力迅速补偿风险造成的各种损失，否则企业将弱不禁风，随时面临破产、倒闭的风险。

2. 企业偿债能力及其可靠性

企业由于自有资金不足，经常要靠举债筹集其所需的资金，企业如果生产经营活动能正常进行，能够及时归还其债务本息，就不至于造成财务风险，甚至危及企业的生存。

3. 企业资本结构及其稳健性

企业资本金不仅要有稳定的来源，同时要有合理的构成，且符合国家有关方针、政策和法律法规的规定，符合企业有关章程、制度的规定，满足企业生产经营的需要，符合企业发展方向，体现稳健经营、减少风险的原则。

4. 企业资金分布及其合理性

企业经营资金总是分布在生产经营过程的各个环节中，企业经营的好坏并不完全取决于其筹资能力，更重要的是能否将其筹集的资金合理地运用到经营各个环节，使资金得到充分利用。

5. 企业成长能力及其持续性

成长能力是指企业生产经营发展后劲和持续力，包括企业生产经营的安全性、营利性、应变性和竞争力及抗风险能力。对企业成长能力的分析往往是对其综合能力的分析，其分析方法有企业市场开发和占有率、生产经营管理组织、技术进步状况、企业管理人员和职工的综合素质、企业产品及其优势等详细分析。

（五）筹资风险管理

1. 确定最佳资本结构

所谓最佳资本结构是指在企业可接受的最大筹资风险以内，总资本成本最低的资本结构。一个企业只有股权资本而没有负债资本，虽然没有筹资风险，但是资金成本较高，收益也不能最大化。反之，如果没有股权资本，企业也不可能接收到负债性资本。如果负债资本多，企业的资金成本虽然可以降低，收益可以提高，但风险却加大了。因此，应确定一个最佳资本结构，在筹资风险和筹资成本之间进行权衡，使企业价值最大化。

2. 合理安排筹资期限组合方式

一般来说，企业对筹资期限结构的安排主要有以下两种方式：中庸筹资法和保守筹资法。

（1）中庸筹资法

这是经常用到的筹资方法，是指企业根据资产的变现日期，安排相应的筹资期限结构，使资产的偿付日期与资产的变现日期相匹配。

（2）保守筹资法

采用保守筹资法，企业不但以长期资金来满足永久性流动资产和固定资产，而且还以长期资金来满足由于季节性或循环性波动而产生的部分或全部暂时性资产的资金需求。

3. 科学预测利率及汇率的变动

利率变动主要是由货币的供求关系变动和物价上涨率以及政策干预引起的。利率的经常变动给企业的筹资带来很大的风险。这就需要根据利率的走势，认真研究资金市场的供求情况，作出相应的筹资安排，在利率处于高水平时期，尽量少筹资或只筹急需的短期资金。在利率处于由高向低过渡时期，也尽量少筹资，不得不筹的资金，应采用浮动利率的计量方式。在利率处于低水平时，筹资较为有利，在利率由低向高过渡时期，应积极筹措长期资金并尽量采用固定利率的计息方式。

4. 先内后外的融资策略

内源融资是指企业内部通过计提固定资产折旧、无形资产摊销而形成的资金来源和产生留存收益而增加的资金来源。企业如有资金需求，应按照先内后外、先债后股的融资顺序，即：先考虑内源融资，然后才考虑外源融资；外部融资时，先考虑债务融资，然后才考虑股权融资。自有资本充足与否体现了企业盈利能力的强弱和获取现金能力的高低。

5. 进行多样化经营，分散投资风险

即将企业筹集来的资金投放于多个项目，这样就能使各个盈利和亏损程度不同的投资项目互相弥补，减少风险。这种分散风险的思想体现在生活的各个方面，但是在企业的经营管理中，这种防范方法还需要企业领导者谨慎行事。

6. 制定合理的风险政策，保持良好的财务状况

企业经营管理者应该实时监控企业财务状况，及时制定合理的风险防范政策，及时收回各种款项，同时制订合理的资金使用计划，保证企业正常运转对资金的需要。

7. 建立财务风险预警机制，防范财务风险

（1）要建立完善的风险防范体系

抓好企业内控制度建设，确保财务风险预警和监控制度健全有效；明确企业财务风险监管职责，落实好分级负责制；建立和规范企业财务风险报表分析制度，搞好月份流动性分析、季度资产质量和负债率分析及年度会计、审计报告制度，完善风险预警系统；充分发挥会计师事务所、律师事务所以及资产评估事务所等社会中介机构在财务风险监管中的积极作用。

（2）建立实时、全面、动态的财务预警系统，对企业在经营管理活动中的潜在风险进行实时监控

财务预警系统贯穿于企业经营活动的全过程，以企业的财务报表，经营计划及其他相关的财务资料为依据，利用财会、金融、企业管理、市场营销等理论，采用比例分析、数学模型等方法，发现企业存在的风险，并向经营者示警；财务风险是企业日常管理工作中不可忽视的问题，然而企业的经营管理是个复杂的问题，面临各种各样不同的风险，主要有企业内部风险：财务风险、经营风险，外部风险：自然风险、社会风险、经济风险、政治风险等。这些不同的风险构成了企业需要面对的复杂的风险系统。

二、债务筹资风险管理

（一）债务筹资风险的识别

1. 债务筹资风险的定义

债务筹资风险是指企业的举债经营而导致偿债能力的丧失或企业举债后资金使用不当导致企业遭受损失及到期不能偿还债务的可能性。对于向债权人的筹资企业须按约定偿还本金、支付利息，否则，债权人将行使债权控制权：对企业财产提出追偿权，企业将面临诉讼甚至破产的威胁，遭受严重损失。

（1）支付性债务筹资风险

支付性债务筹资风险是指在某一特定的时点上，负债经营的企业现金流出量超过现金流入量，从而造成企业没有现金或没有足够的现金偿还到期债务的可能性。

（2）经营性债务筹资风险

经营性债务筹资风险是指企业在收不抵支的情况下而出现的不能偿还到期债务的风险。

2. 筹资风险的影响因素

企业债务筹资风险的形成既受企业举债筹资的影响，也受举债之外因素的影响。举债筹资的影响的内部因素主要有负债规模、利息率、期限结构、债种结构、利率结构以及币种结构等，我们把这类因素统称为筹资风险的内部因素。

（1）内部因素

a. 负债规模

负债经营能给企业的投资者带来收益上的好处，但同时又增加了经营风险。负债比例低，企业的偿债和抗风险能力较强，但盈利能力受到影响。将这些风险收益因素进行权衡，企业应该存在一个能在一定风险条件下获取最大收益的资本结构，即最佳资本结构。在理论分析中，最佳资本结构的确定往往以加权平均资金成本最低和企业价值最大为依据。

b. 利息率

在负债等量的条件下，负债的利息率越高，企业发生的偿付风险越大。不仅如此，在息税前，在负债前利润一定的条件下，负债的利息率越高，财务杠杆作用越大，股东受影响的程度也越大。因此，债务的利息率与企业的筹资风险程度呈正方向变化。

c. 期限结构

期限结构是指企业所拥有的长短期负债的相对比重，即“短期借款+平均应付款+平均应付票据+应付工资+应交税金+应付利润+平均其他应付款+预提费用”÷“长期借款+应付债券+其他长期应付款项”。若负债的期限结构安排不合理，例如企业需要长期资金但却采用了短期借款，或者相反，都会增加企业的债务筹资风险。

d. 债种结构

债种结构是指企业采用不同的筹资渠道所筹集来的资金比例关系。从大的方面考虑，即银行贷款、发行债券、融资租赁、商业信用这四种负债方式所筹资金各自所占的比例之间的关系。不同的筹资方式，取得资金的难易程度不同，所以其资本成本的水平不一，对企业约束程度也就不同，对企业受益的影响肯定也是不同的，因此，债务筹资风险的程度也就不同。

e. 利率结构

负债的利率结构是指企业以不同的利率借入的资金之间不同的比例关系。通常在企业负债中，银行贷款利率比相应的公司债券利率、融资租赁利率要低，但比商业信用成本高；银行贷款利率一般为浮动利率，债券、融资租赁利率一般为固定利率。

（2）外部因素

举债筹资之外的因素主要是指企业所处环境的变化因素，我们把这类因素统称为债务筹资风险的外部因素。企业外部环境的不确定性对企业债务筹资活动有重大影响。例如宏观经济政策、利率的变动、汇率的变动等。

3. 债务筹资的优缺点

一般来说，负债资金成本低于所有者权益资金成本，因此，企业喜欢选择负债资金；但是，负债的增加又会增加企业的财务风险。因此，企业要协调收益与风险之间的关系，选择适当的资金来源和筹资方式。

（1）债务筹资的优点

a. 筹资速度较快；

b. 筹资弹性大；

c. 资本成本负担较轻；

d. 可以利用财务杠杆；

e. 稳定公司的控制权；

f. 信息沟通等代理成本较低。

（2）债务筹资的缺点

a. 不能形成企业稳定的资本基础；

b. 财务风险较大；

c. 筹资数额有限。

4. 债务筹资风险的识别

债务筹资风险的识别方法很多，在这里主要介绍资产负债表结构识别方法。企业资产负债表结构主要有以下三种类型：保守型、稳健型、风险型，见表 8-1，企业管理者可根据不同的结构类型来识别债务筹资风险程度的高低。

表 8-1 企业资产负债表结构风险三种类型

<table>
<tr><th colspan="2">保守型</th><th colspan="2">稳健型</th><th colspan="2">风险型</th><td rowspan="5">显然流动资产变现后并不能全部清偿短期负债，那么企业便会被要求用长期资产变现来满足短期债务偿还的需要，风险就此产生……</td></tr>
<tr><td rowspan="2">流动资产</td><td rowspan="3">长期负债</td><td rowspan="2">流动资产</td><td rowspan="2">短期负债</td><td rowspan="3">流动资产</td><td>短期负债</td></tr>
<tr><td rowspan="2">长期负债</td></tr>
<tr><td rowspan="2">长期资产</td><td rowspan="2">长期资产</td><td>长期负债</td></tr>
<tr><td>所有者权益</td><td>所有者权益</td><td>长期资产</td><td>所有者权益</td></tr>
</table>

（二）债务筹资风险的评估

债务筹资风险的评估有很多方法，常见的有杠杆分析法、概率分析法、指标分析法、未来现金支付能力分析法。

自然界中的杠杆效应：通过利用杠杆，用较小的力量移动较重的物体。财务中的杠杆效应：由于一种财务因素的存在，当某一财务变量以较小幅度变动时，另一相关变量会以较大幅度变动的现象。杠杆效应按其作用不同分为正效应和负效应。

企业在经营决策时对经营成本中固定成本的利用，可为企业带来经营杠杆作用。当销售收入或销售量不断增长时，企业中一定量的固定成本可带来企业利润大幅度的上升，即所谓的经营杠杆利益；当销售收入或销售量降低时，企业中一定量的固定成本可带来企业利润迅速下降，即所谓的经营杠杆风险。

概率分析就是用债务筹资风险发生的概率与风险损失程度来衡量。债务筹资风险事件的发生与否具有不确定性，在概率中称为随机事件，其发生的可能性通常用概率进行评估。

（三）债务筹资风险的管理策略

债务筹资风险的管理策略主要有债务筹资风险的防范、债务筹资风险的控制、债务筹资风险的规避与转移。

1. 债务筹资风险的防范

企业要真正达到防范债务筹资风险的目的，要切实从自身情况出发分析企业债务的结构，编制债务现金流量表、分析债务筹资风险的来源、拟定风险的管理策略、建立债务筹资风险管理体系、收集资本市场的资料、分析市场走势；进行债务筹资风险预警分析。建立一套完整的风险预防机制和财务信息网络，及时地对财务风险进行预测和防范，制订适合企业实际情况的风险规避方案。

2. 债务筹资风险的控制

债务筹资风险控制具有流动性、经济性、安全性。

针对债务资本的流动性，企业筹资需要长期债务与短期债务相结合，债务期限与投资期限相结合。针对债务资本的经济性，企业筹资需要债务资本成本与投资收益率相结合，债务筹资与股权筹资相结合。针对债务筹资的安全性，企业筹资需要考虑债务增长率与收益增长率及债务筹资保险。

3. 债务筹资风险的规避

当公司预测到债务风险时，应采取有效措施规避风险。这些措施包括债务组合策略、债务期限结构与现金流量、盈利共变策略和债务结构与资金结构匹配策略。

（1）债务组合策略

债务组合策略的基本思想是：为了降低债务风险，筹资时将所筹债务分散到不同来源和不同的期限结构的债务中，使债务筹资分散，债务风险最低，这是针对筹资需求量大且债务资金投资结果具有很大不确定性的筹资行为实施。债务组合虽然分散了债务风险却不一定能实现债务成本最小化。根据实际组合方式不同，债务组合策略可分为债务来源组合策略、债务期限结构组合策略以及两种策略的组合。

（2）债务期限结构与现金流量、盈利共变策略

其原理为：当盈利较高时，净利润会被公司较高的利息成本所抵消，从而降低净利润的增加幅度；当盈利较低时，净利润承受较低利息成本压力。虽然不能准确计量各期的盈利能力，但财务人员能够根据经济繁荣和公司发展的程度，估算公司的盈利能力，做出正确的债务决策，实现债务期限与现金流量、盈利能力匹配，降低流动性风险和再融资风险。

（3）债务结构与资金结构匹配策略

该策略源于合理选择债务筹资政策。不同的资金需求应选择不同的筹资方式，既能避免激进型债务筹资政策的高风险压力，又能避免稳健型债务筹资政策对资金的闲置和浪费。

三、股票筹资风险管理

（一）股票的种类及优缺点

发行股票这种方式仅限于上市公司操作，是很多企业可遇而不可求的，但是一旦跨越这道门槛，资金的取得及相应的成本将是其他企业所不能比拟的。但不可否认，这种筹资方式也客观存在风险。股票按照其权利不同可以分为优先股和普通股两种。由于不同种类的股票有不同的特点，因此企业在发行该种股票的时候要结合其特点及企业的实际情况作出决策。

1. 各国上市公司发行股票、筹集资金的共性，就是对于投资者认购股票的这部分资金，在公司存续期内不需要偿还，这样就消除了因债务到期而给企业造成的资金偿还压力。因公司上市而给企业带来的巨额资金永久性地供企业使用而不用偿还，无疑对任何企业都有着巨大的诱惑。

2. 就目前而言，国内上市公司股票溢价金额、市盈率等指标都远远低于国际平均水平，在上市无望的前提下，才转而在中国香港或国外股票市场上市。

（二）股票筹资风险

1. 股票价格背离其“架子猪”而造成的经营风险。股票市场是一国经济的“晴雨表”，而某只股票的价格则是某个企业经营状况的“晴雨表”。在我国目前状况下，证券市场还不是非常完善，股票市场实则是一个投机市场，股票的价格往往不能体现出一个企业的真实经营状况。

2. 股票市场的被收购风险较大。企业成功上市后，财务信息、经营信息变得相对透明，这就使企业的经营状况必须按规定对外披露，使更多的人了解企业的经营。在股票市场上，上市公司的股份正随着国家的宏观调控逐步向全流通演变，在理论上就存在着随时被有实力的公司收购的状况。开发的股票市场为收购和被收购者提供了一切的便利条件。

（三）股票筹资风险的防范策略

为了确保股票筹资良性循环，给企业发展和股市成长创造一个和谐的融资环境，黄金珠宝企业需要采取一定的措施予以保证企业在经营活动中得到良好的发展。

1. 提高企业信用等级，提高融资水平

提高企业融资水平最关键的因素是企业的信用评级。企业信用等级上升，才能在融资上获得更多资源。首先，企业要完善财务管理制度和运营管理制度，高层管理者要重视企业的管理。同时，建立透明的财务机制，公开账目，充分发挥群众监督的力量，提高财务管理水平。其次，企业在对外经营方面，要秉持诚信经营理念，增强重合同、守信用的自我约束意识，从而提高企业的诚信与信誉，对外树立一个良好的形象，提升企业的信用等级。

2. 建立科学融资结构，有效规避融资风险

控制好企业的融资风险，可以通过以下途径予以规范：第一，尽管融资的渠道和方式是有多种选择的，但是无论企业选择哪种方式都是有代价的，再加上在其中会受到来自不同方面的因素干扰，更加需要做到对各种渠道得到的资金予以权衡，从企业自身发展出发，考虑到经营成本、投资收益等多个方面，将资金的投放和收益结合起来，在融资之前做好决策，以免出现失误。第二，企业需要从资本结构的角度出发，建立科学的融资结构体系，使各种融资方式之间可以相互补充，优化融资结构，从而有效规避融资带来的风险。

3. 提高管理力度，做好企业融资风险防范工作

做好企业融资风险的防范措施，还可以通过以下几个方面来实施：首先，企业的管理人员要树立风险意识，认识到在企业的发展中风险是在所难免的，要端正态度并采取有效的措施来降低风险，还要做好各项财务预测计划，合理安排筹集资金的数量和时间，从而提高资金效率。其次，如果企业在融资过程中因为利率的变动而产生风险，就需要认真研究资本市场的供求情况，研究利率的实际走势，采取具体问题具体分析的原则，做出合理的安排。

第二节　投资项目风险管理

一、投资项目风险识别

（一）投资风险的概述

投资风险是指对未来投资收益的不确定性，在投资中可能会遭受收益损失甚至本金损失的风险。投资风险是风险现象在投资过程中的表现，是投资主体决定是否投资所进行预测分析的最主要内容。导致投资风险的主要因素有：政府政策的变化、管理措施的失误、形成产品成本的重要物资价格大幅度上涨或产品价格大幅度下跌、借款利率急剧上升等。

（二）投资风险的分类

1. 能力风险

资本社会及经济繁荣的社会，通货膨胀明显，金钱购买商品或业务都会渐渐降低。人们将现金存入银行收取利息，就会担心物价上升、货币贬值。

2. 财务风险

当买入一种股票，该公司业绩欠佳、派息减少、股价下跌，这就是财务风险。因为有此风险，有些人将资金存入银行，收取利息减少财务风险。

3. 利率风险

当买入债券，其价格受银行存款利息影响。当银行存款利息上升，投资者就会将资金存入银行，债券价格也会下跌。这种因利率水平改变，而遭受损失的，称为利率风险。

4. 市场风险

市场价格常常会出现波动。每天都有不同的市价。市价的波动，受经济因素影响、受心理因素影响、受政治因素影响甚至受以上三种风险影响。例如购买了股票，其后股价下跌，遭受损失，这就是市场风险。

5. 变现风险

当买入的股票未能在合理价下卖出，不能收回资金，就是一种风险。很多平日成交量较少的股票，在有消息时，例如收购消息，令股票突然旺盛，这时候大量追进购入，一旦消息完结，其成交量会还原，于是承受了变现风险。投资目标要能随时在合理价下收回资金，这是变现性强的股票。如果某股以 10 元买入，在 5 元的价格下才能迅速售出，就不能算是一种好的变现股票。

6. 事件风险

事件风险发生后，对该股价有沉重打击。这种事件风险通常都是突如其来的。

（三）投资项目风险的成因

企业项目投资决策出现错误有多种原因。导致各种严重后果，主要有以下几方面：

1. 投资决策机制不健全，责任不明，造成投资决策的随意性、主观性、盲目性和独断性。

2. 为了争上项目，故意把可行性研究报告做成“可批性报告”，有些项目审批部门没有从严把关，从而造成重复建设、盲目建设，使项目建成投产后没有市场，企业处于亏损状态。

3. 缺乏风险意识，盲目追求“热门”。在行业处于最“热门”的时候才决定进入，结果投资后行业转向低迷，企业深陷其中，进退两难。

4. 对项目仅侧重于技术可行性的研究，对经济可行性的论证不够重视，对投资成本及项目建成后的成本费用和效益测算不准确。从而根据过于乐观的经济估算做出错误的决策。

（四）投资项目风险的识别

投资活动不同，其风险识别的方法就不同；投资活动的阶段不同，其风险识别的方法也就不同。为了更好地识别投资风险，风险管理部门往往首先获得具有普遍意义的风险管理资料，然后，运用一系列具体的风险识别方法去发现、识别投资风险。

投资风险识别的方法有很多种，主要有保险调查法、流程图法、财务报表分析法、现场调查法、事故树分析法和专家论证法等，这些识别投资风险的方法各具特色，又都具有自身的优势和不足，因此，在具体的投资风险识别中，需要灵活运用各种投资风险识别方法，及时发现各种可能引发风险事故的风险因素。

投资项目风险识别的方法：

1. 保险调查法

保险调查法是指通过保险公司的专业人员及有关的学会就企业可能遭遇的风险加以详尽的调查与分析，编制各种调查表供企业参考的一种方法。风险分析调查表在美国企业界得到广泛应用，其通常是由美国保险公司、风险及保险管理学会以及美国管理学会在对企业风险广泛调查的基础上形成的供企业应用的调查表格。

2. 核对表法

企业在生产经营过程中往往受到很多因素的影响，企业在做投资和管理决策时可将企业经历过的风险及其形成的因素罗列出来，形成核对表。管理人员在进行决策时，看了核对表就会注意到所要进行的投资项目可能具有的风险，从而采取相应的措施。核对表可以包括很多的内容，例如以前项目成功失败的原因、项目产品和服务的说明书、项目的资金筹集状况、项目进行时的宏观和微观环境、项目进行的管理组织等，当然还可以向相关的部门（如保险公司、风险管理学会等）咨询企业进行相关的投资项目可能面临没有考虑到的风险。

3. 财务报表分析法

财务报表分析法是通过一定的分析方法分析企业的资产负债表、利润表、现金流量表等相关的支持性文件，以分析企业的财务状况，以此来识别投资活动的潜在风险。利用财务报表分析法识别投资风险主要有以下三种方法：趋势分析法、比率分析法、因素分析法。使用财务报表分析法识别投资风险时，需要借助一些财务指标，例如，投资报酬率、净资产收益率、股票获利率和长期偿债能力等，这些财务指标是识别投资风险的重要依据。

4. 流程图分析法

流程图能够生动、连续反映一项经济活动的过程，其作用在于能够找出经济活动的重要部分，也就是我们通常所说的“瓶颈”——该部分的损失可能导致整个经济活动失败。但流程图分析存在明显的局限性，它只能揭示风险是否存在，但不能给出损失的概率和损失的大小，所以流程图分析法应该和其他风险分析方法一起使用。

5. 现场调查法

现场调查法也是一种常用的识别投资风险的方法。现场调查法是风险管理人员亲临现场，通过直接观察风险管理单位的设备、设施、操作和流程等，了解风险管理单位的投资活动，调查其中存在的风险隐患，并出具调查报告书。调查报告书是风险管理单位识别投资风险的重要参考依据。

6. 事故树法

通过画出事故树的方式，将企业投资可能面临的风险以树状表示出来，然后逐一地排除，最后确定导致风险产生的因素，例如某企业投资房地产业，可以运用事故树分析企业住宅销售风险，如图 8-1 所示。

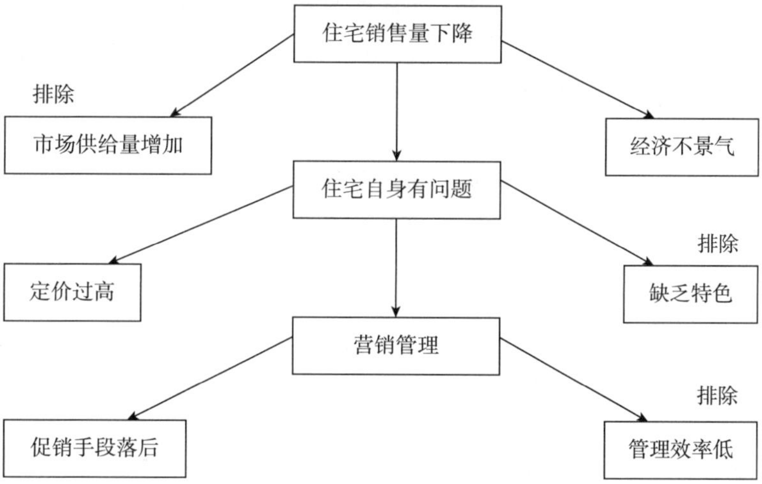

图 8-1 住宅销售风险事故树

7. 敏感性分析法

敏感性分析法是研究在投资项目的寿命周期内，当影响投资的因素（例如，投资期限、市场利率、宏观经济环境等）发生变化时，投资的现金流量、内部收益率是如何变化的，以及各个因素对投资的现金净流量、内部收益率等是如何影响的，从而使管理人员了解对企业投资影响比较重要的因素，识别并控制风险隐患来降低企业的风险。

8. 专家论证法

专家论证法采用匿名发表意见的方式，即专家之间不得互相讨论，不发生横向联系，只能与调查人员发生关系，通过多轮次调查专家对问卷所提问题的看法，经过反复征询、归纳、修改，最后汇总成专家基本一致的看法，作为投资风险识别和预测的结果。这种方法具有广泛的代表性，较为可靠。

二、投资项目风险的评估

（一）项目风险评估的含义

风险评估是对项目风险的影响和后果进行综合分析，并依据风险对项目目标的影响程度进行项目风险分级排序的过程。它是在项目风险识别的基础上，通过建立项目风险的系统评估模型，对项目风险影响因素进行综合分析，并估算出各风险发生的概率及其可能导致的损失大小，从而找到项目的重大风险。确定项目的整体风险水平，为如何处置这些风险提供科学依据，以保障项目的顺利进行。

项目风险评估的主要作用是根据评估的结果来制定项目风险的应对措施以及开展项目风险的控制。通过项目风险评估，一方面定义、识别项目中可能涉及的重大不确定性，并在资料收集、分析等方面要给予特别关注的那些领域；另一方面定义、识别项目中明确存在的重大不确定性，明确需要客户团队仔细决策和判断的领域。

（二）投资项目风险评估方法

项目风险评估是指在项目的全生命周期内对项目风险进行连续的辨识和分析，为有效地控制风险提供依据，风险评估通常也分为风险辨识和风险分析。

不过，在项目实践中，风险识别、风险衡量和风险评价常常互叠，需要反复交替进行。因此，某些评估法也是交替使用的。项目风险评估常用的方法有以下几种：

1. 风险解析法

也叫风险结构分解法，是风险识别的主要方法之一，它是把一个复杂系统分解为若干子系统，然后通过对子系统的分析进而把握整个系统特征的一种风险评价方法。

比如，对于市场供求总量的偏差，首先将其分为供方市场和需方市场，然后各自进一步分解为国内和国外，其风险可能来自区域因素、替代品的出现，以及经济环境对购买力的影响等；产品市场竞争力风险因素又可以细分为品种质量、生产成本以及竞争对手因素等；价格偏差因素可分解为诸多影响国内价格和国际价格的因素，随项目和产品的不同可能有很大的不同。

2. 专家调查法

专家调查法又称为综合评价法或主观评分法，是一种最常用的风险评价方法，可应用于确定型风险或不确定型风险。它是基于专家的知识、经验和直觉，通过发函、开会或其他形式进行调查，发现项目的潜在风险，对项目风险及其影响程度进行评定，把多位专家的意见集中起来形成分析结论的一种风险评价方法，适用于风险分析的全过程。

专家调查法有很多，头脑风暴法、风险识别调查表、德尔菲法、风险对照检查表和风险检查表是最常用的几种。

3. 蒙特卡洛模拟法

项目风险管理中采用的蒙特卡洛模拟法是一种根据统计理论，利用计算机来研究风险发生概率或风险损失效值的计算方法，这是一种高层次的风险分析方法，其本质是统一实验方法，主要用于评估多个非确定性的风险因素对项目总体目标所造成的影响。

4. 模糊数学法

模糊数学法是利用模糊理论评价项目风险的一种方法，因为工程项目风险中很大一部分很难用精确的数据加以描述。

现有的绝大多数风险分析模型都基于需要数字的定量技术，而与风险相关的大部分信息虽然很难用数字表示，却容易用文字或句子来描述，项目风险的这种性质决定了其适于采用模糊数学模型来解决问题。

三、投资项目风险管理

（一）投资项目风险管理

投资项目风险识别、风险衡量是项目风险管理的重要内容，但是仅仅完成以上的工作不能够保证实现项目目标的成本最小化，还必须在此基础上对风险进行规划，对风险实施有效的控制，并随时对风险进行监控。这一过程涵盖了项目风险管理的全过程，称为广义的项目风险管理，在实际操作过程中将风险识别、风险衡量归为风险分析阶段，而将风险规划、控制、监控归为风险管理阶段，这个阶段也叫狭义的项目风险管理。

项目风险管理是对项目风险提出处置意见和办法，通过对项目风险识别、估计和评估，把项目风险发生的概率、损失严重程度以及其他因素综合起来考虑，估计项目发生各种风险的可能性及其危害程度，确定项目的风险等级，从而确定应采取的措施风险管理策略包括减轻、预防、转移、回避、接受等措施。应根据不同项目的不同风险，采取相应的措施。

项目投资风险的全过程管理具有系统化、科学化的特点，同时所涉及的内容也较为繁杂但对项目的整体过程有着较为直接的影响。

（二）项目投资风险的特点

项目投资风险的全过程管理涵盖了项目的初步选择、管理层调查的开展、对市场与技术进行调研、审计与财务、研究分析法律环境、选择合理的出资方式等各方各面的内容。

1. 客观性

一般来讲，项目开发时期、建设时期、发展时期更有可能存在投资风险，每个时期都有不同程度的投资风险。与此同时，投资项目的风险不会因为人为因素而变动对象，具有客观性的特征。

2. 多样性

项目投资内容的繁杂性大家有目共睹，因此，项目投资本身就会依赖许多因素，例如国家政策的变化、社会经济的进步，以及金融市场整体的发展等，这些因素往往直接影响到项目投资的最终回报，所以，项目投资过程中的投资风险也会发生变化，呈现多样化的特点。

3. 不确定性

投资项目的另一特点就是不确定性，因此，项目投资的风险是不可预测的。如果国家对市场进行宏观调控与监管，同时制定了一系列适当的经济管控机制，或是遇到了经济危机、战争等对经济影响较大的事件，我们并没有阻止和控制这些因素，如此一来就会对项目投资产生直接影响。

（三）项目投资风险管理策略

1. 风险回避策略

风险回避策略是指当项目风险潜在威胁发生可能性太大，不利后果也太严重，又无其他风险管理策略可用时，主动放弃项目或改变项目目标与行动方案，从而规避风险的一种风险管理策略。

2. 转移风险策略

转移风险策略是指将风险转移至其他人或其他组织，其目的是借用合同或协议，在风险事故一旦发生时将损失的一部分转移到有能力承受或控制项目风险的个人或组织。具体实施时可表现为财务性风险转移（如银行、保险公司或其他非银行金融机构为项目风险负间接责任）和非财务性风险转移（将与项目有关的物业或项目转移到第三方，或者以合同的形式把风险转移到其他人或组织身上，同时也能够保留会产生风险的物业或项目）。

3. 减轻风险策略

减轻风险策略是通过缓和或预知等手段来减轻风险，降低风险发生的可能性或减缓风险带来的不利后果，以达到风险减少的目的。这是一种积极的风险处理手段。

4. 接受风险策略

接受风险策略也是风险管理策略之一，它是指项目组有意识地选择自己承担风险后果的策略。当采取其他风险规避方法的费用超过风险事件造成的损失时，可采取接受风险的方法。

5. 储备风险策略

储备风险策略是指事先制定应急措施和制订一个科学高效的项目风险计划，项目实际进展情况与计划有偏差时，就动用后备应急措施，项目风险应急措施主要有费用、进度和技术三种。预算应急费是一笔事先准备好的资金，用于补偿差错、疏漏及其他不确定性对项目费用估计精确性的影响。预算应急费在项目预算中要单独列出，不能分散到具体费用项目下，否则，项目管理组织就会失去对支出的控制。

项目投资对于黄金珠宝企业非常重要，项目能否成功关系到企业的未来发展，企业应该加大项目投资方面的风险管理，做到尽量少失败，这样才能增强企业的竞争力，使企业立于不败之地，长久发展。

四、并购风险管理

（一）企业并购的基本概念

企业并购（Mergers and Acquisitions，M&A）包括兼并和收购两层含义、两种方式。国际上习惯将兼并和收购合在一起使用，统称为 M&A，在我国称为并购。即企业之间的兼并与收购行为，是企业法人在平等自愿、等价有偿基础上，以一定的经济方式取得其他法人产权的行为，是企业进行资本运作和经营的一种主要形式。企业并购主要包括公司合并、资产收购、股权收购三种形式。

企业收购是指一个企业经由收买股票或股份等方式，取得另一公司的控制权或管理权，另一公司仍然存续而不必消失。兼并本身还包括吸收合并和新设合并两种方式。兼并具有一个很明显的特征，那就是在兼并过程结束以后，至少有一家企业将不再存在，企业原有的法人资格将会自动消失。

（二）企业并购的动因

企业并购的动因有效率动因、经济动因，还有其他动因。效率动因是从并购后企业效率变化来考虑的。

经济动因中，横向并购是通过并购竞争对手来提高企业规模经济的方法。纵向并购可以降低交易的费用，与企业相联系的纵向企业主要有原材料企业和下游的销售企业。通过企业的纵向并购可以有效降低交易产品的运输费成本。混合并购是降低企业单一经营风险和分享高额利润而进入其他市场的并购行为。

其他动因则有管理层的利益驱动、基于投机的目的、目标企业价值低估等。

（三）企业并购的方式

1. 常见的几种并购形式

（1）现金购买式并购。现金购买式并购是指以现金支付的方式实施的并购行为。

（2）换股式并购。换股式并购是指并购方以本公司的股票来换取目标公司股票的并购形式。

（3）承债式并购。承债式并购是通过承担目标公司债务的方式来获取目标公司控制权或者所有权的并购方式。

2. 几种特殊的并购方式

（1）公开并购方式——要约收购。要约收购在每个国家都非常普遍，所谓要约收购是指在明确并购的意图后，达到法定的持股比例时，通过公开发放要约的形式与各个股东联系。很多国家都对要约收购做出了明确要求，中国的法律规定，当并购者持有目标收购的股票数量达到一定的比例时，必须向国家的相关监督管理部门就收购的目的意图做出说明。

（2）特殊融资方式——杠杆并购。杠杆并购是指并购方对目标企业实施并购时，以目标企业的资产和未来的收益为抵押进行举债并购的方式。杠杆并购又称融资并购，在 20 世纪 80 年代，这种并购在西方被广泛应用，因为这种并购只需要并购方提供少量的资金就可以完成。当并购完成后，企业的资产净利率大于举债时的资本成本就产生了杠杆效应，这时并购方将获得高额的利润。杠杆并购是一种投机性很强的并购，同时伴随着高风险和高收益。

（3）反向并购方式——买“壳”。一般的并购是上市公司对非上市公司实施的并购，然而也有例外，那就是我们这里所讲的反向并购。当一家上市公司的业绩一般时就很可能发生此类并购，因为要成为一家上市公司有诸多的限制条件，上市公司就成为一种较为稀缺的资源。很多企业无法满足所有的上市条件，这类企业一般效益较好，急需寻找一种新的融资渠道来发展公司。当市场上存在一家效益不好甚至面临停牌的企业时，这家上市企业就成为“壳”，非上市企业可以借“壳”上市，这时买“壳”并购就成为现实。

（4）其他方式实施的并购。这类并购是由支付形式的不同而实施的并购。在并购的过程中，并购方将认股权证或者可转换公司债券等作为辅助的支付手段。企业债券是企业按照特定的程序发行，约定在一定的期限内还本付息的债券。通常，企业债券与认股权证和可转换公司债券结合发行。

（四）并购风险的识别与评估

并购风险的识别与评估是并购风险管理中很重要的程序，是进行并购风险管理的基础。它揭示了并购风险管理的具体对象及管理力度，即是对面临现实或潜在风险时加以判断、整理，并鉴定风险的“质”和“量”的过程。

1. 并购风险的识别

风险辨识的基本要求：首先，对企业并购的各个环节进行及时准确的观察。如果在风险已经很严重时才发现它，则化解将变得非常困难，管理成本也较高。其次，对并购活动要全面深入的识别。并购风险产生于并购活动的各个环节，其中主要集中在目标企业的变化上，而且在并购的进程中同一环节也会有不同的并购风险。最后，要对并购活动进行连续系统的分析。并购风险并非一成不变，它总是在不断变化着的。

设计识别体系可以根据自己的偏好主观判断，也可以根据经验判断或聘请投资银行等专业机构进行评估咨询等来协助进行。具体可以采用风险树识别法、风险询问法、目标企业资料分析法、合并流程分析法、历史损失资料统计分析法、实地调查法等。

关于并购风险的识别方法，既有适用一般风险识别的方法，又有其特定的方法。以上方法仅仅是众多方法中的几例，其区别在于有关信息的来源不同，即怎样收集信息，从什么渠道获得信息等。

2. 并购风险的评估

进行并购风险识别之后，就可以有针对性地评价所识别风险的潜在破坏力程度，确定出风险对并购企业的影响。并购风险的衡量主要包括两个方面：一是并购风险发生的频率，即衡量潜在的损失发生的频率。这种频率并不需要，也不可能十分精确，只要可以大概反映其出现的频率就可以。二是风险损失程度，也就是每次损失可能的规模，即损失金额的大小以及波及的范围有多大，对于风险的识别、风险的衡量等工作应尽量聘请专业机构和人员，这样会使衡量更客观、更具科学性，减少工作的失误。并购风险的衡量方法主要采用统计、概率的方法等。

3. 并购风险管理的防范

并购中的风险管理是一项系统的工作，虽然管理有其艺术性、灵活性，但也必须建立在一定的程序、步骤之上，才能有效发挥其管理的作用。因此，并购风险管理作为一项特殊的管理活动必须要有一定的程序。并购风险管理程序分为制订风险管理计划、评价（分析）并购风险、风险管理方案设计、执行风险管理的决策以及风险管理成效的评价与调整等若干阶段，而每个阶段又有其独特的风险管理措施。如何防范风险，通常有以下几个措施：

一是企业并购文化整合。文化整合是指并购中不同的企业在精神文化领域中通过价值观、伦理道德、处世哲学、社会规范、习俗、宗教信仰等方面的融合与传播，在思想意识上达成的共识和行为上的认可。文化整合对并购有非常重要的意义。企业在收集目标企业的文化信息时，既要收集企业的公司文化，企业的各种标志和管理团队的组织风气，又要在此基础上通过外在的显性文化区挖掘隐藏其背后的组织哲学，和该企业的企业规范估量对方企业的文化是否能与本企业的文化相互融合，形成一种新的优势文化，汲取目标企业的文化长处弥补本企业的局限性，促进并购后的良性发展。在企业文化整合中，企业经营者始终扮演着十分重要的角色，他们是优质企业文化的宣传者和驱动者，在整个文化整合实施中充当的是“文化使者”的角色。

二是财务风险的防范。在并购风险的分类中也提到过财务风险主要是因为在收集并购企业的财务信息时由于信息的不对称性影响了并购的进行，所以收购企业应充分重视并购前的禁止调查，获取有关目标公司的更多信息，尤为重要的是目标公司的财务状况调查。

财务状况调查可以分几个步骤进行，首先对股本规模和结构进行调查，其次对股票市场价格进行分析，最后，也是最重要的就是对财务状况的正确分析。在评估目标企业的价值时也要选择合适的价值评估方法，因为采用不同的价值评估方法，对同一目标企业可能会得到不同的并购价格。

三是信息风险的防范。为使企业避免错误信息的引导导致并购出现问题，企业应聘请专家或专业公司对信息的真伪进行区分，防止目标公司提供的错误信息而导致资金的滥用。

四是经营风险的防范。虽然并购能帮助企业实现资本的扩张和市场份额占领的扩大，但在经营方面企业也要做出正确的战略安排，对被并购方的相关业务，高级管理人员和从事技术和市场的人员做出相关约定，在竞业方面做出适当的法律安排，保证并购后企业的发展。

第三节　信用风险管理

一、信用风险概述

（一）信用风险的定义

信用风险，是指交易对方不履行到期债务的风险。信用风险又称违约风险，信用风险是指债务人或交易对手未能履行合同所规定的义务或信用质量发生变化，影响金融产品价值，从而给债权人或金融产品持有人造成经济损失的风险。由于结算方式的不同，场内衍生交易和场外衍生交易各自所涉的信用风险也有所不同。

（二）信用风险的分类

1. 按照信用风险的性质，可将信用风险分为违约风险、信用评级降级风险和信用价差增大风险。

2. 按照信用风险所涉及的业务种类，可将信用风险分为表内风险和表外风险。

3. 按照信用风险所发生的部位，可将信用风险分为本金风险和重置风险。

4. 按照信用风险是否可以分散，又可以分为系统性信用风险和非系统性信用风险。

5. 按授信方的不同，信用风险可被分为国家风险、行业风险、个体风险。

6. 按信用风险产生的原因，信用风险可被分为道德性信用风险和非道德性信用风险。

7. 按照信用风险可控程度，信用风险可被分为可控信用风险和非可控信用风险。

信用风险是经济主体信用活动中的风险，即存在于企业，个人的商业信用中，更多存在于银行信用、国家信用当中。随着信用经济的不断发展和深化，黄金珠宝企业将面临越来越多除贷款之外的其他金融工具中所包含的信用风险，包括承兑、同业交易、贸易融资、外汇交易、债券、股权、金融期货、互换、期权、承诺和担保以及交易的结算等。

二、信用风险识别

按照业务特点和风险特性的不同，商业银行的客户可以划分为法人客户和个人客户。法人客户根据其机构性质可以分为企业类客户和机构类客户。企业类客户根据其组织形式不同，可以划分为单一法人客户和集团法人客户。

（一）单一法人客户的信用风险识别

1. 基本信息分析

在对单一法人客户进行信用风险识别和分析时，公司必须对客户的基本情况和与公司业务相关的信息进行全面了解，以判断客户的类型（是公司法人还是机构法人），基本经营情况（业务范围、盈利情况）、信用状况（有无违约记录）等。为此，公司应要求客户提供基本资料，并对客户提供的身份证明、授信主体资格、财务状况等资料的合法性、真实性和有效性进行认真核实，并将核实过程和结果以书面形式记载。对于中长期授信。公司还需要考察资金来源及使用情况、预计的资产负债情况、损益情况、项目建设进度及营运计划和其他相关文件。

2. 财务状况分析

财务状况分析是通过对企业的经营成果、财务状况以及现金流量的分析，达到评价企业经营管理者的管理业绩、经营效率，进而识别企业信用风险的目的。财务状况分析主要包括财务报表分析、财务预测分析以及现金流量分析三种方法。

3. 非财务因素分析

非财务因素分析是信用风险分析过程中的重要组成部分，与财务分析相互印证、互为补充。考察和分析企业的非财务因素，主要从管理层风险，行业风险、生产与经营风险，宏观经济、社会及自然环境等方面进行分析和判断。

（二）集团法人客户的信用风险识别

1. 整体状况分析

公司集团是指由相互之间存在直接或间接控制关系，或其他重大影响关系的关联方组成的法人客户群。确定为同一集团法人客户内的关联方可称为成员单位。

公司可以参照上述的单一法人客户风险分析方法，对集团法人客户的基本信息、财务状况、非财务因素以及担保等整体状况进行逐项分析，以识别其潜在的信用风险。此外还要重点分析集团内的关联交易情况。

关联交易是指发生在集团内关联方之间的有关转移权利或义务的事项安排。关联方是指在财务和经营决策中，与他方之间存在直接或间接控制关系或重大影响关系的企事业法人。分析公司集团内的关联交易时，应先全面了解集团的股权结构，找到公司集团的最终控制人和所有关联方，然后对关联方之间的交易是否属于正常交易进行判断。

2. 信用风险特征分析

集团法人客户的信用风险通常是由于公司对集团法人客户多头授信、盲目/过度授信。不适当分配授信额度，或集团法人客户经营不善，或集团法人客户通过关联交易、资产重组等手段在内部关联方之间不按公允价格原则转移资产或利润等原因造成的。与单一法人客户相比，集团法人客户的信用风险特征主要表现为：内部关联交易频繁；连环担保十分普遍；财务报表真实性差；系统性风险较高；风险识别和贷后监督难度较大。

（三）个人客户的信用风险识别

1. 个人信息分析

与法人授信业务相对应，个人业务所面对的客户主要是自然人，其特点表现为单笔业务资金规模小但业务复杂而且数量巨大。个人客户信用风险主要表现为个人作为债务人在信贷业务中的违约，或在表外业务中自行违约或作为保证人为其他债务人/交易方提供担保过程中的违约。

公司在对个人客户的信用风险进行识别和分析时，需要收集、核查个人客户提供的能够证明个人年龄、职业、收入、财产、信用记录、教育背景等基本情况的相关资料。

2. 个人信贷风险分析

随着我国改革开放的逐渐深入和市场经济向纵深发展，各个商业银行的个人信贷业务量越来越大，个人信贷的产品和种类也越来越多。现实中，风险与机遇并存。个人信贷风险越来越普遍，个人信贷风险的类型很多，但归纳起来，主要有以下六种。

（1）借款人收入波动而引起的信用风险

借款人可能会因为失业或者其他原因造成收入的大幅度下降从而无法按时还款引发一系列道德风险。

（2）借款人多头贷款或者透支

由于银行机构之间缺乏信息互通机制，借款人同时从多个银行一起借款时，增加了个人借贷的风险。

（3）市场因素变化而造成的风险

市场因素变化从而导致金融资产收益受到损失而承受的风险，例如利率波动和汇率波动造成商业银行收益损失的风险。

（4）征信风险

个人借贷业务是面向个人客户的营销的信贷业务，因此他非常依赖个人的征信系统，因此可能无法取得借款人客观全面真实的信用。

（5）借款用途方面存在的风险

我国存在“私贷公款”的现象，是指组织或者企业凭借个人名义贷款，然后将贷款的资金交由企业或者组织使用。

（6）银行自身管理薄弱而造成的风险

由于缺乏一套完整的规章制度，操作手段也比较落后，再加上语言文化的差异和信贷人员审核不严，贷后管理监督跟不上，个人信贷风险加大。

三、信用风险衡量

信用风险衡量是现代信用风险管理的基础和关键环节。信用风险度量经历了从专家判断、信用评分模型到违约概率模型分析三个主要发展阶段。公司对信用风险的度量依赖对借款人和交易风险的评估。前者是客户信用评级，后者是债项信用评级。通过这两个维度度量单一客户/债项的违约概率和违约损失率之后，公司还必须构建组合信用风险度量模型，用于度量组合内各资产的相关性和组合的预期损失。

（一）违约

违约责任是指合同当事人不履行合同义务或者履行合同义务不符合约定时依法产生的法律责任。违约行为是违约责任的基本构成要件，没有违约行为，也就没有违约责任。违约行为是指合同当事人违反合同义务的行为。根据违约行为发生的时间，违约行为总体上可分为预期违约和实际违约，而实际违约又可分为不履行（包括根本违约和拒绝履行）、不符合约定的履行和其他违反合同义务的行为，其中不符合约定的履行又可分为迟延履行、质量有瑕疵的履行、不完全履行（包括部分履行、履行地点不当的履行和履行方法不当的履行）。

一般地，债务人出现以下任何一种情况应被视为违约。

1. 债务人对公司的实质性信贷债务逾期 90 天以上。若债务人违反了规定的透支限额或者重新核定的透支限额小于目前的余额，各项透支将被视为逾期。

2. 公司认定，除非采取变现抵质押品等追索措施，债务人可能无法全额偿还对公司的债务。

（二）违约概率

违约概率是指合约当事人在未来一定时期内发生违约的可能性。

它包括两个层面：一是单一借款人的违约概率；二是某一信用评级所有借款人的违约概率。常用的违约率估计方法主要有历史违约经验计算、统计模型和外部评级映射三种方法。

历史违约率是指根据过去一段时间内违约的历史数据信息，评级机构对某一信用评级的债务人在未来一段时间内违约概率的统计估计量。边际违约率与累计违约率是最常用的历史违约率。

（三）违约损失率和违约损失

违约损失率是指交易对手的违约损失金额占违约风险暴露的比例。客户违约后给公司带来的债项损失包括两个层面：一是经济损失，考虑所有相关因素，包括折现率、贷款清收过程中的直接成本和间接成本（主要包括引致损失和机会损失）；二是会计损失，也就是公司的账面损失，包括违约贷款未收回的贷款本金和利息两部分。

四、信用评价体系

（一）信用评级体系

信用评级指标体系是信用评级机构在对被评对象的资信状况进行客观公正的评价时所采用的评估要素、评估指标、评估方法、评估标准、评估权重和评估等级等项目的总称，这些项目形成一个完整的体系。

信用评级体系是资信评级的依据，没有一套科学的资信评级指标体系，资信评级工作就无所适从，更谈不到资信评级的客观性、公正性和科学性。作为一个完整的体系，信用评级体系应该包括以下六个内容。

1. 信用评级的要素

这决定于对资信概念的认识。从狭义上说，资信指按期还本付息的能力；从广义上说，资信指资金和信誉，是履行经济责任的能力及其可信任程度。因此，信用评级的要素应该体现对资信概念的理解。国际上对形成信用的要素有很多种说法，有 5C 要素、5P 要素、4F 要素等，其中以 5C 要素影响最广，在我国经常主张信用状况的五性分析，包括安全性、收益性、成长性、流动性和经营性。通过五性分析，就能对资信状况做出客观的评价。

2. 信用评级的指标

即体现信用评级要素的具体项目，一般用指标表示，指标的选择，必须以能充分体现评级的特征内容为条件。

3. 信用评级的标准

要把资信状况划分为不同的级别，这就要对每项指标及综合评价定出不同级别的标准，以便参照定位。

4. 信用评级的指标权重

它指在信用综合评价中各项信用指标的相对重要性。信用评级的各项指标在信用评级体系中不可能等同看待：有些指标占有重要地位，对企业信用评级起到决定性作用，其权重就应大一些；有些指标的作用可能小一些，其权重就相对要小。

5. 信用评级的等级

信用评级的等级，即反映资信等级高低的符号和级别。

6. 信用评级的方法

通常有自我评议、群众评议和专家评议三种。如由独立的专业评估机构评级，一般多由专家评议。如由政府机关统一组织评级，也可采用自我评议、群众评议和专家评议相结合的方法。至于评级的具体方法可以采用定量分析方法或定性分析法，也可两者结合运用。在定量分析方法中，还有功效系数法、分段计分法、梯级递减法等多种。

（二）信用评级方法

1. 要素分析法

根据对要素的不同理解，要素分析法主要有以下几种方法：

（1）5C 要素分析法

5C 要素分析法主要分析以下五个方面信用要素：借款人品德（Character）、经营能力（Capacity）、资本（Capital）、资产抵押（Collateral）和经济环境（Condition）。

（2）5P 要素分析法

5P 要素分析法主要分析以下五个方面信用要素：个人因素（Personal Factor）、资金用途因素（Purpose Factor）、还款财源因素（Payment Factor）、债权保障因素（Protection Factor）和企业前景因素（Perspective Factor）。

（3）5W 要素分析法

5W 要素分析法主要分析以下五个方面信用要素：借款人（Who）、借款用途（Why）、还款期限（When）、担保物（What）和如何还款（How）。

（4）4F 要素分析法

4F 要素分析法主要分析以下四个方面要素：组织要素（Organization Factor）、经济要素（Economic Factor）、财务要素（Financial Factor）和管理要素（Management Factor）。

2. CAMPARI 法

CAMPARI 法主要分析借款人以下七个方面要素：品德（Character）、借款人偿债能力（Ability）、企业从借款投资中获得的利润（Margin）、借款的目的（Purpose）、借款金额（Amount）、偿还方式（Repayment）和贷款抵押（Insurance）。

3. LAPP 法

LAPP 法主要分析以下四个要素：流动性（Liquidity）、活动性（Activity）、盈利性（Profitability）和潜力（Potentialities）。

4. 骆驼（CAMEL）评估体系

该体系主要分析以下五个内容：资本充足率（Capital Adequacy）、资产质量（Asset Quality）、管理水平（Management）、收益状况（Earnings）和流动性（Liquidity），其英文第一个字母组合在一起为“CAMEL”，因正好与“骆驼”的英文名字相同而得名。

上述评级方法在内容上大同小异，是根据信用的形成要素进行定性分析，必要时配合定量计算。它们的共同之处都是将道德品质、还款能力、资本实力、担保和经营环境条件或者借款人、借款用途、还款期限、担保物及如何还款等要素逐一进行评分，然后再汇总。必须把企业信用影响因素的各个方面都包括进去，不能遗漏，否则信用分析就不能达到全面反映的要求。

（三）综合分析方法的比较

综合分析评级方法就是依据受评客体的实际统计数据计算综合评级得分（或称指数）的数学模型。目前企业信用综合评级方法很多，但实际计算中普遍采用的方法主要有四种（见表 8-2）。为让读者更清晰地理解“多变量信用风险二维判断分析法”，有必要考察这几种评级方法的优劣。

1. 加权评分法

这是目前信用评级中应用最多的一种方法。一般做法是根据各具体指标在评级总目标中的不同地位，给出或设定其标准权数，同时确定各具体指标的标准值，然后比较指标的实际数值与标准值得到级别指标分值，最后汇总指标分值求得加权评估总分。

加权评分法的最大优点是简便易算，但也存在三个明显的缺点。

第一，未能区分指标的不同性质，会导致计算出的综合指数不尽科学；第二，不能动态地反映企业发展的变动状况；第三，忽视了权数作用的区间规定性。

2. 隶属函数评估法

这种方法是根据模糊数学的原理，利用隶属函数进行综合评估。一般步骤为：首先利用隶属函数给定各项指标在闭区间［0，1］内相应的数值，称为“单因素隶属度”，对各指标作出单项评估。然后对各单因素隶属度进行加权算术平均，计算综合隶属度，得出综合评估项指标值。其结果越接近 0 越差，越接近 1 越好。

隶属函数评级方法较之加权评分法具有更大的合理性，但该方法对状态指标缺乏有效的处理办法，会直接影响评级结果的准确性。

3. 功效系数法

功效系数法是根据多目标规划原理，对每一个评估指标分别确定满意值和不允许值。然后以不允许值为下限，计算其指标实现满意值的程度，并转化为相应的评估分数，最后加权计算综合指数。

由于各项指标的满意值与不允许值一般均取自行业的最优值与最差值，因此，功效系数法的优点是能反映企业在同行业中的地位。但是，功效系数法同样既没能区别对待不同性质的指标，也没有充分反映企业自身的经济发展动态，使评级结论不尽合理，不能完全实现信用评级所要实现的评级目的。

4. 多变量信用风险二维判断分析评级法

对信用状况的分析、关注、集成和判断是一个不可分割的有机整体，这也是多变量信用风险二维判断分析法的评级过程。

多变量特征是以财务比率为解释变量，运用数量统计方法推导而建立起的标准模型。运用此模型预测某种性质事件发生的可能性，使评级人员能及早发现信用危机信号。经长期实践，这类模型的应用是最有效的。多变量分析就是要从若干表明观测对象特征的变量值（财务比率）中筛选出能提供较多信息的变量并建立判别函数，使推导出的判别函数对观测样本分类时的错判率最小。根据判别分值，确定的临界值对研究对象进行信用风险的定位。

二维判断就是从两方面同时考察信用风险的变动状况：一是空间，即正确反映受评客体在本行业（或全产业）时点状态所处的地位；二是时间，尽可能考察一段时期内受评客体发生信用风险的可能性。

表 8–2　综合分析方法比较

<table>
<tr><th>方法名称</th><th>特征</th><th>优点</th><th>缺点</th><th>分析</th></tr>
<tr><td>加权评分法</td><td>第一步，给出标准值和标准权数
第二步，对不同指标评分（将实际值与标准值对比）
第三步，加权评估总分</td><td>简单易得</td><td>1. 不能区分指标的不同性质
2. 没有动态指标
3. 忽略了权数的作用区间</td><td rowspan="4">各种方法都是采用综合加权打分的方式，不同之处在于，加权评分法打分是绝对值，而隶属函数法和功效系数法将打分分数相对化了，而多变量信用风险二维判断分析法没有评分，直接采用财务比率。而财务比率的权重是通过统计检验得到的</td></tr>
<tr><td>隶属函数评估法</td><td>与加权评分法的第二步不同；[0，1] 区间取值</td><td>—</td><td>1. 对 [0，1] 取值缺乏有效的处理办法
2. 没有动态指标</td></tr>
<tr><td>功效系数法</td><td>第一步，确定满意值、不允许值和权重（一般是行业最高值或最低值）
第二步，以不允许值为下限，计算其指标实现满意值的程度，并转化为相应的评估分数
第三步，加权评估总分</td><td>—</td><td>1. 不能区分指标的不同性质
2. 没有动态指标</td></tr>
<tr><td>多变量信用风险二维判断分析评级法</td><td>以特征财务比率为解释变量，运用数量统计方法推导而建立起的标准模型。
第一步，选出财务变量
第二步，建立财务比率与破产率之间的关系，用历史数据进行回归
第三步，确定评分公式
第四步，根据公式对公司评分</td><td>1. 客观
2. 考虑到了动态变化</td><td>评分不再是主观的东西</td></tr>
</table>

（四）信用评级报告

1. 信用评级报告的概念

信用评级报告是信用评级工作的最终成果，在对大量信用评级资料系统分析以后，要将综合判断得出的结果，用文字报告形式表达出来，提供社会参考。信用评级报告的结构必须条理清楚，层次分明，系统完整地表述信用评级的结论。企业信用评级报告内容包括基本信息、经营水平、财务状况、盈利能力、履约状况、管理水平、发展前景和失信记录等内容。

通常信用评级报告除了本报告外，还要附一份信用评级分析报告。信用评级报告是信用评级工作的总结报告，信用评级分析报告是信用评级报告的具体化，它要围绕信用评级报告的评估结论，系统地表述信用评级的情况、指标分析的数据以及评估结论形成的根据。

2. 信用评级报告要求

（1）客观公正

信用评级报告要对社会负责，整个内容和结论必须客观公正，真实可靠，既不偏向一方，又不隐瞒真相，不能人为地夸大或缩小某些方面，甚至搞弄虚作假。要达到这个要求，既取决于提供资料的真实可靠，又取决于评估人员能否用正确的分析方法明辨是非，作出正确判断，两者缺一不可。

（2）观点明确

信用评级报告中的内容必须观点明确，不能模棱两可。要指出资信状况的现状，分析有利因素和不利因素，要指出关键问题，有根有据。对今后资信状况的发展趋势，要有说服力。同时，报告内容不能面面俱到，要突出重点，抓住关键，围绕资信状况深入展开。

（3）判断推理

信用评级报告要分析现状，判断未来，就要运用推理和判断的逻辑方法。判断是以准确的资料为依据的，推理是以充分的依据为前提的。正确的判断和推理，也就是说要有事实根据，符合客观规律性，要有实事求是的态度，合乎事实的逻辑性。判断和推理的结果，前后不能矛盾，左右不能脱节，要如实反映客观事物的内在联系。

（4）内容清晰

信用评级报告必须结构合理，条理清晰，疑点、论据和结论都很清楚。在内容上要言简意赅，简明扼要。报告文字要讲语法，切忌词不达意。要善于用典型的事例、确凿的数据和生动的语言来分析问题，观点要符合政策，数据要计算正确，材料要真实可靠，分析问题要全面透彻。这就要求评估人员在信用评级报告写好以后，要征求专家意见，反复研究修改，直到满意为止。

五、信用风险评级

（一）信用评级的含义

信用评级是指信用评级机构按照规范化的程序，采用一定的分析技术，给出关于受评对象的信用风险的判断意见，并将结果用一个简单的符号表示出来。信用评级有广义与狭义之分，狭义的信用评级是对企业的偿债能力、履约状况、守信程度的评价，广义的信用评级是指各类市场的参与者及各类金融工具的发行主体履行各类经济承诺的能力及可信任程度。

（二）信用等级的特点

信用等级是将信用风险按风险程度差异大小进行分类。

不同信用等级的风险程度有明显的差异，相同信用等级的风险程度差异则相对较小，但反映的风险表现并不完全相同，揭示的风险因素也不尽相同。

（三）信用评级的意义

1. 高资本市场的透明度

信用评级的出现缓解了市场信息不对称的矛盾，它以第三方的角色出现于市场，通过其特殊的身份，为投资者提供发行人不愿主动提供的风险信息，使投资者不因掌握的信息不充分而放弃投资，也帮助市场约束了发行人不切合实际的高风险融资的行为。

2. 低融资成本的工具

高等级的信用可以帮助企业较方便地取得金融机构的支持，得到投资者的信任，能够扩大融资规模，降低融资成本。债券信用级别与其发行利率挂钩。

3. 市场经济中的企业“身份证”

债券评级是企业获准发行债券的先决条件；贷款企业信用评级是一定贷款规模以上的企业通过年审、获取银行贷款的必需条件；参与招投标单位的良好合同信用等级是中标或其享受优惠政策的重要依据。良好的信用状况可以提升企业的无形资产，高等级的信用是企业在市场经济中的“身份证”，它能够吸引投资人与客户合作。

4. 改善经营管理的内外动力

由于信用评级是对企业内在质量的全面检验和考核，而且信用等级高的企业在经济交往中可以获得更多的信用政策，可以降低筹资成本，因此既有利于及时发现企业经营管理中的薄弱环节，也为企业改善经营管理提供了动力。

5. 有利于金融市场稳定发展

（1）信用评级制度的建立有助于解决我国资本市场的运作不够透明、信息公布不够充分等有关问题，从而提高投资者对金融市场的信心。

（2）从国际资本市场上看，社会投资者在决定是否投资时，很重要的一个因素取决于该对象的信用状况。因此信用评级制度的建立有利于金融市场健康、稳定的发展。

（四）企业信用评级等级划分

企业信用风险等级是针对企业的经营能力、获利能力、偿还能力、履约能力、发展前景以及企业的内部控制、信用风险状况等多方面进行的分析和评价，具体有统一的信用等级标准。企业信用等级划分为三等九级，即 AAA 级、AA 级、A 级、BBB 级、BB 级、B 级、CCC 级、CC 级、C 级。其中 AAA 级表示企业信用极好，风险极小，履约能力极强；C 级表示企业信用很差，违约风险较大。

一般来讲，企业信用等级的含义如下：

AAA 级：偿还债务的能力极强，基本不受不利经济环境的影响，违约风险极低。

AA 级：偿还债务的能力很强，受不利经济环境的影响不大，违约风险很低。

A 级：偿还债务能力较强，较易受不利经济环境的影响，违约风险较低。

BBB 级：偿还债务能力一般，受不利经济环境影响较大，违约风险一般。

BB 级：偿还债务能力较弱，受不利经济环境影响很大，违约风险较高。

B 级：偿还债务的能力较大地依赖良好的经济环境，违约风险很高。

CCC 级：偿还债务的能力极度依赖良好的经济环境，违约风险极高。

CC 级：在破产或重组时可获得保护较小，基本不能保证偿还债务。

C 级：不能偿还债务。

每一个信用评级可用“+”“-”符号进行微调，表示略高或略低于本等级，但不包括“AAA+”。其中“AAA”至“BBB-”的信用级别为投资级别，“BB+”及以下的信用级别为投机级别（见表 8-3、表 8-4）。

表 8-3 标准普尔、穆迪、惠誉国际的信用等级符号

标准普尔		穆迪		惠誉国际	
长期债	短期债	长期债	短期债	长期债	短期债
AAA	A-1+	Aaa		AAA	F1+
AA+	A-1+	Aa1		AA+	F1+
AA	A-1+	Aa2		AA	F1+
AA-	A-1+	Aa3		AA-	F1+
A+	A-1	A1		A+	F1+
A	A-1	A2		A	F1
				P1	
A-	A-2	A3		A-	F1
				P-1	
BBB+	A-2	Baa1		BBB+	F2
				P-1	
BBB	A-2/A-3	BBB_2		BBB	F2
				P-1	
BBB-	A-3	Baa3		BBB-	F2/F3
				P-1	
BB+	B	Ba1		BB+	F3
				P-1	
BB	B	Ba2		BB	B
				P-2	
BB-	B	Ba3		BB-	B
				P-2	
B+	B	B1		B+	B
				P-2/P-3	
B	B	B2		B	C
				P-3	
B-	B	B3		B-	C
CCC+	C	Caa1		CCC+	C
CCC	C	Caa2		CCC	C
CCC-	C	Caa3		CCC-	C
CC	C	Ca		CC	C
C	C	C		C	C

表 8-4 信用等级的含义及说明

等级	含义	说明
AAA	信誉极好，几乎无风险	表示企业信用程度高、资金实力雄厚，资产质量优良，各项指标先进，经济效益明显，清偿支付能力强，企业陷入财务困境的可能性极小。
AA	信誉优良，基本无风险	表示企业信用程度较高，企业资金实力较强，资产质量较好，各项指标先进，经营管理状况良好，经济效益稳定，有较强的清偿与支付能力。
A	信誉较好，具备支付能力，风险较小	表示企业信用程度良好，企业资金实力、资产质量一般，有一定实力，各项经济指标处于中上等水平，经济效益不够稳定，清偿与支付能力尚可，受外部经济条件影响，偿债能力产生波动，但无大的风险。
BBB	信誉一般，基本具备支付能力，稍有风险	企业信用程度一般，企业资产和财务状况一般，各项经济指标处于中等水平，可能受到不确定因素影响，有一定风险。

续表

等级	含义	说明
BB	信誉欠佳，支付能力不稳定，有一定的风险	企业信用程度较差，企业资产和财务状况差，各项经济指标处于较低水平，清偿与支付能力不佳，容易受到不确定因素影响，有风险。该类企业具有较多不良信用记录，未来发展前景不明朗，含有投机性因素。
B	信誉较差，近期内支付能力不稳定，有很大风险	企业的信用程度差，偿债能力较弱，表示企业一旦处于较为恶劣的经济环境下，有可能发生倒闭，但目前尚有能力还本付息。
CCC	信誉很差，偿债能力不可靠，可能违约	企业信用很差，企业盈利能力和偿债能力很弱，对投资者而言投资安全保障较小，存在重大风险和不稳定性，几乎没有偿债能力。
CC	信誉太差，偿还能力差	企业信用极差，企业已处于亏损状态，对投资者而言具有高度的投机性，没有偿债能力。
C	信誉极差，完全丧失支付能力	企业无信用，企业基本无力偿还债务本息，亏损严重，接近破产。

六、信用风险管理

（一）信用风险管理的概念

古人云："人无信不立"。其实，企业也一样，企业的信用好坏在企业的发展中有时存在着决定性的作用。试想企业在资金的筹资、投资、营运活动中，哪一项不和企业的信用相联系，不受企业信用影响。在国际化经济的社会背景大前提下，要想在更新频频的经济市场谋求持续的发展，对企业信用的重视需要高度加强。

信用风险管理是指通过制定信息政策，指导和协调各机构业务活动，对从客户资信调查、付款方式的选择、信用限额的确定到款项回收等环节实行的全面监督和控制，以保障应收款项的安全及时回收。

（二）黄金珠宝企业信用风险的来源

信用风险的来源如图 8-2 所示。

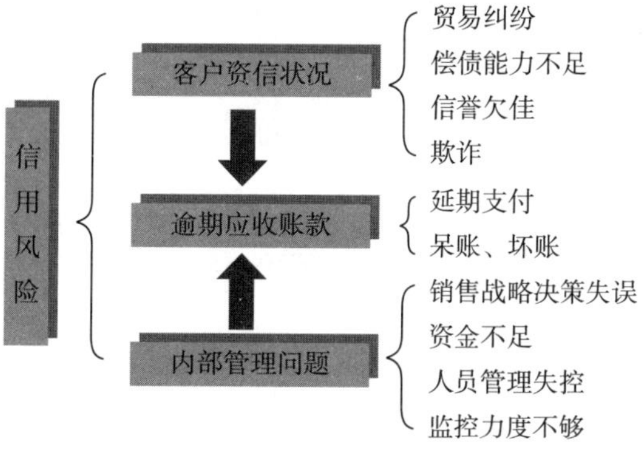

图 8-2　信用风险来源示意

（三）逃避方式多样

在企业的发展过程中，难免会涉及借助其他资金渠道来帮助企业完成决策的问题，例如企业的筹资、投资和经营活动中，当自身资金难以应对企业出现的问题或者决策时，企业就是借助外部融资渠道向企业注入资金，这种做法是绝大多数企业都会选择的。在融资过程中，为了避免信用问题而导致的融资局限，有些黄金珠宝企业会采取民间机构进行资金融合，这种方式通常是高额高利，但却可以弱化企业信用的影响。

（四）信用管理模式的基本框架

1. 关键业务环节控制

关键业务环节控制如图 8-3 所示。

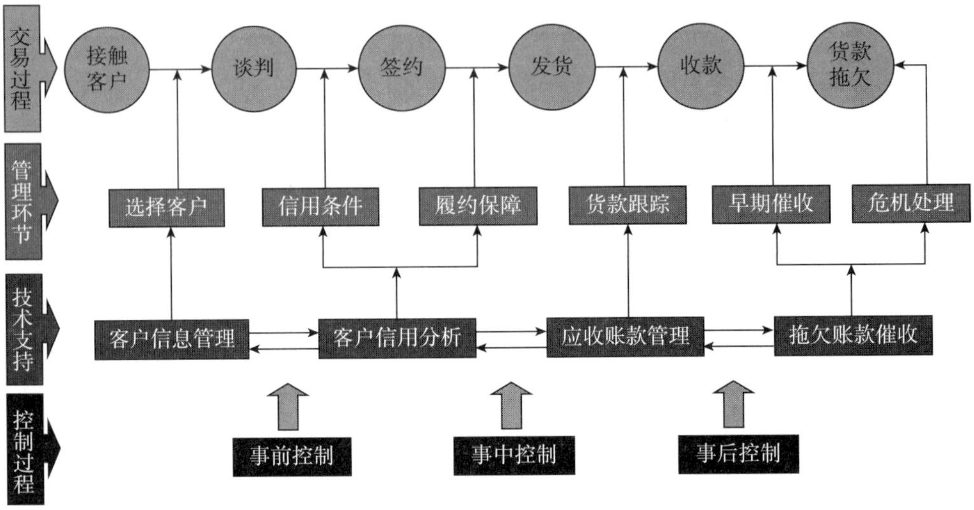

图 8-3 关键业务环节控制示意

2. 信用管理的技术体系

信用管理技术体系如图 8-4 所示。

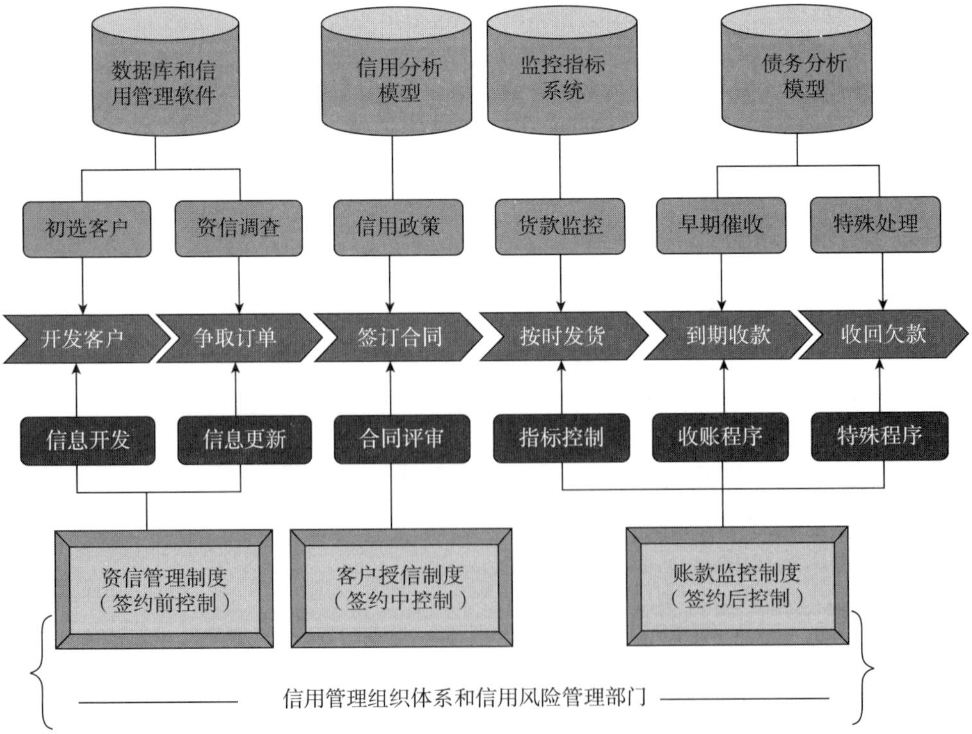

图 8-4 信用管理技术体系示意

3. 信用管理的经验

信用管理的经验如图 8-5 所示。

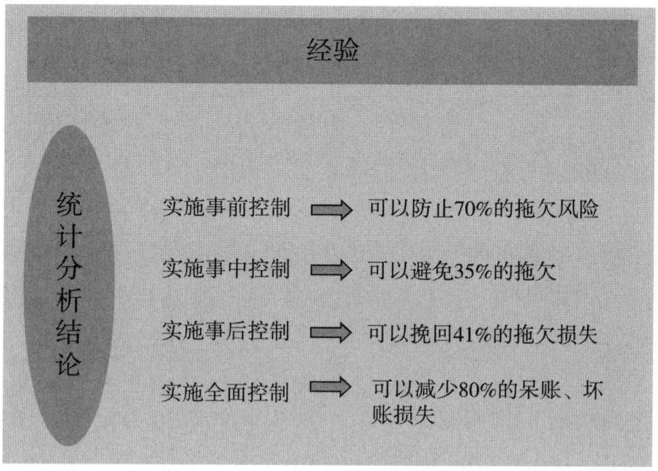

图 8-5　信用管理经验示意

（五）信用风险管理方法

信用风险管理方法可以分为传统的信用风险管理方法和现代信用风险的管理手段。

1. 传统的信用风险管理方法

传统信用分析主要分析企业的资产负债状况和现金流状况。对企业的信用分析是一个程序化的、劳动密集型的工作，主要包括以下几个步骤：

（1）分析企业需要这笔贷款的用途，要运用其所了解的企业基本情况，根据银行的现有政策和“喜恶特征”分析该企业的贷款申请。

（2）对企业的资产负债及损益表进行详细分析，用于发现该企业在各阶段的发展趋势以及业务上的波动情况。

（3）对试算表进行分析，判断其财务报表、支持计划的真实性。

（4）对账目进行调整以符合用于趋势分析与推测的标准格式。

（5）根据预计现金流对该笔贷款的目的进行评价，放贷者要寻找出第一退出途径和第二退出途径。

（6）确定较松和较严的假设前提，并进行压力测试。

（7）分析行业结构，特别是正在出现的发展趋势、公司在行业中的地位及监管活动的潜在影响。

（8）对公司管理高层及现行战略进行评价，同时对负责生产、库存、定价和销售系统的部门经理也要进行评价。

2. 现代信用风险的管理手段

现代信用风险的管理手段主要包括交易所和清算所、信用衍生产品、信用证券化等。

（1）交易所和清算所

银行、衍生工具交易商及其他金融机构参与者之间有大量的交易，在他们每天交易的过程中都要承担信用风险，交易所和清算所是降低这些风险的结构化手段。

（2）信用衍生产品

a. 利用期权对冲信用风险

买入企业资产看跌期权对冲信用风险。

▶ 利用期权对冲信用风险的原理

银行在发放贷款时，收取一种类似于企业资产看跌期权的出售者可以得到的报酬。这是因为，银行发放贷款时，其风险等价于出售该贷款企业资产看跌期权的风险。这样，银行就会寻求买入该企业资产的看跌期权来对冲这一风险。

▶ 违约期权

这种期权是在贷款违约事件发生时支付确定的金额给期权购买者，从而对银行予以一定补偿的期权。银行可以在发放贷款的时候购买一个违约期权，与该笔贷款的面值相对应，当贷款违约事件发生时，期权出售者向银行支付违约贷款的面值；如果贷款按照贷款协议得以清偿，那么违约期权就自动终止。因此，银行的最大损失就是从期权出售者那里购买违约期权所支付的价格。这类期权还可以出现一些变体，比如，可以把某种关卡性的特点写入该期权合约中。如果交易对手的信用质量有所改善，比如说从 B 级上升到 A 级，那么该违约期权就自动中止。作为回报这种期权的出售价格应该更低。

▶ 贴水期权

债券的发行者可以利用期权对平均信用风险贴水进行套期保值。

▶ 信用价差看涨期权

随着借款人指定的基准债券的信用风险价差（风险债券的到期收益率-无风险债券的到期收益率）提高到某种执行价差 ST 以上，该看涨期权的报酬也会提高。

b. 利用互换对冲信用风险

信用互换主要有两类：总收益互换和违约互换。

▶ 总收益互换

在总收益互换中，投资者接受原先属于银行的贷款或证券（一般是债券）的全部风险和现金流（包括利息和手续费等），同时支付给银行一个确定的收益（比如 LIBOR），一般情况下会在 LIBOR 基础上加减一定的息差。

与一般互换不同的是，银行和投资者除了交换在互换期间的现金流之外，在贷款到期或者出现违约时，还要结算贷款或债券的价差，计算公式事先在签约时确定。如果到期时，贷款或债券的市场价格出现升值，银行将向投资者支付价差；反之，如果出现减值，则由投资者向银行支付价差。

▶ 违约互换

银行在每一互换时期向交易对手支付一笔固定的费用（类似于违约期权价格）。如果银行贷款并未违约，那么他从交易对手那里什么都得不到；如果该笔贷款发生违约，那么交易对手要向其支付违约损失。

支付的数额=贷款的初始面值-违约贷款在二级市场上的现值

在这里，一项纯粹的信用互换就如同购入了一份信用保险或者是一种多期的违约期权。

c. 利用远期合约对冲信用风险

信用远期合约是在贷款利率被确定以及贷款被发放以后，对冲贷款违约风险的增加的一种远期协议。信用远期合约为借款人发行的基准债券（或贷款）明确规定一个信用风险价差（即在无风险利率之上的一定的风险溢价，用来补偿违约风险）。

（3）信用证券化

资产证券化是指将缺乏流动性但能够产生未来现金流的资产，通过结构性重组，转变为可以在金融市场上销售和流通的证券，并通过发行这种证券以融通资金，从而达到改善资产负债结构的目的。

资产支持证券（Asseted-Backed Security，ABS），其支付基本来源于支持证券的资产池产生的现金流。项下的资产通常是金融资产，如贷款或信用卡应收款根据它们的条款规定，支付是有规律的。

流程：首先要从公司资产负债表上剥离出准备资产证券化的资产，如应收账款、商业银行的贷款资产，将这些资产或现金流转移给一个特殊目的载体（SPV）中，再以 SPV 的名义向投资者发行 ABS 证券。

近年来，商业信贷或贷款证券化（如同贷款出售和交易）发展速度非常快。主要包括以下两类：

一是表外的 CLO（抵押放款债券）。

二是表内的 CLN（信用联结票据）。

CLO 之类的证券化，一般是将贷款移出资产负债表，以抵押贷款债券的形式重新包装并一揽子出售给外部的投资者，比如非常受欢迎的抵押贷款、信用卡贷款和汽车贷款。

CLN 之类的证券化，一般仍把贷款保留在资产负债表内是将贷款组合发行资产支持证券。

最近，商业信贷或贷款证券化（如同贷款出售和交易的例子）的增长已经受到了阻碍。这种阻碍主要来自人们越来越关注这些做法对于客户关系的消极影响，因为在这些做法下，贷款被转移出资产负债表，以抵押放款债券（Collateralized Lending Obligation，CLO）的形式重新包装并一揽子出售给外部投资者，然而证明，这类机制用于那些更易商品化的信用，比如抵押贷款，信用卡贷款和汽车贷款，是非常受欢迎的。

七、因应收账款导致的信用风险管理实务

随着全球经济一体化进程的加快、市场竞争日益加剧，信用交易方式已成为我国众多企业的必定选择。企业之间赊销模式的日益盛行，使中国企业越来越快地与国际企业接轨。但随之而来的是潜在的信用风险，因为信用风险的管理得当与否，直接关系到企业的命脉。应收账款使企业经营风险增加，企业逾期应收账款的利息损失是坏账损失的十倍，资金短缺已成为制约我国经济发展的瓶颈。

（一）建立企业信用管理部门

信用部门负责客户资信的调查、分析、评估，建立和管理客户信用档案；负责建立、管理企业的信用管理信息系统；制定企业的信用政策；审查业务部门与客户签订的合约；监督业务部门的操作流程；对应收账款进行跟踪监控和追收等。信用管理部门并不仅仅是一个账款催收部门，它也是一个综合管理部门。它通过科学的客户评估系统，从客户的选定、信用额度的确认、赊销政策的制定一直到商账的收回实行全过程的管理。

（二）建立应收账款日常管理监督体系

应收账款的管理要耗费大量的人力、物力，为提高工作效率，企业应积极开发软件和通信系统，以便快速地收集、储存、反馈和安排赊销信息，建立应收账款的管理系统，进行科学化、规范化的管理监督。

（三）建立赊销审批制度

要有一个严密的赊销审批权限的制度，形成规范化的管理，避免赊销中的个人意志，避免任意放宽赊销政策。

（四）应收账款管理纳入企业绩效评价体系

企业领导要转变观念，留意到资金的周转对企业的影响，对违规赊销或发生的坏账要追究当事人的经济责任，对应收账款的催收给予必要的人、财、物的支持，建立相应的绩效考核制度，将员工的业绩、待遇与应收账款相挂钩，避免应收账款的拖欠和老化。

（五）从实际分析加强应收账款的全程管理

1. 建立客户档案，进行有效的信用评估和跟踪记录。

2. 事前掌握：从初识客户到维护老客户，业务人员以及经办业务的各级管理人员都应全面了解客户的资信状况，选择信用良好的客户进行交易。

3. 事中掌握：每次发货前客服部必须与销售合同保持核对；公司在销售货物后，就应当启动监控程序，依据不同的信用等级实施不同的收账策略，在货款形成的早期进行适度催收，同时留意维持跟客户良好的合作关系。

4. 事后掌握：对拖欠账款的追收，要采用多种方法清讨，催收账款责任到位。原则上采取大区经理负责制，再由大区经理落实到详细的业务员身上。对已拖欠款项建立账款催收预案并可使用法律手段维护自己的利益，进行仲裁或诉讼。

（六）加强风险的应对处理

为规避风险，对于对方资信状况恶劣、资金实力薄弱，不能提供相应的履约担保的当事人，可考虑放弃交易，也可有意识地将可能产生风险损失的项目或者与风险损失的有关的财务后果进行转嫁，借用债权转让、债权抵销、业务或设备转让等方式，将这种风险损失的可能后果转移出去。

总之，我国的市场经济日趋成熟，应收账款管理作为企业营运资金管理的重要方面已越来越引起企业管理者的重视，甚至已经成为我国企业当前必须学习的一门“必修课”。深入研究应收账款的信用风险能使企业自身提高防范和管理信用风险的水平，同时企业也自然会逐步地以较高的自觉性履行自己的信用承诺。防范和掌握应收账款信用风险对于降低企业经营风险、加速资金周转具有重要的现实意义。

第四节　其他法律及税务风险管理

近年来，随着黄金珠宝行业的不断发展壮大，涉及珠宝行业的刑事犯罪也逐年增多，经统计近年来的犯罪案件，涉及黄金珠宝行业犯罪罪名主要有：诈骗罪、合同诈骗罪、假冒注册商标罪、销售假冒注册商标的商品罪、职务侵占罪、挪用资金罪、盗窃罪七类（占黄金珠宝行业犯罪比率为76%），其他涉及的犯罪如非法吸收公众存款罪、虚开增值税专用发票罪、骗取贷款罪、拒不支付劳动报酬罪等，但不具有代表性。解决问题的根本是找到原因，有针对性地规避风险。

一、刑事法律风险防范

（一）黄金珠宝企业面临的刑事风险点

按照刑事法律风险发生的阶段顺序，可以大体分为以下三大部分：一是企业设立过程中的刑事法律风险。如注册登记环节、认缴出资环节等，各环节都要严格依照公司法和公司登记管理条例中的相关规定，否则企业在设立方式、发起人数、股东身份、出资额的认购等方面都可能存在刑事法律风险，甚至可能触犯虚假出资或抽逃出资等罪名。二是企业经营过程中的刑事法律风险。该阶段主要涉及生产销售、合作经营、上市融资、知识产权等方面。例如刑法对用工主体的界限、企业行为的界限以及知识产权管理方面都有规定，企业应注意防范触犯生产、销售假冒伪劣产品、假冒注册商标、合同诈骗、非法吸收公众存款等一系列罪名风险。三是企业在清算过程中的刑事法律风险。当企业解散并进入清算程序后，要注意可能涉及的刑法关于妨害清算罪和虚假破产罪等犯罪的规定。

按照刑事法律风险来源进行分类，可以分为以下两种：一是企业或者企业家作为触犯刑法的主体，包括个人犯罪和企业法人犯罪。个人犯罪是指在企业经营过程中由企业家个人行为造成的危害后果，企业法人犯罪是指在企业意志支配下，由企业集体决策，为企业谋取非法利益，以企业名义实施的行为造成的犯罪后果，对于法人犯罪，可以覆盖从登记设立到解散清算的整个过程。二是企业遭受到刑事犯罪的侵害。侵害实施的主体既可以是自然人也可以是企业法人，如企业内部人员侵占公司财产、挪用企业资金，或者内部员工与外部个人或单位勾结串通侵害企业权益等行为。或者被合作单位、自然人诈骗而遭受经济损失，被其他企业或自然人侵犯商业秘密、知识产权，企业及企业家被侮辱诽谤造成名誉、信誉受到损害等。

（二）黄金珠宝企业刑事法律风险的特点

一是犯罪高发性。企业刑事风险存在于企业内部运转的整个过程，从企业成立到注销的各环节都可能发生，财务管理方面的犯罪风险就贯穿企业始终。企业外部风险也同时存在，外部人员针对企业实施的犯罪行为，也会使企业面临刑事风险。这种内外兼具的风险，导致刑事犯罪高发。

二是双重处罚性。《中华人民共和国刑法》中对于单位犯罪有明确的规定。其中第三十条规定，“公司、企业、事业单位、机关、团体实施的危害社会的行为，法律规定为单位犯罪的，应当负刑事责任。”第三十一条规定，“单位犯罪的，对单位判处罚金，并对其直接负责的主管人员和其他直接责任人员判处刑罚。本法分则和其他法律另有规定的，依照规定。”因此，在司法实践中，若被认定为单位犯罪，一般会对单位判处罚金刑，同时会对其直接负责的主管人员和其他直接责任人员处以人身刑。这种既处罚企业，又处罚个人的处罚方式，说明企业刑事法律风险具有双重处罚性。

三是后果严重性。刑法作为防止企业犯罪的最后一道防线，企业刑事风险爆发后的后果非常严重。企业一旦受到刑事处罚，会对声誉造成非常恶劣的影响，导致客户流失、无法继续履行合约、背负巨额违约金等。企业履行高额罚金刑后，可能会因为资金问题倒闭，致使企业员工失业。有些超大型企业触犯刑法后，可能对整个市场经济造成影响，危害社会稳定。另外，直接负责的主管人员和其他直接责任人员被处以人身刑后不仅给自身家庭带来损害，想要东山再起的可能性更是微乎其微。企业面临的刑事法律风险具有广泛性和不确定性，很可能牵一发而动全身，因为一类风险而引起其他风险的爆发，给企业造成毁灭性的打击。

四是隐蔽持续性。由于黄金珠宝自身的条件特性，加之很多是内部人员或合作已久的熟人作案，涉及黄金珠宝行业的犯罪大多具有隐蔽性、持续性。比较高发的犯罪例如盗窃罪、职务侵占罪等。此外，还有像假冒注册商标罪、销售假冒注册商标的商品罪等。

（三）黄金珠宝企业刑事犯罪风险成因

企业的高质量发展离不开优秀企业团队的带领，而优秀的企业团队如果不正视企业的短板、存在的法律风险，则往往酿成大祸。许多在黄金珠宝市场迅猛发展过程中成立的中小黄金珠宝企业只看到了这个市场的巨大潜力和盈利空间，对黄金珠宝企业涉及的刑事法律风险却缺乏深入的了解和研究，风险防范与控制的意识淡薄，风险承受能力和管理能力不足，一旦涉及刑事犯罪，企业家不仅自身不保，很有可能造成企业难以维持生计。

1. 管理者的法律意识淡薄

企业管理者自身刑事法律意识淡薄。刑法对于企业及其管理人员的一系列禁止性规定，目的是规范市场主体行为并强化对市场经济秩序的保护。刑法中对于经济犯罪的明文规定，不仅为企业生产经营过程中的行为提供引导，也防范和保护企业免受外部的刑事法律风险侵害。不少民营企业家对民商事法律有所了解，但对刑事法律法规不了解，对自己行为的法律性质认识不足，缺乏对刑法的信赖和畏惧。

2. 内部管理制度缺陷

黄金珠宝行业以中小企业为主，家族企业占绝大多数。公司制虽成为企业的主要组织形式，但在很大程度上只是企业规避制度风险和提高自身形象的摆设，并未真正改变企业内部管理的家族特征，大部分未建立真正的现代化管理制度。例如财务管理制度不够健全，个人财产和企业财产不区分，虚增企业利润或对外披露虚假财务报表等，财务管理上的漏洞极有可能导致企业资金被侵占。

此外，权力制衡机制缺失，董事会和经营管理层未区分，企业管理者违法经营、道德败坏等现象屡见不鲜，内部监督问责机制未落实，这些往往导致企业陷入刑事法律风险。多数珠宝企业没有建立风险防控制度，企业家在融资、纳税、生产和销售过程中都可能产生刑事法律风险。民营企业并没有专业的风险防控部门和法务人员，不仅使企业家在相关环节面临的刑事风险增加，而且导致民营企业在毫无防备的情况下风险不断恶性循环。

3. 民营企业融资困难

随着世界经济下滑、我国经济增长放缓和新冠疫情的冲击，民营企业在市场中面临着愈发激烈的竞争。在此背景下，很多民营企业融资渠道有限、融资成本过高、门槛较高，经营困难。目前，我国仍采用的是以银行贷款为主导的高度集中且受严格监管的金融体系。受我国整个金融市场环境和民营企业自身特征的影响，银行严苛的贷款制度、证券高标准的融资门槛，以及复杂烦琐的审批手续，法定融资方式几乎使得民营企业融资不得不另辟蹊径，寻找具有较高法律风险的民间融资途径筹资。如民间借贷、典当、变卖资产，甚至是借高利贷，这些融资渠道的融资成本，远大于银行贷款、股票融资、债券融资等融资方式。民营企业的融资遭遇诸多困难，使民营企业丧失诸多发展机会，甚至丧失生存的能力倒闭。

4. 行业现金交易占比较大

调研发现贵金属、珠宝零售门店现金交易占比为20%~30%，存在使用大额现金交易的情况。而且在贵金属珠宝的交易中，一般采取面对面钱货两清的匿名交易方式，买主无须实名制购买，对其身份也不用核实。这些都加大了销赃、洗钱的风险。

黄金珠宝行业中，“回收摊点”“小作坊”较多，这些回收店大多不会仔细核对黄金珠宝的来源和出售人的身份，或是为了挣钱“睁一只眼闭一只眼”，为销赃提供了便利，成为滋生犯罪的温床。同时，珠宝行业“借货销售”的行业惯例也给一些犯罪分子可乘之机。回收摊点租用柜位或摊位的成本很低，有些明知是赃物，仍以低价买入转手高价卖出，牟取非法利润。而在查处过程中，回收店主普遍采取“捉迷藏”的方式逃避行政执法部门的检查，给打击此类犯罪带来一定的困难。

（四）黄金珠宝企业刑事犯罪风险管理

1. 企业自身防范刑事犯罪风险具体举措

（1）树立刑事法律风险的防范意识

应对刑事法律风险要从观念上着手，尊重法律，拥有正确的法制观念。一是对珠宝行业的企业家进行系统性的刑事法律法规培训；二是增强管理者学习刑事法律法规和相关政策的能力，营造合规合法的企业文化氛围；三是增强企业管理者的风险识别能力，掌握企业刑事法律风险发展变化的规律，提前预警、尽早防范，主动地面对刑事法律风险而不是被动的补救。

（2）完善企业内部管理制度

企业内部管理制度是决定一个企业能否长远发展的核心。大多数企业刑事法律风险的爆发都是由于企业管理制度存在漏洞。因此，一方面企业应当针对不同的经营环节制定科学、有效的管理制度，如重大决策制度、财务管理制度、人事变动制度和法律事务处理制度等，改变单一的家族管理模式，完善内部治理机构，并相互衔接形成一套完整的内部管理制度体系；另一方面建立企业刑事法律风险评估机制。设立法务部、风控部等专业法律部门，对企业行为进行审核评估，及时研究国家法律法规、规章制度的最新内容，分工合作，力求严谨，尽力减小企业面临的刑事法律风险。此外，建立并落实企业内部刑事法律风险问责机制。加强内部审计查错能力，避免管理层或者决策层侵占企业财产，实现责任审计。强化财务授权审批能力，赋予财务负责人独立性，严格执行会计制度。

（3）建立刑事法律风险评估制度

根据黄金珠宝行业和企业的性质、特点，确定刑事风险的范围，从而建立相应的法律评估系统。企业应当对自己现有的经营业务、企业投资、合并、分立等行为、管理事务、债权、债务行为等进行综合的、定期的风险评估。法律风险评估制度要由企业总法律顾问负责，并且企业法律风险的评估要定期化和制度化。

(4) 规范回收和购买环节

首先应规范回收环节，将销赃及通过贵金属与珠宝变现的固有风险控制住，要求黄金珠宝门店在回收贵金属、珠宝产品时，采取一些识别措施。其次，规范购买行为，在一定范围内实行实名制交易。

2. 多渠道助力黄金珠宝行业有序经营

(1) 优化民营企业法律服务

要加强对黄金珠宝企业的引导和帮助，主动服务珠宝企业，为珠宝企业在选择经营项目、引进技术和人才等方面提供信息服务，帮助企业化解经营过程中产生的矛盾和纠纷，引导企业良性竞争、有序发展。针对珠宝企业面临的困难和问题，在法律视野下探索黄金珠宝企业发展的新思路和新方向，使黄金珠宝企业的发展少风险、多安全。

(2) 发挥行业协会协调功能

黄金珠宝行业协会应充分发挥组织协调功能，与政府部门对接，积极参与整顿和规范市场秩序工作，规范市场卖金、收金行为，净化企业发展环境。

(3) 向珠宝企业进行普法宣传

结合实际案例对珠宝企业开展普法宣讲，并实现企业依法合规经营，持续发展的目的。

二、税收风险管理

(一) 税收风险的来源

黄金珠宝行业作为特定行业，产品特性、企业管理、税收政策等方面都有较强的典型性和特殊性。一是珠宝行业的市场建设缺乏税务机制，重规模轻管理，隐蔽的现金交易较为普遍，又由于税务机关对银行的第三方信息取证难度较大，手续烦琐，配合程度低，导致企业的资金流难以准确落实；二是珠宝玉石的议价环节与其他商品存在差异，各珠宝品种各异，定价自由度高，行业定价模糊，其他商品是明码实价，而珠宝玉石的价值品位因人而异，高低价位差异悬殊，不一定与实际价值匹配，且很难界定其价值，加之纳税人核算的随意性导致税务机关监管难；三是珠宝玉石的私下交易也需要引起高度重视，众多的私下交易为税款的征收带来了难度。税源潜藏模糊，现金结算大量存在、经营形式多元，给侧重于地域管理的传统税收管理带来较大挑战，加大了征纳双方在信息获取、财务处理与税务检查手段上的差距，为税务机关提出了严峻的行业征管课题，也加大了税款流失风险。

(二) 税收风险的成因

1. 征纳双方信息不对称。税务机关难以对企业的经营情况有准确了解，在一定程度上造成了国家税款的流失，产生了行业税收风险。

2. 部分黄金珠宝企业纳税人纳税意识淡薄。具体表现在以下几方面：一是申报不依据实际经营情况，而是取决于纳税人的自觉程度或资金状况进行申报，人为调控使中报数据失真；二是只对开发票部分缴税，不开发票销售部分不缴税。一些珠宝行业纳税人只就其开具发票部分进行申报，对向广大零散消费者销售不开票的部分不申报纳税。

3. 相关税收政策不够规范。部分缺乏明确的政策依据，日常管理中多以珠宝行业纳税人的自行划分为主，不利于政策的执行和税法的严肃性，也增加了该行业的税收风险。

4. 部分企业账务处理形同虚设。一是部分珠宝行业纳税人在采用现金销售不入账时为防止进货太多，过多存留期末原材料余额或库存产品余额，将有关原始资料分类整理，区别记账；二是将应记账的原始资料隐匿转移或销毁假借丢失或账册残缺不全，藏匿有关原始凭证；三是多数珠宝行业小规模纳税人没有专职财务人员，靠聘请兼职财务人员代为建账，实为家庭式或股份式经营有单据做账，无单据不做账。部分珠宝行业小规模纳税人的现金交易很难控管，大量现金通过个人账户进行账外结算，致使评估人员、稽查人员无法对资金流量进行深入分析，造成大量的账外经营不如实申报，很难发现，很难取证。

5. 对行业内纳税人检查力度不够。重视对一般纳税人的检查，忽视了对小规模纳税人的检查，特别是该行业纳税人由于商品价格差异太大、行业涉税信息获取难度大且不准确，认为投入与成果不成比例，导致对该行业纳税人特别是小规模纳税人检查户数少、检查面低。另外，受小规模纳税人账务核算不健全的客观因素影响，检查取证难度大、查补税款数额较少，所以检查人员把检查重点放在大中型企业上，忽视了对小型纳税户的检查。

（三）税收风险的特征

1. 贵重金属市场价格透明化，产品附加值偏低。目前，每克黄金的差价在 8 元左右，首饰加工每克的加工费在 2.7 元左右，导致企业利润空间较小，珠宝行业税负偏低。

2. 销售对象呈现明显的两极分化。一部分为增值税一般纳税人，购销业务全部通过发票结算，而另一部分为最终消费者，购销过程中基本不索取发票。

3. 珠宝玉石的购进途径分散且不规范。珠宝玉石购进地分散，纳税人购进过程中往往无法取得增值税进项抵扣及合法的购进凭证，为纳税人对外销售正常开具销售发票增加难度。

4. 实际成交价格与标注价格差异较大。受珠宝玉石的品种、品质、规格等多种因素的影响，产品价格波动较大，商家标注价格和最终成交价格往往存在较大差异，实际成交价格经常为标注价格的 10%~30%，这导致一些纳税人从对外展示上看似规模很大，实际成交价格不高，且实际成交量不大。

5. 存在异地设点生产和经销。珠宝行业产品特点是价值高、体积小，纳税人通过在外地设置经销点、加工车间方式转移经营业务和纳税义务较为容易。

（四）企业税收风险管理

1. 税收风险管理的工作目标

总体目标是：努力破解珠宝行业征纳双方信息不对称的难题，切实提高纳税人税收风险的识别能力，管理能力，开展有针对性的差异化风险应对，达到防范和避免企业税收风险，全面提高该行业税法遵从度和税收征管质量的目的。

2. 税收风险管理的环节流程

黄金珠宝企业税收风险管理的环节流程是在日常监控管理的基础上，以该行业风险分析识别和应对处理为核心，主动与税务机关交流，合理界定风险信息的采集、分析、识别、排序、发布、应对、反馈、评价等各环节的工作要求和各部门各岗位职责，建立相关分析、应对等保障机制，查找涉税风险点，组织开展评估、稽查等形式的风险应对，多措并举提升企业防范涉税风险的能力。

三、洗钱风险管理

（一）洗钱风险的概念

洗钱是指通过一系列的交易和操作，将非法获得的资金转化成看似合法的资金，掩盖其非法来源和真实所有者。在全球范围内，洗钱被视为严重的金融犯罪，对国家经济和金融体系造成了巨大的威胁。洗钱风险是指金融机构和其他涉及资金交易的实体面临的可能被用于洗钱目的的风险。这些风险包括合规风险、声誉风险、运营风险和法律风险。

（二）珠宝销售行业的洗钱风险点

近年来，我国贵金属和珠宝交易市场整体发展迅速，市场销售规模位居世界前列，目前已成为世界上最大的黄金与铂金消费市场，最大的玉石和翡翠消费市场。贵金属、珠宝业产业链主要分为采购、加工、流通及消费四个环节。流通环节主要分为批发与零售两个方面。即使现代黄金珠宝交易已经实现了高度专业化，但在某些情况下，交易依然可以采用传统和非正规的方式进行。洗钱分子可以在大规模的合法贸易中注入犯罪资金，再通过层层交易进行离析，很难被发觉。除了具有与贵金属类似的风险点，珠宝定价的专业性和不确定性也为珠宝销售行业带来了特殊的风险，因此黄金珠宝业对洗钱分子具有相当的吸引力。与此同时，随着我国对金融机构反洗钱融资监管工作的逐步深入，洗钱融资活动出现了向非金融领域转移的趋势，贵金属珠宝业的洗钱风险日益增加并逐渐显现。

（三）黄金珠宝行业洗钱的手法

贵金属、珠宝行业属于资金密集型行业，交易量大、交易匿名难追踪，尤其是黄金作为全球通用货币，易成为犯罪交易的支付媒介和走私标的，洗钱风险日益突出。

利用贵金属和珠宝交易进行洗钱的手法主要分为两类：一类是通过违法手段如盗窃、抢劫等非法获得贵金属珠宝，然后通过回收渠道变现，或者通过物理加工如切割、抛光等方式改变物理外形，进行转移或者转换，从而达到掩饰隐瞒其非法来源的目的。另一类是将违法犯罪所得及其收益通过购买贵金属珠宝进行转化，然后再将其变现，从而达到掩饰隐瞒的目的。

（四）黄金珠宝行业洗钱风险建议

随着黄金珠宝业的快速发展，风险日益凸显，应根据风险为本原则，尽快将其纳入反洗钱监管范畴，探索建立适当的反洗钱监管模式。

1. 基于风险为本原则，首先将洗钱风险较高的批发、零售及回收机构纳入反洗钱义务主体范围。
2. 按照循序渐进原则，从回收环节到购买环节逐步规定适当的反洗钱义务内容。
3. 遵循协同高效原则，探索建立适当的贵金属珠宝行业反洗钱监管机制。

四、其他法律风险概述

珠宝行业是一个高利润、高风险的行业，企业经营除了以上法律风险外，还会涉及知识产权、环境保护等等的风险。

（一）知识产权风险

1. 知识产权风险的定义

知识产权风险是指在知识产权领域中可能出现的各种潜在风险和问题。知识产权是指人们在创作、发明、设计和创新过程中所产生的独特的智力成果，包括专利、商标、版权和商业秘密等。在全球化和数字化的时代，知识产权的保护和管理变得尤为重要。黄金珠宝企业在开发新产品的时候，外观款式侵权、版权维权等等是必须重视的问题。

2. 知识产权风险的类型

（1）侵权风险，指他人未经授权使用他人的知识产权，包括侵犯专利、商标、版权等权益。侵权行为可能导致企业的声誉受损、市场份额下降，甚至法律纠纷和经济损失。

（2）法律合规风险，指企业在知识产权管理方面未能遵循相关法律法规和规范，可能面临法律制裁和经济赔偿。例如，未及时申请专利或商标注册，未履行保密协议等。

（3）知识产权价值损失风险，指企业未能充分发挥知识产权的价值，导致知识产权的价值流失或被他人利用。例如，企业未能及时转化研发成果为商业价值，或未能有效保护商业秘密。

（4）知识产权流失风险，指企业的知识产权被他人非法获取或窃取。这可能导致企业的核心技术泄露、竞争优势丧失，甚至导致企业的生存和发展受到威胁。

3. 知识产权风险管理

（1）建立知识产权保护意识：企业应加强员工对知识产权保护的培训和教育。

（2）完善知识产权管理制度：企业应建立健全知识产权管理制度，明确知识产权的归属、保护和使用方式，规范企业内部的知识产权管理流程。

（3）加强知识产权保护措施：企业应采取一系列措施保护自身的知识产权，包括及时申请专利和商标注册、加强商业秘密保护、签署保密协议、加强网络安全等。

（4）建立知识产权管理团队：企业应组建专门的知识产权管理团队，负责知识产权的保护、管理和维权工作。

（5）加强合作与交流：企业应积极参与知识产权保护的国际合作和交流活动，了解国际知识产权保护的最新动态和标准，提高企业在全球范围内的知识产权保护能力。

（二）环境保护风险

高温作业、固体废物的有价利用导致炼金和珠宝首饰加工企业存在较大的环境风险和安全隐患。随着金工行业对环保、健康安全体系对企业要求的更加严格，使得各种工艺装备在满足使用功能的前提下，对其安全性和环保性的要求标准日益提高。

1. 环境保护风险的定义

环境保护风险是指由于满足环保法规要求而增加的新资产投入或迫使项目停产等。环境保护风险不仅表现在由于增加生产成本或资本投入而造成项目降低甚至丧失原有的经济强度，而且表现在一旦项目投资者无力偿还债务时，贷款银行取得项目的所有权和经营权之后也必须承担同样的环境保护的压力和责任。进一步，由于存在环境保护方面的问题，项目本身的价值也就降低了。

2. 黄金珠宝行业对环境影响分析

（1）噪声造成污染如配有由气缸、气阀等元件组成的气动系统的工艺装备，如不采取适当措施，气动元件在执行动作时往往发出较大的噪声。

（2）液压系统漏油造成污染如配有由油缸、控制阀等元件组成的液压系统的工艺装备，如不适当采取措施，液压元件在执行动作时往往产生液压油的泄漏。

（3）烟尘排放方面一些重要的装备在配合焊接、抛丸等作业时，如不适当采取措施，会造成烟尘和粉尘的无秩序排放。

（4）切屑的排放方面一些重要的装备在配合切削等作业时，如不采取适当措施，会造成切屑无秩序排放和现场堆积。

（三）黄金珠宝行业环保风险管理

1. 控制烟尘排放

烟尘排放是重要环境影响因素，必须制定环境管理方案，施行有效的监测手段，并进行严格验收及适时的动态监测。现场配备焊帽、口罩、眼镜等防护用品，引进的新型烟尘净化装置。结合季节特点，特别是地处北方的企业的气候特点，还要充分考虑节能方面的要求。

2. 控制噪声造成的污染

在配有由气缸、气阀等元件组成的气动系统的工艺装备，广泛地在配气阀或换向阀的排气口上配备消声器或节流消声器。通过使用排气节流等消声器，大大地降低甚至消除了噪声的污染，同时减少和避免了可能造成的对近距离操作人员的耳聋等伤害。

3. 液压系统改造

选用新型优质的密封圈或具有良好密封功能的液压阀、接头等元件，防止漏油造成污染。采用等高级液压元件，对液压系统进行改造效果非常明显。

4. 切屑集中处理

当前随着大型数控机床和数控中心的大量使用，效率极大提高。为此在设计配合切削作业的重要工艺装备时，为了解决切屑排放问题，广泛使用切屑排放装置，切屑产生后即被排走集中收集并妥善处理。

5. 切削油废液的回收

随着金工行业的兴起，切削油也有了越来越多的使用领域。但是切削油废液的排放就直接成为饮用水的污染源。因此禁止切削油废液的随意排放，使用后的切削油废液的管理及其限制也必须严格执行。

第九章　舆情监控风险

近年来，我国互联网产业迅速发展，互联网的普及和运用越来越广泛，随着互联网技术的发展及普及，各种网络应用如雨后春笋一样接踵而至，网民数量也呈爆炸式增长。据中国互联网络信息中心第 52 次《中国互联网络发展状况统计报告》显示，截至 2023 年 6 月，我国短视频用户规模为 10. 26 亿人，较 2022 年 12 月增长 1454 万人，占网民整体的 95. 2%，且规模增长明显。

智能手机、iPad、电脑等移动终端的普及，各大社交媒体、论坛和微信公众号等新媒体平台的快速崛起，使得我们步入了以个人为中心的新媒体时代。尤其以抖音、快手、视频号、小红书为代表的短视频平台，不仅为娱乐生活提供了新方式，也为舆情传播提供了新渠道。社交媒体平台已经成为人们交流和获取信息的重要渠道，也成为互联网舆情传播的新途径。相较于文字搭配图片的社交媒体，短视频可同时传达声音、影像和文本等多模态信息，在内容上表现出多元和复杂特征，给用户更加深刻的印象，这使其在舆情传播中更具影响力。

新媒体时代的到来使得媒介格局发生了翻天覆地的转变，也加大了企业舆情管理及危机应对的难度。网络上传播的关于企业的一些负面信息、危机事件，在一定程度上都影响了企业的社会形象。因此，新形势下如何利用舆情监控，建立起有效的企业危机管理体系，正确引导网上舆论，提高网络舆论危机的处理能力，就成为黄金珠宝企业所面临的一项新任务和重大课题。文章分析了网络舆情的概念及特点，并深入探讨了企业网络舆情监控工作的现状及存在的问题，在此基础上提出了企业网络舆情监控工作应采取的有效对策。

第一节　舆情监控的含义

一、什么是网络舆情

1. 网络舆情的含义

网络舆情是指在一定的社会空间内，通过网络围绕中介性社会事件的发生、发展和变化，民众对公共问题和社会管理者产生和持有的社会政治态度、信念和价值观。它是较多民众关于社会中各种现象、问题所表达的信念、态度、意见和情绪等等表现的总和。网络舆情形成迅速，对社会影响巨大。随着因特网在全球范围内的飞速发展，网络媒体已被公认为是继报纸、广播、电视之后的“第四媒体”，网络成为反映社会舆情的主要载体之一。

2. 舆情与舆论

舆情与舆论是不同的。舆论是人们的认知、态度、情感和行为倾向的集聚表现，是多数人形成的一致的共同意见，是单种意见的集合，即需要持有某种认知、态度、情感和行为倾向的人数达到一定的量，否则不能认为是一种舆论。而舆情是人们的认知、态度、情感和行为倾向的原初表露，可以是一种零散的，非体系化的东西，也不需要得到多数人认同，是多种不同意见的简单集合。当舆情产生聚集时就可以向舆论转化，对舆情的引导是要使舆情不转化为舆论或转化为良性舆论。

3. 新媒体时代的舆情

传统的舆情管理主要依赖于传统媒体的报道和口碑宣传来掌握公众的情绪态度，而现在的舆情则更多地体现在各大社交媒体、论坛和微信公众号等新媒体平台上。新媒体时代的到来使得媒介格局发生了翻天覆地的转变，加大了舆情管理及危机应对的难度，同时也转变了在传统媒体形势下个人仅仅只是信息接收者的状态，实现了信息的互动传播。

新媒体平台的舆情环境复杂，传播速度快，具有突发性、多元性、开放性等特点。随着新媒体的快速发展，人们获得信息的方式也发生了巨大的变化。现在，舆情事件可以在瞬间爆发，影响面也比过去更广泛。一旦舆情危机爆发，处理得当，则可以走出困境，甚至树立品牌形象；处理不当，则会招致更大的恶劣后果。因此，如何正确地应对舆情危机，成为新媒体时代必须面对的挑战。

二、网络舆情的特征

1. 自由性与不可控性

自媒体时代的到来，互联网是完全开放的，它拓展了所有人的公共空间，给了所有人发表意见和参议的便利，每个人都可能成为信息发布者、舆情传播者和意见表达者。因此，哪怕是网民无意或随意发布的某条信息，一旦引起关注，在数小时内，甚至更短的时间就能成为舆论的焦点。由于互联网的匿名特点，多数网民会自然地表达自己的真实观点。但在主体信息煽动性较强的情况下，很容易引发非理性、情绪化甚至是极端性的言论，而且当前互联网处于发展阶段，网民的自我约束意识淡薄，网络舆情存在不可控性。

2. 互动性

在互联网上，网民的参与意识较现实社会更为强烈。在对某一问题或事件发表意见、进行评论的过程中，网民之间经常形成互动场面，赞成方的观点和反对方的观点同时出现，相互探讨、争论，相互交汇、碰撞。在这种观点交锋中，事实真相往往能够更快速地浮出水面，理性与正义感也最终会占到上风。

3. 偏差性

由于受上网主要人群年龄、学历、收入结构三低等因素的影响，许多网络言论缺乏理性，比较感性化和情绪化，甚至有些人把互联网作为发泄情绪的场所，通过相互感染，这些情绪化言论很可能在众人的响应下，形成负面舆情，偏离事实真像，甚至背道而驰。

4. 实时性

新媒体具有信息传播快、传播广、覆盖面广等特点，这就要求舆情监测必须能够实时获取并处理大量的信息，及时回应公众关注的热点和舆情事件。网络舆论的形成往往非常迅速，一个热点事件再加上一种情绪化的意见，就可以成为点燃一片舆论的导火索。当某一事件发生时，网民可以立即在网络中发表意见，网民个体意见可以迅速地汇聚起来形成公共意见。同时，各种渠道的意见又可以迅速地进行互动，从而迅速形成强大的舆论声势。

5. 敏感性

网络舆情一经形成，任何网民在任意时间和地点，都可以进行网上转载转发，受众群体也瞬间膨胀。同时，在互动过程中，舆情的发布者、传播者和参与者之间随时可以相互发布、传播和接收信息，参与者表达观点的权利被放大，以致覆盖面在短时间内急速扩大。网络舆情往往具有较高的敏感性，对涉及公职人员、司法、教育医疗、征地拆迁、房价物价、公民权利保护等有关敏感话题，很容易引发网上铺天盖地的舆论声浪。

6. 多样性

新媒体形式多样，信息呈现的形态也非常丰富，例如文字、图片、视频、音频等等，还可能包括语言的地域差异等各类多样化的因素。因此在舆情监测中，需要将这些多样性的特点纳入到考虑范围内，提高后续处理舆情的针对性。

7. 全面性

新媒体涌现较快，舆情形势瞬息万变，舆情监测有必要做到全面性覆盖，及时捕捉舆情事件，获得更准确的情报。

三、网络舆情产生的原因

1. 传播途径多元化

在传统媒体时代，群众依靠广播、电视、报纸等形式获取外部信息，信息的传播具有固定的频率与版面，存在空间与时间上的限制。而新媒体时代，随着现代科技的快速发展，理论上人们可以通过移动平台随意地获取、点播甚至是下载网络上的相关信息。而微博、贴吧、抖音等新媒体平台的快速崛起也为舆情开辟了新的传播路线，舆情的传播速度呈现裂变式增长，任何可以引发群众关注的话题都可能产生一场舆情风潮。同时，借助新媒体时代广泛的传播路径，群众的需求可清晰地被管理部门知晓。

2. 通过网络宣泄

网民关注的热点一般都是社会矛盾的焦点。由于网络准入门槛低，网上行为缺乏有效监管，不少网民将网络互动平台当作抱怨生活、宣泄情感、缓解压力、释放心情的重要载体，为转嫁个体情绪，其言论通常缺乏理性思考，并附带明显情感倾向，话语相对偏激粗俗，完全自以为是。

3. 借助网络维权

近年来，少数群众遇到伤及自身利益的事情时，第一时间想到的不是依法维护自身权益，而是在网上发布夸大其词的文章，企图利用网络的影响力来博得大众同情，甚至利用网络进行串联，集体向政府施压，以达到维权目的。

4. 利用网络炒作

网络舆情尤其是重大舆情的出现、传播、扩散，一般伴有幕后策划和组织推广炒作行为，有的借助话题敏感性强、关注度高的特点，提升个人知名度和影响力；有的传播扩散敏感议题，以低成本运营创造网络营销推广价值；有少数别有用心的人借机宣传造势，向政府或相关单位施压，从而实现个人利益最大化。

四、当前网络舆情现状

1. 舆情热点事件逐年上升

网络舆论是现实社会的镜像。5G 全媒体时代，媒体格局和舆论生态正在发生深刻的变化。传统媒体、新媒体、自媒体相互作用呈现多元化格局，舆论场热点频出、传播快速、观点陈杂。在这个人人都是自媒体的时代，社交媒体成为许多重大事件的新闻来源，企业时刻处于媒体舆论监督之下。

2. 信息传播呈现瞬间爆发模式，自媒体成为舆情传播的扩散中心

随着互联网技术的不断发展应用，打破了以往的信息传播模式。新媒体的开放性和便捷性，使得网民在接触网络舆情信息之后、传统媒体报道之前就开始使用其发表自己的观点看法，或者补充更新更全的相关舆情信息。在网络舆情信息的传播过程中，信息的流动不再像以往一样主要发生在门户网站之内，而更多地流动于各类网络社交媒体之中。

当突发事件发生时，在场的每一个人都可能使用手机拍摄照片或短视频，加以文字说明，在第一时间发送到各个社交媒体中，再经过社交媒体的大量转发和评论，就很可能形成网民的舆论潮，从而使得网络舆情事件在互联网上瞬间爆发并迅速扩散和蔓延。

3. 内容涵盖面广

从网络舆情的内容来看，有以下几项：一是表达对某一事件或现象的态度情感；二是表达对某一事件的认知；三是暴露问题或投诉；四是行为倾向，此类为我们通常说的预警性信息，常发生在特殊时间节点，重大活动前期。

4. 形式呈现多样化

一是网络论坛。通过网民自主发帖、跟帖等方式形成舆情；二是新闻点评。新闻网站在新闻信息之后设置点评窗口，收集网民意见；三是留言板。主要是官方网站专门设置给地方领导留言的栏目，例如人民网地方领导留言板，成为收集民意的重要渠道；四是在线调查。用网络编程的方式将问卷生成页面，用户在浏览页面的时候，对问卷进行回答，生成调查结果；五是微博。拥有不同数量粉丝的微博同传统媒体比较，其影响力相当于一本杂志、甚至一份全国性的报纸，微博的多点内容发布、信息同步、与移动媒体的结合、链式反应和循环跟贴等特点，值得我们跟踪关注。六是短视频。凭借其拍摄简单、信息量大、时效性高和易于分享等特点，已经成为互联网上重要的信息传播媒介，尤其以抖音、快手、视频号、小红书为代表的短视频平台，不仅为娱乐生活提供了新方式，也为舆情传播提供了新渠道。

5. 舆情内容更倾向于现实问题揭露与批判

网络舆论在表达过程中，人们的表达很容易变得情绪化，自身的情绪也很容易被周围的人群所带动，也是衍生舆情的倾向。部分群众对日常生活中存在的些许不良现象具有极为强烈的情绪，但在现实生活中又无法与他人针对此种负面情绪进行沟通交流，他们会借助于网络对自己内心深处的情绪进行宣泄，特别是当遭遇到不良现象时，更倾向于选择通过网络的渠道表达不满的情绪。通常情况下，传统媒体由于承担着引导社会舆论走向的责任，其在报道过程中往往会选择正面报道，对社会上正能量的事件进行宣传与弘扬。而在新媒体时代，越来越多的网络自媒体更追求流量与群众的关注度，其在信息传播过程中更注重现实问题的批判与揭露。在新媒体时代，通常两类事件最容易引起群众的广泛关注从而形成网络舆情：一类是引发群众关注的热点话题，如社会公平等；另一类是与群众自身利益息息相关的事件，如房产、石油价格等。

6. 网络信息传播逐渐进入法制健全期

近年来，我国加快网络法制建设，形成法律规范、行政监管、行业自律、技术保障、公众监督、社会教育相结合的互联网管理体系。现阶段，我国出台的关于网络立法有：2000年通过的《关于维护互联网安全的决定》；2004年通过的《电子签名法》；2006年颁布的《信息网络传播权保护条例》；2010年通过的《通信网络安全防护管理办法》；2012年颁发的《关于加强网络信息保护的决定》；2013年通过的《电话用户真实身份信息登记规定》、《电信和互联网用户个人信息保护规定》；2015年通过的《通信短信息服务管理规定》、修订了《中华人民共和国电子签名法（2015年修正）》；2017年实施《中华人民共和国网络安全法》及2019年颁布的《电子商务法》；2022年修订了《中华人民共和国电子签名法（2019年修正）》、颁布了《中华人民共和国数据安全法》、《中华人民共和国个人信息保护法》等，有了针对网络信息治理的立法，也有较高阶层的法律规定，例如对网络个人信息保护法，零散分布在其他法律法规中。

五、当前网络舆情处置面临的困境

1. 信息采集量巨大，信息分析难度增强

新媒体技术的高速发展以及其迅捷、开放等特性，使得越来越多的网民使用其表达自己的意见和看法。中国互联网络信息中心（CNNIC）发布的第52次《中国互联网络发展状况统计报告》显示，截至2023年6月，我国网民规模达10.79亿人，较2022年12月增长1109万人。互联网普及率达76.4%，较2022年12月提升0.8个百分点。数量如此巨大的网络用户每时每刻都在不停地生产和传播海量的信息和观点，这对于网络舆情管理者来说，实时监控和分析网络出现的相关舆情信息，已经成为一项艰巨困难的任务。网络传播信息量的巨幅增加，使得对网络舆情的监控以及分析的难度不断增强。

过去网络舆情主要通过网络新闻、微博、论坛等平台传播，而当前各种网络平台层出不穷，传统的天涯、猫扑等论坛逐渐淡出大众视野，抖音、快手、视频号及微信公众号等更加迎合网民需求的APP成为时下主流，网络舆情的爆发往往通过微信聊天、抖音、小红书等方式出现。以抖音为代表的短视频则很多时候缺少文字叙述，往往难以第一时间发现相关情况。这让我们失去或减少了先期处置的时间，给网络舆情处置带来新的挑战。

2. 舆情预警时间缩短，而工作协调不够顺畅

从《中国互联网络发展状况统计报告》数据看，截至2023年6月，我国网络视频用户规模为10.44亿人，较2022年12月增长1380万人，占网民整体的96.8%。其中，短视频用户规模为10.26亿人，较2022年12月增长1454万人，占网民整体的95.2%，且规模增长明显。网络新闻用户规模达7.81亿，占网民整体的72.4%；网络直播用户规模达7.65亿，较2022年12月增长1474万，占网民整体的71%；在线医疗用户规模达3.64亿，较2022年12月增长162万，占网民整体的33.8%。这种情况使得网络舆情爆发点的时间打破了传统意义上舆情爆发的规律。尤其是手机网络用户超过家庭电脑用户之后，突发事件即时发生、即时上网的特性，使得网络舆情预警时间大大缩短。新媒体技术的高速发展，使得网络舆情从爆发到扩散的速度大大加快，在很短的时间内引起平面媒体、广播、电视等传统媒体的相继深度报道，进入大众传播的传播领域，吸引更多公众的关注。

这给舆情信息处理带来严峻的挑战，对网络舆情的监控、分析与研判的时间大大缩短，没有足够的时间预警，网络舆情就已经迅速蔓延，导致舆情失控。

另外，目前舆情工作需要涉及当事部门与主管部门的协调联动，发现舆情时需要层层上报，网络舆情处置必然滞后，很难做到第一时间发声，第一时间处理问题。

3. 对舆情敏感性重视度不够

少数地区少数部门仍然局限于传统的思维，遇到舆情一味要求删帖、下沉甚至落地查人等，不能实时及时正面发声公布事实真相，导致工作疲于应付，沦为被动引导，最终丧失了舆情工作的主动权，贻误了舆情处置的最佳时机，导致负面舆情迅速扩散蔓延，给后续工作造成极大的影响。

4. 舆情预警、应对不及时

网络平台琳琅满目、数量众多，内容审核制度执行标准更是良莠不齐，而很多网络舆情都是从这些缺乏监管的平台之上流出。当前获得舆情信息更多的是依靠人工巡查、人力情报和技术手段。尽管通过技术手段，可以拓宽舆情获得的渠道，但缺乏有效的分析判断，误判和垃圾信息比较突出，而人工巡查又无法应对海量的数据，人力情报可以更加精准地获得舆情信息，但是所获得的舆情信息往往不够全面。少数地方在舆情发生的初期阶段，因缺乏足够的敏感性，不愿、不敢、不会表态，处于犹豫观望状态，不能及时跟进，或者回应时官样文章、语焉不详，缺乏公信力，错失了将负面舆情消除在萌芽阶段的主动权，丧失了处置先机，错失舆情引导的“黄金时间”

5. 舆情引导相对不足

当前，少数地方面对不断出现的网络舆情，仍采取删帖子、置之不理等方式，缺乏畅通解决舆情信息的官方发布渠道，导致面对负面舆情敏感性不够，缺乏基本常识和经验，没有主动介入引导。加之对相关舆情具体情况不了解，不能迅速统一口径，不能及时表明对问题处理的立场和态度，而让不明真相的网民抢先发言、发帖，失去了抢占舆论高地的最佳时间，在舆情引导工作中非常被动。

6. 舆情研判相对滞后

网络舆情的发展一般会经过潜伏期、爆发期、蔓延期、消退期几个阶段，但如何在运用大数据来研判舆情方面欠缺成熟技术手段。在舆情潜伏期，难以通过技术手段研判其发展走向并将其熄灭在萌芽状态之中，在舆情爆发期，则难以通过技术手段研判其发酵程度，并将其负面影响降到最低程度或引向正面效应。

7. 新媒体运用能力落后

在新媒体时代，各种信息发布平台层出不穷，如今的舆论引导已从传统媒体的单向信息输出变成了网络平台的双向信息流动。部分部门虽然认识到了一些新兴的媒体平台在舆论传播中的巨大作用，也尝试在这些平台发布消息来引导舆论，但少数部门仍受传统观念的桎梏，宣传手段僵化、塑造形象空洞、互动回复生硬，不主动拓展网络新媒体阵地，拥有各类新媒体阵地却不能及时回应。

六、网络舆情应对建议

1. 遵从“时效性”原则，提高舆论引导意识。一是提高时间意识。舆情危机具有突发性的特征，对舆情负面影响进行规避、对其进行正确引导的根本原则在于“快”，引导的效果需与时长进行完美融合。依据舆情的发展趋势及群众的需求，应在第一时间发布权威信息，面对网民密切注重的事件，必须及时发声。舆情产生以后，相关部门要在第一时间主动发布官方信息，杜绝谣言产生的机会，为公众树立正确的舆论导向，展示态度，获取公众的支持和理解。二是提高危机意识。在新媒体时代，舆情产生、蔓延的速度和负面影响力都是难以预见的，相关部门应当意识到任何细微的事件都可能成为舆情的导火索。因此，提高危机意识，随时做好应对准备，提高舆情危机处理能力是极其重要的，只有这样才能在从容不迫地应对负面舆情。

2. 加强舆情管控阵地建设。一是充分利用《网络安全法》《网络信息内容生态治理规定》等法律法规加强对网络运营商、互联网站、自媒体平台的检查指导，要求必须严格落实信息发布审核机制，不得以引流为目的制造可能产生负面舆情的社会热点题材，对负面评论激增的网络热点事件信息要适时采取评论熔断措施。二是对网民数量达到一定规模的网络公司要设立警务室，日常进驻网安民警指导网络安全工作，协助处理网络突发事件和负面网络舆情，提高处置响应能力。三是推进公共上网服务场所实名制上网和社交网络平台实名注册及上网属地标签化，指导联网单位落实网络安全技术措施，对相关服务器日志留存和数据安全作出规定，要积极优化、创新管控方式，努力适应迅速发展的互联网络新环境，为应对处置网络舆情做好充足准备。

3. 建立快速灵敏的舆情监测机制。一是进一步健全完善网上舆情监管部门，采取系统自动监测和人工监测相结合的办法，实施全时段全覆盖全过程动态监控，确保网络舆情特别是热点负面舆情及早发现、尽早处置。二是要创新技术手段，开发强化应用网络舆情监测系统、舆情分析系统等舆情管理系统软件，采取关键词搜索、焦点话题追踪、评论数据采集、新闻热度预警等手段，关注负面信息和涉政府、涉警信息，实现对敏感舆论内容和走向的有效监测。

4. 建立科学有效的舆情引导机制。一是严格规范信息发布流程，分类发布处置，对涉及重大、敏感案事件能够在第一时间客观公正地发布官方权威信息，公布事件真相，引导网上舆论，牢牢掌控舆情的主动权，坚决杜绝负面舆论误导大众，坚决防止负面舆情炒作。二是发挥传统媒体优势，拓展新媒体引导阵地。加大对个人微信号、微信群信息的采集力度，尽可能多地覆盖到全区网民；注重正能量的传播，对正面信息进行扩大宣传，强化正面舆论导向把控。三是加强与主流媒体、自媒体平台的沟通联络，与媒体建立良性互信、互动的机制，同时邀请知名的网络评论员、正能量“网红”、大 V 等参与到网络舆情的引导中，对一些产生误会的社会舆论，及时借助媒体澄清事实，使公众感受到正义的力量，实现互惠双赢的效果。四是建立人才培养机制。挑选政治敏锐性强、责任心强、敏感性强的人员担任网络舆情监控信息员，对舆情进行监测和引导，分析研判舆情走势，如发现舆情向负面发展的趋势，要分析、控制涉警负面舆情的发展趋势，预防次生舆情的发生，为舆情引导提供准确保障。

5. 建立常态稳定的舆情研判机制。一是建立舆情信息库。明确专人根据统一的舆情案例模式去构建，确保所选案例尽可能全面、典型，通过梳理历年网络舆情典型案例，寻找舆情发生、发展、演变的规律，总结应对经验；坚持不断更新完善，对重大敏感舆情案例，严密监测其舆情发展状况及衍生事件，进行针对性、专题性的研判同时，适时采取措施进行跟踪处置。二是发掘深层舆情信息。对于网民通过新闻跟帖、微博、微信即时通讯等方式传播舆情信息，善于分析隐形舆情产生的根源、发展态势以及可能发生的后果，进行舆情深层挖掘，实时掌握公众的情绪反应和行为走向。

6. 建立系统完善的舆情处置机制。一是制定科学合理的预案，明确处置程序，夯实相关部门和人员的责任，在遭遇突发网络舆情时，相关部门要争取在第一时间发出声音，阐述立场，表明态度，通过快速和持续不断地披露事件进展情况，以及理性、辩证、全面的分析，赢得话语权，掌握主导权，以有效措施及时化解舆情危机。二是公安机关网安部门要建立与政府网信办、宣传部门等单位联动体系，实现信息资源共享，构建顺畅、高效、全方位的网络舆情应对联动机制，避免重大舆情危机发生。必要时，公安机关要利用法律对制造谣言和扰乱网络秩序的恶意行为予以打击。三是对利用互联网制作传播谣言、散布虚假恐怖信息、寻衅滋事及借网络“维权”、“反腐”等名义造谣传谣、恶意诋毁诽谤他人等严重扰乱社会公共秩序的违法犯罪行为，公安机关要第一时间落地查人，在查明真相、澄清事实的同时，要及时收集固定证据，坚决依法严厉追究其法律责任。同时，通过媒体向社会宣传报道警方打击散布谣言者的力度，以此警示、震慑企图制造和传播谣言者，维护网络公共秩序。

7. 提升新兴媒体运用能力。一是创新宣传手段。新媒体时代，门户网站、论坛、微博、微信、抖音等新兴媒体通过网络在全社会迅速普及，相关部门应积极加强对新媒体功能、作用、使用方法的研究，从而真正发挥新媒体的宣传作用，利用网络新媒体进行新闻宣传工作。可以利用门户网站、官方微博、官方微信公众号、官方抖音号等多个媒体平台，开展多元化宣传，便捷、高效地发布信息，及时高效做好涉警舆论引导。二是建立新型宣传阵地。在新媒体时代，相关部门要加强与新媒体平台的合作，充分利用网络征集、网络投票、第三方平台统计等方式，收集社会大众的合理化意见建议，给群众一个畅所欲言的平台，让群众也能为自己发声，在之后的舆论引导中才能一针见血，对症下药。

七、舆情监控的含义

（一）舆情监控的概念

舆情监控，就是整合互联网信息采集技术及信息智能处理技术利用舆情监控软件，对互联网上公众的言论和观点进行监视和预测的行为。通过对互联网海量信息自动抓取、自动分类聚类、主题检测、专题聚焦，实现用户的网络舆情监控和新闻专题追踪等信息需求，形成简报、报告、图表等分析结果，为企业全面掌握群众的思想动态，做出正确舆论引导，提供分析依据。

舆情监控是通过多种手段实现对某一事件、人物、品牌、公司等进行分析、收集、整理和反馈，以便了解社会各方面对该对象的看法和评价。通过网络舆情监测系统，可以对全网的网络舆论声音、图像、文字等素材进行实时收集，全面掌握网络所反映的社会舆情动态，自动识别敏感信息，及时告警，能够积极有效的引导，防止危机的形成。覆盖企业经营、财务、法律、市场、战略、高管等风险舆情，有助于快速了解自身及竞品企业互联网曝光状况。并且能够利用网络传播的优势，充分利用好正面舆论，抓住机遇，乘势而上，更好地提升企业在社会上的知名度和美誉度，获取用户的关键属性标签，深入了解用户对产品的认知和反馈，通过对粉丝的属性、兴趣、观点等分布分析，更好地制定品牌运营策略。

（二）舆情监控的作用

1. 有助于了解民意。舆情监控可以帮助人们了解社会各方面的反应和看法，从而更好地了解公众的需求和期望。这对于政府、企业等组织来说尤为重要，只有其了解公众的态度和需求，才能更好地制定政策和战略，更好地服务于民众和企业。

2. 有助于政府决策。政府需要了解社会各方面的反应和意见，以便更好地制定政策和法规。舆情监控可以帮助政府了解公众的态度和需求，从而更好地满足公众企业的需求，提高政府的公信力和形象。

3. 有助于企业危机公关。在现代社会，企业的形象和声誉非常重要，因为它们直接关系企业的生死存亡。当企业发生危机时，舆情监控可以帮助企业及时掌握情况，采取相应措施，以减轻危机对企业的影响。

4. 有助于个体交流学习。自媒体时代的到来，实现了舆论传播由“点”对“面”向“面”对“面”“点”对“点”的转变。门户网站、论坛、微博、微信、抖音、小红书等新兴媒体通过网络在全社会迅速普及，相关部门积极加强对新媒体功能、作用、使用方法的研究，从而真正发挥新媒体的宣传作用，利用网络新媒体进行交流学习，收集社会大众的合理化意见建议，给群众一个畅所欲言的平台，让群众也能为自己发声。随着智能手机的广泛运用，让网众在任意的时间和地点，都可以转载转发查找自己喜爱的科学、常识等知识。

行业化、专业化、智能化、服务化是舆情监控分析的发展趋势，将图文分类、图文聚类、图文摘要、倾向性分析等结合语料图像库和知识库，建立基于SAAS模式的舆情语义分析基础设施，可更好的实现人机结合，提高舆情研判的准确率。

八、舆情监控主要应用场景

舆情监控是企业/机构或店铺对品牌线上声誉进行管理的刚需和前提，但大多数品牌主采用的舆情监控服务，仍停留在最初级的敏感或称负面信息报送层面，未曾涉及更深层次、更多场景的应用。

（一）敏感/负面信息监控

敏感/负面信息监控是七大应用场景中最为基础同时极其重要的应用，顾名思义，即通过对互联网信息较为全面的实时抓取，监控与监控主体相关的信息，尤其关注敏感/负面信息。信息监控工作重点需注意几个核心要素：全面性、及时性及服务能力。

1. 全面性：指信息抓取的广度，覆盖面越广，数据遗漏的可能性越低。监控实操中，理想的监控范围应覆盖以下三种数据类型：常规类数据、行业垂直类数据、评论型口碑数据。

2. 及时性：及时性较容易理解，即数据获取是否及时。从舆情处置的角度来讲，越早获知舆情通知，越有充足的时间加以应对，舆情发酵到不可收拾的概率就越低。目前技术实力较强的舆情系统服务商都采用关键词+定向采集结合的方式获取数据，并通过内部搜索引擎提供舆情服务。

3. 服务能力：舆情系统作为舆情监控的数据基础在整个业务链条上不可或缺，但再优秀的舆情监控系统都无法完全取代人工服务。具体而言，人工可以在信息报送、信息分类、报告撰写、危机应对这几个服务方向补足系统的短板。因此，选择舆情服务供应商一定要考察其是否有自有服务团队以及其团队的服务能力，在具体领域的实操经验如何。

（二）品牌/营销传播分析

舆情监控在品牌/营销传播分析领域主要有以下几个应用方向：

1. 线上品牌形象评估，包括品牌形象传播力、品牌美誉度、搜索声誉等多个维度。

2. 产品/服务线上声誉分析，即通过加强消费者评论/口碑型数据的监控，对产品或服务的线上声誉进行持续跟踪，由客服部门快速响应客户问题及诉求，产品/服务部门根据客户需求优化产品或服务，以实现线上声誉的动态正循环。

3. 营销活动效果专题分析，针对品牌宣发、新品上市、门店开业等专项营销活动的效果进行考核及复盘，这是整个营销活动的重要组成部分。

（三）竞品/对标企业分析

舆情监控与媒体数据分析在竞品和对标企业分析的应用场景分为两个方向，正向对比及反向对比。

1. 正向对比：对竞品/对标企业的品牌宣传及营销信息进行收集及分析，实时了解竞品动态、竞品宣传专项分析、竞品媒体列表等信息，知己知彼。

2. 反向对比：收集监看竞品/对标企业的敏感信息，通过案例分析法对敏感事件的发展脉络、应对措施及公众反馈进行复盘，为企业在自身遇到类似事件时提供借鉴。

同时，通过对竞品/对标企业敏感信息进行问题属性分类、敏感信息站点梳理等操作，为企业自身提升产品/服务质量、经营媒体关系提供有力支持。

（四）行业信息监控/决策支持

舆情监控与媒体数据分析在行业信息监控方面有以下应用方向：

1. 行业重点信息快报，包括业内主要企业战略发布、人事变动、营销活动等重要信息，以及通过主流行业/财经站点获取的重点行业资讯。

2. 经营决策支持：定向监测主管/监管部门网站，根据以往监管案例获取关于监管尺度、监管重点等信息，从而避免在经营过程中产生监管风险。同时，收集研判政府发展规划等信息，以辅助企业制定投资决策、寻找发展机遇。

（五）监管/考核支撑

品牌主可以借助舆情监测对营销活动效果、媒体关系维护、危机/客诉管理等方面的工作成效进行考核。

1. 营销活动效果：评估新闻发布量、重点媒体占比、标题提及率、潜在触达量、媒体交互率、正面评论率等指标。

2. 媒体关系维护：借助舆情监测工具评估媒体影响力、报道偏好、媒体转载关系等，建立媒体维护清单。同时，监测分析清单媒体报道频次、报道倾向性等指标，以实现对媒体关系维护的考核。

3. 危机/客诉管理：对监测到的敏感信息按照区域、敏感信息类型进行交叉分类，以实现子单位在危机/客诉管理方面的对比考评。同时，也可引入竞品指标进行对比分析。

（六）媒体维护清单建设

媒体关系维护是企业品牌部门的重要工作内容。在移动互联网时代下，自媒体平台的崛起给媒体关系维护带来如下挑战：

挑战一：大量有强势话语权和网络号召力的行业自媒体账号出现，部分自媒体的影响力不弱于传统媒体，企业需维护的媒体数量大大增加。

挑战二：自媒体平台数量的增加使得同一篇文章可以短时间内在多个通路曝光，监测不到位便容易遗漏。

挑战三：自媒体/媒体数量巨大，需要科学判断其影响力，以便集中资源维护重点媒体而非广撒网。

针对上述几个挑战，舆情监测可给出如下解决方案：

1. 对媒体进行多维度交叉细分，如集团/区域、财经/行业媒体、自媒体/传统媒体、全国性/区域性等，通过人工进行标签标注。

2. 加强自媒体平台的覆盖面，引入同一账号在多平台搜索机制，确保该媒介在互联网上的全部通路均被掌握。

3. 建立立体的、数据导向的媒体评估体系：通过持续监测媒体发文量、转载量、阅读量、评论量、点赞量等指标计算平均值来评估媒体影响力。

建设全面而精准的媒体维护清单可以确保日常媒体维护工作分层有序开展，预算精准投放。发生危机时，自媒体影响力评估机制可以帮助企业迅速定位关键节点，集中资源进行处理，而非面对一整篇媒体列表无从下手。

（七）内部舆情数据库建设

企业通过长时间的舆情监控，积累了较多相关数据，则可以根据业务需求、组织架构、区域分布等维度搭建数据框架，预设数据标签/字段体系，为每条数据进行标签标记。同时，可以利用弹性搜索技术提供多条件搜索，以此构建起企业内部舆情数据库。

内部舆情数据库可实现对企业舆情信息的长时间存储，同时通过灵活的查询机制实现超长时间跨度、超多查询条件的搜索，帮助企业进行事件复盘、历史数据回溯、媒体研究等多维度数据洞察，真正有效探索“小数据”的价值。

第二节　舆情监控体系

一、网络舆情演变过程

网络舆情演变遵从传播学基本规律，其演变可分为萌芽显现期、迅速扩散期、规模爆发期、波动消退期。

在萌芽显现期，网络舆情已经初步形成，在事件当事人、意见领袖的带动下，部分不明真相或具有相同利益的群体开始关注事件并参与讨论，发表意见。在这一阶段，爆发特征不明显，但是如果及时介入处理事件，问题可以得到合理解决。在迅速扩散期，“围观”网民激增，短时间内会有大量舆情言论产生，有关信息通过各种网络媒介快速传播，形成网络聚集，如果在这一阶段政府没有及时发现并采取有效措施，其网络舆论压力便会骤增，并可能造成现实社会的不良影响，企业工作被动，降低企业公信力。在第三个阶段规模爆发期，网络聚集的速度减缓，传播范围和获知人群已形成相当规模，在这一阶段的处理难度较大，甚至已经造成了较大的社会危害，企业需要采取大量措施来挽救事态，弥补损失。波动消退期是网络舆情发展的最后一个阶段，在企业工作的指引下，以及人们对事件的逐渐淡忘和理性分析，危机程度降低，关注人数减少，事件淡化。但是这一阶段同样不容忽视，如果在这一阶段企业处理不力，出现新的事件或信息，重新激起网民情绪，就有可能造成衍生网络舆情的兴起，其规模和激烈程度可能比之前更强。

英国著名危机管理专家迈克尔·里杰斯特说过，预防是解决突发公共事件的最好方法。网络舆情监测预警主要针对第一阶段在事态大规模爆发前收集数据，统计分析，形成报告从而起到提前预警作用。在后 3 个阶段实行事态动态监控管理，实时了解情况变化，随时根据出现的新情况制定措施。

二、企业舆情监控指标体系构建原则

网络舆情涉及数据量多，波动性强，构建舆情监控指标体系应当兼顾所设立指标的科学合理和实际操作，企业应遵循以下原则。

（一）可行性原则

即能依据指标通过定量分析和科学运算所监测的数据，对网络舆情的态势做出正确评估，利用当前的技术手段和理论水平能够达到指标所要求的监测预警条件。

（二）全面性原则

所设指标应当能够全面反映网络舆情的情况，指标设置不完善，就会存在监控漏洞，特别是能突出表现网络舆情特征的指标，要赋予较高权重，切勿遗漏。

（三）动态性原则

对网络舆情监测预警不能单纯从静态指标出发，只关注网络舆情的过去状态和当下情况，更要着眼于容易发生突变或转折的部分，从而以动态角度关注舆情态势，总结网络舆情变化发展规律。

（四）科学性原则

所谓科学性，是指所选择的监测指标，要真正反映网络舆情的实质特征和发展趋势，而不能仅是对各类数据进行简单收集汇总，需要具有层次性和综合性，既能单独作为指标就某方面情况进行反馈，又能作为系统整体，反映总体特征趋势。

（五）相对稳定性原则

虽然我们在进行指标选择时着眼于其动态性，试图把握网络舆情发展规律，但不能忽视稳定性，单纯的变化数据很难预测和把握，立足于网络舆情特征的相对稳定来选择指标，能有效提高监测预警准确性。

三、企业网络舆情监测指标体系搭建

在研究网络舆情发展规律，把握网络舆情本质特征的基础上，对于企业网络舆情监测指标体系如何搭建这个问题，很多学者提出了各自的观点。CNKI 检索结果显示，自 2006 年起，谢海光、陈中润、金兼斌、吴绍忠、李淑华、戴媛等先后提出了各具特色的网络舆情指标体系。这些指标体系在传播层面对舆情传播的主题、受众、过程等要素进行了全面的揭示，在内容层面从内容识别、内容分析等角度对舆情价值进行了深度挖掘，基本上涵盖了从主题、内容到传播过程、舆情受众等大部分网络舆情监测点。不过，由于受研究方法所限，这些指标体系各有不足，存在诸如部分指标缺乏深度、难以评估，指标体系不完整，对受众倾向缺乏深入分析等不足。

结合众学者的研究成果，我们倾向于将其分成四个维度的指标：传播扩散、发布主体、内容要素、舆情受众。

四、舆情工作建构

（一）传播扩散

信息传输分享的必经环节。网络舆情不经各种网络平台进行传播形不成网络舆情，更不会衍生其他影响或危害。而形式多样的网络传输平台使用率和影响度的不同也凸显了传播扩散方面的研究价值。

（二）发布主体

网络舆情的传播者、鼓吹者，他们将所见所闻的资料信息通过文字、声像等方式进行发布，对事件进行带有个人倾向性的评价。发布主体的活跃度越高，影响力越大，其引起网络舆情的规模就可能越大。发布主体的态度倾向，引导程度很大，甚至能左右其他受众的态度倾向。

（三）内容要素

这项指标旨在反映舆情基本情况，是量化考核的主要指标。内容指标分设 5 个二级指标，主题内容、主题词热度、主题敏感度、视听化程度和内容详略度，从内容角度考察舆情的吸引力和影响力、传播能力。

（四）舆情受众

指网络舆情的接受者，是网络舆情的参与人群和行为主体，大量的舆情受众人群受教育程度不同，社会地位和生活环境千差万别，因而对社会的态度和对发生事件的反应也不尽相同。受众的心理活动主观性强，无法通过定量分析的方法进行测算，但是能够将不同态度倾向做加权分析，进行评分登记，呈现一个区域和群体的总体认知方向。

第三节　舆情监控风险控制系统

一、舆情监控系统分类

国内的舆情监测系统可以分为两类：一类是自有资源和技术，即平台自我研发的；另一类则是整合性的，通过整合不同平台的数据。两种平台各有优劣，根据实际情况可以判断自己适合哪一类。

（一）平台自研型

即平台有独立的资源背景，能够获得某一部分的一手数据资源，举例如下：

1. 新浪舆情通。基于新浪系的信息数据研发的舆情系统，是新浪公司旗下产品，对新浪相关平台的舆情监测有天然优势。

2. 人民网舆情数据中心。人民网旗下的舆情监测平台，具有全面、完整的特点，对于新闻、官媒有较强优势。

3. 百度舆情。基于搜索技术优势研发的舆情系统，有自己的优势。

（二）整合型

由于很多舆情监测系统都是对外开放的，因此很多企业会购买平台自研的数据接口，通过二次处理，获得更快、更全的数据。这类平台通常都以公司形式出现，且很多舆情监测软件都是综合性质的，即既有自己的平台系统，又采购了其他平台的数据，因此需要以实际效果来进行测算。

通常情况下，要进行完整的舆情监测工作，尤其是网络舆情监测，需要多方资源的整合和协调，并不是依靠某一个系统就能完成，这也是为什么很多公司会采购多方系统，以确保可以得到更全的数据。

二、国内主要网络舆情监控系统

1. 新浪舆情通：系统主要功能有舆情监测、舆情预警、舆情分析、舆情简报、数据大屏等，监测数据覆盖到全网，且速度快、精准度高，并支持统计分析及定向监测等。

2. 乐思舆情监测系统：系统可对目标地名、人名、机构名等进行全媒体秒级监测，及时发现舆情，自动预警，自动生成舆情报告。

3. 清博大数据舆情监测平台：该平台可对互联网海量数据进行监测收集，如网站信息、资讯信息、新闻信息等，便于用户能够及时发现舆情，并且也可对相关舆情数据分析。

4. 人民网舆情数据中心：系统可以实时对互联网信息进行监测，预警信息，分析信息来源、热度走势、地域分布等。

5. 蚁坊软件舆情监测系统：系统能全网舆情“速读”，“7×24”小时不间断实时监测全网信息，全网舆情实时追踪分析，负面舆情及时预警，自动生成舆情分析报告。

6. 识微商情监测系统：识微商情监测网，属于专业的网络舆情监控系统，隶属于舆情公司——湖南识微科技，具备实时监测、全网监测、危机预警、舆情分析、舆情追踪、舆情搜索、舆情报告等核心优势。

三、舆情监控系统主要功能

随着互联网的快速发展，网络舆情信息传播渠道越来越多样化，不同平台的舆情传播规律和特点也不同，对于人工来说很难监测全网信息，只有通过舆情监控系统来监控。

1. 功能之一：舆情信息采集

舆情监控系统可根据用户设置的监控关键词或定向网站，进行“7×24”小时的全网自动检索，向用户展示与监控主题相关的全网信息及其分析图表，覆盖新闻媒体、社交媒体、主流门户网站、短视频、新闻客户端、论坛、博客、微信公众号等多个平台。

2. 功能之二：舆情信息分析

不同维度对舆情分布、发展趋势、传播路径进行分析，直击舆情动态，“7×24”小时舆论分析人工服务，正确研判舆情，提供有效的工作决策和舆情预警，做好舆情工作初期的信息初筛工作，定期为合作方输出日/周/月舆论分析报告。

3. 功能之三：舆情信息预警

主要是指选择舆情接收的渠道，包括微信、短信、邮件、客户端或者人工等多种方式，建议根据自身的需求合理选择，一般来说微信和人工是比较常见的舆情接收渠道。总的来看，主要分为基于关键词的预警、基于文本情感倾向的预警以及基于指标（传播声量、转载情况等）的预警三种方法。

4. 功能之四：舆情信息报告

基于数据分析，呈现多种样式，内容直观的专业舆情报告，可根据客户个性化需求，采取不同合作方式，完成多领域、多样式的智库报告，定期为合作方输出日/周/月舆论分析报告。

四、网络舆情总体评价度的统计与定量

舆情信息是民众思想状况（如态度、意见、看法、要求等）的一种反映方式。网络舆情的产生是一种复杂的，表现为“刺激—反应”的心理过程。公共事务含有的刺激性信息激发了公众对某一具体议题的情绪、意愿、态度和意见，并包含行为反应倾向。它们不是简单的叠加，而是按照从浅显到深刻、从感性到理性、从内隐到外显的顺序发展的。

现实生活中的舆情强度往往通过语言、行为等方式来体现。在互联网这个虚拟空间中舆情强度往往是靠网络言论的措辞、语气、含义等来传达。而网络行为方式，例如网络侵犯行为，则显示了更大的舆情强度。网络舆情强度一般通过观察法、网络访谈和座谈法、网络调查法等得到较为直观的了解。运用内容分析等方法，可以对舆情信息的分布、强度和倾向进行更为深入的分析。对网络舆情总体评价度的统计与定量，我们引入如下指标：

一是网络舆情的热度。舆情热度是衡量舆情传播范围，是舆情监测分析的主要指标，也是最常用的指标。舆情热度包含舆情关注度、舆情网站覆盖度、舆情地区覆盖度、舆情权威度四个二级指标。

二是舆情倾度。舆情倾度是指舆情受众的态度分布。受众倾向分析是舆情分析中不可或缺的一部分，倾向分析也从另一个角度反映出受众的规模、结构及心理状况，是舆情预警及处理的决定因素之一。舆情倾度包括倾向分布、突变度、异度三个指标。

三是舆情强度。舆情强度是衡量舆情信息本身质量的一个指标。舆情强度包括危度和频度两部分。舆情危度是一个完备指标，由主题扩散度、主题敏感度、主题重要度三个三级指标构成。

四是舆情生长度。舆情生长度是指舆情在传播过程中体现出来的某些规律性指标，包括焦度、拐度、时效度三个二级指标。焦度是指舆情生命周期中焦点（最受关注点）所处的状态。拐度是指舆情生命周期中拐点（主题热度发生转变的点）所处状态。时效度是一个累计指标，利用主题热度、强度、倾度等进行归一化整理，加权测算，反映特定时段舆情在其生命周期中所处的阶段水平。舆情的时效度是预测舆情生命力的综合指标，是最主要的预警信号，根据舆情所处的孕育潜伏期、显现爆发期、持续演进期、缓解衰退期、解

除消失期的具体阶段，从而可以采取相应的决策。

五、网络舆情监控机制

（一）明确舆情管控的目标

首先应该明确舆情管控的目标，第一目标是捍卫企业的品牌。捍卫品牌就是避免危机事件的发生，并在危机发生时进行快速、妥善的处理，从而减少品牌因此而遭遇的风险，降低对各方面业务的负面影响。

第二目标是建设品牌。任何一个公司或组织都不可能不发生危机，妥善应对网络舆情危机，不仅是一个被动的行为，更是一个主动向公众展示企业文化和美好品牌元素的过程。良好的危机处理手段，不仅不会让观众走开，而且有可能把普通观众彻底变成我们的忠诚粉丝、提升品牌的美誉度和知名度。

（二）明确负面舆情类别范围

根据以往经验看，网络舆情危机事件可以定义为正常运营中潜在的或突发性的，危害到品牌形象和业务发展等方面，需要立即做出反应并紧急处理的事件，主要表现形式为：

1. 网友投诉与质疑

网友遇见对自己不认可或者有疑问的事物在网上提出的疑问，希望能够及时得到回应。

2. 涉及敏感话题或者负面信息

敏感话题通常是指非权威媒体发布的有关争议话题的消息，包括意识形态、政治、社会制度等方面的重大分歧等相关话题。企业如果涉及这类话题是非常被动和致命的，通常，这类舆情会在企业内部审核的时候就能提前被发现并做相应的调整。

3. 企业运营或重点活动项目中元素的临时变动

企业运营因某些因素临时调整了时间，或业务范围，需要在各个渠道进行告知，尽可能地让消费者知道调整的通知，尽可能地减少和安抚因相关因素的临时变动带来的观众不满。

4. 不可预知的危机事件

不可预知的危机事件是指不可预知的、突发性的对品牌形象及业务发展带来负面影响的危机事件。这类情况因为其不可预知的特性，具有一定危险性，一旦没有在舆情发展初期处理好，很容易引发负面的效应，以致损害到品牌的形象。

（三）负面舆情危机的应对

舆情危机是不可避免的，在负面舆情到来之前预防并避免是风险最小的方法，也是最明智的方法；当舆情来临时，第一时间介入处置，努力把问题解决在危机可控范围内。主要方法有：

1. 强化全员的危机意识

制定危机管理手册并且提供给每一位员工，制定奖励机制激发每一位员工的积极性。作为品牌形象的捍卫者，每一位员工都应该有义务和责任，一旦在网络上发现相关负面舆情，都应该及时汇报给相关主管部门。

2. 遵循第一原则：还原真相原则

网络舆情危机应对最重要的原则是及时还原真相。处理危机需要避免几种错误的方法。第一，封锁消息，当舆情发生时，首先想到如何封锁消息，从而延误了做出及时反应的最佳时机；第二，一味地辟谣和否认，当舆情已经显现并且有爆发的趋势时，不顾事实的辟谣是大忌；第三，沉默是金，不能因为不好说而不想说或者不屑说，一旦引起极大关注和强烈反响，再亡羊补牢就为时已晚。

3. 完善企业网络舆情监测体系

企业舆情管理要从三个阶段（强化舆情分析、妥善处置应对、做好形象修复）入手，重点做好对涉企舆情的监测研判、对负面舆情的及时处置等工作，从而减少负面舆情影响。

面对网络舆情潜在的海量信息，人工信息分析极有可能出现各种差错，尤其是网络社交媒体用户所传播的内容，因为更新速度太快，往往一些负面信息会被遗漏，所以建立健全的舆情监测系统、研判和处置制度是非常重要的，目的是做好频道品牌宣传和维护品牌形象的运维工作。确保在负面事件、突发事件来临时，努力做到在最短时间内发现舆情、了解热点、及时预警，并形成舆情监测分析报告。

4. 构建企业突发负面舆情事件的恢复机制

对已经发生的突发舆情事件，企业应做好相关的安抚工作，恢复广大网民的信心。当突发事件得到有效控制后，应完善突发性网络舆情的善后恢复机制，消除衍生舆情可能引发新的不良影响。在整个舆情事件过程中，企业要及时更新舆情处置进展，在善后恢复阶段对整个事件的应对过程进行评估，及时发布事后处置结果和措施，广泛征集公众意见。

5. 加强网络舆情相关工作的经验总结

建立网络舆情档案，注重对经验和教训的总结是非常有必要的。平时应该注意不断探寻相关舆情的演化规律和介入方式，比较不同类型事件所引发的舆情及其干预效果，从中得到学习提高。注重学习经典案例，努力在应对过程中寻找事件的转机点，尽可能变负面影响为正面影响。

第三部分
黄金珠宝企业风险管理理论运用前沿

第十章　风险管理前沿运用

第一节　风险管理理论概述

一、风险管理理论的发展演变

风险管理理论大致经历了传统风险管理理论（20 世纪 30~70 年代）、整体化风险管理理论（20 世纪 70~90 年代）和全面风险管理理论（21 世纪初至今）三个发展阶段。由最早的以金融保险为主要研究对象延伸、拓展到经济社会生活的方方面面，越来越受到国际社会的广泛关注。

（一）传统风险管理理论

20 世纪 50 年代，风险管理作为一门学科发展起来，形成了独立的理论体系。在这一发展阶段，风险管理主要运用于企业管理领域，主要目的是对企业的人员、财产和自然、财务资源进行适当保护，民间和企业是此阶段风险管理的主角，风险管理以保险为核心。

（二）整体化风险管理理论

20 世纪 90 年代以后，集金融传统风险管理和金融财务风险管理于一体，整体化风险管理成为现代风险管理的核心理论。对风险管理的研究逐步趋向于系统化、专门化，使风险管理成为企业管理领域的一门独立学科。整体化风险管理冲破了传统风险管理以防范损失为主要内容的狭隘理解，以更加系统、更加全面、更加科学的思维和方法来研究和解决风险对企业的整体影响。

（三）全面风险管理理论

全面风险管理是现代风险管理发展的产物，强调站在全局的角度进行整体化风险管理，通过在管理的各个环节和经营过程中执行风险管理的基本流程，培育良好的风险管理文化，建立健全全面风险管理体系，包括风险管理策略、风险理财措施、风险管理的组织职能体系、风险管理信息系统和内部控制系统，从而为实现风险管理的总体目标提供合理保证的过程和方法。该阶段风险管理的特征是战略性、前瞻性和整体系统控制，并考虑了环境因素。

现阶段的全面风险管理理论主要分为以下两种：

一种是全面风险管理理论（ERM）。ERM 是一个风险整合的框架，是将信用风险，法律风险和市场风险等放在同一框架下共同管理来实现企业价值的最大化。从企业的角度来看，是对企业所面临的所有风险的汇总及整体管理。

另一种是整体风险管理理论（TRM）。TRM 则从另一角度对风险进行管理。它认为风险决策是风险管理的最重要环节，在风险决策管理的过程中，必须从价格、偏好和概率三个方面对风险进行控制。偏好决定接受风险的范围和大小；价格绝对风险控制成本；概率决定风险发生的可能性。

全面风险管理理论的应用进一步深化了对风险管理的认识，把风险控制管理从单纯意义上的单个风险控制和阻止转变为对风险全貌和整体的把握和统筹。通过对整体资产风险的考察，找出能够最有效配置资源使得自身承担的风险能够和收益匹配的风险管理方式，使得自身获得持续稳定的收益。相较于 TRM 的理论性，ERM 更具有操作性。

二、风险管理理论的具体运用

（一）“蝴蝶效应”与风险放大

1. “蝴蝶效应”的概念

“蝴蝶效应”是指在一个动态系统中，初始条件下微小变化能带动整个系统长期的巨大的连锁反应，是一种混沌的现象。意思是一件表面上看来毫无关系或者非常微小的事情，可能带来巨大的改变。对于这个效应最常见的解释是“一只蝴蝶在巴西轻拍翅膀，可导致一个月后得克萨斯州的一场龙卷风”。

2. “蝴蝶效应”的启示

风险在尚未引发危机的时候，往往是一种美丽的存在，具有很强的诱惑力；风险常常潜伏于未知的远方，能够瞬息之间倏然而至，在经济全球化的今天，我们必须具备风险意识。

风险管理绝不仅仅是一个单纯的技术活，更是一个思想训练与提升的过程，是一个能力培养的过程。当代企业家乃至一切管理者，应当具备不被表象所迷惑、透过现象看本质的能力，应当具备明察秋毫、见微知著的能力，还应当具备尊重规律、尊重科学、实事求是、敢于坚持真理、坚持原则的勇气和能力。这是搞好风险管理的重要前提，只有达到了这样的境界，才算把握了风险管理的真谛。

（二）信息不对称、逆向选择与道德风险

1. 信息不对称、逆向选择与道德风险的概念

（1）信息不对称，是指某些参与人拥有但另一些参与人不拥有的信息。信息不对称的含义有两点：①有关交易的信息在交易双方之间的分布是不对称的，例如在银企关系中，企业对自身的经营状况、前景和偿还债务的能力要比银行更清楚。②处于信息劣势的一方缺乏相关信息，但可以知道相关信息的概率分布。

（2）信息不对称导致的逆向选择和道德风险。

①逆向选择：是指贷款市场上，由于借贷双方的信息不对称，作为贷款银行只能根据投资项目的平均风险水平决定贷款利率。这样，那些风险低于平均水平的项目由于收益率一般较低就会退出借贷市场，剩下的愿意支付较高利率费用的项目一般是风险水平高于平均水平的项目。最终的结果是贷款银行的平均风险水平提高，平均收益反倒降低，呆账

增加。

②道德风险：是指在达成契约后，由于一方缺乏另一方的信息，这时拥有信息方就可能会利用信息优势，从事使自己利益最大化，而损害另一方利益的行为。

在金融自由化和放松管制的背景下，企业可能会利用对项目的信息优势，利用银行监管放松的事实，改变贷款用途或假账转移利润，用破产、合资等方式逃避银行债务。

2. 对企业风险管理的启示

首先，企业与外部信息不对称可能产生的风险主要通过信息传递、信息收集、信息成本管理、信息沟通等方法来规避；对于企业内部信息不对称可能产生的风险主要通过激励约束机制控制。

其次，通过完善公司治理结构，加强董事在企业风险管理中的作用，为企业风险管理提供组织上的保障。

最后，宏观层面上应从政府规范、培育信用环境，发展中介市场三个方面加强企业风险管理的外部环境建设，减少信息不对称的产生。以政府的力量干预市场失灵的问题，给企业提供一个健康、高效的经济建设平台。

（三）博弈理论与互动风险

1. 博弈理论的内涵

博弈论（Game Theory）又被称为对策论，既是现代数学的一个新分支，也是运筹学的一个重要学科。博弈论，译自英文 Game Theroy，是研究决策主体的行为发生直接相互作用时的决策以及这种决策的均衡问题。也就是说，当一个主体（如一个人或者企业或者组织）的选择受到其他主体选择影响，而且反过来影响其他主体选择时的决策问题和均衡问题。博弈论强调决策主体各方策略的相互依存性，即任何一个决策主体必须先考虑其他参与人可能的策略，然后再来确定自己的最佳行动策略。因此，从本质上说，博弈论是研究决策问题的理论。

决策是一种普遍存在的活动，是决策者为解决当前或未来可能发生的问题，提出不同的策略方案并根据某一准则选择最佳行动方案的过程。根据决策对象所处的自然状态情况，决策问题可分为确定型决策、不确定型决策和风险型决策。

确定型决策：只存在一种自然状态或不涉及具体的自然状态。

不确定型决策：不知道未来会出现何种自然状态，又不知道各种自然状态出现的概率。

风险型决策：不知道未来会出现何种自然状态，但知道各种自然状态出现的概率，无论决策者采取什么策略方案，都要承担一定的风险。这里着重讨论风险型决策。

2. 对企业风险管理的启示

企业内部是由一系列成文或者不成文的契约（合同）形成的有机组合，并由此产生双方利益交割的方式。由于现实世界的复杂性、经济人的有限理性、机会主义的影响以及企业效率的要求，这些契约组合通常是不完备的，使双方权益交割存在较大风险。企业内部风险管理的博弈双方包括：企业的风险管理部门和企业的各组成部门（销售、财务）。风险管理部门的策略是实施监管或者不实施监管，企业各部门寻租或者不寻租，企业正常经营能获得一定的经济利益 A，实施监管必定会有成本 B，但未监管就一定会发生损失即各部门的寻租利益 C，实施监管发现寻租行为对寻租者进行惩罚 D（假设只要有监管，就一定能控制并发现寻租行为）。具体的博弈收益矩阵如表 10-1 表示。

表 10-1　博弈的收益矩阵

项目	实施风险监管	不实施风险监管
部门寻租	A-B+D	A-C
部门不寻租	A-B	A

首先，企业设立风险管理部门，该部门要严格履行责任，同时要承担由于监管过度导致企业经营活动发展迟缓的责任以及个别部门可能的孤立，公司董事会应给予相应的支持。

其次，寻租行为和惩罚及风险管理的支出成反比，加大对寻租行为的惩罚力度，可以相应减少不必要的要素投入。

最后，博弈论与传统咨询工具相结合，可以帮助企业开启解决战略定位、股权分配、股权融资、价值塑造、商业模式等疑难杂症的新视角。

（四）墨菲定律与小概率事件风险

1. 墨菲定律的概念

墨菲定律是一种心理学效应，是由爱德华·墨菲提出的。如果由两种或两种以上的方式去做某件事情，而其中一种选择方式将导致灾难，则必定有人会做出这种选择。也就是说，如果事情有变坏的可能，不管这种可能性有多小，它总会发生。

墨菲定律是概率模型的一种解释。“付出确定+结果未知”的情况很常见。这个世界二维关系是充满概率的，这就是墨菲定律发生的深层次原因。

2. 对企业风险管理的启示

首先，遵守规则。这样能尽量避免带来小概率的问题，如果不遵守规则，则大概率是有问题的，更容易遇到“墨菲定律”。

其次，将心思用在如何应对上。事情发生后需要面对，也需要补救，正视面对问题并尝试解决它，即为什么发生？违反了什么规则？如何补救才能将损失降到最小？下一次如何避免？

最后，承认概率，抽出一部分精力应对未来，即未雨绸缪。不确定的风险总是存在的，小概率事件的突然发生，有可能带来无可挽回的损失。我们在事前尽可能做得周到、全面一些，在风险防范和转移上花一些成本和抽出一部分精力做预案，如果风险真的发生，我们“买单”的成本就会小一些。

（五）“黑天鹅”事件与“灰犀牛”事件

1. 相关概念

在发现澳大利亚的黑天鹅之前，17 世纪之前的欧洲人认为天鹅都是白色的。但随着第一只黑天鹅的出现，这个不可动摇的信念崩溃了。黑天鹅的存在寓意着不可预测的重大小概率事件，它在意料之外，却又改变着一切。人类总是过度相信经验，而不知道一只黑天鹅的出现就足以颠覆固有认知。

“黑天鹅”事件指非常难以预测，且不寻常的事件，通常会引起市场连锁负面反应甚至颠覆。一般来说，“黑天鹅”事件是指满足以下三个特点：具有意外性；产生重大影响；虽然具有意外性，但人的本性促使我们在事后为它的发生编造理由，并且或多或少地认为它是可解释和可预测的。

“灰犀牛”事件是指太过于常见以至于人们习以为常的风险，比喻大概率且影响巨大的潜在危机，它并不神秘，却更危险。可以说，“灰犀牛”是一种大概率危机，在社会各个领域不断上演。很多危机事件，与其说是“黑天鹅”，其实更像是“灰犀牛”，在爆发前已有迹象显现，但却被忽视。“灰犀牛”事件是太过于常见以至于人们习以为常的风险，“灰犀牛”是与“黑天鹅”相互补足的概念，“黑天鹅”事件则是极其罕见的、出乎人们意料的风险。

2. 对企业风险管理的启示

首先，企业内部设立机制预防。企业必须完善自身控制体系，设置内部风险学习机制。第一，企业要吸取历史上经历过的风险教训，参考同行业其他企业处理相关案例的经验，并定期检查企业内部高风险的区域，做到“不在同一个地方摔倒两次”。第二，企业要完善内部控制体系，在开展业务之前要先评估风险。过程中实时跟进业务进展，要求各部门之间做到配合协作并及时传递信息，事后再总结经验，加强反馈。第三，设立严格的风险评估标准，建立风险信息系统。第四，企业还要设立内部风险学习机制，定期培训企业员工进行风险学习，让管理层时刻保持警惕、应对风险的意识，并掌握识别潜在危机、处理突发事件的能力，让每位员工都能全面了解风险管理体系的运作，清楚认识到自己的职责和义务，做到一旦发现情况不妥当，就立刻上报上级，保证能够在第一时间控制住危机。

其次，企业外部随时监控。除了加强企业内部对风险的控制，企业也要实时监测外部因素带来的影响，要避免小概率事件的突发和及时发现潜在的危机。外部风险可能是整个大经济环境的影响，可能是同行业竞争者带来的危机，也可能是企业对外业务上引起的突发状况。

最后，设立专门部门善后。如果不幸发生意外、造成损害，企业要设法将伤害降到最低。处理突发事件的专门部门除了要有公关能力极强的员工，还需要有管理层人员以及各个部门的同事，这样才能保证事件发生的第一时间，管理者能够及时掌握所有信息和情况细节。如果突发事件还影响到企业的声誉，企业的管理者更要妥当处理，尽量削弱突发事件带来的不良影响。无论面对的是“黑天鹅”还是“灰犀牛”，有时恰当的处理方式反而有机会将企业的“危”转化为“机”。

第二节　风险管理理论前沿

一、风险管理理论的演化趋势

（一）风险管理理论的发展特征

进入 21 世纪以后，风险管理理论得到了全面而深入的完善和发展。风险管理理论可以分为传统风险管理理论、金融风险管理理论、内部控制理论和企业风险管理理论。风险管理理论的观点呈现出风险管理概念及性质界定不断地演化和深化，风险管理的目标与程序不断完善，风险管理分类越来越全面，以及风险管理分析模型及方法日趋完善等几方面的特征。

风险管理模式的发展主要分为五个阶段，且管理效益随发展不断提升。

第一，发现和处理风险——堵住漏洞；

第二，锁定和化解风险——提高抗干扰、抗波动能力；

第三，遇见和控制风险——在风险中经营，实现战略与目标；

第四，驾驭和利用风险——风险管理成为核心能力；

第五，战略管理进入风险经营层次——提升企业的管理层次。

（二）风险管理理论的管理新思维

风险管理发展有两个重要里程碑，一个是2009年ISO 31000的出台，把全球多个国家及组织对于风险管理理论的探索精华全部吸收，凝聚成一个风险管理的指南，开创了风险管理的一个新纪元；另一个就是以COSO于2017年正式发布的《企业风险管理框架》为代表的新框架，它重新定义风险管理，把风险管理融入业务、融入战略、融入文化，进行结构性创新，让风险管理能够直接参与和创造出价值，包括新理念、新视角、新方法，标志着风险管理进入新时代。

（三）弹性风险管理理论

从弹性的视角对风险管理理论进行重构，弹性理论使得研究视角“由外而内”转变为“由内而外”，从“损失控制”转变为“价值创造”，从“追求稳定性”到“追求持续性”。弹性风险管理是围绕企业各类目标，考量实现目标所需能力和企业真实能力之间的差距，通过“守底线”（守护阈值）和“拓空间”（提升弹性）的管理活动，使企业在变化环境中持续拥有竞争优势的过程和方法，如果TRM强调的是“效率”，弹性风险管理则强调的是“创新”，管理的目标主要是战略风险，并提出系统的解决方案。

二、中国式企业风险管理的理论

（一）新斜坡球理论

1. 斜坡球理论

斜坡球理论是海尔张瑞敏提出的。斜坡球理论是以一种物理现象比拟企业的处境。企业就像斜坡上的球体，承受着市场竞争和内部员工情绪合成的下拉力，为了不让企业下滑，并且向上移动，须对其施加两种作用力：止动力和拉动力。止动力是基础管理，创新力是拉动力。它形象直观地揭示了企业内在的危机趋势，从而确立了研究和管理企业的新起点。但是该理论还是有不完善的地方。

这个理论主要是针对中国的实际情况而提出的。中国企业最麻烦的一个问题就是一种标准的贯彻或者一种规章制度的要求，今天达到了，明天可能就达不到。所以我们的“斜坡论”形象地说就是，你基础工作稍微差一点，就要滑下去，一旦滑下去，你这个名牌就完了。

2. 新斜坡球理论

新斜坡球理论认为企业的真实境遇如同一个斜坡上的球体，有着自然向下的趋势，或称为内在的崩溃趋势。向下的力量主要包括环境压力、资源稀缺、结构复杂、人性弱点（见图 10-1）。企业管理者需要各种力量，对抗企业的向下趋势，从战略视角概括起来有四类向上的力量，主要包括形势、战略、能力、动机。

长期来看，向上和向下的力量都存在，企业的发展常常会出现不断地从某一稳态到新的稳态，中间会经历动荡、混乱的转换过程，总体来看是一个间断均衡的过程。

3. 管理启示

与老版斜坡球理论只关注企业内部不同，新斜坡球理论强调充分利用内外部力量，并且让它们联系起来，整合在一起，形成向上的合力。以战略为核心和纽带，将环境中存在的某种机会、形势与组织的能力建设、动机激发并结合起来。这就要求黄金珠宝企业要做到：（1）保持危机感，敬畏心。（2）提高风险防控的意识和能力。（3）创造系统协调。（4）创新求变。（5）辩证思维。

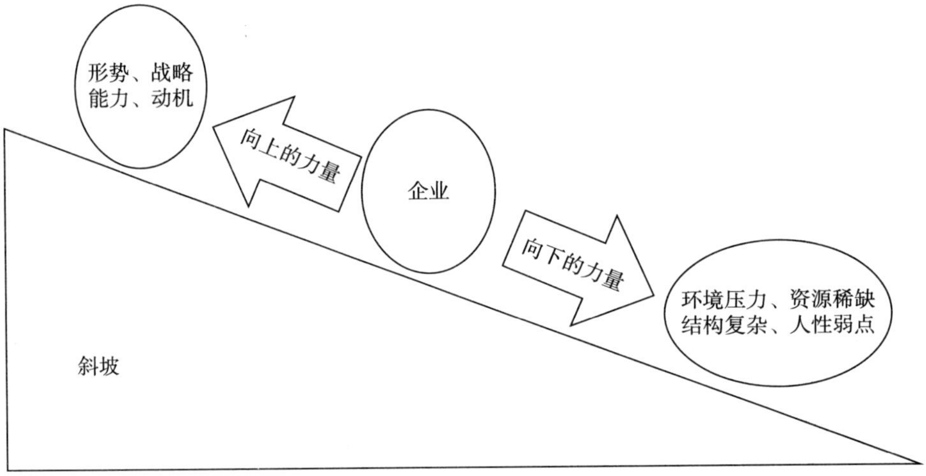

图 10-1　新斜坡球理论示意图

（二）中台理论

1. 概念的缘起

中台概念起源于美军的作战体系，强调“支撑”“高效”和“灵活”，最主要的目标就是提供强有力的后勤保障。企业中台的典型架构如图 10-2 所示。

中台，就是一个易扩展的生态平台，在其上会不断（低成本地）生长出各种数据服务。搭建一个灵活快速应对业务变化的架构，更快实现需求，同时避免功能重复建设。打通各数据源，遵循相同的标准和接口，易于相互关联。使得任何一条业务线都能应用整个公司的数据能力和数据资产。

从技术角度看，做中台是为了搭建一个灵活快速应对变化的架构，更快实现前端提出的需求，避免高度复用的功能重复建设，这是敏捷开发、提高效率的地方。

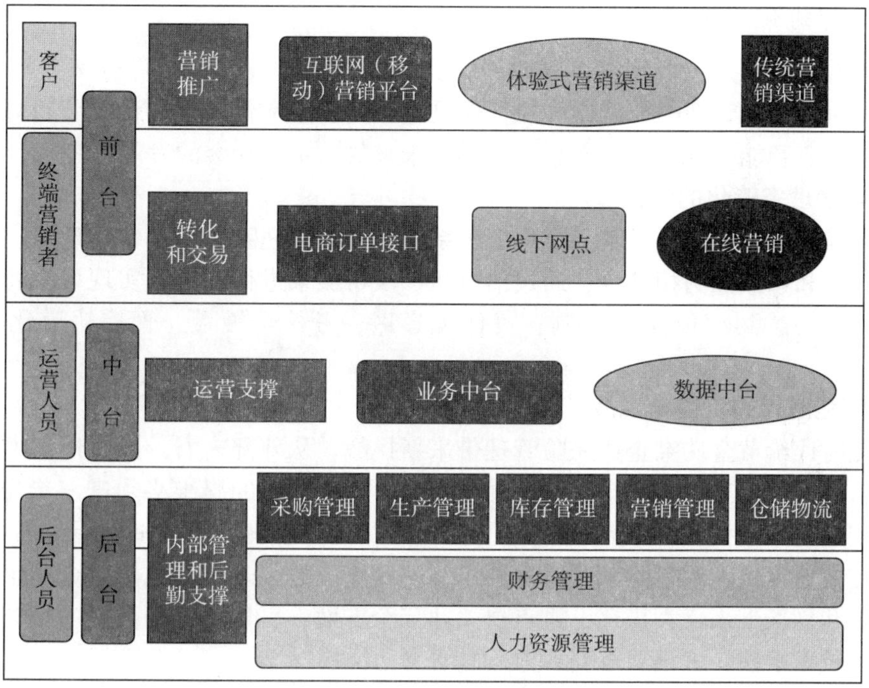

图 10-2 企业中台的典型架构

从业务角度看，借助中台沉淀能力，可以支持快速创新，让研发更灵活，业务更敏捷，以应对未来不可预知的市场变化。

中台化可以提升组织协同效率和研发效率，这样便于快速连接、快速迭代改变。

2. 数字化转型三个阶段的风险治理建议

企业数字化转型，可以将其划分三个阶段：数字化尝试期、数字化发展期和数字化深入期。前两个阶段，是当前大部分数字化转型企业所处的位置。以下是不同阶段数字风险治理的建议。

（1）数字化尝试期

处在数字化尝试期的企业，对数字化的认知还不够深刻，数字化能力与原有业务的融合也不够充分，客户体验不连贯，是后续数字化发展期的基础。

（2）数字化发展期

不同于数字化尝试期，处在数字化发展期的企业，最典型的区别就是数字化支撑能力已与业务有较为充分的融合。这表现在需要有强大的数字化共享服务中心（又称中台）来提供共享服务支持，并设有专门的数字化领导人，引入大规模数字化工具的使用等。此外，在企业文化层面，更加重视创新与协作。

（3）数字化深入期

数字化深入期的特征，包括组织形成统一的数字化战略，数字化决策权回归业务一线，大量同时精通数字化和业务的人才团队等。随着增强智能、深度学习更加广泛、深入的应用，形成更智能化的服务中心，支撑动态决策。

数字风险管控是数字化转型过程中的必然选择。虽然目前企业数字化转型过程中的数字风险还未大范围显现，但不能无视或忽视，以防数字化转型中的“灰犀牛”。

（三）智能化风险管理

伴随着社会信息化、数字化体系建设，商业银行风险管理也必将迎来“智能化”时代。展望未来，风险管理的智能化可能仅仅是整个社会数字化、智能化发展趋势的一个缩影，或者说只有智能化的风险管理，才能适应未来的数字化社会的发展趋势。

1. 风险管理智能化的含义

所谓风险管理智能化，是基于流程管理系统和风险管理系统的一体化建设，实现风险的事前、事中和事后控制相结合，通过信息化手段将成果进行固化，实现风险管理体系的在线管理，最终达到“风险可控制、责任无盲区、考核全覆盖、管控轨道化”的管理要求。

2. 数字化时代的机遇与挑战

数字化时代给黄金珠宝企业风险管理带来新挑战。从外部来看，风险形态的变化更加快速，但新的风险形态也不断出现。从内部来看，风险防控的思维必须进一步完善。数字经济不断催生业务新模式，平台化、场景化、批量化等获客方式快速发展，具有复杂性高、风险传播速度快、对风险预判时效要求高的特点。数字化转型也给黄金珠宝企业风险管理的变革和创新带来巨大机遇，重点要关注三个方面：一是要革新数据应用方式；二是要革新风控技术手段；三是要革新风险管理理念。

3. 智能化风险管理体系建设的特色

（1）风险管理一体化。内控管理平台是基于流程管理系统和风险管理系统两个系统的一体化建设。通过流程管理系统和风险管理系统的建设，全面提升风险管理的效率。通过对流程管理系统和风险管理系统的整合，实现对内部控制监督、评价和改进的信息系统落地，有力保障内控监督、评价与改进的效率和效果，以此来控制公司相关风险。

（2）风险管理智能化，建成后的内控管理平台将可自动生成公司风险管理个性化报告，通过内控管理平台和公司业务系统对接，实现信息传递自动化，使内控管理平台成为公司管理体系的“中枢神经”。

（3）风险管理控制多样化。流程管控信息系统和风险管理系统在建设期相互支撑，最终实现相互融合，建立了智能化风险管理平台，为公司实现智能化风险管理体系奠定了基础。

第十一章　上海黄金交易所风险管理工具

第一节　上海黄金交易所交易业务规则

上海黄金交易所（以下简称上金所）是经国务院批准，由中国人民银行组建，不以营利为目的、实行自律性管理的会员制法人。上海黄金交易所于2002年10月正式运行，遵循公开、公平、公正和诚实信用的原则组织黄金、白银、铂金等贵金属交易。它的成立实现了中国黄金生产、消费、流通体制的市场化，是中国黄金市场开放的重要标志。

上海黄金交易所目前已建成由竞价、询价、定价市场组成，融境内主板市场与国际板市场于一体的多层次的黄金市场体系。

一、上海黄金交易所竞价交易业务规则

上金所竞价交易业务是指采取自由报价、撮合成交的交易方式，按照价格优先、时间优先的原则撮合成交的交易业务。交易所为竞价交易提供集中履约担保。竞价交易上市品种包括黄金（Au）、白银（Ag）、铂金（Pt）以及其他经中国人民银行批准的品种。根据交易方式不同，竞价交易合约包括现货实盘合约、现货即期合约、现货延期交收合约及其他经中国人民银行批准的合约。

（一）现货实盘合约

上金所现货实盘合约有Au100g、Au99.99、Au99.95、Au99.5、PGC30g、Pt99.95、iAu100g、iAu99.99、iAu99.5，其中iAu100g、iAu99.99、iAu99.5为国际板合约。现货实盘合约交易，买方报价时必须有全额资金，卖方报价时交易账户中必须有相应的实物。报价后，对应的资金或实物即被冻结，资金或实物不足，报价无法提交。

上金所对现货实盘合约实行实时交割，报价成交后，买入的黄金实物可用于当日或以后交易日的卖出，也可以申请提货；买入的铂金实物不能卖出，只能申请提货。客户卖出实物所得货款可用于本交易日内的交易，但不能提取。日终清算后，可用资金余额转为可提资金。

上金所允许现货实盘的大宗交易，现货实盘合约的大宗交易是指由买卖双方协商确定成交价格且成交数量较大的交易。具备交易所现货市场交易权限的会员同时具有大宗交易业务权限，会员可通过会员服务系统进行大宗交易申报，交易系统自动匹配后，经上金所场务复核后成交。

在上金所要求进行大宗交易的买方客户与卖方客户中，至少有一方是金交所金融类会员的自营交易账户，单笔最小金额为200万元。个人客户暂不允许参与大宗交易。

大宗交易成交与该合约的现货实盘竞价成交为同一合约的不同成交方式，大宗交易成交信息不在竞价实时行情中显示，大宗交易的成交不计入行情，成交量和成交金额在盘后计入历史行情。大宗交易达成后会员可在会员服务系统查询大宗交易成交单。

（二）现货即期合约

现货即期交易是指客户在“T+0”日以保证金达成交易，在“T+2”日以“T+0”日结算价进行实物交割的交易。目前现货即期合约有 Ag99. 99。具体业务流程为：

1. 客户进行买报价或卖报价时，必须有 20%的保证金。

2. 以成交当日为“T+0”日，日终结算时对买入量和卖出量进行轧差，轧差后的净头寸按当日结算价冻结 20%的保证金，同时对成交价与结算价的差额进行结算。在“T+2”交易日日终结算时，按“T+0”日的结算价，对“T+0”日的净头寸执行实物交割。

3. 上金所对“T+2”日不能履行实物交割的一方按即期合约交割违约处理，根据违约金比例向违约方收取违约部分的违约金，根据违约金比例向守约方支付被违约部分的补偿金，同时实物交割终止。违约金比例为 20%。

4. 实物交割后卖方的保证金转换为交付增值税专用发票的担保金。

（三）现货延期交收合约

延期交收交易是指以支付保证金的形式在上金所集中买卖某种延期交收合约的交易活动，客户可以选择交易“实物交割”延期交收合约或“现金交割”延期交收合约。采用现金交割方式的，客户在交割结算日根据交割结算价进行现金交割。采用实物交割方式的，客户可以选择合约成交当日交割，也可以延期交割，同时引入延期补偿费机制来调节实物供求矛盾。现金交割延期合约设有延期补偿费机制。目前上金所现货延期交收合约包括 Au（T+D）、mAu（T+D）、Au（T+N1）、Au（T+N2）、Ag（T+D）、NYAuTN06、NYAuTN12 等。其中，NYAuTN06、NYAuTN12 为现金交割合约。

1. 延期交收合约交易

延期交收交易的报价按买卖方向和开、平仓报价类型分为：买入开仓、卖出平仓、卖出开仓、买入平仓四种。进行买入开仓和卖出开仓报价时，按申报价冻结规定比例的保证金；进行买入平仓和卖出平仓申报时，冻结相应持仓，成交后按平仓数量占客户合约总持仓数量的比例释放保证金。买入开仓将增加多头持仓，卖出开仓将增加空头持仓；反之，卖出平仓将减少已有多头持仓，买入平仓将减少已有空头持仓。延期交收合约的平仓顺序，按照先开先平的原则处理。

2. 延期交收合约限仓管理

上金所分别限定会员席位和客户可持有某延期交收合约的最大单边持仓数量。当会员席位某一方向的持仓达到该方向的会员席位限仓上限时，其席位下的所有客户在该方向上只能进行平仓报价，不能进行开仓报价。当客户某一方向的合计持仓达到该方向的客户限仓上限时，该客户在该方向上只能进行平仓报价，不能进行开仓报价。

3. 延期交收合约的交割制度

延期交收合约分为现金交割和实物交割两种方式进行交割。

实行现金交割的延期交收合约，由上金所在交割结算日清算时，对到期未平仓合约按合约到期日的交割结算价进行统一清算，划付持仓双方盈亏，并了结所有未平仓合约。目前，实行现金交割的场内合约有 2019 年 10 月上线的沪纽金合约。

实行实物交割的延期交收合约没有固定合约的到期日，每个交易日都可以进行交割。延期交收合约的实物交割采用交收申报制度，交收申报时间为每个交易日的 15：00~15：30，不论当日新增持仓或历史持仓，多头持仓可进行收货申报、空头持仓可进行交货申报。

客户进行交收申报时，应按合约最小交收申报量的整数倍进行申报，当前，黄金延期合约的最小交收申报量为 1 手，白银延期合约的最小交收申报量为 15 手。交收申报时上金所系统冻结相应数量的持仓，同时，对交货申报冻结相应的实物，对收货申报按上一交易日结算价冻结足额货款。交收申报结束前，客户可以撤销申报。

由于延期交收交易的实物交割每天都可进行，但对某个延期合约要求交货或收货的数量往往是不相等的，为此，引入延期补偿费机制来调节实物供求矛盾。延期补偿费是客户延期交收时，为了融通资金或实物所发生的成本，延期补偿费的支付方向根据交货申报和收货申报的数量对比情况确定。

当某延期交收合约空头方申报的交货量小于多头方申报的收货量时，当日延期补偿费支付方向为“空付多”，结算时该合约的全部空头持仓，按一一对应的方式向全部的多头持仓支付延期补偿费。当某延期交收合约空头方申报的交货量大于多头方申报的收货量时，当日延期补偿费支付方向为“多付空”，结算时该合约的全部多头持仓，按一一对应的方式向全部的空头持仓支付延期补偿费。当交货申报量等于收货申报量时，不发生延期补偿费支付。简言之，就是根据交收申报结果，申报量少的一方对应的持仓方向须向申报量多的一方对应的持仓方向支付延期补偿费。

实行实物交割的延期交收合约延期补偿费有按日收付和定期收付两种收付方式：

（1）按日收付

每个交易日交收申报情况执行合约的延期补偿费收付，收付数量为从本交易日到下一交易日前的自然日天数（含节假日）。目前 Au（T+D）、mAu（T+D）、Ag（T+D）等延期合约采用按日收付这种方式。

（2）定期收付

合约的延期补偿费只根据指定的延期补偿费收付日的交收申报情况，对当日的日终持仓执行延期补偿费收付，其他交易日可以进行交收申报，不进行延期补偿费收付。目前 Au（T+N1）、Au（T+N2）延期合约采用定期收付这种方式，Au（T+N1）的延期费支付日为 6 月 15 日，Au（T+N2）的延期费支付日为 12 月 15 日。

$$延期补偿费=持仓量\times当日结算价\times延期补偿费率\times收付数量$$

为了最大限度地满足实物交割需求，延期交收合约通过中立仓机制缓解交割矛盾。中立仓是客户根据交收申报结果以实物或货款平衡交收申报量差时生成的持仓。当某延期交收合约的交货申报量与收货申报量不相等、即存在交收申报量差时，通过中立仓申报调节合约实物交收不平衡的矛盾。中立仓可获得延期补偿费。中立仓的具体申报方式为，当交收申报的收货量大于交货量时，有闲置实物的客户以交实物的形式进行中立仓申报；当交收申报的交货量大于收货量时，有闲置资金的客户以收实物的形式进行中立仓申报，收货成功后，按当日结算价生成空头持仓。

中立仓申报时间为每个交易日的 15：31～15：40。客户在中立仓申报时间段内，按照当日交收申报结果确定的中立仓方向进行中立仓申报，交易所按合约当日结算价冻结获取反向持仓所需的保证金，同时按申报方向冻结履行实物交收所需的全额货款或相应实物。中立仓申报同样需按最小交收申报量的整数倍申报，申报结束前客户可以撤销申报。

交收申报和中立仓申报按“时间优先”的原则进行集中撮合配对，配对成功的交收申报和中立仓申报在当日结算时按合约当日结算价完成实物交割。

对于 Au（T+D）、mAu（T+D）、Ag（T+D）等按日收付延期费的合约，在 15：30 交收申报结果生成后，所有多空持仓收取延期费和支付延期费的数量都已确定下来。其中，交收申报差部分的持仓，处于可收取延期补偿费的持仓方向上。可以把中立仓理解为获取了交收申报量差部分的持仓，交收申报量差部分持仓，获得收取延期补偿费的权利，而合约的总持仓未发生变化。

二、上海黄金交易所询价交易业务规则

上金所询价业务是指在上金所指定询价交易平台达成的询价交易业务，或交易双方通过其他方式达成询价交易后，在交易所进行的询价登记，以及其在交易所开展的结算、交割等业务。上金所指定询价交易平台包括：交易所询价交易平台、中国外汇交易中心平台以及经交易所认证的其他交易平台。询价业务分为以交易双方信用关系为基础的双边信用型询价业务和交易所收取保证金并进行逐日盯市的履约担保型询价业务。

上金所上市的询价业务品种有黄金（Au）、白银（Ag），以及其他经中国人民银行批准的品种。按照交易类型不同，交易所挂牌询价合约包括询价即期、远期、掉期合约，询价期权合约，询价拆借合约等。按照交割地点的不同，交易所挂牌询价合约包括主板询价合约和国际板询价合约。

（一）询价即期、远期、掉期合约

1. 合约概念

（1）即期交易指交易双方以约定的合约、数量、价格等要素，在交易当日（T 日）或后续两个交易日（T+1 日、T+2 日）到期结算交割的交易。

（2）远期交易指交易双方以约定的合约、数量、价格等要素，在未来某一交易日（不含 T+1 日、T+2 日）到期结算交割的交易。

（3）掉期交易指交易双方以约定的合约、数量、价格等要素，在两个不同的交易日进行方向相反数量相等的两次到期结算交割的交易。

2. 询价合约

上金所挂牌的询价即期、远期、掉期合约按照交割地点的不同，分为主板合约和国际板合约。主板合约包括 PAu99. 99、PAu99. 95、CAu99. 99、PAg99. 99 等。国际板合约包括 iPAu99. 99、iPAu99. 5、iPAu100g、iCAu99. 99 等。上金所指定中国外汇交易中心系统挂牌的黄金询价交易品种货币对为 AUX/CNY、AUY/CNY，分别对应 PAu99. 95、PAu99. 99 的主板合约。

3. 合约参数

询价即期、远期、掉期合约的主要参数包括合约代码、交易单位、交易类型、即期报价单位、即期最小变动价位、远掉期点报价单位、远掉期点最小变动价位、最大报单量、最小报单量、涨跌幅限制、参考合约、可选参考价格、到期结算方式、资金结算方式、交割品种、交割地点、交易时间、登记时间等。

（1）询价即期、远期和掉期合约的到期结算方式分为实物交割和现金结算。其中，实物交割交易是指交易双方在到期日按照约定要素根据钱货两讫原则进行结算与交割的交

易。现金结算交易是指交易双方在到期日以约定的参考价格与交易价格轧差后对现金差额进行资金结算的交易。参考价格是交易双方指定日期对应的收盘价、开盘价、加权平均价、“上海金”基准价等交易所公开的市场价格或交易双方约定的其他价格。

（2）询价即期、远期和掉期交易的资金结算方式分为交易所结算资金和非交易所结算资金两种方式。其中，交易所结算资金是指交易双方委托交易所进行资金结算。非交易所结算资金是指由交易双方自行完成资金结算。实物交割交易的资金结算方式必须为交易所结算资金。

（3）履约担保型询价合约的到期结算方式为实物交割。实物交割是指交易双方在到期日按照约定要素根据钱货两讫原则进行结算与交割。履约担保型询价合约的交易期限原则上不超过 1 年。保证金询价合约做市商由具有意向的银行间黄金询价做市商承担。保证金询价合约逐日盯市的日终结算价格由保证金询价合约做市商每日定盘报价形成。

各询价合约有关参数按询价即期、远期、掉期业务合约以及履约担保型询价即期、远期、掉期业务合约参数表执行。上金所可根据市场发展需要调整合约或合约参数，并向市场公告。

4. 交易要素

询价即期、远期、掉期合约的交易要素主要包括合约代码、数量、方向、到期日、期限、成交价格、到期结算方式、资金结算方式、参考价格、交易双方信息等。

（1）询价即期、远期、掉期交易的数量须为一手的整数倍。其中，询价掉期交易的近端数量与远端数量须相等。

（2）询价即期、远期交易的方向以黄金、白银等交易品种的买卖方向为准，包括买入和卖出。方向为买入的一方称为买方，方向为卖出的一方称为卖方。

询价掉期交易的方向以黄金、白银等交易品种的近端买卖方向为准，包括买入（Buy/Sell，以下简称 B/S）和卖出（Sell/Buy，以下简称 S/B）。方向为买入（B/S）的一方称为买方，方向为卖出（S/B）的一方称为卖方。

（3）询价即期、远期、掉期交易的到期日为交易双方约定的到期结算交割日期。其中，询价掉期交易到期日包括近端到期日、远端到期日。

（4）询价即期交易的期限是指到期日与交易日的日期间隔。询价远期交易的期限是指到期日与 T+2 日的日期间隔。询价掉期交易的期限包括近端期限和远端期限。

（二）询价期权合约

1. 合约定义

期权交易是指买入方有权在约定的时间内按照约定价格买入或者卖出约定数量的标的合约的交易。期权买方以支付权利金的方式拥有权利；期权卖方收取权利金，并在期权买方选择行权时履行义务。

2. 期权合约

上金所挂牌的询价期权合约包括“OAu99.99”和“OAu99.95”，其标的合约分别为“PAu99.99”和“PAu99.95”即期合约。

3. 合约参数

询价期权合约的主要参数包括合约代码、交易单位、交易类型、行权方式、最大报单量、最小报单量、标的合约代码、标的合约期限、权利金和行权价报价单位、权利金最小变动价位、行权价最小变动价位、结算方式、可选参考价格、交割品种、实物交割地点、交易时间、登记时间、行权时间、平仓时间等。

（1）询价期权的交易类型包括看涨期权和看跌期权。

看涨期权：期权买方有权在约定的时间内以约定的行权价格从期权卖方买入约定数量的询价即期合约。

看跌期权：期权买方有权在约定的时间内以约定的行权价格向期权卖方卖出约定数量的询价即期合约。

（2）询价期权的行权方式包括欧式期权和美式期权。

欧式期权：期权买方只能在期权行权日当天才可以行权。

美式期权：期权买方既可以在行权日当天，也可以在行权日之前行权。

（3）询价期权合约按结算方式分为实物交割期权和现金结算期权。

实物交割期权：期权标的合约为实物交割型询价即期合约，即期权行权后所产生的询价即期交易，在到期结算时将进行实物交割。

现金结算期权：期权标的合约为现金结算型询价即期合约，即期权行权后所产生的询价即期交易，在到期结算时将进行现金结算。

（4）询价期权合约的交易单位（即每手重量）与其标的合约的交易单位一致。询价期权合约权利金与行权价的报价单位与其标的合约报价单位一致。

各交易合约有关参数按询价期权业务合约参数表执行。交易所可根据市场发展需要调整合约或合约参数，并向市场公告。

4. 交易要素

询价期权交易的交易要素主要包括合约代码、行权方式、交易类型、数量、方向、行权日、结算日、期限、行权价格、权利金、参考价格、交易双方信息等。

（1）询价期权交易的方向以期权行权权利的买卖方向为准，包括买入和卖出。其中，方向为买入的一方称为买方，又称期权持有方，指支付一定权利金，有权在约定时间内按照约定价格通过标的合约买入或者卖出约定数量的黄金、白银等交易品种的一方；方向为卖出的一方称为卖方，又称期权立权方，指收取一定权利金，有义务在约定时间按照约定价格通过标的合约买入或者卖出约定数量的黄金、白银等交易品种的一方。

（2）询价期权交易的行权日指交易双方约定的期权买方选择是否行权的日期。询价期权交易的结算日指期权买方在行权日行权后，交易双方按照约定的行权价格通过标的合约实际执行结算交割的日期。

询价期权交易的行权日为结算日前第 N 个交易日，N 为该询价期权标的合约期限，具体按照对应合约参数表的标的合约期限（T+N）相关规定执行。

美式期权可在交易双方约定的行权日之前行权，对应的实际结算日为实际行权日后第 N 个交易日。

（3）询价期权交易的行权日、结算日应晚于交易当日（T+0 日）。

（4）询价期权交易的结算日为交易当日后续两个交易日（T+1 日、T+2 日）的，期限为结算日与交易日的日期间隔；结算日晚于 T+2 日的，期限为结算日与 T+2 日的日期间隔。

（5）权利金总额根据交易双方约定的权利金、重量所确定，计算公式为：权利金总额＝权利金×重量。

三、上海黄金交易所定价交易业务规则

上海黄金交易所集中定价交易是指市场参与者在交易所平台上，通过“以价询量、数量匹配”的定价过程，在市场量价平衡时，确定定价合约的人民币基准价，并按基准价成交的交易。

（一）定价合约

“上海金”“上海银”集中定价交易合约是上金所黄金、白银现货合约，交易代码为SHAU 和 SHAG。经上金所批准同意的会员和机构会员均可参与集中定价交易。

上海金定价合约交易标的为经交易所认可的标准重量 1 千克、成色不低于 99. 99%的金锭。上海银定价合约的交易标的为经交易所认可的标准重量 15 千克、成色不低于 99. 99%的银锭。

上海金定价合约报价单位为人民币元/克，最小变动价位为 0. 01 元。合约交易单位为“手”，每手为 1 千克。上海银定价合约报价单位为人民币元/千克，最小变动价位为 1 元。合约交易单位为“手”，每手为 15 千克。

“上海金”“上海银”人民币集中定价交易不设涨跌停板限制，有利于寻找在具体定价时点上市场供求平衡时的真实价格。“上海金”集中定价交易买入与卖出的量差是指申报买入量与申报卖出量的差额对应的手数。当量差等于或小于成交阈值，则满足集中定价成交条件，“上海金”成交阈值为 400 手，“上海银”成交阈值为 600 手。

集中定价交易按场次分为早盘定价和午盘定价，每场经过一轮或多轮的定价过程产生该场的基准价，即该交易场次“上海金”基准价或“上海银”基准价。

集中定价合约的有效成交将在交易日以后的第二个交易日进行交割，即交割时间为 T+2 日。在 T+2 日日终清算时，按 T+0 日的结算价，对 T+0 日的净头寸执行资金清算和实物交割。对同一账户早盘和午盘的集中定价成交进行盈亏计算，并对合约净买卖量收取规定比例的保证金。上海黄金交易所是所有定价交易的中央交易对手方，实行集中清算交割，所有交易均基于保证金。交易会员和客户参与定价时，无须考虑和担心其他会员和客户的信用风险、资金和实物风险等问题，上海黄金交易所将对所有定价交易提供集中清算交割。

（二）定价机制

1. 集中定价过程

（1）集中定价交易系统根据定价成员和提供参考价成员报出的参考价进行计算，形成初始价并公布。

（2）会员和客户针对初始价或可能调整的价格申报买卖意向和数量：如果买卖数量不平衡，买量大于卖量，价格按交易规则规定的价格调整幅度往上进行逐轮上调，直至在最新的价格上买量减少或卖量增加，市场供求平衡；如果买卖数量不平衡，卖量大于买量，价格按交易规则规定的价格调整幅度往下进行逐轮下调，直至在低的价格上买量增加或卖量减少，则市场供求平衡；如果买卖数量平衡，卖量等于买量，则市场供求平衡。

（3）形成集中定价基准价格，在该基准价格上的所有有效申报全部以该基准价格成交。所有会员和客户按初始价申报买量和黄金。

2. 初始价的形成

初始价指定价交易系统据此产生第一轮定价的最初系统出价。初始价的计算和确定分为以下三个层次：

（1）定价成员和提供参考价成员在规定时间段内提供参考价，若参与报价的成员数大于或等于总数的50%，交易所去除申报的全部参考价中一个最高价和一个最低价后，以剩余参考价的算术平均价，作为第一轮集中定价的初始价。

（2）若参与报价的成员数少于总数的50%，则认定该场参考价申报无效。交易所将以黄金现货合约Au9999以及白银延期合约Ag（T+D）在提供参考价时间段内的市场成交的算术平均价作为本场次的初始价。

（3）若Au9999或Ag（T+D）在提供参考价时间段内没有有效价格，则以上个场次的上海金人民币基准价作为本场次的初始价。

3. 集中定价交易的轮次安排

集中定价交易每场由多轮次交易组成。首轮时间为70秒，其中60秒为“市场申报”，后10秒为“补充申报”。以后每轮40秒，其中30秒为“市场申报”，后10秒为“补充申报”。“补充申报”只有承担余量分配义务的定价成员能参加，且其申报方向只能为减少量差的方向，不能反转本轮次市场申报时段确立的买卖对比方向。

4. 价格调整方向与步长

每场集中定价由多轮次买卖量申报完成。在第二轮价格较第一轮上涨（或下跌）的基础上，如果第三轮价格较第二轮上涨（或下跌）则称价格为同向变动，反之，则称价格为转向变动。每一轮补充申报结束，若量差仍未满足集中定价成交条件，交易系统根据买卖量差情况调整出价，发起下一轮询量过程。当卖出量减去买入量的差量大于成交阈值时下调价格，当买入量减去卖出量的差量大于成交阈值时上调价格（见表11-1）。

表11-1 上海金定价合约申报量差与下轮调价步长关系表

买卖申报量对比情况与上轮保持一致时本轮量差与下轮调价步长关系		买卖申报量对比情况与上轮相反时，本轮量差与下轮调价步长关系
市场申报量差（千克）	调价幅度	
量差≤400	成交	—
400<量差<3500	0.1元/克	回撤本轮调价步长的50%
3500≤量差<6000	0.2元/克	
6000≤量差<10000	0.3元/克	
量差≥10000	0.4元/克	

表11-2 上海银定价合约申报量差与下轮调价步长关系表

买卖申报量对比情况与上轮保持一致时本轮量差与下轮调价步长关系		买卖申报量对比情况与上轮相反时，本轮量差与下轮调价步长关系
市场申报量差（千克）	调价幅度	
量差≤9000	成交	—
9000<量差<45000	2元/千克	回撤本轮调价步长的50%
45000≤量差<75000	4元/千克	
75000≤量差<120000	8元/千克	
量差≥120000	16元/千克	

5. 价优不减量原则

会员和客户在前后轮次之间的撤单须遵循“价优不减量”原则，即某轮集中定价申报未满足成交条件进入下一轮，当出价相对上轮下跌时，系统自动撤销卖方的所有申报，不允许买方减少或撤销申报；当出价相对上轮上涨时，系统自动撤销买方的所有申报，不允许卖方减少或撤销申报。被撤销一方的会员和客户认同新一轮出价的，需要重新报量。

6. 量差分配与补充申报

集中定价交易机制的核心是寻找在某一具体定价时点上，市场供求平衡的价格，作为该时点市场的基准价格。若买量和卖量在定价时点完全相等，量差为零，买卖都能同时完全满足，是最理想的状态。但在一个全球广泛参与的市场，在某一时点上的单一价格，要使买卖量完全一致，在实际交易中出现的概率较小。故集中定价交易引入定价成员机制，由定价成员平均分配有限的买卖数量缺口，使全市场买卖量相等，从而尽快达到市场供求均衡，提高定价效率。

只有定价成员才能进行补充申报，定价成员在某轮补充申报时段的申报量，仅用于补足市场申报的买卖量差额，不能反转本轮市场申报时段确立的买卖对比方向。按照“时间优先”的原则，大于市场申报买卖差额部分的补充申报量无效。若某轮补充申报结束，量差仍未满足形成定价成交条件，定价成员在该轮的补充申报将转换成下一轮的市场申报，该定价成员对已申报量的撤销须符合“价优不减量”的原则。

第二节　上海黄金交易所风险控制管理办法

上金所按照公开、公平、公正的原则，以及维护市场交易秩序，保障市场稳定运行，保证投资者公平交易机会，防范和化解市场风险的原则，进行风险控制管理活动。上金所制定了《上海黄金交易所风险控制管理办法》《上海黄金交易所异常交易监控制度的暂行规定》和《上海黄金交易所限仓额度申请审批管理细则》等风险管理制度，有效维护了交易当事人的合法权益，保障市场安全稳定运行。

上金所风险控制管理制度主要包括保证金制度、涨跌停板制度、延期补偿费制度、超期费制度、限仓制度、交易限额制度、大户报告制度、强行平仓制度、风险警示制度、异常交易监控制度等。

一、保证金制度

保证金制度与涨跌停板制度是上海黄金交易所延期交收合约的基础风险控制制度。上金所定期利用保证金模型测算最低保证金水平，并根据市场情况确定延期交收合约等相关合约的交易保证金水平。

（一）保证金水平调整

当出现下列情况时，交易所可以根据市场风险调整交易保证金水平：

1. 持仓量达到一定水平；
2. 出现涨跌停板；
3. 连续数个交易日的累计涨跌幅达到规定水平；

4. 连续数个交易日的持仓量累计增幅达到规定水平；
5. 遇国家法定长假；
6. 市场流动性预期发生变化；
7. 市场风险明显变化；
8. 上海黄金交易所认为必要的其他情况。

当合约出现以下一种或多种情况时，上金所可以采取单边或双边、同比例或不同比例、部分会员席位或全部会员席位提高交易保证金和结算准备金，限制部分会员席位或全部会员席位出金，暂停部分会员席位或全部会员席位开新仓，调整涨跌停板幅度，限期平仓，强行平仓等措施中的一种或多种措施。对同时符合两种或两种以上交易保证金比例调整情况的，交易保证金按照上海黄金交易所公告执行。

（二）保证金冻结方式

上海黄金交易所合约保证金冻结方式可分为双向冻结和单向大边保证金冻结方式。

1. 双向保证金冻结方式

在双向冻结方式下，客户对任一保证金合约进行报单、撤单操作或达成成交时，上海黄金交易所分别按多头和空头应冻结金额双向冻结保证金。双向保证金冻结方式为上海黄金交易所目前对保证金合约市场采取的默认方式。

2. 单向大边保证金冻结方式

为了在控制风险的基础上，合理提升会员和客户的资金使用效率，上海黄金交易所引入大边保证金模式。上海黄金交易所可按市场情况将单个或多个合约设置为大边保证金合约组合。当该组合有效，客户在同一席位下对同一组合内的任一合约进行报单、撤单操作或达成成交时，系统实时判断报单、撤单或成交后，该组合整体的多头应冻结资金和空头应冻结资金，只冻结该组合应冻结资金较大方向上的保证金。大边保证金组合的设置情况按照上海黄金交易所公告执行。

二、涨跌停板制度

涨跌停板制度是指由上海黄金交易所制定各上市合约的每日最大价格波动幅度。

现货实盘合约和现货即期合约是按成交价或成交当日结算价进行结算的，之后市场价格的波动不会产生账面的浮动盈亏，涨跌停板幅度也相对较大。当现货实盘合约和现货即期合约出现涨跌停板时，下一交易日仍维持合约原有的涨跌停板比例。延期交收合约采用逐日盯市的结算制度。

（一）涨跌停板调整

当出现下列情况时，上海黄金交易所可以根据市场风险调整延期交收合约的涨跌停板幅度：

1. 延期交收合约价格出现涨（跌）停板单边无连续报价，或同方向连续涨跌停板；
2. 遇国家法定长假；
3. 合约保证金比例调整；
4. 市场风险发生明显变化；
5. 上海黄金交易所认为必要的其他情况。

（二）关于连续单边市的风险控制

某一延期交收合约在某一交易日收盘前 5 分钟内出现只有停板价位的买入（卖出）申报、没有停板价位的卖出（买入）申报，或者一有卖出（买入）申报就成交，但未打开停板价位的情况称为单边市。连续的 2 个交易日出现同一方向的涨（跌）停板单边无连续报价情况，称为同方向单边市；在出现单边市之后的下一个交易日出现反方向的涨（跌）停板单边无连续报价情况，则称为反方向单边市。

以当前交易日为 D1 日，以后几个交易日分别称为 D2、D3、D4、D5、D6 交易日，当某延期交收合约在 D1 交易日出现单边市，则该合约 D2 交易日涨跌停板幅度调整为在 D1 交易日基础上增加 3 个百分点。当 D1 交易日结算时，该合约交易保证金比例调整为在 D2 交易日涨跌停板幅度的基础上增加 1 个百分点。

若该合约 D2 交易日未出现单边市，则 D2 交易日清算时的保证金比例和 D3 交易日的涨跌停板恢复到正常水平。若 D2 交易日出现同方向单边市，则该合约 D3 交易日涨跌停板幅度调整为在 D1 交易日涨跌停板幅度的基础上增加 7 个百分点。D2 交易日结算时，该合约交易保证金比例调整为在 D3 交易日涨跌停板幅度上增加 1 个百分点。若 D3 交易日未出现单边市，则 D4 交易日涨跌停板、交易保证金比例恢复到正常水平。

若某合约 D2 或 D3 交易日出现反方向单边市，则视为新一轮单边市开始，该日即视为 D1 交易日，下一日的交易保证金比例和涨跌停板按照单边市的 D1 交易日的规定执行。如果 D1 交易日至 D3 交易日中，按上述规定调整后的交易保证金比例低于 D0 交易日结算时交易保证金比例，则维持 D0 交易日结算时该合约的交易保证金比例。

若 D3 交易日延期交收合约出现同方向单边市（即连续三天达到涨跌停板）时，上海黄金交易所当日结算时，该合约的交易保证金仍按照 D2 交易日结算时的交易保证金比例收取，并且上海黄金交易所可以对部分或全部会员席位暂停出金；D4 交易日该合约暂停交易一天，上海黄金交易所在 D4 交易日根据市场情况决定对延期交收合约采用下列两种措施中的任意一种化解市场风险。

措施一：D4 交易日上海黄金交易所决定并公告在 D5 交易日采取单边或双边、同比例或不同比例、部分会员或全部会员席位提高交易保证金和结算准备金，暂停或限制部分会员席位或全部会员席位开新仓，调整涨跌停板幅度，调整延期费率，调整超期费率，限制出金，限期平仓，强行平仓、停市等措施中的一种或多种化解市场风险。

在上海黄金交易所宣布调整保证金水平之后，保证金不足者须在 D5 交易日开市前追加到位。若 D5 交易日该延期交收合约的涨跌幅度未达到当日涨跌停板，则 D6 交易日该延期交收合约的涨跌停板和交易保证金比例均恢复到正常水平；若 D5 交易日该延期交收合约的涨跌幅度与 D3 交易日同方向再达到当日涨跌停板，则上海黄金交易所宣布为异常情况，并按上海黄金交易所有关规定采取风险控制措施；若 D5 交易日该延期交收合约的涨跌幅度与 D3 交易日反方向达到当日涨跌停板，则视为新一轮单边市开始。

措施二（强制减仓措施）：上海黄金交易所决定并公告按以下规则平仓：在 D4 交易日结算时，上海黄金交易所将 D3 交易日该合约收盘时以涨跌停板价格申报无法成交的且客户黄金延期交收合约净持仓亏损大于或等于 D3 交易日结算价 8%、白银延期交收合约净持仓亏损大于或等于 D3 交易日结算价 10%的平仓单，按 D3 交易日的结算价，与该合约净持仓盈利的客户按照持仓比例自动撮合成交。同一客户双向持仓的，其平仓报单先与自己的反向持仓对冲平仓，剩余的持仓再按上述方法平仓。具体操作方法如下：

1. 申报平仓数量的确定

在 D3 交易日收市后，已在计算机系统中以涨跌停板价申报无法成交的且客户的黄金延期交收合约单位净持仓亏损大于或等于 D3 交易日结算价 8%（白银延期交收合约为 10%）的所有平仓申报量的总和为平仓数量（以下简称待平仓申报量）。若客户不愿按上述方法平仓可在 D3 交易日收盘前撤单，则已撤报单不再作为申报的平仓报单。

2. 客户单位净持仓盈亏的计算方法

客户该合约单位净持仓盈亏 = 客户该合约净持仓盈亏的总和（元）/客户该合约的净持仓量（重量单位）

其中，“客户该合约净持仓盈亏的总和”是指在客户该合约的历史成交库中，从当日向前找出累计符合当日净持仓数的开仓合约的实际成交价与当日结算价之差的总和。

3. 持仓盈利客户平仓范围的确定

根据上述方法计算的客户单位净持仓盈利头寸（以下简称配对头寸）都列入平仓范围。

4. 平仓数量的分配原则及方法

（1）平仓数量的分配原则

在平仓范围内按盈利的大小将不同合约的配对头寸分成三级，逐级进行分配。

黄金延期交收合约：第一级为单位净持仓盈利大于或等于 D3 交易日结算价 8%的配对头寸；第二级为单位净持仓盈利大于或等于 D3 交易日结算价 4%、小于 8%的配对头寸；第三级为单位净持仓盈利小于 D3 交易日结算价 4%的配对头寸。以上各级配对头寸依次按待平仓申报（或剩余待平仓申报）与各级配对头寸数量对比确定的分配比例进行分配。

白银延期交收合约：第一级为单位净持仓盈利大于或等于 D3 交易日结算价 10%的配对头寸；第二级为单位净持仓盈利大于或等于 D3 交易日结算价 5%、小于 10%的配对头寸；第三级为单位净持仓盈利小于 D3 交易日结算价 5%的配对头寸。以上各级配对头寸依次按待平仓申报（或剩余待平仓申报）与各级配对头寸数量对比确定的分配比例进行分配。

（2）平仓数量的分配及步骤

若第一级盈利头寸数量大于或等于待平仓申报量，则根据待平仓申报量与该级配对头寸确定的比例，将待平仓申报分配给该级的配对头寸。

若第一级盈利头寸数量小于待平仓申报量，则根据该级配对头寸与待平仓申报量确定的比例，将该级的配对头寸分配给待平仓申报。再把剩余的待平仓申报按上述分配方法向第二级盈利头寸分配；若有剩余，则再向第三级盈利头寸分配；若还有剩余则不再分配。

5. 平仓及尾数的处理方法

先对每个客户编码所分配到的平仓数量的整数部分分配，再按照小数部分由大到小的顺序进行排序，然后按照该排序的顺序进行分配，每个客户编码 1 手；对于小数部分相同的客户，如果分配数量不足，则随机进行分配。

采取措施二之后，若 D5 交易日该延期交收合约的涨跌幅度未达到当日涨跌停板，则 D6 交易日该延期交收合约的涨跌停板和交易保证金比例均恢复到正常水平；若 D5 交易日该延期交收合约的涨跌幅度与 D3 交易日同方向再达到当日涨跌停板，则上海黄金交易所宣布为异常情况，并按交易所有关规定采取风险控制措施；若 D5 交易日该延期交收合约的涨跌幅度与 D3 交易日反方向达到当日涨跌停板，则视为新一轮单边市开始。因采取上述两项措施造成的经济损失由会员及其客户承担。

三、延期补偿费制度与超期费制度

上海黄金交易所的延期交收合约实行延期补偿费制度。

当出现下列情况时，上海黄金交易所可调整延期补偿费率，确保延期交收业务的顺利进行：

1. 价格波动剧烈或异常；
2. 延期交收合约长期交收异常；
3. 延期交收合约与现货之间价差偏离正常幅度；
4. 市场出现价格操纵情况；
5. 上海黄金交易所认定的其他需要调整的情况。

延期补偿费是延期交收合约的主要交割机制，同样也是重要的风险控制制度，延期补偿费率调整时，上海黄金交易所提前 3 个交易日公告。上海黄金交易所的延期交收合约实行超期费制度。

当出现某延期交收合约的持仓量超过一定水平，或出现市场过热状况时，上海黄金交易所可以对连续持有时间超过一定期限的部分或全部持仓加收超期费。超期费制度涉及持仓超期的时间和超期费率两项参数的设定，上海黄金交易所可以设定多档超期期限并针对每档期限设定不同的超期费率。正常情况下超期费率为零，超期费启用、停用和超期期限、费率的调整按照交易所的相关公告执行。对于持仓期限的超期费制度属于“软限制”，客户自主对超期持仓进行平仓后再开仓时，超期期限将重新计算。

四、限仓制度

上海黄金交易所实行限仓制度。限仓是指上海黄金交易所规定会员席位或客户对某一合约单边持仓的最大数量，上海黄金交易所对会员自营席位和代理席位分别进行限仓管理。

上海黄金交易所采用限制会员席位持仓和限制客户持仓相结合的办法，控制市场风险；会员席位和客户的持仓数量不得超过上海黄金交易所允许的限仓额度。因中立仓申报而生成的持仓不受当日限仓额度的限制。

会员自营席位的初始限仓额度，黄金延期交收合约为 4 吨、白银延期交收合约为 80 吨；代理席位的初始限仓额度，黄金延期交收合约为 6 吨、白银延期交收合约为 200 吨。会员可根据实际需要向上海黄金交易所申请调整会员自营、代理席位的限仓额度，上海黄金交易所根据市场情况进行审批。上海黄金交易所可以根据会员席位申请的席位限仓额度，相应调整其自营席位或代理席位最低结算准备金余额标准。

上海黄金交易所对法人客户和个人客户的各延期交收合约限仓的通配额度黄金延期交收合约分别为 2 吨、1 吨，白银延期交收合约分别为 80 吨、20 吨。各席位可在上海黄金交易所客户限仓额度内设定各自客户的限仓额度（会员针对客户交易编码的限仓），会员可代客户向交易所申请调整客户限仓额度。同一客户可在不同会员处开户，上海黄金交易所对其在不同席位上的持仓量进行合并计算，当其合计持仓量超出持仓限额时，上海黄金交易所可以指定有关会员对该客户超额持仓执行强行平仓。

当黄金延期合约持仓量大于200吨、白银延期合约持仓量大于5000吨时，单一会员席位或客户申请的总限仓额度不得超过对应合约申请时单边持仓量的一定比例。其中，法人代理席位最大不超过对应合约单边持仓量的25%；商业银行个人代理席位最大不超过对应合约单边持仓量的50%；其他可代理个人业务的会员个人代理席位最大不超过对应合约单边持仓量的25%；一般法人客户限仓额度最大不超过对应合约单边持仓量的10%；个人客户限仓额度最大不超过对应合约单边持仓量的5%。

上海黄金交易所可根据实际情况对上述标准进行调整。因上海黄金交易所对会员席位和客户的限仓额度作出调整等原因，导致其持仓量大于交易所的规定时，会员或客户应在交易所规定的时限内自行减仓，未按时完成减仓的，上海黄金交易所可以按有关规定执行强行平仓。

上海黄金交易所对套期保值额度单独进行管理。套期保值额度有效期原则上不超过一年。会员或客户已建仓的套期保值持仓到期后未作平仓或交割处理的，上海黄金交易所将按照普通持仓进行管理；超出其持仓限额的，上海黄金交易所可以按规定执行强行平仓。上海黄金交易所对客户在不同会员席位上的套期保值限仓额度合并管理。在进行套期保值交易时，会员或客户有欺诈或违反上海黄金交易所规定行为的，其已建仓的套期保值持仓按普通持仓管理或予以强行平仓，并按《上海黄金交易所违规处理办法》的有关规定处理。

五、交易限额制度

交易限额是指上海黄金交易所规定的会员或者客户对某一合约在某一期限内开仓交易的最大数量。上海黄金交易所可以根据市场情况，对不同的上市品种、合约，对部分或者全部的会员席位、客户，设定交易限额。具体交易限额执行标准由上海黄金交易所提前公布。套期保值交易不受交易限额规定限制。

六、大户报告制度

当会员自营席位持仓量或代理席位持仓量、单一客户持仓量达到交易所限仓规定的80%时，或者上海黄金交易所要求会员或客户报告时，会员或客户应当向上海黄金交易所报告其资金、头寸等情况，客户应当通过会员报告。

会员或客户持仓达到上海黄金交易所报告标准或者交易所要求报告的，应当于下一交易日收市前向上海黄金交易所报告。上海黄金交易所有权对会员或客户提供的材料进行核查。

会员应当监控客户的持仓状况，当客户达到上海黄金交易所的大户报告标准时，督促客户及时提交报告。客户在不同会员处开户的，上海黄金交易所对其在不同席位上的持仓量进行合并计算，当其合计持仓量达到报告标准，由上海黄金交易所指定并通知有关会员，负责报送该客户应当报告情况的相关材料。

七、强行平仓制度

强行平仓是指上海黄金交易所按照有关规定对会员席位或客户持仓实行平仓的一种强制措施。

当出现会员自营席位或代理席位保证金账户结算准备金不足且未能在规定时限内补足，席位或客户持仓量超出上海黄金交易所的限仓规定，会员或客户因违规受到交易所强行平仓处罚，根据交易所的紧急措施应予强行平仓等情况时，上海黄金交易所有权对会员或客户持仓实行强行平仓。

强行平仓分为会员执行和上海黄金交易所执行两种情况。需要强行平仓的头寸先由会员在开市后 2 小时内执行，上海黄金交易所另行规定的除外。会员未在规定时限内执行完毕的，上海黄金交易所有权强制执行。上海黄金交易所向有关会员下达的强行平仓要求，除交易所特别通知外，以当日向有关会员发送的结算数据和结算单据形式告知，会员可以通过相关系统获得相关数据。

（一）会员执行

属于保证金账户结算准备金不足且未能在规定时限内补足的强行平仓，平仓头寸由会员自行确定，只要在规定时限内平仓释放的保证金补足结算准备金不足即可。会员对其客户的强行平仓时应当符合双方协议规定的标准和条件，并以约定的方式通知客户。其他情况需要强行平仓的，强行平仓头寸由上海黄金交易所确定。

（二）上海黄金交易所执行

属于保证金账户结算准备金不足且未能在规定时限内补足的情况，当席位持有多个合约或席位下多个客户持有多个合约时，上海黄金交易所按上一交易日收市后席位或客户持有的合约和持仓方向市值从大到小的顺序执行强行平仓，直至补足结算准备金。若多个会员席位需要强行平仓的，按需要追加的保证金由大到小的顺序，先对需要追加保证金大的会员席位执行强行平仓。其他情况需要强行平仓的，上海黄金交易所区分不同情况对会员和客户执行强行平仓。

强行平仓的价格通过市场交易形成。因受价格涨跌停板限制或其他市场原因制约而无法在规定时限内完成全部强行平仓的，其剩余持仓头寸可以顺延至下一交易日继续平仓，直至结果符合交易所要求。

由于价格涨跌停板限制或其他市场原因，有关持仓的强行平仓只能延时完成，而因此发生的亏损，仍由直接责任人承担；未能完成平仓的，该持仓持有者须继续对此承担持仓责任或实物交割义务。由会员执行的强行平仓产生的盈利仍归直接责任人；由上海黄金交易所执行的强行平仓产生的盈利按有关规定执行；因强行平仓产生的亏损由直接责任人承担。直接责任人是客户的，强行平仓后产生的亏损，由该客户的代理会员先行承担后，自行向该客户追索。

强行平仓执行后会员的结算准备金仍然不足且未能在规定时限内补足的，上海黄金交易所有权暂停其办理出库、借出、质押等实物业务，并有权将其名下相应价值的实物库存转移至专用保管账户，并进行处置，直至满足其保证金账户结算准备金最低余额的要求。实物库存处置执行后会员的结算准备金仍然不足且未能在规定时限内补足的，交易所保留继续追偿的权利。

八、风险警示制度

风险警示制度是指当上海黄金交易所认为必要时，可以分别或同时采取要求报告情况、谈话提醒、书面警示、公开谴责、发布风险警示公告等措施中的一种或多种，并结合其他风险控制措施，以警示和化解风险。

九、异常交易监控制度

上海黄金交易所根据《上海黄金交易所异常交易监控制度》的暂行规定，在监控中发现交易出现异常的，有权采取控制交易频率、限制开新仓、限期平仓、强行平仓等措施化解风险。

（一）异常交易行为分类

会员或客户出现下列情形之一的，交易所视为异常交易行为。

1. 会员或客户的交易导致价格异常。

2. 会员或客户出现以下报单异常：

（1）通过批量下单、快速下单，单日报单笔数可能影响交易所系统安全或者正常交易秩序的情况；

（2）在某一合约上频繁申报并撤销申报，可能影响交易价格或误导其他客户进行交易的行为；

（3）客户单日在某一合约上出现多次大额申报并撤单申报，可能影响交易价格或者误导其他客户进行交易的行为；

（4）交收申报过程中大额申报并撤销申报，可能操纵延期补偿费方向的行为；

（5）交易所认定的其他报单异常情况。

3. 会员或客户出现以下交易异常：

（1）实际控制关系账户互为对手方的交易（交易所认可的情况除外）；

（2）同一账户自买自卖的交易；

（3）大量或者多次进行高买低卖的交易；

（4）交易所认定的其他交易异常情况。

实际控制是指行为人（包括个人、单位）对他人（包括个人、单位）账户具有管理、使用、收益或者处分等权限，从而对他人交易决策拥有决定权的行为或事实。

4. 会员或客户存在以下持仓异常：

（1）实际控制关系账户合并持仓超过交易所持仓限额规定；

（2）交易所认定的其他持仓异常情况。

5. 会员资金异常。

6. 会员或客户交割异常。

7. 会员或客户涉嫌违规、违约。

8. 交易所接到投诉涉及会员或客户。

9. 会员或客户涉及司法调查。

10. 交易所认定的其他情况。

（二）实际控制关系

有下列情形之一的，应当认定为行为人对他人资金或实物账户的交易具有实际控制关系。

1. 行为人作为他人的控股股东。行为人的出资额占他人资本总额50%以上或者其持有的股份占他人股本总额50%以上的股东；出资额或者持有股份的比例虽然不足50%，但依其出资额或者持有的股份所享有的表决权已足以对股东会、股东大会的决议产生重大影响的股东。

2. 行为人作为他人的开户授权人、指定下单人、资金调拨人、结算单确认人或者其他形式的委托代理人。

3. 行为人作为他人的法定代表人、主要合伙人、董事、监事、高级管理人员等，或者行为人与他人的法定代表人、主要合伙人、董事、监事、高级管理人员等一致的。

4. 行为人与他人之间存在配偶关系的。

5. 行为人与他人之间存在父母、子女、兄弟姐妹等关系，且对他人资金或实物账户的日常交易决策具有决定权或者重大影响的。

6. 行为人通过投资关系、协议、融资安排或者其他安排，能够对他人资金或实物账户的日常交易决策具有决定权或者重大影响的。

7. 行为人对两个或者多个他人资金或实物账户的日常交易决策具有决定权或者重大影响的。

8. 交易所认定的其他情形。

（三）异常交易具体认定指标

1. 在某一合约上批量下单、快速下单，客户单日报单笔数超过1000笔（含1000笔），且可能影响交易所系统安全或者正常交易秩序的情况。

2. 在某一合约上频繁申报并撤单，单日撤单次数超过650次（含650次），可能影响交易价格或误导其他客户进行交易的行为。

3. 客户单日在某一合约上的大额撤单次数超过50次（含50次），构成日内出现多次大额申报并撤单，可能影响交易价格或者误导其他客户进行交易的行为。

黄金合约单笔撤单量达到100手以上（含100手）、白银合约单笔撤单量达到1000手以上（含1000手），视作大额撤单。

4. 实际控制关系账户或同一账户，单日互为对手或自买自卖次数超过5次（含5次）。

5. 实际控制关系账户之间单日黄金合约超过100手、白银合约超过1000手的交易。

6. 交易所认定的其他交易异常情况。

以上认定指标不包括FAK和FOK指令，交易所认定的其他情况除外。

（四）异常交易处罚

客户参与交易，出现频繁报单、频繁撤单、大额报撤单、自成交等行为多次达到交易所处理标准的，交易所在必要时按照以下程序进行处理：

客户第一次达到交易所处理标准的，交易所对客户所在会员的指定联系人进行电话提示，要求会员及时将交易所提示转达客户，责令其对客户进行教育、引导、劝阻及制止。

客户第二次达到交易所处理标准的，交易所将该客户列入重点监管名单，同时将客户异常交易行为向会员通报。

客户第三次达到交易所处理标准的，交易所对客户采取限制交易的监管措施，限制交易的时间原则上不低于 1 个月。

会员参与交易，出现频繁报单、频繁撤单、大额报撤单、自成交等行为，达到交易所处理标准的，交易所在必要时按照以下程序进行处理：

第一次达到交易所处理标准的，交易所对该会员的指定联系人进行电话提示要求报告情况。

第二次达到交易所处理标准的，交易所约见该会员的高级管理人员谈话。

第三次达到交易所处理标准的，交易所对该会员采取限制交易的监管措施，限制交易的时间原则上不低于 3 个月。

交易所限制会员或客户的交易，可以通过以下方式进行：

（1）在指定合约或交易所全部品种上限制交易频率；

（2）在指定合约或交易所全部品种上限制开新仓；

（3）在指定合约或交易所全部品种上限期平仓；

（4）在指定合约或交易所全部品种上强行平仓；

（5）交易所认可的其他限制方式。

第三节　上海黄金交易所黄金 ETF 业务

ETF 即交易型开放式指数基金，又被称为交易所交易基金，是一种在交易所上市交易的、基金份额可变的开放式基金。黄金 ETF 是指绝大部分基金财产以黄金为基础资产进行投资，紧密跟踪黄金价格，使用黄金品种组合或基金合同约定的方式进行申购赎回，并在证券交易所上市交易的开放式基金。

上金所负责办理投资者与黄金 ETF 间的黄金现货实盘合约过户及登记、托管黄金现货合约。黄金 ETF 上市的证券交易所（以下简称证交所）负责盘中实时增减投资者黄金 ETF 可用份额。中国证券登记结算有限责任公司（以下简称中国结算）负责登记、托管投资者黄金 ETF 份额。基金管理人负责校验、匹配投资者账户备案信息。

一、黄金 ETF 认购、申购、赎回代办资格

上金所负责黄金 ETF 现货实盘合约认购、申购、赎回代办资格的审批，证交所负责黄金 ETF 现金认购、申购、赎回代办资格的审批。

上金所会员可自营黄金 ETF 现货实盘合约认购、申购、赎回业务。具备证券投资基金销售业务资格的或上金所认可的上金所会员可向上金所申请黄金 ETF 现货实盘合约认购、申购、赎回代办资格。会员获得黄金 ETF 认购、申购、赎回代办资格后，与基金管理人签订代办协议，由基金管理人向上海黄金交易所备案后方可代理投资者办理该只黄金 ETF 相关业务。

二、账户备案

投资者参与黄金 ETF 现货实盘合约认购、申购、赎回前，需先将其在上金所的黄金账户（十位客户代码）、证券账户和投资者意向参与的黄金 ETF 进行绑定。黄金账户和证券账户都有效且在两所开户登记信息一致的投资者才可参与黄金 ETF 现货实盘合约认购、申购和赎回：如果投资者为自然人，则投资者名称及开户时的证件类型及证件号码必须一致；如果投资者为法人，则投资者名称及开户时的营业执照号、组织机构代码或统一社会信用代码必须一致。基金管理人负责校验、匹配投资者账户备案信息。

三、黄金 ETF 现货实盘合约认购

基金募集期内，每个交易日 9：30~11：30，13：30~15：00 投资者通过上金所会员提交认购申请，并备足相应的黄金现货实盘合约。认购申请提交后不得撤销。投资者可以认购多种合约品种，每种合约的重量必须是该合约最小交易单位的整数倍。投资者可以选择的合约品种由基金管理人提前公告，并通知上金所进行系统设置。

上金所收到会员提交的申请后实时将黄金现货实盘合约从投资者账户过户至黄金 ETF 账户。若投资者尚未办理账户备案或任一合约品种库存不足，则过户失败。每日日终，基金管理人通过清算文件获得当日投资者认购信息。

募集期结束后，中国证券登记结算有限责任公司对基金管理人提交的所有黄金 ETF 份额登记材料进行审核并完成 ETF 份额登记，并将份额登记结果发送基金管理人。如份额登记失败的认购，由上海黄金交易所将合约从黄金 ETF 账户退回投资者账户。退还的合约品种同投资者认购时使用的合约品种一样。

四、黄金 ETF 现货实盘合约申购

黄金 ETF 开放申购赎回后，每个交易日 9：30~11：30，13：30~15：00 投资者通过上海黄金交易所会员提交申购申请，并备足相应的黄金现货实盘合约。投资者可以申购多种合约品种，每种合约的重量必须是该合约最小交易单位的整数倍，全部合约的总重量必须是最小申购赎回重量的整数倍。

上海黄金交易所收到会员提交的申请后，实时冻结投资者黄金现货实盘合约。若冻结成功，则实时通知证券交易所记增投资者可用份额。证券交易所处理完成后实时将可用份额变动结果通知上海黄金交易所。若可用份额记增成功，则上海黄金交易所实时将合约从投资者账户过户至黄金 ETF 账户。若可用份额记增失败，则上海黄金交易所将实时解冻投资者合约。

五、黄金 ETF 现货实盘合约赎回

黄金 ETF 开放申购赎回后，每个交易日 9：30~11：30，13：30~15：00 投资者通过上海黄金交易所会员提交赎回申请。投资者赎回的总重量必须是最小申购赎回重量的整数倍。

上海黄金交易所收到会员提交的申请后，实时通知证券交易所记减投资者可用份额。证券交易所处理完成后实时将可用份额变动结果通知上海黄金交易所。若可用份额记减成

功，上海黄金交易所则根据基金管理人事先约定的合约品种过户顺序实时将合约从黄金ETF账户过户至投资者账户。若可用份额记减失败，则该笔赎回失败。

六、现金差额

现金差额是指最小申购赎回单位的资产净值与最小申购赎回单位中的黄金现货合约市值之差。投资者申购、赎回时应支付或应获得的现金差额根据最小申购赎回单位对应的现金差额、申购或赎回的基金份额数计算。预估现金差额指由基金管理人计算并在T+0日申购赎回清单（申赎清单）中公布的当日现金差额的估计值。现金差额的数值可能为正、为负或为零。申购时，如现金差额为正数，则投资者应向黄金ETF支付现金差额，如现金差额为负数，则黄金ETF应向投资者支付现金差额；赎回时，如现金差额为正数，则黄金ETF应向投资者支付现金差额，如现金差额为负数，则投资者应向黄金ETF支付现金差额。基金管理人负责计算各合约品种的实际现金差额及预估现金差额，上海黄金交易所负责代收代付实际现金差额。T-1日申购、赎回确认成功的投资者在T+0日结算时完成与黄金ETF间的实际现金差额结算。投资者应支付或获得的现金差额根据各合约品种的申购、赎回重量及T+0日公告T-1日对应合约的实际现金差额计算。

第十二章　黄金珠宝企业避险实用工具

第一节　上海期货交易所工具

一、上海期货交易所概况

目前国内期货交易所共有 4 家，分别是上海期货交易所、郑州商品交易所、大连商品交易所和中国金融期货交易所。

上海期货交易所是受中国证券监督管理委员会集中统一监管的期货交易所，于 1999 年 12 月正式运营，是国家重要的金融基础设施，宗旨是服务实体经济。经过二十余年的稳健发展，上海期货交易所目前已上市铜、铝、锌、铅、镍、锡、黄金、白银、螺纹钢、线材、热轧卷板、原油、燃料油、石油沥青、天然橡胶、纸浆、20 号胶、不锈钢、低硫燃料油、国际铜 20 个期货品种以及铜、天然橡胶、黄金、铝、锌、原油 6 个期权合约，在全球衍生品市场占据重要地位。

在上期所挂牌交易的产品中，原油期货是我国首个国际化期货品种，对我国期货市场对外开放具有标志性意义。铜期权是我国首个工业品期权，为企业提供了更加精细化的风险管理工具。铜期货已成为世界影响力最大的三大铜期货市场之一，并与铝、锌、铅、镍、锡期货形成了完备的有色金属品种系列，能较好地满足实体行业需求。

上海期货交易所现有会员 398 家，其中期货经纪公司会员占 80%以上，已在全国各地开通远程交易终端 250 多家。

二、期货交易规则

期货交易买卖规则如下：

1. T+0 交易时间：交易时间内，随时可以买卖，没有次数和时间的限制，比如当天买入盈利了，当天就可以卖出结算。

2. 双向交易机制：双向交易就是涨跌两个方向都可以买卖，买涨和买空，简单来说选择一个品种，只要是方向对了，就能赚钱。

3. 保证金交易：保证金就是我们交易的成本，只不过在期货市场里面叫作保证金，保证及可以理解为降低了交易成本，但是收益没有降低，所以很多人会觉得本金低收益高，理解为杠杆。

4. 强平制度：强行平仓就是期货交易所为了保证账户的风险率做出的动作，如果我们亏损太大，期货公司有权利给我们的账户做平仓处理。

5. 夜盘交易：期货市场是有夜盘交易的，并且夜盘开盘时间是一个产品新的交易日的开始，到次日的 15 点是一个完整的交易日。

6. 合约：分为主力合约和非主力合约，交易量最大的是主力合约（每个产品都有多个合约品种，比如苹果2209就是2022年9月需要交割，比如苹果2310就是2023年10月需要交割）。

7. 强平：强制平仓，如果重仓交易产生了大量的亏损，导致账户资金不足，期货交易所会对账户进行强制平仓，或者我们到了交割月份没有平仓的，期货公司也会进行强制平仓处理。

8. 交割：个人投资者是不参与交割的，企业账户可以参与。另外到了交割月份之前是必须平仓的，如果持仓进入了交割月份，期货公司是不允许交易的。

9. 锁仓：期货交易技巧方面是有个锁仓的技能的，也就是说如果行情看不好的时候，为了不错过盈利行情的，那么可以同时开仓多空双向单，进行锁仓规避风险。

除此之外，不同的期货标的物，其交易时间、涨跌幅限制有所不同。

三、期货投资的风险

第一，价格波动风险。期货交易的保证金杠杆效应，易诱发交易者的"以小博大"投机心理，从而加大了价格的波动幅度。

第二，操作风险。投资者的操作风险主要来自非理性的投资理念和操作手法。主要表现在：对基本面、技术面缺乏正确分析的前提下，盲目入市和逆市而为。

建仓时盈利目标和止损价位不明确，从而导致在关键价位不能有效采取平仓了结的方式来确保收益或减少亏损。

第三，结算风险。每日无负债结算制度，使客户在期货价格波动较大，而保证金又不能在规定时间内补足至最低限度时，面临被强制平仓的风险，由此造成的亏损全部由客户负责。

第四，流动性风险。流动性风险是交易者难以及时成交的风险，一般非主力合约，特别是成交量少的小品种、持仓量少于10万手的合约面临流动性风险，不建议交易此类合约。

第五，信用风险。信用风险是指期货市场中卖方或买方不履行合约而带来的风险。

四、期货市场风险控制

期货市场风险管理实行保证金制度、每日无负债结算制度、涨跌停板制度、持仓限额制度、大户报告制度、实物交割制度、强行平仓制度、异常交易制度等。

1. 保证金制度

在期货交易中，任何交易者必须按照其所买卖期货合约价值的一定比例（通常为5%~10%）缴纳资金，作为其履行期货合约的财力担保，然后才能参与期货合约的买卖，并视价格变动情况确定是否追加资金。这种制度就是保证金制度，所交的资金就是保证金。保证金制度既体现了期货交易特有的"杠杆效应"，也成为交易所控制期货交易风险的一种重要手段。

2. 每日无负债结算制度

期货交易的结算是由交易所统一组织进行的。期货交易所实行每日无负债结算制度，又称"逐日盯市"，是指每日交易结束后，交易所按当日结算价结算所有合约的盈亏、交易保证金及手续费、税金等费用，对应收应付的款项同时划转，相应增加或减少会员的结算准备金。期货交易的结算实行分级结算，即交易所对其会员进行结算，期货经纪公司对其客户进行结算。

3. 涨跌停板制度

涨跌停板制度又称每日价格最大波动限制，即指期货合约在一个交易日中的交易价格波动不得高于或低于规定的涨跌幅度，超过该涨跌幅度的报价将被视为无效，不能成交。

4. 持仓限额制度

持仓限额制度是指期货交易所为了防范操纵市场价格的行为和防止期货市场风险过度集中于少数投资者，对会员及客户的持仓数量进行限制的制度。超过限额，交易所可按规定强行平仓或提高保证金比例。

5. 大户报告制度

大户报告制度是指当会员或客户某品种持仓合约的投机头寸达到交易所对其规定的头寸持仓限量 80%以上（含本数）时，会员或客户应向交易所报告其资金情况、头寸情况等，客户须通过经纪会员报告。大户报告制度是与持仓限额制度紧密相关的又一个防范大户操纵市场价格、控制市场风险的制度。

6. 实物交割制度

实物交割制度是指交易所制定的、当期货合约到期时，交易双方将期货合约所载商品的所有权按规定进行转移，了结未平仓合约的制度。

7. 强行平仓制度

强行平仓制度是指当会员或客户的交易保证金不足并未在规定的时间内补足，或者当会员或客户的持仓量超出规定的限额时，或者当会员或客户违规时，交易所为了防止风险进一步扩大，实行强行平仓的制度。简单地说就是交易所对违规者的有关持仓实行平仓的一种强制措施。

8. 异常交易制度

投资者参与期货交易应当遵守法律法规和交易所业务规则，须接受交易所监管及期货公司对其交易行为的合法合规性管理和监控，自觉规范交易行为。根据四大期货交易所及能源中心颁布的异常交易监控相关管理办法，当投资者的期货交易出现以下情形之一的，将认定期货异常交易行为：

（1）自成交：以自己为交易对象多次进行自买自卖的行为或者一组实际控制关系账户内的客户之间多次进行相互为对手方的交易。

（2）大额报撤单：大额日内出现多次大额申报并撤销申报，可能影响期货交易价格或者误导期货市场其他参与者进行期货交易的行为。

（3）频繁报撤单：日内出现频繁申报并撤销申报，可能影响期货交易价格或者误导期货市场其他参与者进行期货交易的行为。

（4）单个交易日在某一上市品种或者期货合约上的开仓交易数量超过交易所指定的日内开仓交易量的。

（5）采取程序化交易方式下达交易指令，可能影响交易所系统安全或者正常交易秩序的行为。

（6）中国证监会规定或者交易所认定的其他情形。

针对以上有关异常交易行为各大期货交易所的认定标准如表 12-1 所示。

表 12-1　异常交易行为处理标准

异常交易行为	交易所	处理标准
日内过度交易	中金所	股指期货某一合约上开仓交易量超过 50 手（国债期货不受限制）
	上期所、大商所、郑商所、能源中心	
自成交	四大交易所及能源中心	单日在某一合约上的自成交次数达到或者超过 5 次
频繁报撤	中金所	单日在某一合约上撤单次数达到或者超过 400 次（国债期货为 500 次）
	上期所、大商所、郑商所、能源中心	单个交易日在某一合约上的撤单次数达到 500 次及以上的
	郑商所	当某一合约停板后，客户当日在涨停板价位买单撤单量或者在跌停板的价位买单撤单量超过 100 笔的
大额报撤	中金所	单日在某一合约上的撤单次数超过 100 次（含），且单笔撤单量达到或者超过交易所规定的限价指令每次最大下单数量的 80%
	上期所、能源中心	单个交易日在某一合约上的大额撤单（单笔撤单的撤单量达到 300 手及以上）次数达到 50 次及以上的
	大商所	单日在某一合约上的撤单次数达到 400 次（含）以上的，且单笔撤单的撤单量超过合约最大下单手数的 80%
	郑商所	单日在某一合约每笔撤单量 800 手（含）以上且撤单笔数 50 笔及以上
套保是否豁免	四大交易所及能源中心	是
套利是否豁免	中金所、郑商所、大商所	是（中金所仅限国债期货品种）
	上期所、能源中心	否
其他豁免情况	四大交易所及能源中心	立即全部成交否则自动撤销指令（FOK）和立即成交剩余指令自动撤销指令（FAK）等产生的自成交、频繁报撤单、大额报撤单等行为
	郑商所、大商所期权	期权做市交易所产生的频繁报撤单行为不作为异常交易

另外，证交所异常交易行为监管中还包括“自然人持仓违规进入交割月份”，若由交易所作强平处理，则该异常交易违规交易行为将被记入中国资本市场诚信信息数据库。

第二节　中国金融期货交易所工具

一、中国金融期货交易所概况

中国金融期货交易所（以下简称中金所）是经国务院同意、中国证监会批准设立的，一家专门从事金融期货、期权等衍生品交易和结算的公司制交易所，于 2006 年在上海挂牌成立，是我国金融衍生品要素市场的建设者、组织者和管理者。

中金所的主要职能是：组织安排金融期货等金融衍生品上市交易、结算和交割，制定业务管理规则，实施自律管理，发布市场交易信息，提供技术、场所、设施服务，以及中国证监会许可的其他职能。

中金所实行会员分级结算制度，会员分为结算会员和交易会员。结算会员按照业务范围分为交易结算会员、全面结算会员和特别结算会员。实行会员分级结算制度，形成多层次风险控制体系，保障市场安全运行。

2010 年以来，中金所先后上市沪深 300、上证 50 和中证 500 三个股指期货产品，2 年期、5 年期和 10 年期三个国债期货产品和沪深 300 股指期权，为中国金融市场稳定发展提供了高质量的风险管理工具。

二、期权市场风险管理

国际上不同类型的金融机构和金融监管组织对金融衍生产品的风险做了大量的考察和分析，将衍生金融工具的风险概括为信用风险、市场风险、流动性风险、运作风险和法律风险五大类。期权作为重要的衍生金融工具，也同样面临这五类风险。这里我们主要讨论由于期权基础工具价格（如利率、汇率、证券价格）波动发生逆向变动而带来的损失风险。

1. 期权具有非线性的盈亏状态

期权，也称选择权，是指具有在约定的期限内，按照事先确定的“执行价格”，买入或卖出一定数量的某种商品、货币或某种金融工具契约（标的物）的权利。期权交易把“权利”作为可自由买卖的商品，通过买卖期权合同来进行。依据期权是否可以提前行权，期权可以分为欧式期权、美式期权两大类。

期权具有非线性的盈亏状态，期权的非线性盈亏状态与期货线性的盈亏状态有本质的区别。正是因为期权盈亏状态具有非线性的特征，使得期权成为许多有价证券、金融工具的建筑砌块，使得金融产品构架发生深刻变化，即：从理论上说，任何金融产品都可以分解成若干期权组合；期权通过组合可以构成任意一种金融产品，这也是金融工程研究的主要内容之一。

通过 Black-Scholes 期权定价模型，可以对期权价格特征、风险特征做深入分析，通过分析期权盈亏特征，可以看出期权的市场风险不一定比期货的市场风险更大。

2. 期权价格的影响因素

影响期权的因素主要有：执行价格、当前基础资产的波动率大小、无风险利率、到期时间长短、股票分红（股指期货无分红、股票期货有分红），在一系列前提假设下，Black-Scholes 期权定价模型普遍被大家接受。

正是因为影响期权价格的因素非常多，而这也正是许多人认为期权复杂的原因所在，因此我们需要从不同的角度来研究期权的市场风险特征。

3. 期权市场风险度量

期权交易的风险主要包括权利金风险、市场流动性风险、合约到期风险以及杠杆风险、价格波动的风险、期权交易的风险、无法平仓风险等内容。当我们从不同的角度来研究期权的市场风险特征时，我们需要各种特性指标来度量不同类型、不同方面的期权市场风险。Delta、Theta、Gamma、Vega、Rho 等术语就是从不同角度度量期权市场风险的指标。

经过一定假设，Delta、Theta、Gamma、Vega、Rho 这些指标可以通过 Black-Scholes 期权定价公式计算出来。因此我们可以得到，当一个因素变动而其他因素不变时，基础工具价格变动对期权价格的影响，也就是度量了该要素对价格变动的敏感性；更重要的是，我们可以得到这些风险指标之间的关联性，尤其是它们的动态风险特征。

4. 期权的风险管理

期权是进行风险管理、实现风险转移的重要工具，运用期权进行风险管理要学会利用期权的特性，同时也要管理期权本身的风险。相对于其他金融工具，期权具有自己的特点，它使风险管理面临更大的挑战。例如它的盈亏有非线性的特点，还有大头针风险、行权交收风险。又如，不同的期权合约流动性也不同，这使大量持仓时可能面临流动性风险。

对于期权经营机构而言，全面风险管理十分重要，因为随着品种增多、策略增多、市场的波动增大，建立全面风险管理体系成了重中之重。正确处理风险与收益的关系，必须要做到风控先行，时刻关注各种风险，包括市场风险、流动性风险等。

原则上讲，风险管理要全面覆盖，包含所有的品种和策略，同时要粗中有细，粗细结合，这样才能把风险控制住。需要建立完善的风控体系，设置丰富的、科学的风险控制指标，例如标的集中度等。

此外，压力测试也比较重要，需要经常进行压力测试，否则风险管控就是不全面的。还有一个常用的方法就是 VaR，也就是风险价值模型，它能够帮助期权经营机构、投资者更好地知道了解自己的持仓风险。

最后，交易结束后要进行盈亏分析，进行复盘、回测，重新审视过往策略的盈亏及各种希腊字母及其他风控指标，这有助于我们总结经验教训，改进策略方案，管控投资风险。

三、互换市场风险管理

一般认为，风险管理是互换最重要、最基本的功能与运用领域。互换种类不同，其管理的风险也是各不相同的。例如，利率互换主要用于管理利率风险，货币互换主要用于管理汇率风险。股票互换主要针对股票价格风险，总收益互换和信用违约互换主要针对信用风险等。

金融互换市场是 20 世纪 70 年代末世界汇率与剧烈波动条件下的产物，是国际金融衍生市场的重要组成部分。当今，全球金融互换市场已集外汇市场、证券市场、短期货币市场和长期资本市场于一身，既是融资工具的创新，又是金融风险管理的新手段。

（一）金融互换市场的主要类型

根据基础产品的不同，互换可以分为货币互换、利率互换、股票互换、商品互换，而最常见的是货币互换和利率互换。下面我们主要介绍这两种互换，以及在此基础上产生的一些衍生互换产品。

1. 货币互换

货币互换是指交易一方拥有一定数量的资本和由此产生的利息支付；另一方拥有另一

种货币相应的资本以及因此承担的利息支付义务，交易双方将各自拥有的资本和付息义务进行交换。实现交换的前提是，首先交易双方要分别需要双方拥有的币种，其次是所持资本的数值、期限相同。通过货币互换能降低筹资成本；能预先锁定汇率、利率，规避了汇率风险和利率风险。货币互换的几种主要类型有：定息—定息货币互换、定息—浮息货币互换、浮息—浮息货币互换。

货币互换是根据交易双方的互补需求，相互交换不同种类的货币的本金和利息的交易行为。它一般分为三个阶段：第一，本金互换。交易之初，双方按协定的汇率交换两种不同币种的本金，以便计算应支付的利息。初期交换可以以即期汇率为基础，也可以以交易双方协定的远期汇率为基础。第二，期中利息互换。双方按交易前的协定利率，以未偿还本金为基础，支付交易利息。第三，期末本金互换，即到期日本金的再次互换。在合约到期日，交易双方换回交易开始时所确定的本金。

2. 利率互换

利率互换是指交易双方按照事先商定的规则，以同一种货币、相同金额的本金在相同的期限内，相互交换以不同利率计算的资产或货币的支付行为。在利率互换中，初期或到期日都没有实际本金的交换，交易双方只是按照事先商定的本金交换利息的支付。在利率互换中，市场浮动利率是以伦敦银行同业拆借利率为基准的，参与交易的各方根据各自的情况在 LIBOR 上附加加息率作为自己的浮动利率。利率互换的几种主要类型有息票互换、基础互换、交叉货币互换。

利率互换的基本原理是交易双方在不同的利率借贷市场上所具有的比较优势。假设有甲、乙两家公司，甲公司的信用等级是 Aaa，乙公司的信用等级是 Bbb，由于信用等级不同，所以两家公司在资金市场上的筹资成本也不相同。信用等级高的甲公司无论在固定利率市场还是在浮动利率市场都可以以较低的成本筹措到资金，而信用等级较低的乙公司则无论在固定利率市场还是在浮动利率市场，其筹资成本都高于甲公司。但是，相对而言，乙公司在浮动利率市场上具有比较优势，即它在浮动利率市场上比甲公司多付出的利率要比它在固定利率市场上付出的少。于是，乙公司将在浮动利率市场上筹资，然后与甲公司在固定利率市场上所筹集的资金互换。

3. 其他互换

从最普遍的意义来说，互换实际上是现金流的交换，由于计算或确定现金流的方法有很多，因此互换的种类就很多。除了上述最常见的利率互换和货币互换外，其他主要的互换品种有交叉货币利率互换、增长型互换、基点互换、可延长互换和可赎回互换以及股票互换等。

（二）金融互换市场的新兴衍生工具

互换由于多在场外交易，故可“量体裁衣”“度身打造”出许多新种类，主要有：

1. 互换期权

购买者有权决定是否按交易时商定的条件在未来某日进行互换。

2. 远期互换

按今天确定的条件在协议的未来日子执行的互换。

3. 分期摊还互换

本金随还款期临近而递减，互换支付金额按本金摊提数量计算。

4. 指数互换

利息支付参考股票价格指数、债券价格指数等计算的互换。

5. 零息票债券互换

互换的一方在期满时按协议的互换利率支付固定利息，在互换期间按复利计算。

6. 可展式互换与可断式互换

一方有权将互换延长或提前终止。

7. 多边互换

中介银行一次组合多起互换，一组交易同时进行，各方交易总的净头寸为零。

8. 卡特尔互换

不同货币的互换与基准利率互换的一种混合交易。

（三）互换市场风险管理

1. 互换是改变风险的工具

互换本质上是改变风险的一种工具。可以通过互换交易改变风险的主要工具：利率风险、货币风险、商品风险、股权风险、信用风险、气候性风险（天气、温度）等。上述并未列出通过互换交易可以改变的所有风险任何变量，只要存在风险的买方和卖方，就可能成为互换的候选对象。

在过去的20年中，通过互换交易可以改变的风险范围已逐步扩大，20世纪70年代末期进行首次货币互换交易，1981年进行首次利率互换，股权与商品互换产生于20世纪80年代中期，信用衍生产品则在1990年产生，气候衍生产品还属于新生事物改变风险分两步实现：即互换交易的两部分或两步，收入与支出。互换的第一步是与现有风险配对，第二步是创造所需的风险头寸，为了决定以何种方式构造互换交易，就有必要搞清楚现有的头寸地位。

2. 互换交易市场风险的管理

（1）冲抵避险

一般来说，对付互换交易中市场风险的最好方法是从事一个冲抵型互换，以产生出金额相等、方向相反的头寸。这样如果不考虑互换差价，那么，原先互换的风险基本上就得到了规避。

（2）利用现货市场避险

当互换参与者从事了一笔互换交易后，若没有从事另一个与之相对应的冲抵型互换交易，那么该参与者规避互换市场风险的基本思路，是使这一未经冲抵的互换头寸与其在现货市场上所持有的头寸相一致。这样，在该参与者没有从事另一个冲抵型互换交易之前，他可以利用现货市场交易或与现货市场交易有关的期货交易，来规避互换交易的市场风险。

3. 有效期避险法及整体现金流避险法

前面所说的是对个别互换交易的避险方法。而有效期避险法及整体现金流避险法是对互换组合的市场风险进行规避的方法。其中有效期避险法即久期避险法，基本思想是计算互换组合的有效期，然后利用具有相同有效期的工具对互换组合进行避险。这种方法的假设利率为平均利率且收益曲线平行移动，主要适用于管理利率的小幅度变动风险。于是随着利率的变动，需要频繁地对避险进行平衡或调整。在实际操作中，利用一些工具为互换现金流组合避险会产生出互换组合与避险组合之间现金流的明显不对应，由此导致收益曲线非平行变动产生出很大的残余风险。

互换组合管理整体现金流方法是组合方法的拓展，克服了有效期避险法的一些缺陷，它建立在完全加总组合方法的基础上，并且不以产生对应或冲抵互换为基础，它注重识别组合风险的具体特点并利用基于回归的最小方差避险方法。

第三节　ETF 及其他金融工具运用

一、ETF 市场交易规则

（一）ETF 的概念

ETF，交易型开放式指数基金，别称交易所交易基金，是在交易所上市交易的、基金份额可变的开放式基金。

它结合了封闭式基金和开放式基金的运作特点，投资者既可以向基金管理公司申购或赎回基金份额，同时又可以在二级市场上按市场价格买卖 ETF 份额，具有可申购赎回、上市交易等特点。

根据投资方法的不同，ETF 可以分为指数基金和积极管理型基金，国外绝大多数 ETF 是指数基金。目前国内推出的 ETF 也是指数基金。ETF 代表一篮子股票的所有权，是指像股票一样在证券交易所交易的指数基金，其交易价格、基金份额净值走势与所跟踪的指数基本一致。因此，投资者买卖一只 ETF，就等同于买卖了它所跟踪的指数，可取得与该指数基本一致的收益。通常采用完全被动式的管理方法，以拟合某一指数为目标，兼具股票和指数基金的特色。如图 12-1 所示。

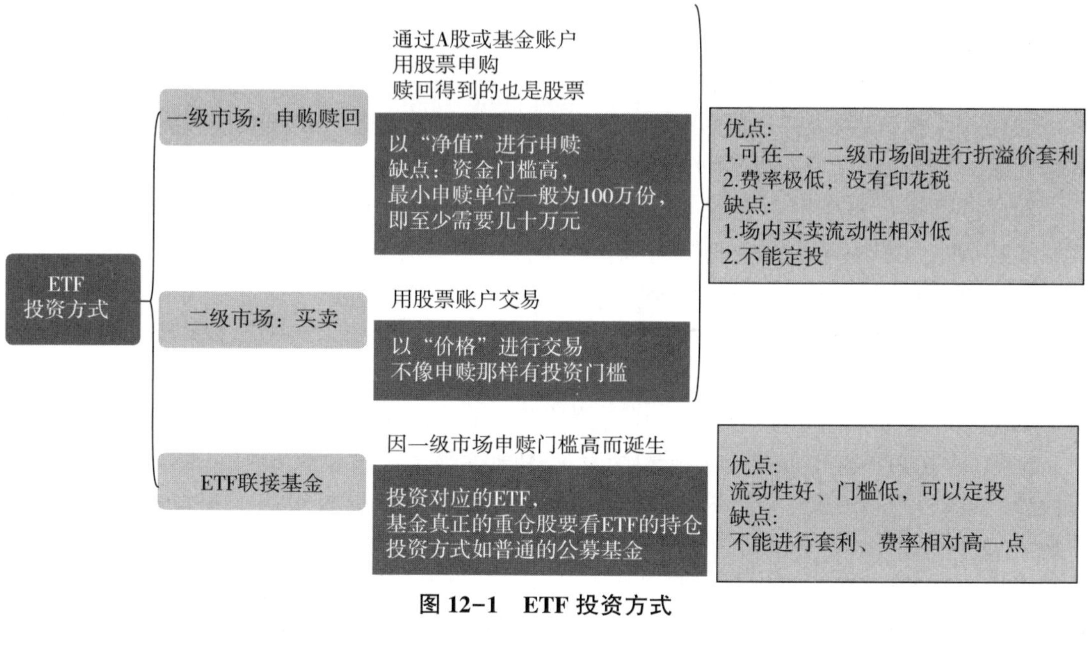

图 12-1　ETF 投资方式

（二）ETF（交易型开放式指数基金）特点

ETF 的独特性还体现在其交易方式上，企业既可以在一级市场进行申购、赎回，也可以在二级市场上进行买卖。如图 12-2 所示。

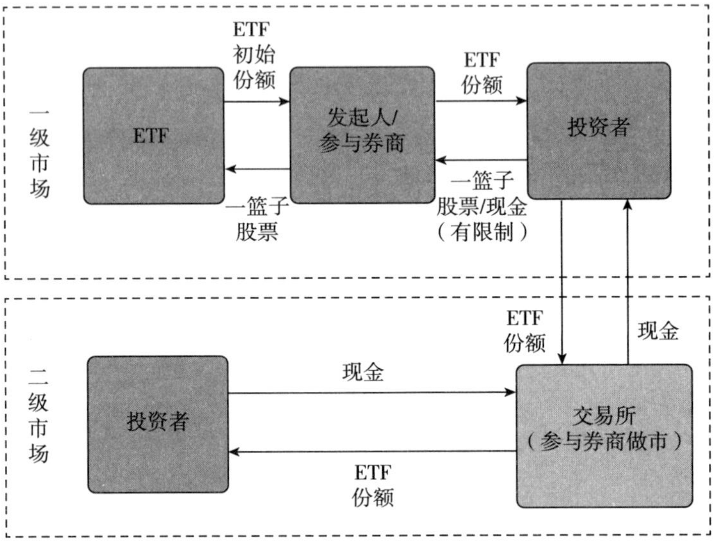

图 12-2　ETF 交易示意

特点一：一级市场申购门槛高

在一级市场申购 ETF 至少要 100 万份，如按现在的净值计算，则最少需要 80 多万元资金。申购时不是用现金，而是要用一篮子股票来申购。如果是赎回基金份额，投资者最终拿到手的也是一篮子股票，赎回至少也要 100 万份。

目前，ETF 的申购、赎回只能在指定的代理券商柜台进行。中小投资者可通过二级市场参与 ETF 的投资，就像买卖封闭式基金一样，手续费较低，不用缴印花税，最小投资份额只有 100 份。

特点二：实现准“T+0”操作

如果一个投资者买好一篮子股票后，在一级市场申购 ETF，申购成功后，他并不用等基金到账，当天就可以在二级市场上抛出，实现“T+0”交易。

同样的道理，一个投资者也可以在二级市场上买入 ETF，然后在一级市场要求赎回。赎回成功后，也不用等一篮子股票到账，就可以将这些股票抛出，也是“T+0”交易。

但投资者在同一市场中不能实现“T+0”操作，即当天在一级市场申购不得当天赎回，当天在二级市场买入，不得卖出。因此，ETF 只能称为准“T+0”操作。

特点三：单位净值等于上证 50 指数的 0. 1%

上证 50ETF 的单位净值与上证 50 指数的关系非常简单，为上证 50 指数的 0. 1%。

上证 50 指数的样本股是上海证券交易所中规模最大、流动性最好、最具代表性的 50 只股票，同时，这 50 只股票一般都是行业龙头的蓝筹股，具有很高的市场覆盖率和市场影响力。

根据上证 50 指数，可以很容易地换算出上证 50ETF 的单位净值。如当上证 50 指数为 875 点时，上证 50ETF 的基金份额净值应约为 0. 875 元，当上证 50 指数上升或下跌 10 点时，上证 50 指数 ETF 的单位净值应约上升或下跌 0.01 元。

（三）ETF（交易型开放式指数基金）交易规则

1. 通过证券账户购买

ETF 是场内基金，投资者需要用证券账户进行购买。ETF 和股票一样，价格实时变动，可以在场内直接挂单买卖，实时买入卖出。

2. 交易时间

ETF 在每个交易日的上午 9：30~11：30，下午 13：00~15：00 市场开盘时间进行交易，周末和法定节假日不开盘，不交易。

3. "T+1" 交易

ETF 当天买入，需要等下一个交易日才可以卖出。投资者卖出 ETF 后，资金马上可用，下一个交易日就可以把资金提现到银行卡。

4. 价格优先、时间优先

提交的 ETF 订单，在提交时间相同的情况下，价格高的先成交；在提交价格相同的情况下，时间早的先成交。

5. 交易起点为 100 股

ETF 最小买入单位为 1 手，1 手为 100 份，每次买入必须是 100 股的整数倍。ETF 价格申报最小变动单位为 0.001 元。

6. 涨跌幅限制

ETF 的涨跌幅自上市首日起实行，创业板 ETF、创 50ETF、科创板 ETF、科创 50ETF 和双创。50ETF 涨跌幅限制为 20%，其他 ETF 的涨跌幅限制为 10%。

7. 费率

场内买卖 ETF，不需要缴纳申购费和赎回费，交易费用按照不同证券公司的交易佣金要求收取，购买 ETF 的佣金一般只有万分之几，且无须缴纳印花税。上交所的 ETF，交易费不高于成交金额的 2.5‰，不低于 0.085‰，起点 5 元；深交所的 ETF，交易费不高于成交金额的 2.5‰，不低于 0.1375‰，起点 5 元。

8. 申购赎回

ETF 一般在场内直接用资金交易，但投资者也可以采用申购赎回的方式进行交易。最小申购和赎回单位一般为 50 万份或者 100 万份，采取份额申购、份额赎回的方式。投资者需要用对应 ETF 的成分股的一篮子股票进行申购，赎回后得到的也是一篮子股票。

二、黄金 ETF 市场风险管理

（一）黄金 ETF 的概念

黄金 ETF 是一种以黄金为基础资产，追踪现货黄金价格波动的金融衍生产品，可以在证券市场交易。因黄金价格较高，黄金 ETF 通常以 1/10 盎司为一份基金单位，每份基金单位的净资产价格就是 1/10 盎司现货黄金价格减去应计的管理费用。其在证券市场的交易价格或二级市场价格以每股净资产价格为基准。2003 年，世界上第一只黄金 ETF 在悉尼上市。

黄金 ETF 的运行原理为：由大型黄金生产商向基金公司寄售实物黄金，随后由基金公司以此实物黄金为依托，在交易所内公开发行基金份额，销售给各类投资者，商业银行分别担任基金托管行和实物保管行，投资者在基金存续期间内可以自由赎回。

（二）黄金 ETF 的运作模式

1. 黄金 ETF 的管理模式

目前国际上主流的黄金 ETF 都采用信托的模式组建，基金的组织结构包括三方：发起人、受托人和保管人，三方的责权遵照信托契约执行。一般而言，由发起人设立信托，并按照信托方式向投资者发售受益凭证，该受益凭证即代表该信托的财产权利（扣除相关基金税费后）。受托人则负责日常的基金运作管理，保管人保管黄金金锭或金条，合法授权的参与机构进行相关黄金实物的申购与赎回。

此外，为方便基金运作，黄金 ETF 通常会指定市场代理商为其服务。其主要职责包括为基金持续制订市场开发计划，进行基金战略研究等。例如，道富黄金信托的市场代理由美国道富环球市场公司担任。

2. 黄金 ETF 的二级市场交易机制和套利机制

机构投资者和个人投资者可以通过经纪公司参与二级市场交易。一方面，当黄金 ETF 的价格高于其资产净值时，机构投资者将会在一级市场申购黄金 ETF 份额，然后在二级市场以高于资产净值的价格卖出以赚取价差；另一方面，当黄金 ETF 的价格低于其资产净值时，机构投资者则会在二级市场以低于资产净值的价格大量买进黄金 ETF，然后在一级市场赎回黄金资产获利。市场套利行为最终会促使黄金 ETF 一级市场和二级市场价格趋于一致。

3. 黄金 ETF 的投资方法

黄金 ETF 的投资方法一般分为“全部投资于实物黄金”和“大部分投资实物黄金和少量投资流动性资产”两类，黄金 ETF 的发起人一般依据自身条件选择不同的投资方法。

（1）全部投资于实物黄金。欧洲和美国的黄金 ETF 一般将全部资产配置为实物黄金，基金本身既不能借款支付日常开支，也不能投资流动性资产。因此，黄金 ETF 本身的投资策略为被动式的管理方式，不会关注黄金价的短期获利机会，从而严格限定了基金的经营活动。

（2）大部分投资实物黄金和少量投资流动性资产，有部分国家的黄金 ETF 通常采取“大部分投资实物黄金+少量投资流动性资产”的投资策略，因此需要选择流动性资产和决定黄金投资比例。在“少量流动性资产”的投资范围上，各个黄金 ETF 规定不同，但一般选择货币市场票据或者债券。

对于将所有资金投向实物黄金的黄金 ETF 来说，尽管该种 ETF 的收益必定等同于实物黄金收益，但由于资产组合全部为黄金，一般需要卖出黄金来满足日常的流动性需求。因此，部分黄金 ETF 也允许现金申购赎回。

（三）黄金 ETF 的特点

ETF 根据不同的划分标准，可以分为股票 ETF、债券 ETF、主题 ETF、黄金 ETF 等等，其中黄金 ETF 具有以下特征：

1. 黄金 ETF 是一种以黄金为基础投资标的，追踪黄金现货价格波动并可以在证券市场交易的基金产品。境内 A 股市场上的黄金 ETF 投资于上海黄金交易所黄金现货合约，紧密跟踪 Au9999 的价格变化，一手黄金 ETF（100 份）对应 1 克真金。

2. 黄金 ETF 支持“T+0”交易，提升黄金 ETF 流动性和资金使用效率。

3. 黄金 ETF 可以采取现金申赎，即投资者可以使用现金直接申购 ETF 份额，或者赎回 ETF 份额获得现金；也可以采取实物申赎，即投资者在金交所会员单位开设黄金交易账户，然后提交上交所账户与黄金交易账户的绑定申请，可进行实物申请。

（四）黄金 ETF 投资风险分析

在黄金投资市场，黄金 ETF 作为一种基金类型的投资，其风险性相对较小。

1. 被动型风险的存在

作为一种基金类型，投资者在做交易是会相对被动。无论黄金价格是上涨行情还是下跌行情，投资都是根据 ETF 的指数化行情来计算盈利的。在 ETF 指数处于上升阶段时，投资客户可获得可观的指数收益，但如果黄金 ETF 处于下跌阶段，则此时指数化投资会显得略微尴尬。投资客户并不能完全根据黄金的国际行情来判别此时的 ETF 走势。连续复制指数，将使得基金净值反复下跌；回避复制指数，则与当初的基金产品设计初衷相悖。另外，被动型风险还表现在，黄金 ETF 要紧紧盯住指数，因此其持仓比例往往会处于满仓状态，在熊市中容易暴露在指数下跌的风险之下。

2. 市场风险的存在

任何投资都存在市场波动的风险。黄金 ETF 的基金份额净值会随其所持有的份额变动的风险。虽然从长期来看，指数波动的大趋势都是向上的，但影响黄金 ETF 波动的因素有很多，同时其经济运行也有这周期性特征。而黄金 ETF 并不具备双向交易机制，因而，在市场行情处于向下调整的阶段，黄金 ETF 将经受市场风险所带来的亏损。

3. 追踪误差风险的存在

由于投资黄金 ETF 时需要交纳一定的管理费和托管费等费用，黄金 ETF 在日常投资操作中也存在一定的交易费用，并且基金资产和追踪表的指数成分股之间存在着些许的差异。因而，投资黄金 ETF 可能会有 ETF 份额净值与标的指数间存在落差的风险。

（五）黄金 ETF 市场风险管理

对于黄金 ETF 投资而言，更适合于普通投资者，尤其是对黄金市场感兴趣而风险承受能力有限的人群。

首先，在投资过程中需要密切关注国际金融市场的变化，尤其是美国市场的变化。随着美元定价的国际金价走势带动，黄金 ETF 也会随之波动，所以选择投资前需要结合市场的格局和买入的时机，以便使买入的价格更加合理，给投资者带来收益最大化。

其次，选择好投资离场时机也非常关键。谢堃认为，要通过黄金 ETF 前期的金价走势来发现那些可以经受住反复考验而仍未能有效突破的阻力区间，尤其对曾引发过大幅下跌的阻力位更要十分警惕，争取在关键阻力位前止赢，待黄金 ETF 价位有效突破后再进行少量跟进操作。

最后，套利交易是黄金 ETF 投资的重要方法之一。所谓套利即一种商品在不同市场上有不同价格，投资者要以较低的价格买进，以较高的价格卖出，从中来赚取差价。由于黄金 ETF 既可在一级市场（申购、赎回市场）交易，也可以在二级市场（证券交易所）进行交易，不同市场的价格存在一定差异，这也为黄金 ETF 的套利交易提供了更多空间。

此外，投资黄金 ETF 务必要考虑整体金市的目前态势和发展趋势。由于绝大多数黄金 ETF 都以实物黄金为基础，因此黄金 ETF 唯有在金价牛市中方可实现较高收益。如果金价处于下行态势，则不太适合进行黄金 ETF 的相关投资。

第四节　供应链金融风险管理

一、供应链金融的概念

供应链金融是近年来才发展起来的全新的融资模式，一方面化解了中小企业融资难，融资成本高的难题；另一方面也解决了商业银行探索发展新模式，开拓新业务的问题。伴随着供应链金融的快速发展，供应链金融中存在的问题也逐渐暴露出来，如何解决供应链金融发展中存在的风险控制问题，成了近年来研究的重点。

供应链金融（SCF）是动产金融市场的一个主要组成部分，中国每年的发生额应该在 12 万亿元以上。中国也是国际动产金融市场的重要一环，我国的保理业务发生额在世界居首位，融资租赁业务发生额居世界第二位。其中，保理是供应链金融的一个主要产品。

供应链金融无论在全球还是在中国，都呈现出巨大的增长潜力。2020 年全球供应链金融市场规模达到 13110 亿美元，增长率达 35%。我国供应链金融从 2001 年左右开始，历经 20 多年的发展，市场规模呈现出逐渐增长的态势。而通过海外投资、跨境贸易的方式，中国已经开始为其他国家提供动产金融服务，而这些都没有包括在国内的统计数字中。

二、供应链金融的主要角色

供应链金融的主要角色是填补企业经营循环中的现金缺口。根据 PwC 的相关数据，全球企业现金缺口天数的平均水平有 44 天，欧美国家的现金缺口大约为 30 多天，发展中国家的现金缺口达到 60 天以上。在我国，现金缺口最长的行业是医药行业，可能达到 100 多天，而现金缺口最短的行业是能源和公用事业，大约有 20 天。

供应链金融是基于应收账款和存货以及产业链关系来提供的综合金融服务，与传统的信贷模式有很大的区别。在传统信贷模式下，借款人和贷款人是一个双方关系，而供应链金融里至少会出现三方关系，而且在简单三方关系的基础上还可以再加上 N 多个市场参与机构。

供应链金融不是一对一的借贷双方关系，一般要有中型或者大型买家或者卖家参与其中。在此基础上，还可以加入其他的第三方，比如担保品管理公司（CMC），他们的任务是帮助供应链金融机构管理货物或应收款担保品；也可以有增信机构，如担保公司或者信用保险公司，他们可以对买家的付款能力提供保证。除了上述的传统供应链金融参与方外，最近一二十年，市场上也出现了其他一些第三方机构，如供应链管理公司，也可以称为 SCM 公司，他们实际上也在做一些供应链金融业务，往往基于供应链管理电子平台；又如，专门做供应链金融的第三方电子融资平台（e-Platforms）；还存在一些资金机构，即投资者（应注意的是，这些投资不是股权投资而是债权投资）。此外，还有各类服务机构提供法律、培训、评估等服务；同时，还有行业协会（中国涉及供应链金融的行业协会目前有 21 家）、政府支持机构、债券市场机构、境外参与方等。

三、供应链金融的参与主体

开展供应链金融要依托供应链中企业上下游之间的真实交易。但是，如果根据这些交易开展供应链金融业务，涉及的主体则不仅仅是买卖双方，还包括银行、物流、商贸、保险、代理、咨询机构等相关主体。按照全球商业研究中心的分法，供应链金融的参与主体共分成四类：交易方、平台提供方、风险管理方和流动性提供方。

这四类主体就像桌子的四条腿，共同支撑起供应链金融的业务范畴。如果把供应链金融的业务活动比作一场戏剧，那么这四个类别就像四个主角。各种参与供应链金融业务的公司、机构、组织就像是一个个演员，这些演员你方唱罢我登场，分别在这场为中小企业融资的戏剧中扮演不同的角色：有的饰演主角，有的饰演配角，还有的能同时饰演多个角色。

在这个系统中，除了涉及我们上述的四个主角，还存在制度、技术环境的影响方面等若干配角，这些配角有意无意的行为，都会多少对供应链金融的发展造成影响，它们充当着环境影响者的角色，主要体现在制度环境和技术环境两方面，这也符合权变理论。

四、供应链金融五大模式

1. 应收账款融资模式

上游的中小企业将核心企业的赊账凭证（对中小企业来说是应收账款）转让给金融机构融资从而进行自身的运营，若到还款期限中小企业不能还款，则金融机构可凭应收账款向核心企业收取。

2. 预付款模式

在存货融资的基础上，预付款融资得到了发展，买方在交纳一定保证金的前提下，供应链企业代为向卖方议付全额的货款，卖方在根据购销的合同发货以后，货物到达指定的仓库以后设定抵质押为代垫款的保证。

3. 动产质押融资

动产质押融资模式中可以不涉及核心企业，但业务涉及对货权的控制和物流监管企业的管理，所以仍把其作为供应链金融的主要模式之一。

4. 保理模式

银行受让国内卖方（客户）因向另一同在国内的买方销售商品或提供服务所形成的应收账款，在此基础上为卖方提供应收账款账户管理，应收账款融资，应收账款催收和承担应收账款坏账风险等一系列综合性金融服务。在应收账款转让过程中，银行受让卖方应收账款的行为不通知买方的业务称为暗保理；反之，通知买方业务称为明保理。对于客户而言，转让应收账款可以获得销售回款的提前实现，加速流动资金的周转。此外，客户无须提供传统流动资金贷款所需的抵质押和其他担保。此业务模式最主要风险要点也非常明显——买卖双方贸易背景的真实性，应收账款的存在性和可实现性，应收账款转让手续的合法性、有效性，回款客户的锁定。

5. 保兑仓融资模式

在供应链中处于下游的企业，往往需要向上游供应商预付账款，才能获得企业持续生产经营所需的原材料、产成品等。对于短期资金流转困难的企业，可以运用保兑仓业务对其某笔专门的预付账款进行融资，从而获得银行的短期信贷支持。

五、供应链金融风险的来源

影响供应链金融风险的因素主要包括以下两个方面：一是外部的宏观层面的风险；二是微观的运营风险。外部环境主要由供应链金融各主体活动所依赖的经济环境、法律制度以及技术环境等构成，对于供应链金融服务的开展起到指导、保障以及约束作用。然而对于商业银行等金融机构来说，在开展供应链金融业务的过程中，外部的宏观层面的风险一般是外生的变量，无法掌控，因此，在实际操作中金融机构通常更注重微观上的运营风险的识别。

供应链金融利用供应链各主体利益的共同点为链上的中小企业融资，其设计及结构上有极强的可行性和科学性，大大降低了融资企业违约的风险。但是在实践中，由于多样的参与主体、灵活的融资模式以及复杂的契约关系，造成供应链金融在实际运营中存在一定的风险，主要表现为以下几种：

1. 核心企业的道德风险

由于核心企业在供应链中大都处于主导地位，因此其成为供应链金融在运行期间的风险的核心变量。核心企业的道德风险使得其由风险的控制者转变为系统风险的“源泉”。核心企业通常是行业龙头，资金雄厚，实力和规模较大，核心企业通过为上下游中小企业提供担保等方式，使中小企业的资信状况得以提高，从而获得银行贷款。由于核心企业是供应链中物流和资金流的枢纽，银行在贷前及贷后环节通过从核心企业获取的综合信息和供应链成员的交互信息，如交易规模、交易条件、结算方式以及信用记录等，间接掌握供应链成员企业的经营状况、资信状况等关键性信贷决策依据指标。同时，由于核心企业是供应链上下游中小企业开展生产活动和贸易活动的依托，核心企业的信用水平直接决定了应收账款的可回收性及存货价值变现能力。然而，如果核心企业急功近利，仅仅注重一时的效益，利用其优势地位，在与上下游中小企业的业务谈判中选择尽量有利于自己的方式，例如压低价格、缩短交货期、延长付款时限、提前预付款时间等，仍将导致中小企业资金紧张；即便中小企业通过融资使资金紧张情况得以缓解，核心企业仍可能会变本加厉进一步挤占其资金。当中小企业的债务负担不断积累达到较难承受的边缘，将造成整个供应链链条的不稳定，带来了风险。

2. 中小企业的信用风险

供应链金融的主要服务对象是中小企业，其违约的风险较高、信用风险大，原因在于：首先，中小企业规模小、实力薄弱，能够抵押的优良资产较少，较少有实力雄厚、资信状况好的企业为其提供担保；其次，中小企业一般缺少核心技术，产品技术含量不足，盈利能力较差；最后，中小企业一般财务管理水平不高，信息披露的真实性和完整性不够，监管难度和成本高。然而在供应链金融模式下，银行围绕核心企业向中小企业提供融资服务，由于其资金的需求源于对核心企业的应收、预付以及交易需求，其还款的来源是与核心企业交易的现金流，核心企业的资信状况提升了中小企业的信用水平，因此，供应链金融的中小企业信用风险一般得以锁定。

3. 物流企业的渎职风险

随着第三方物流业务的发展，企业生产和交易的每一个环节几乎都离不开物流企业，其负责货物运输、储存、监管以及各种手续的办理，成为供应链上下游企业的桥梁和纽带。在供应链金融业务的开展过程中，货物形式的监管标的、订单形式的需求信息、担保形式的金融服务等都通过物流企业在供应链上层层传递，其利用自身信用及对供应链的控制能力保障供应链金融的顺利进行。在这种情况下，物流企业的资质及信用影响供应链金融的有序循环，如果物流企业出现监管不力、与核心企业出现矛盾或与融资企业合谋诈骗等情况，将严重影响供应链各环节的衔接以及质押货物的安全，大大增加供应链金融的风险，严重时会直接中断融资业务的顺利开展。

4. 物权担保的风险

供应链金融服务中，商业银行等金融机构以真实的贸易活动为基础，根据核心企业和整个供应链的资信评估向融资企业提供资金，通过对交易过程中物流、资金流的控制确保资金的安全性。供应链金融服务过程大大弱化了对于融资主体的资格审查，降低了授信的门槛。在这种情况下，银行必须强化债项评级，重视动产担保物权。应收账款、存货以及预防账款等广义动产不仅是供应链金融业务授信的支持性资产而且是贷款的还款来源。市场需求变化、竞争加剧、质押商品的品牌或质量出现重大负面影响事件等因素，可能导致仓单的价值严重下跌，从而引发质押物变现价值低于银行授信敞口余额，或者质押物难以销售处置的风险。一旦选择不慎，银行就会丧失物权或还款来源，导致较高的信用风险。

5. 操作风险

相对于传统的资金贷款，供应链金融的操作风险较高，主要在于：第一，供应链金融参与主体较多，每个主体相互独立又彼此联系，银行需要协调各参与主体，保证物流、资金流以及信息流的安全与通畅。由于供应链服务范围不断扩大，规模日趋增加，信息传递错误的概率增加。第二，供应链金融服务需求多样化较强，需要根据每项业务量身定做贷款流程，不同业务的单据审核、资金货物的监控等内容均不相同，这无形中增加了操作业务的复杂性。在这种情况下，如果银行对于供应链金融运作过程中的契约设计存在问题或者不完善，不能准确管理和把握相关人员、资产和信息，则将会带来较大的风险，具体包括融资企业为获得贷款而对企业的财务报表数据进行造假的风险，由于银行内部人员的工作失误乃至蓄意行为或者与融资企业的内外勾结导致的风险等。

六、供应链金融的风险管控机理

供应链金融业务风险管控机理与传统业务一样分为风险识别、风险度量和风险控制，但是侧重点不同。

1. 风险识别

风险识别是风险管理工作的第一步，也是风险管理的基础。在这个过程中，银行对可能带来风险的因素进行判断和分类。这部分做法和传统信贷业务基本一致，但识别风险时，要注意与传统业务风险种类的区别。

2. 风险度量

风险度量则是运用定量分析的方法分析与评估风险事件的发生概率。传统信贷业务有开展多年积累的数据基础，各银行都有完备的数据库，量化分析时有比较成熟的模型。而供应链金融业务是一个比较新的金融服务领域，数据积累少，且客户群中小企业较多，所以目前并不具备量化模型评估的条件。这就要求在供应链金融业务风险度量时注意数据的积累，逐步推进风险量化与模型构建。

3. 风险控制

风险控制指银行采取相应措施将分析结果中的风险控制在一定范围之内。通常意义上，银行对于风险可采取的措施包括风险回避、风险防范、风险抑制、风险转移和风险保险等。

在我国供应链金融业务中，风险转移和保险还很不普遍，风险防范和风险控制主要通过操作控制来完成，因此风险控制在此业务风险管理中是很重要的步骤。

七、供应链金融业务风险管控手法

1. 创建独立的风险管理体系

健全的风险管理组织体系是实现全方位、全过程风险管理的组织保障，也是完备的风险管理制度和科学的风险管理流程的基础载体。

因为供应链金融信贷业务具有与传统信贷业务不同的风险特征，所以在对其进行风险管理时，要创建独立的风险管理体系，引入新的企业背景与交易实质共同作为评判因素的风险管理系统。

2. 审慎选择拟授信的供应链群

供应链金融信贷业务以供应链群体企业之间良好的合作关系为信用风险管理的主线，优势行业与畅销产品是维护良好的供应链合作关系的前提，也是银行有效控制供应链信贷业务信用风险的重要前提。

银行应事先选择允许开展供应链融资的行业和产品，将贷前的市场准入为控制供应链信用风险作为第一道防线。

3. 建立快速的市场商品信息收集和反馈体系

买方市场时代，产品的质量、更新换代速度、正负面信息的披露等，都直接影响着质押商品的变现价值和销售。因此，物流企业和银行应根据市场行情正确选择质押物，并设定合理的质押率。

一般来讲，选取销售趋势好、市场占有率高、实力强、知名度高的产品作为质押商品，并对其建立销售情况、价格变化趋势的监控机制，及时获得真实的资料避免由信息不对称引起对质押货物的评估失真，控制市场风险。

4. 强化内部控制防止操作风险

操作风险主要源于内部控制及公司治理机制的失效。因为贷后管理是供应链金融信贷业务中重要的一步，所以发生操作风险的概率比传统业务要高，这就要求银行成立专门部门负责贷后跟踪与对质押物的管理。

质押物管理环节多由物流公司或仓储公司负责，银行要加强与这些企业的联系，注意对其资格的审查，并且随时进行抽查。具体地说，就是要督促物流企业不断提高仓库管理水平和仓管信息化水平，并制订完善的办理质物入库、发货的风险控制方案，加强对质物的监管能力。有针对性地制定严格的操作规范和监管程序，杜绝因内部管理漏洞和不规范而产生的风险。

5. 明确各方的权利义务，降低法律风险

因为供应链金融业务涉及多方主体，质物的所有权在各主体间进行流动，很可能产生所有权纠纷，加之该业务开展时间较短，目前还没有相关的法律条款可以遵循，也没有行业性指导文件可以依据。

因此，在业务开展过程中，各方主体应尽可能地完善相关的法律合同文本，明确各方的权利义务，将法律风险降低到最小。

由于动产的流动性强以及我国法律对抵质押担保生效条件的规定，银行在抵质押物的物流跟踪、仓储监管、抵质押手续办理、价格监控乃至变现清偿等方面都面临着巨大挑战，这一矛盾曾一度限制了银行此类业务的开展。因此，在尽量避免对“物”的流动性损害的前提下，对流动性的“物”实施有效监控，将是供应链金融服务设计的核心思想。

第三方物流企业在动产抵质押物监管及价值保全、资产变现和货运代理等方面具备优势，在除了对贷款后的抵质押物提供全面的监管服务外，还将为银行提供一系列面向提高抵质押物的授信担保效率的增值服务。包括对授信对象所在行业的发展前景及抵质押物的价格走势分析，对抵质押物的价值评估，银行不良资产项下抵质押物的处置变现等。

这些专业化的服务有利于降低银行抵质押担保授信业务的交易成本，为银行的供应链金融服务提供风险防火墙，拓宽了银行的授信范围，也为供应链节点企业提供了更加便捷的融资机会。

6. 逐步构建完善的供应链金融风险评估模型

在发展供应链金融业务的同时，也要注意信用评级系统数据库中数据的逐步积累。当今银行风险控制的发展趋势是数量化、模型化，供应链金融作为一项新的信贷业务，风险评估模型更是不可或缺，而构建完善模型的基础就是具有代表性数据的收集。所以银行要注意投入物力人力开发供应链金融风险的评估模型，使此业务今后的风险管理成本减少、更有效率。

7. 组建专业的供应链融资操作队伍

开展供应链金融业务不仅需要掌握传统融资的方法与技巧，更需要具备创新型融资的知识与技能，以及深层次的从业经验。从事供应链融资，需要对产品特性的深入了解，也需要有卓越的风险分析能力与交易控管能力，以使银行能够掌控供应链金融业务风险。

八、黄金珠宝供应链现状

黄金珠宝产业的供应链由原材料供应环节、原材料交易平台、设计与生产环节以及产品流通环节四大部分组成。在我国的黄金珠宝产业供应链中，处于产业中游的黄金珠宝品牌商往往处于供应链的核心位置。截至 2021 年 12 月 31 日，A 股珠宝上市公司共有 15 家，其中大部分企业 2021 年前三季度营业收入和净利润已恢复至疫情前水平；新三板珠宝上市公司共有 25 家，大部分企业前三季度营业收入较 2020 年同期水平取得了一定幅度的增长，半数以上的企业净利润实现同比增长；港股珠宝上市公司共有 16 家，其中大部分企业的营收和净利润均较 2020 年同期水平取得了大幅增长。

在珠宝产业链中，珠宝品牌的资产规模相对较大，综合实力较强，业务辐射范围广，行业关联度高，是整个供应链条的管理者、组织者与协调者。

（一）黄金珠宝企业供应链金融落地难

黄金珠宝产业的供应链特点：

1. 产品结构简单，上游环节较少，供应商与品牌商之间仅有工费部分存在赊销情况，单核心企业的应收账款整体规模偏低。

2. 下游环节企业数量更多，整体资金需求规模更大，但品牌商粗放的渠道拓展方式导致其对下游经销商、加盟商的掌握能力较差，导致供应链金融的业务开展难度增加。

3. 珠宝产品体积小、价值高，难以监管和评估，导致第三方物流企业难以在珠宝供应链金融业务中为银行提供相关辅助服务，风险难以把控。

4. 缺少供应链信息的交互平台，信息透明度低等。此外，由于珠宝产业过往的不良记录，及银行自身的能力和业务偏好等原因，都导致珠宝产业的供应链金融难以落地。

珠宝产业供应链结构如图 12-3 所示。

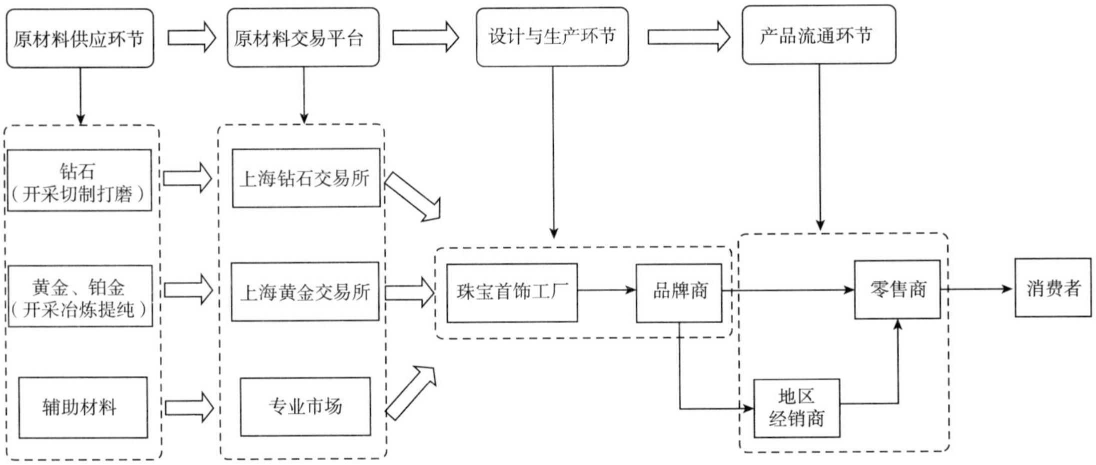

图 12-3　珠宝产业供应链结构

（二）黄金珠宝供应链金融解决方案

1. 建立多品牌、多核心企业的平台模式

建立多品牌、多核心企业的平台模式，将有效解决目前珠宝产业中信息闭塞以及单核心企业应收账款规模低的问题。此外，将整个产业链条的线下流程采集的供应链数据包括物流、信息流、商流、资金流等数据信息上传至行业供应链金融服务平台，可逐步实现供应链管理以及供应链金融业务的信息化和智能化，经过一段时间的运行和基础数据的积累，平台自身即可实现核心企业的部分功能，如帮助银行评判放款对象的资信情况、提供实时的远程监管和风控服务，促成资金流闭环等，既提高了供应链的竞争力，实现多方共赢，也大大降低了交易的不确定性及交易成本。

2. 引入权威评估质检机构及抵质押物回购体系

目前，我国珠宝产业供应链金融业务的开展模式主要以珠宝饰品的抵质押借款为主，因此，抵质押物的价值评估以及发生违约后如何变现是银行的重点问题。在多品牌、多核心企业平台模式下，可通过对接珠宝国检集团等权威机构的方式对抵质押货品进行检测出具证书，再由平台方进行价格评估并进行回购承诺。一方面，平台方由多家珠宝核心企业组成，贴近市场，对产品的价格把控有着天然的优势，并且在出现违约时可通过旗下大量的零售渠道对抵质押货品快速变现；另一方面，珠宝核心企业直接对接上游工厂、精炼厂的产业链环节，便于对滞销产品采取精炼回收、宝玉石重新镶嵌等操作。

3. 通过 RFID 等技术提高货品监管及供应链管理效率

近年来，随着 RFID 技术的发展，对货品实时远程监控应用已经逐渐成熟。RFID 技术即射频识别技术，是自动识别技术的一种，通过无线射频方式进行非接触双向数据通信，对目标加以识别并获取相关数据。通过在每件货品上安装防撕脱的 RFID 标签，结合门店内柜台中的 RFID 扫描读取装置，即可实时掌握店内货品的情况。结合核心企业及监管方对门店的事前尽职调查，可以评估该门店正常销售经营下单日销量的范围，若某日店内货品减少数量超出正常销售量范围，则可能是出现风险的前兆，系统会自动报警。将 RFID 监控系统对接至银行等资金方，可有效提高资金方的“安全感”，进而促使珠宝供应链金融更好地落地。

除提高抵押物的远程监管效率外，应用 RFID 技术也可以帮助完善我国黄金珠宝产业大数据系统。由于长期以来珠宝产品的电商化率较低，且珠宝消费本身具有“高额低频”的特点，导致珠宝产业的销售大数据一直未能建立，且珠宝企业通常只有库存管理系统，而缺乏销售管理系统和客户管理系统。通过引入 RFID 技术，品牌企业可以完成对零售终端的大数据采集，从而更准确地判断消费者需求和偏好，进而指导自己的产品研发，提高品牌竞争力。

第十三章　风险管理模型

第一节　市场套利

套利交易已经成为国际金融市场中的一种主要交易手段，由于其收益稳定，风险相对较小，国际上绝大多数大型基金均主要采用套利或部分套利的方式参与期货或期权市场的交易，随着我国期货市场的规范发展以及上市品种的多元化，市场蕴含着大量的套利机会，套利交易已经成为一些大机构参与期货市场的有效手段。套利交易的本质在于求得两种货币的利息之差额空间，否则交易无利可图。

市场套利是指套利者在外汇市场上利用不同市场之间报价的差别进行外汇交易，从而获取无风险利润的行为。在金融实操中，很多投资者的目标不仅仅局限于套期保值，而是以更加积极的姿态追求升值，因此金融期货套利也越来越受到投资者的关注。

一、套利的含义

1. 套利

套利者的文化水平、职业差异、知识层次等不同，对套利的理解也层出不穷，但也大同小异。对套利者来讲，套利也称“套戥”，是指为了无风险盈利，同时买入和卖出合约标的相同的同种类型的期权的头寸。

套利也称“利息套汇”，也叫价差交易，是指在买入或卖出某种电子交易合约的同时，卖出或买入相关的另一种合约。套利是从纠正市场价格或收益率的异常状况中获利的行动。套利者指从事套利的个人或机构。通俗地说，套利就是在同一时间进行低买高卖的操作。图 13-1 是无套利机会区间。

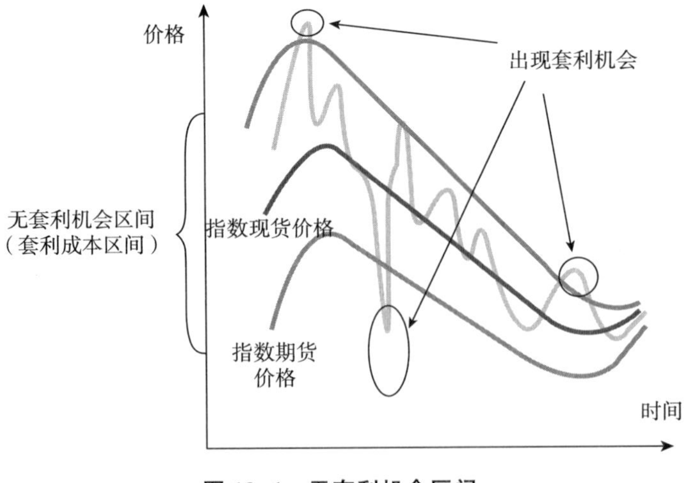

图 13-1　无套利机会区间

2. 套利交易

套利交易也称“套期图利”，是指利用相关市场或相关电子合同之间的价差变化，在相关市场或相关电子合同上进行方向相反的交易，以期望价差发生变化而获利的交易行为。

二、套利的本质

套利的本质，就是寻找价差。

不管是期现、跨期、跨品种还是跨市场，都是寻找具有高度相关性的品种价格波动过程中出现的价差的扩大与缩小。利用不同品种、市场、期限的价格偏差，来获取高概率的价格回归所带来的波动利润。

套利，相当于在高度不确定性的金融市场中，寻找高度确定性。

黄金双向套利，就是利用金融市场四大避险品种，寻找价差。其中美元、黄金、日元三者具有高度相关性。

美元兑日元如果上涨，黄金兑美元则下跌，两者呈现明显的负相关关系，但是，在即时的波动中，两者的价格不一定100%同步地涨和跌，当这种不同步发生的时候，并且偏差过大时，就给投资者的套利交易带来了宝贵的时间窗口。

这个时间窗口可能极为短暂，手工交易容易错过机会，市场上的智能工具解决这些难题，而且实现了自动监控、自动分析、自动计算、自动下单、自动控仓、合理配比黄金与日元的持仓比例，完成套利。

套利的基础是建立在全球经济和宏观稳定的状况下，捕捉相关性品种价格因随机波动而导致的短期偏差。如果出现全球性突发宏观事件，两者可能出现波动加剧的情况。因此，一旦遇到突发事件，包括但不限于政治风险、经济风险、军事冲突等不可抗力因素，两者背离差值可能持续不均衡，形成套利时间长的问题。但是由于两者的属性是负相关，所以其综合风险也是极为有限的。套利也是综合知识的运用，投资分析决策的掌握和灵活运用。图13-2是投资分析决策因素层次图。

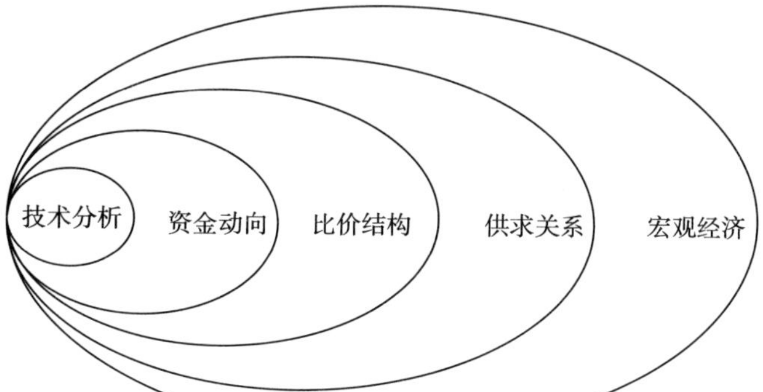

图13-2　投资分析决策因素层次

三、套利的种类

目前金融市场上常见的套利种类有四种，但随着市场机制的完善、交易品种的增加、套利者的探索，又产生了新的套利品种。

(一) 跨市套利

跨市套利也称市场间套利，是在两个不同的交易所买入（或卖出）同一交割月份的同种商品合约，以期在有利时机分别在两个交易所同时对冲所持有的合约而获利。跨市场套利就是对同一个标的在不同市场中的价差进行套利。比如大豆，有美国大豆和大连大豆，虽然都是大豆，但是价格也是不同的。

(二) 跨期套利

跨期套利是利用不同交割月份之间价格差距出现异常变化时进行对冲而获利的。在期货市场中，同一个商品有很多交割月份。比如豆粕期货，主力合约有 1 月、5 月、9 月，农业受季节和气候影响，不同的交割月份对应的价格也不一样，但是价差一般比较稳定；还有股指期货不同月份的价差也十分稳定。当价差异常时，作对冲，价差恢复时平仓。

(三) 跨商品套利

跨商品套利，是指利用两种不同的但相关联商品之间的价差进行交易。这两种商品之间具有相互替代性或受同一供求因素制约。比如玉米—玉米淀粉，它们的联系是玉米淀粉由玉米制成的。还有甲醇和聚丙烯，约 3 吨甲醇可制得 1 吨聚丙烯，甲醇期货价格和聚丙烯期货价格也确实存在很强的相关性。除原料—成品之间的跨商品套利，还存在相关商品替代套利，如金—银（都是贵金属），铜—铝（都可以做导线），豆粕—玉米（都是饲料），比特币—莱特币等。

(四) 期现套利

期现套利的实质是对现货指数和期货指数的基差进行投机。基差的变动是可以分析和预测的，分析正确可以获利，即使分析失误套利的风险也远比单向投机的风险低。比如股指期货和股指 ETF 之间的套利：IF 和沪深 300ETF，IH 和上证 50ETF，IC 和中证 500ETF。

(五) 期货套利

期货套利是指利用相关市场或者相关合约之间的价差变化，在相关市场或者相关合约上同时进行交易方向相反的交易，以期在价差发生有利变化而获利的交易行为。如果发生利用期货市场与现货市场之间的价差进行的套利行为，那么就称为期现套利。如果发生利用期货市场上不同市场、不同品种或同一品种不同合约之间价差进行的套利行为，那么就称为价差交易。

(六) 基金套利

基金的投资运作可分为大类资产配置、行业资产配置、个股选择。这是了解基金投资运作、预测其未来业绩走势的基础之一。

(七) 股票价差套利

当某只股票或其期货在纽约股票交易所与芝加哥商业交易所的价差大于其交易成本，则出现股票价差套利机会，套利者可以在定价较低的交易所买入股票同时在定价较高的交易所卖出以获得利润。

（八）衍生品套利

由于同种资产定价差异进入可套利区间的机会已经大为减少，对冲基金更多地选择性质相近的债券、股票及期货及其衍生品，捕捉其价差大幅偏离“正常值”的机会进行套利。

（九）其他套利方式

1. 商品价差套利

2. 汇率价差套利

3. ETF 套利

4. 国债套利

5. 新上市品种的套利

上市不久的商品期货，存在的套利空间比较大，随着时间的流逝，新品种的价格会越来越稳定，套利空间也越来越小。

6. 其他非主流套利

足球、篮球等世界级比赛，有胜平负等玩法。精心计算各个选项的赔率，也是有可能计算得到一个正收益的组合的。

7. 逻辑相关不太明显的套利

鸡蛋是母鸡产的，母鸡需要吃鸡饲料、喝水才能产蛋。鸡饲料是玉米和豆粕制作的。那么忽略母鸡这个中间环节，实际上是使用玉米+豆粕生产鸡蛋。鸡饲料的配比，62%的玉米、31%的豆粕和 7%的其他预混料（麦麸、磷酸氢钙、石粉、食盐、其他添加剂等）。一只鸡从鸡蛋孵化变成能下蛋的母鸡，需要 1 年多，可计算出需要的鸡饲料；在母鸡的下蛋周期中需要的鸡饲料和生产的鸡蛋也可以计算，最后可以计算出 1 吨鸡蛋＝2 吨玉米+1 吨豆粕+其他成本进行套利。

四、套利的风险

1. 滑点产生的风险

在实战交易中，往往最终成交价和预期价格有一定偏差。市场报价断层、网络延时、人为因素等，导致滑点的出现。尤其是一些商品期货的人气比较低的时候，买和卖就存在很大差距。

2. 成交量低，流动性差

非主力合约的期货合约，往往成交量很低、流动性很差。简单地说就是有价无市，按一个价格挂单一天委托都难以成交，就算成交也不能全部成交。

3. 只完成单边，不能及时成交

有时候套利机会出现时，不能及时成交。比如制作玉米淀粉的利润提高到阈值的时候，卖空玉米淀粉期货，买多玉米期货；但只完成了对玉米单边做多。倘若遇到玉米期货的价格单边下跌的大行情，就会直接爆仓了。

4. 价差继续突破，不能恢复均值

有时候价差会继续增大，不能短时间纠正，套利的两个方向都反向运行。这时候只有止损和爆仓两条路。

5. 不同的时间交易风险

通常两到三笔交易无法严格同时成交，因此存在套利组合部分成交而部分暴露于价格波动的可能，以及平仓时无法确保成交与获利价位的可能。不同市场交易时间不同也给套利者带来了风险。

6. 资产无效配对的风险

套利交易的另一个风险来自同时买卖的对象价格关系失效。套利者判断某对资产之间存在密切的价格关联性，因为市场波动而长期失效，并使此套利交易面临超出预期的风险。

7. 交易对手的违约风险

由于套利交易牵涉未来的资金交割，具有交易对手违约，无法支付资金的风险。如果交易对手只有一个或众多相关的交易都牵涉一个交易对手，则风险进一步提高，特别是在金融危机时，众多交易对手违约，通过杠杆将风险放大，给套利者带来沉重损失。

8. 资本流动性的风险

凯恩斯曾说："市场处在非理性状态的时间可能远长于你有足够资金的时间。"

资产组合相关性违背预期，或保证金要求提高，套利者可能面临资金流动性不足的风险。即使价差最终回归到获利区间，套利者还是有可能以交易亏损告终。

9. 资本管理的风险

大到长期资本管理公司（LTCM）的固定收益债券套利策略在 1998 年 9 月造成了 46 亿美元的损失，小到市场的诸多不确定性因素，导致团体或个人在资本管理上存在着风险。

高收益会带来高风险，但高风险不一定能得到高收益。期货市场是一个零和的市场，想要赚钱需要打败所有人；而股票投资不是，可以选择高成长的优质公司，让好企业替你打工，买股票就是当股东，享受公司市值成长的红利。

第二节　期现套利

国内黄金期货自上市以来日臻完善，与国内外现货市场的联系也日益紧密，但受交易时段的限制，单方向的投资策略面临较大的跳空风险。随着近年来金价波动的加剧，期现货市场的价差波动也在不断加大，期现跨市套利交易逐渐受到市场重视。

期货套利是指利用相关市场或者相关合约之间的价差变化，在相关市场或者相关合约上进行交易方向相反的交易，以期在价差发生有利变化而获利的交易行为。在金融实操中，很多投资者的目标不仅仅局限于套期保值，而是以更加积极的姿态追求升值，因此金融期货套利也越来越受到投资者的关注。

一、期现套利的含义

期现套利是指现货与期货反向操作进行套利的方式，这种方式在利率期货和股指期货市场应用较多。套利者会在现货市场买入或卖出现货的同时，按同一标的资产，以同样的规模在期货市场上卖出或买入该资产的某种期货合约，并在未来一段时间后同时平仓的交易。

期现套利是指在期货市场和现货市场存在价格上的差距，从而以较低价格买进，较高价格卖出，以获取价差收益。基差指的是现货与期货的价格差，当基差<0 时称为正向市场；当基差>0 时，则是反向市场。基差由持有仓单所产生的成本构成，包括仓储费、保险费和利息等费用。当期货和现货之间的价差偏离正常范围，就存在套利机会。在黄金的套利模型中，期现套利是目前采用最多的方式。

期货价格是商品未来的价格，现货价格是商品的价格，按照经济学上的同一价格理论，两者间的差距，即"基差"（基差 = 现货价格 – 期货价格）应该等于该商品的持有成本。一旦基差与持有成本偏离较大，就出现了期现套利的机会。其中，期货价格要高出现货价格，并且超过用于交割的各项成本，如运输成本、质检成本、仓储成本、开具发票所增加的成本等。

期现套利的实质是对现货指数和期货指数的基差进行投机。基差的变动是可以分析和预测的，分析正确可以获利，即使分析失误套利的风险也远比单向投机的风险低。图 13–3 是期现套利时，期货价格与现货价格的关系。

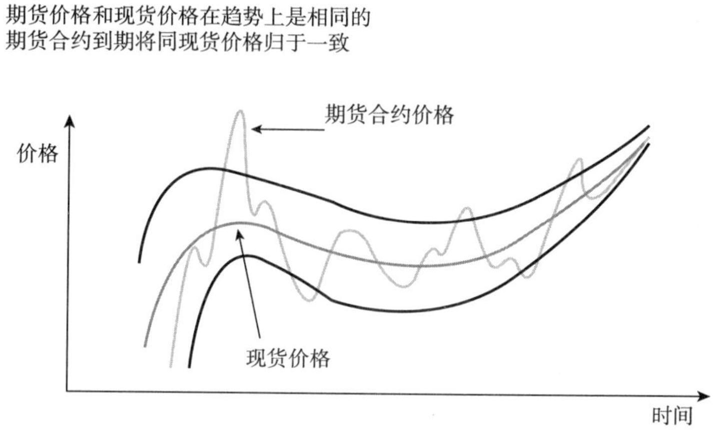

图 13–3　期货价格与现货价格的关系

二、期现套利的类型

期现套利就是指股指期货与股指现货产品之间的套利，这种套利机会通常在股指期货与现货指数之间出现价格失衡时产生。这种套利风险较低，属于真正意义上的套利交易。期现套利主要包括正向买进期现套利和反向买进期现套利两种类型。

股指期货的套利交易在一定程度上能够纠正股指期货的错误定价和过度投机导致的市场无效性，而且通过这种方法能够锁定并获得一定的无风险收益。从狭义的角度或者从真正意义的角度看，股指期货套利意指期现套利；从广义的角度看，股指期货套利类型包括期现套利、跨市场套利、跨品种套利、跨期套利等。

1. 正向买进期现套利

当现货指数被低估，某个交割月份的期货合约被高估时，投资者可以卖出该期货合约，同时根据指数权重买进成分股，建立套利头寸。当现货和期货价格差距趋于正常时，将期货合约平仓，同时卖出全部成分股，可以获得套利利润，这种策略称为正向基差套利。

2. 反向买进期现套利

当现货指数被高估，某个交割月份的期货合约被低估时，如果允许融券，投资者可以买入该期货合约，同时按照指数权重融券卖空成分股，建立套利头寸。当现货和期货价格趋于正常时，同时平仓，获利了结，这是反向基差套利。

3. ETF/LOF 套利

ETF 具有在一级市场通过指定的 ETF 交易向基金管理公司用一篮子股票组合申购 ETF 份额或把 ETF 份额赎回成一篮子股票组合，同时又可以在二级市场上以市场价格买卖 ETF 股票（相当于申购 ETF）的特点，因此存在套利机会。

（1）瞬时套利；

（2）延时套利；

（3）ETF 事件套利；

（4）期现 ETF 套利。

4. 期货套利

（1）跨期套利；

（2）跨市套利；

（3）跨品种套利；

（4）期现套利；

（5）股指期货套利。

5. 市场中性策略

6. 折价套利策略

7. 可转债套利

（1）折价转股套利；

（2）正股涨停转股套利；

（3）博弈回售套利；

（4）博弈下调转股价套利；

（5）配债套利。

8. 期权套利

三、期现套利的风险

期现套利交易不仅面临风险，而且有时风险甚至很大。主要的交易风险包括：

1. 现货组合的跟踪误差风险；
2. 现货头寸和期货头寸的构建与平仓面临着流动性风险；
3. 追加保证金的风险；
4. 股利不确定性和股指期货定价模型是否有效的风险；
5. 其他存在不确定的风险。

四、套利成本测算

该期现套利策略成本主要涉及两个市场的交易费用和现货交割过程中涉及的交割、仓储以及运输等费用。此外，资金占用、市场冲击成本以及 T+D 交易中的递延费用等不确定成本则需要根据不同市场环境和套利策略进行灵活处理。具体见表 13-1。

表 13-1 期现套利成本涉及费用明细

套利成本核算（元/克）	交易持仓成本			交割成本				递延费（x 天）
	交易费用	资金成本（x 天）	冲击成本	交割费	仓储（x 天）	运保费	出入库	
上期所	0.03	0.006x	0.1	0.06	0.0018	0.07	0.002	
上金所	0.86	0.012x		0	0.0018	0.04	0.002	
套利成本合计	=0.018x+0.99			=0.174+0.018x				0.07x

在实际交易中，不同的策略涉及的成本不完全相同。统计套利策略不涉及现货的交割，仅产生固定的交易成本 0.99 和变动的持仓成本（0.018+0.07）x。其中，ETF 持仓成本（递延费）与当日的交收申报量对比有关，有收有付，且长期看来能对冲大部分成本，而资金占用成本相比较低，两者均在策略分析中予以忽略。

同样，在买现卖期交割套利策略中，需要进行交割时，可以选择在头寸建立期初即进行 T+D 的交割，获得黄金现货并持有至期货到期交付现货（产生仓储成本），也可以在期货持仓到期日再进行 T+D 交割用于交付期货交割（产生递延费）。两者区别主要在于仓储成本（0.018x）和递延费用（0.07x）之间的差异。

五、期现价差分析

在所有套利交易中，价差都是至关重要的环节。观察价差变化规律，有助于发现并确认套利机会，从而制定相应的套利策略，以较低的风险获得适当的盈利。由于沪金（345，-1.21，-0.35%）期货每年仅有 6 月和 12 月两个主力合约，我们分别统计两个主力合约以及其连续合约同现货之间的价差，可以发现以下规律：

第一，期货减现货的价差总体维持正值，即黄金期货价格始终高于“T+D”。主力连续合约与“T+D”一小时均价的价差，最小值为 0.13，最大值为 7.11。统计的 941 个样本数据中，价差中位数为 2.33，平均价差为 2.8。主力 6 月和 12 月合约仅在临近交割时出现负价差的情况（见图 13-4、表 13-2）。

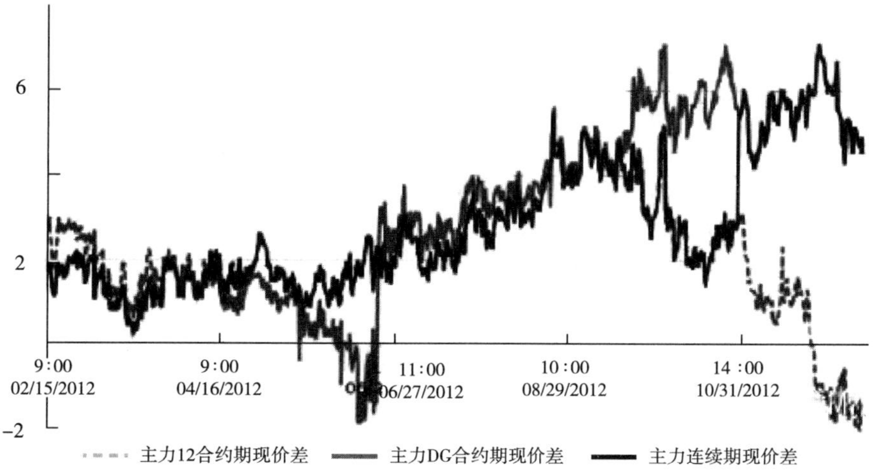

图 13-4 6 月合约、12 月合约和连续合约与黄金“T+D”1 小时平均价差走势

表 13-2 期现价差数据统计描述

2月15日至12月11日	平均	中位数	最小值	最大值	观测数
12月合约	2.119756	2.04	-2.33	5.45	941
6月合约	3.156684	3.11	1.8	7.11	
连续合约	2.836334	2.33	0.13	7.11	

第二，主力合约随着交割月份的临近，期现价差回归趋势显著；从每个合约活跃至交割结束期间，期现价差整体呈现类似标准正态的分布。1212 合约的统计数据显示，历史平均价差为 2.1 元/克，价差波动在 1~3.5 元/克的占比高达 80%；两端价差（x<1，>3.5）占比均在 10%以下。

第三，结合行情看，价差波动具有一定阶段性的特点。长期价差呈现出一定的趋势性，但总体围绕均值上下波动的规律性极为显著。期货价格波动幅度相比现货加大，价差随金价上涨、下跌而相应扩大或缩小。在价格急涨急跌情况下，价差极易出现极值。金价步入横盘整理阶段，金价较为稳定，价差波动幅度在 2 元之内。具体见图 13-5。

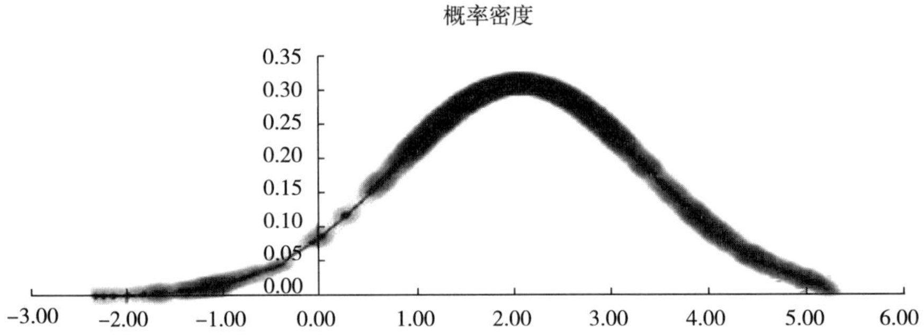

图 13-5 沪金期货 1212 合约与黄金“T+D”价差分布（颜色深浅代表价差分布集中程度）

六、期现套利策略制定与评估

鉴于上期所黄金期货每年仅有两个合约（6 月、12 月）较为活跃，传统的建立在交割基础上的期现套利机会大幅降低，策略盈利能力受到制约。期现套利策略基本上是以持有 T+D 头寸和期货头寸的形式存在，并在期货合约到期前平仓了结头寸。只有在持有现货成本极为有利或者价差走势极为不利的情况下，投资者才会选择现货的实物交割，来扩大利润和锁定风险。因此，投资者主要侧重于价差规律的统计套利策略，基于交割期现套利是其进行统计套利的最后保障。

1. 基于交割的无风险套利策略制定

根据期现套利理论，只要期现价差超过套利成本即存在无风险的套利机会。根据上述成本核算，可以得出期现套利的无风险套利区间（见表 13-3）。

表 13-3 期现套利的无风险套利区间

类型	固定费用	变动费用（x 为天数）
正向套利（买现卖期）	1. 164（0. 99+0. 174）	0. 0018x（仓储） 0. 072x（延期）
反向套利（买期卖现）	-1. 164（0. 99+0. 174）	0. 072x（延期）

由于套利持仓天数和延期费用收付方向均不确定，假设延期费用可以收付相抵，而仓储费率较低也可忽略不计，据此可以得出无风险套利区间为：-1. 12～1. 12，即只要价差在区间之外，即可通过交割的套利获取期现套利的无风险利润。

结合上述价差分析，由于期货价格一直大于现货价格，反向套利出现的机会极少，投资者主要侧重于买“T+D”卖期货的正向套利策略。

考虑套利机会和潜在盈利能力，可根据期货到期时间和价差走势，确定进行套利的空间。假设目标利润为 2 元/克，在期初价差达到 3. 2 元/克时，买入一公斤黄金“T+D”合约，同时卖出一手期货合约，进行正向套利。无论期限价格和价差如何变化，通过持有至期货到期时进行交割，即可获得 2 元/克的利润。回报率（2. 22%）= 利润（2×1000）/资金占用（90000），每年两次操作即可获得 4. 5%的回报率。

该套利策略由于机会较少，极大地限制了策略本身的盈利能力。此外，策略中忽略了仓储成本和延期费风险将降低策略的盈利能力。因此，只有在价差变动极为不利的情况下才使用交割策略。

2. 统计套利策略制定预评估

该策略主要是基于历史价差变化的统计规律，一般在合约到期交割前平仓了结头寸，很少涉及现货交割程序。根据价差分析，结合行情走势，可以简单分为均价套利策略和趋势套利策略。

均价套利策略主要是期现市场波动性差异（对短期因素的冲击反应强烈程度）导致短期内价差偏离均价较大，而长期价差仍有回归均价的需要，因此，在价差偏离均价一定程度，即可进行相应的做多或做空价差套利，期待价差的回归。

从价差走势图可以看出，价差围绕均价上下 1 元波动，且规律显著。因此，只要在价差超过偏离均价 1 元时，即可进行该种套利策略，期待价差向均价回归或者转为反向价差。该策略较适合运用于金价宽幅振荡趋势性不强的市场环境。

策略中的价差可以采用移动平均值。例如 3 月 14 日 9 点至 10 点，黄金“T+D”现货平均价格为 342. 83，期货 Au1212 合约均价为 342. 96，期现货平均价差为 0. 13 元/克，盘中价差为 0. 07，而过去 30 天的价差平均仅为 1. 51，低于平均价差 1. 4 元/克。此时买入 1 手期货 Au1212 合约同时卖出 1 手“T+D”合约，期待价差扩大。3 月 27 日，1 小时平均价差扩大至 2. 09，盘中价差最大扩大至 2. 26，30 天价差均价为 1. 28。此时，平掉期现套利仓位，获利 2 元/克，减去 1 元交易费用，每克净盈利 1 元左右。

该策略在统计期间至少出现 10 次以上的投资机会，年化回报率在 11%左右。投资者可根据自己风险偏好，设置均价参数和潜在盈利目标，扩大潜在盈利将降低套利机会同时增加持仓的时间。此外，在价差出现明显趋势时（如今年 8 月、9 月），套利风险短期内会急剧扩大。同样该策略也未考虑延期费用的损益。

3. 趋势行情和极端行情下的套利策略

趋势追踪套利策略（对冲套利）：该策略主要是结合行情走势与价差变化之间的关系，追踪价差趋势，以获取价差变化利润。根据统计规律，在金价上涨下跌阶段，价差呈明显扩大或缩小趋势，而在价格盘整阶段价差变化较小。该策略即是通过判断金价的市场环境（牛、熊或横盘）来追踪价差的变化趋势，获取利润。

从图 13-4 可以看出，近一年来的价差总体呈现上升趋势，这一趋势在 6 月以后变得明显，在八九月金价加速上涨时，价差也由之前的 2 元左右最大扩大至 4~5 元/克以上，一个月价差均价每克也上涨了 2 元。与均价套利策略相反，在价差出现明显趋势下，该策略主要是追踪金价的趋势，即在期现价差扩大时，买入期货卖出现货，期待价差的进一步扩大。

从对冲角度理解，如果投资者判断未来市场将有明显趋势，但单纯投机将面临较大风险。例如六七月金价振荡整理时，底部逐步抬高，面临方向（不明确）性选择，投资者如果判断金价走高，一旦下跌将面临较大的风险。此时投资者可以做多期货的同时做空 T+D 对冲风险，一旦价格上涨，即可获得价差扩大的利润，同时也锁定了金价下跌的风险。

该策略建立在投资者对价格和价差走势判断基础上，对投资者行情判断要求较高，该策略可操作性和潜在盈利能力也因人而异。此外，由于出现大幅趋势性行情的机会较少，导致该套利策略机会较少，进而限制了该策略的潜在盈利空间，该策略可以结合均价套利策略使用。

极端行情下的套利策略：该策略是均价套利策略的延伸，为仅在价差达到极端情况下的套利策略。由图 13-5 可以看出，大部分价差主要分布在 1~3，两端之外的价差合计不到 20%。因此，在价差扩大至每克 4 元或缩小至负价差时的套利机会极为珍贵，投资者可以积极介入进行套利操作，潜在利润可以达到每克 3 元至 4 元。

2012 年 9 月 28 日，期现价差均价一度扩大至 5 元/克以上，盘中价差甚至达到 5.4 元/克，而在 10 月 10 日价差即回到了 2 元左右。此波行情的套利利润每克超过 2 元，半个月回报率在 2.2%，年化率超过 50%。不过这种机会较少，降低年化收益率，投资者可以通过增加仓位控制来扩大投资利润。

该投资策略套利机会较少，并不适合作为主要策略使用，仅作为均价套利策略的辅助策略，以丰富套利操作进而扩大套利策略回报率。

七、黄金期现套利

本小节选择黄金“T+D”交易价格作为现货价格基准，主要是基于以下几点考虑：第一，黄金“T+D”交收的现货黄金，在质量标准和等级等交割方面的要求与期货交割极为相似，部分品牌甚至可直接注册仓单用于期货交割。第二，“T+D”的延期交收机制相比现货交易更加灵活，在套利交易中可省去交割、仓储以及运输等费用，一定程度上降低了套利成本。“T+D”的保证金交易机制要比直接现货交易节省资金占用成本。第三，黄金“T+D”与黄金现货之间的价差非常小，主要是交易和交割等费用以及交割等级上的差别所致。

（一）黄金期现套利注意事项

1. 在进行套利时，需要重点评估套利成本，期现价差大于套利成本时才可以进行套利。套利成本主要包括现货市场买卖黄金的手续费和延期费，期货市场的交易手续费等以及使用资金的成本。

2. 关注保证金风险。当期货价格波动方向与持仓相反时，可能导致保证金不足，若无法及时追加保证金被强行平仓，则会导致套利失败。

3. 上海期货交易所交割产品采取品牌注册制度管理，只有注册品牌的产品才可用于交割。

（二）黄金期现套利方式

黄金企业拥有现货优势，根据对期货市场与现货市场价格差的判断寻找套利机会。

1. 正向套利

当期货价格大于现货价格时，即基差为负时，处于正向市场。当期现价差大于持有成本时，存在套利空间。套利者可以买入现货同时卖出等量期货，在未来价差收敛后同时平仓或交割。套利者也可以将买入的现货验货入库并注册仓单作为期货交割来赚取期现价差获得无风险收益。

在实际套利中，通常使用黄金期货和黄金“T+D”进行期现套利。上金所的黄金“T+D”合约与上期所黄金期货合约交割的金锭规格品质相一致，因此为期现套利提供了可能性。黄金“T+D”是上海黄金交易所的黄金现货延期交收交易品种。会员可以选择交易日当天交割，也可以通过支付延期费方式延期交割。在进行正向套利时，买入黄金“T+D”合约并卖出同等数量的黄金期货合约，在价差缩小后卖出黄金“T+D”合约并买入黄金期货合约进行平仓，获得套利收益。

2. 反向套利

当期货商品近期供给严重不足或市场预计未来该商品供给将大幅上升时，就会产生期货价格小于现货价格，即基差为正的情况，此时处于反向市场。反向套利通过先卖出现货并同时买入等量期货，再在未来价差缩小时平仓或交割。当价差高于持有成本时，套利者可以考虑进行反向套利。但现货市场做空机制缺乏，限制了这一套利策略的实施，在实际运用中以正向套利为主。具体套利图解见图 13-6。

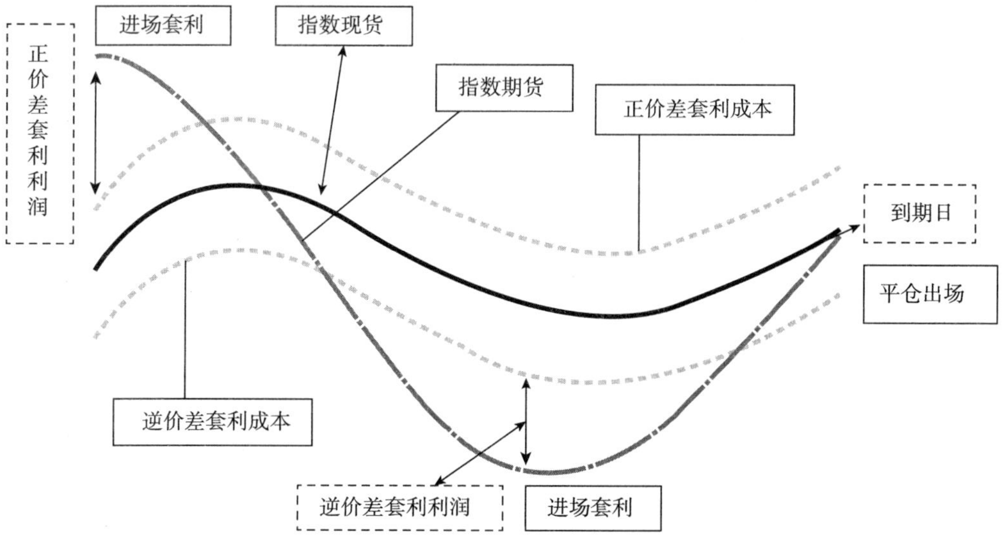

图 13-6　正反向买进期现套利图解

（三）案例：Au2210 合约与黄金“T+D”的期现套利

假设 2022 年 4 月 1 日观测到上海期货交易所黄金期货 6 月合约与上海黄金交易所现货黄金“T+D”价差达到 7.48 元。4 月 1 日黄金期货 6 月合约价格 378.3 元/克，黄金“T+D”结算价格 370.82 元/克。当期银行贷款利率为 4.35%。

1. 交割方式

此时买入 100 手黄金“T+D”，同时在期货市场卖出等量期货合约并交割。不计算成本费用，可以套利：7.48×100×1000=748000 元。

表 13-4 成本费用表

项目	上海黄金交易所	上海期货交易所
交易手续费	0.015%	10 元/手
运保费	36 元/千克	40 元/千克
仓储费	1.2 元/千克	1.8 元/千克
出/入库费	2 元/千克	2 元/千克
交割手续费	0	0
延期费	0.0125%/日	—

买入黄金“T+D”成本=交易手续费+资金使用成本+运保费+出库费+交割手续费=370.82×100×1000×0.015%+370.82×100×1000×2/12×4.35%+100×36+100×2=278206.8（元）

卖出期货合约成本=交易手续费+资金使用成本（保证金）+仓储费+交割手续费+入库费+运保费=10×100+378.3×100×1000×10%×4.35%×2/12+1.8×100×60+2×100+40×100=43426.75（元）

总成本=278206.8+43426.75=321633.55（元）

实际套利=748000−321633.55=426366.45（元）

2. 平仓方式

4 月 1 日买入 100 手黄金“T+D”，并卖出等量黄金期货。5 月 25 日在各市场平仓，黄金“T+D”价格 370 元，6 月黄金期货价格 370.3 元。

利用价差套利：（7.48−0.3）×100×1000=745000（元）

买入黄金“T+D”成本=交易手续费×2+资金使用成本（保证金）+延期补偿费=370.82×100×1000×0.015%×2+370.82×100×1000×20%×4.35%×2/12+370.82×100×1000×0.0125%×60=346716.7（元）

卖出期货合约成本=交易手续费×2+资金使用成本（保证金）=10×100×2+378.3×100×1000×10%×4.35%×2/12=29426.75（元）

总成本=346716.7+29426.75=376143.45（元）

实际套利=745000−376143.45=368856.55（元）

第三节　跨品种套利

一、跨品种套利的概念

跨品种套利指的是利用两种不同的但相关联商品之间的价差进行交易。这两种商品之间具有相互替代性或受同一供求因素制约。跨商品套利的交易形式是同时买进和卖出相同交割月份但不同种类的商品期货合约。例如金属之间、农产品之间、与能源之间等都可以进行套利交易。

跨品种套利的逻辑在于寻找不同品种但具有一定相关性的商品间的相对稳定的价格关系，以期其价差或者比价从偏离区域（非正常区域）回到正常区域过程中追逐价差波动的利润。跨品种套利交易者注意的是合约价格之间的相互变动关系，而不是绝对价格水平。他们买进“被低估”的合约，同时卖出“被高估”的合约。如果价差的变动方向与预测相一致，交易者即可从两个合约价格间的相互变动中获利。

跨品种套利的主要作用有：一是帮助扭曲的市场价格恢复到正常水平；二是增强市场的流动性。

二、跨品种套利的特点

1. 套利的两种资产必须有一定的相关性。

2. 两种合约标的不同，到期时间相同。

3. 两种资产之间的价差呈现一定规律。

三、跨品种套利操作步骤

1. 套利商品相关性检验。

2. 在相关性检验通过的前提下，建立价差数据库，及时更新并跟踪。

3. 用数理的方法鉴别出当前价差（比价）在历史价差（比价）图中所处位置，并计算其在历史上所出现的概率，然后通过数理分析，判定目前价差偏离程度和套利机会的大小。

4. 逻辑分析，建立各影响因子的数据资料库，通过多因素来分析寻找导致目前价格关系过分偏离正常关系的原因以及未来价格回归正常的内在因素。

5. 对套利外部环境进行评估，再次鉴别市场的有效性以及头寸的可持续性。

6. 进入资金管理和风险控制的实际操作阶段。

四、常见套利组合

随着国内市场交易规模逐步扩大，以及投资者投资水平的逐步提高，套利交易也在不断成长，这是国内贵金属市场逐渐走向成熟的表现。在众多套利组合中，贵金属套利备受青睐。其中金银作为历史最为悠久的品种之一，套利交易模式最为成熟，涵盖面也最广。

1. 黄金与白银套利

在黄金的跨品种套利上，普遍选择黄金与白银的组合进行套利。黄金和白银同为贵金属，价格波动具有一定的趋同性，同受经济形势、国际政治局势、通货膨胀等宏观因素影响。然而，白银的工业用途较黄金更广泛，一半以上的白银用于工业生产，因此价格波动更受产业供求关系影响。而黄金避险属性更强，往往在经济不景气、政治局势动荡的时期价格涨幅更大，消费上主要用于珠宝首饰。因此在经济或政治风险较大时，金价涨幅更大，金银比率扩大；经济复苏时期，工业需求上升，银价涨幅更大，金银比缩小（见图13–7）。两者存在套利空间。

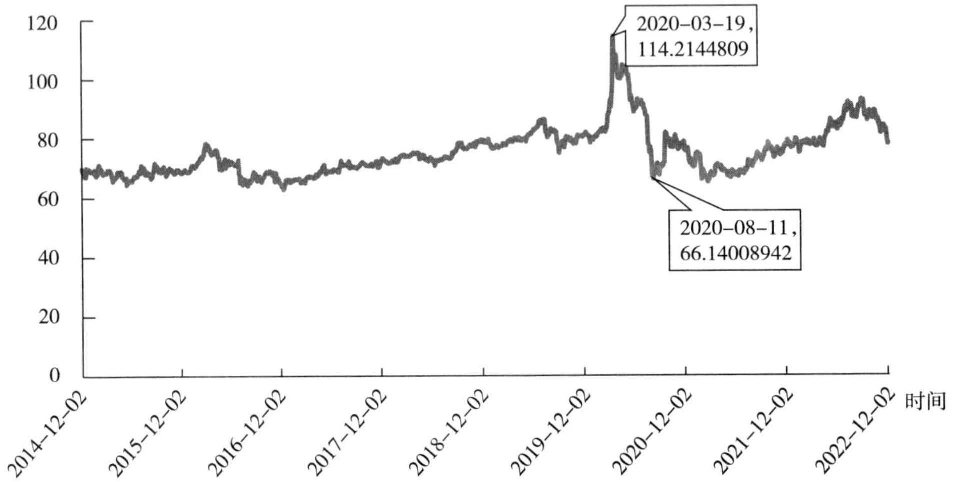

图 13–7 上期所期货（合约）黄金白银比

大多数时候金银比的波动区间在 60~80。若金银比超出了这个正常区间，则可以进行金银套利，待价差回归正常后平仓。

例如，2020 年 3 月 19 日金银比升至 114. 21，此时可以建立同等数量的白银多头，黄金空头进行金银套利，待金银比回归正常区间后卖出白银合约买入黄金合约平仓，获得跨品种套利收益。

2. 黄金与铜套利

黄金与铜的比例可以在一定程度上反映宏观经济活动的变化。黄金具有避险属性，在通货膨胀时黄金价格下跌，因此黄金价格与利率成反比。铜是大宗商品中的核心组成元素，通货膨胀时铜价上涨，铜与利率成正比。这就意味着利率上升时，金铜比下行；利率下降时金铜比上扬。

3. 黄金与原油套利

黄金通常被认为是避险工具，在经济政治形势不确定时可以保值抗通胀；原油是周期性商品，被认为是风险类资产，可以反映经济活动的强弱。黄金与原油在长周期上价格波动趋势具有一致性，金油比在一定程度上反映了经济情况和市场情绪，也被当作经济的预测指标。黄金和原油价格之间存在较强的关联性，可以作为跨商品套利组合。

五、跨品种套利注意事项

跨品种套利多是以价差或比值作为判断标准，较少涉及交割方面，但我们主要考虑的是时间因素：临近交割的月份，通常做套利的风险较难把握，市场可能出现突发或资金因素而导致的挤仓，这会令价差关系失衡，而由于临近交割，已经没有足够的时候使价差改变这种失衡状态，恢复到正常水平；同时，临近交割，持仓保证金的提高也会影响套利的效果。

第四节 跨市场套利

跨市套利指的是在某一市场买入（或者卖出）某一交割月份的某种商品合约的同时，在另一个市场上卖出（或者买入）同种商品相应的合约，以期利用两个市场的价差变动来获利。

黄金在我国免征关税和增值税免税，因此国内黄金价格与国际黄金价格走势基本一致。黄金跨市交易可以通过上海黄金交易所和国际黄金市场如伦敦黄金市场、苏黎世黄金市场、美国黄金市场等在一个市场买入黄金的同时在另一个市场卖出等量的黄金，获得价差收益。

黄金在国际市场的跨市场套利需要注意的是不同国家黄金交易市场的交易时间、交易制度（最后交易日、保证金比例、交割品级等）、运费以及汇率波动。

一、跨市场套利

由于存在地域和时空的差异，同一种商品在不同国家的期货市场上往往存在合理的价格差异。一般来说，它们彼此的比价或价差稳定在一个固定的区域，即使有时会出现短暂的异常，但在市场经济规律的调节下，这种异常最终也会恢复到正常水平。这就为全球跨市场套利提供了可能性和机会。

跨市场套利是指，在某个交易所买入（卖出）某一交割月份的某种商品合约，同时在另一个交易所卖出（或买入）同一交割月份的同种商品合约，以期在有利时机分别在两个交易所对冲而获利。

跨市场套利有三个前提：第一，期货交割标的物的品质相同或相近；第二，期货品种在两个期货市场的价格走势具有很强的相关性；第三，进出口政策宽松，商品可以在两国自由流通。

二、跨市场套利的交易特征

一般来说，跨市场交易有以下五个特点：

1. 低成本

投资者在进行跨市场套利时需要在两个交易所缴纳保证金，并预留部分备用结算资金，但即便如此，投资者所需的总投资也只占商品价格的一小部分，因此跨市场套利的成本相对较低。

2. 货物是一样的

3. 在不同的交易所交易

套利交易就是套期保值交易，上一篇文章简单介绍过。投资者在一个交易所买入商品，在另一个交易所卖出，这就是套期保值交易的特点，即投资者在两个不同的市场持有买卖方向不同的头寸。

4. 利用两个市场相对价格的变化来获利

当投资者买入时市场价格的涨幅超过卖出时市场价格的涨幅时，投资者买入时市场的利润超过卖出时市场的损失。一般来说，在这种情况下，投资者获得利润。

5. 低风险

因为它的套期保值特性，也就是说，如果投资者在一个市场亏损了，则可以用另一个市场的盈利来弥补，所以它的盈亏波动性很小，相对于投机来说风险相对较低。

跨市场套利交易的发生是因为同一种商品在两个市场的价格走势出现背离，也就是说，一个市场的价格高于另一个市场的同一种商品的价格。

三、跨市场套利的交易原理

因为商品市场有一个“一价定律”，这个定律指的是运费。考虑到关税和其他因素，同一种商品在两个市场的价格应该是相等的。

如果价格偏离了这个规律，就会有套利机会。如果投资者从低价市场买入商品，然后在高价市场卖出，就可以获得价差利润。这就是跨市场套利的原理。

四、跨市场套利品种选择及常见策略

当进行跨市场套利的品种选择时，首先要分析不同交易所品种之间的相关性，可以在正相关性较强的品种之间进行跨市场套利，也可以在具有较强负相关性的品种之间进行套利，以及组合跨市场套利，包括组合了不同到期时间的相同商品的跨市场套利——跨期跨市场套利和组合了不同品种商品的跨市场套利——跨品种跨市场套利。

同时，跨市场套利作为一种价差套利，需要参考其价差与比价，通过在不同市场的双向建仓锁定固定价差，根据持仓过程中价差的变动方向，进行相应的平仓实现盈利。此外，还需要考虑价差与比价的波动率，考察是否有套利空间，进行跨市场套利是否可行。

跨市场套利的常见交易策略思想有趋势套利策略、价差回归套利策略以及蝶式套利策略等。

五、跨市场套利的方法

由于跨市场套利本身所具有的比较强复杂性和专业性（需要外盘交易），所以对投资者跨市场套利策略的制定、实施、监控和改进等有更高的要求，因此有效和规范的方法和步骤就显得尤为重要。

一套完整的跨市场套利策略，通常会涉及机会识别、数理统计验证、基本面因素分析、建仓成本计算、交易执行、风险控制等一系列复杂的环节，具体可以参照以下步骤执行。

1. 扫描交易机会

从成本的角度来看，投资者应先对实物进出口费用进行比较，之后确定是否存在跨市场套利机会。从市场角度来看，可通过真格量化等自动化工具对一段时间国内外各品种的价格走势、成交量、持仓量等数据进行扫描、监控，从中识别出可能存在的套利机会。

其中主要是选取国内外各品种的价格指数，周期可分为1周、1个月、3个月、6个月、1年等，根据研究的具体需要进行选取。在对比分析历史数据表现及近期数据的基础上，挖掘出具有内外套利机会的品种。

2. 数理统计

确认挑选的内外套利品种的比值或者价差，是否在某一区间内进行波动，也就是要观察假如进行相关套利操作，其风险是否可控。在可能的情况下，应统计出价差波动的极值，也就是风险的上界和下界。

对价格数据的分布及相关性进行确认。价格相关性确认，目的是确保两个合约价格走势之间存在一定的联系，有从极端值向均值回归的属性。

3. 基本面分析

之前套利机会的识别都是从数据计算和分析的角度展开，但基本面也是不可忽视的决定性因素。在数据分析的基础上，应注意结合基本面分析，以便为跨市场套利机会的捕捉和选择提供更好的依据和支持。

4. 基金持仓分析

由于跨市场套利中涉及国外品种，而外盘基本面的分析因为统计机构、资料来源不同也与内盘有所差别。投资者一般可以通过基金持仓与外盘品种价格趋势之间的关系，来判断相关国外品种的价格走势。由于国外期货市场较为成熟，机构投资结构也较为合理，因此 CFTC、交易所等机构定期公布的持仓信息具有一定的参考价值。

5. 交易计划

完整的交易计划不仅包括建仓、止盈的计划，还包括在价差出现不利方向运动时的风险处理预案。

六、跨市场套利风险因素

跨市场套利虽然是一种较稳健的保值和投资方式，但依旧存在一定的风险因素。

1. 价差极端值风险

价差（或比价）关系只在一定时间和空间内具备相对的稳定性，这种稳定性是建立在一定前提条件下的。当这种条件被打破，如税率、汇率、贸易政策、贸易配额、远洋运输费用等外部因素的变化等，将有可能导致价差或比价显著偏离均值。

2. 市场风险

市场风险主要是指在特定的市场环境下或时间范围内，套利合约价格的异常波动，处在这种市场情形之下的套利交易者如果不能及时采取相对措施，在交易所落实化解市场风险的措施过程中，可能会有获利头寸被强行平仓，留下亏损的单向头寸，从而导致整个套利失败。

3. 交易执行风险

交易风险一般是指投资者在套利头寸的建仓/平仓过程中发生的意外情况，尤其是在行情剧烈变化的情况下，价格起伏波动太快，一些原本空间不大的套利在开平仓时，随时都可能出现价格或者持仓数量的失误，导致整个套利操作的混乱，直接影响和改变该次套利投资的结果。

4. 交易成本风险

交易成本是套利者需要考虑的另一个重要因素。在套利中，交易成本包括买卖期货合约的手续费，如果涉及实物交割，还需要支付交割手续费，以及汇率的意外变动。有时候交易成本会非常高，即使有时从价差上看套利成功了，但交易成本也会蚕食相当比重的获利，使得本次交易无利可图。

5. 信用风险

由于国内禁止未经允许的境外期货交易，大多数企业只能采取各种变通方式通过注册地在中国香港或新加坡的小型规模代理机构进行外盘操作，这种途径存在一定的信用风险。

6. 时间敞口风险

由于内外盘交易时间存在一定差异，因此很难实现同时下单操作，不可避免地存在时间敞口问题，加大了跨市套利的操作风险。

7. 政策性风险

政策性风险或称为系统性风险，指国家对有关商品进出口政策的调整、关税及其他税收政策的大幅变动等，这些都可能导致跨市套利的条件发生重大改变，进而影响套利的最终效果。

七、跨市场套利风险管理

1. 资金管理

跨市场套利是双边交易，但由于是在两个市场进行操作，套利者的头寸在单个市场表现为单向交易的投机头寸。从国内黄金期货市场来看，上海期货交易所是根据合约运行的不同时段和持仓量来收取保证金的，持仓量越大，离交割月越近，保证金水平就越高，一旦期货价格波动方向与持仓相反导致期货保证金不足时，若不能及时追加资金而造成套利头寸被强行平仓；从国外市场来看，纽约 COMEX 黄金期货保证金仅在开仓时收取，保证金水平低且相对稳定、较少调整，但若出现较大的单边行情，也会面临保证金不足的风险，因此，为了保证跨市场套利的顺利进行，必须保持充足的保证金以应对价格波动风险，即合理地进行资金管理，确保能够稳定地持有套利头寸。

2. 合约选择

理论上，期货跨市场套利应该选择两个市场交割月份相同的合约，但国内外黄金期货市场中，相同交割月份合约难以共同成为各自市场的主力合约；而且国外黄金期货价格对国内黄金期货价格的传导主要表现为其主力价格对国内主力价格的影响，国内外黄金期货市场的联动性主要表现在主力合约价格的联动。因此，在实际的套利操作中，我们主要是针对两个市场的主力合约进行操作，即选择成交量及持仓量均为最大的期货合约之间进行套利。在此情况下，黄金期货市场的跨市场套利具有一定跨期套利的成分。

3. 人民币兑美元汇率

在黄金期货的跨市场套利操作中，人民币汇率的变动是影响套利收益的关键性因素。在卖国内期金买国际期金的跨市场套利组合中，人民币升值会缩小利润空间，反之则会扩大利润空间；而在买国内期金卖国际期金的跨市场套利操作中，人民币升值会扩大利润空间，反之则会缩小利润空间。因此，在黄金期货跨市场套利操作中，投资者应将人民币兑美元汇率作为重要变量加入跨市场套利方案中。

4. 资金成本核算

进行黄金跨市场套利时，应对持仓保证金与交易费用所占用的资金成本进行核算，而套利操作主要成本是两个市场占用资金的机会成本，即人民币利率与美元利率变化对于套利资金的影响，可以关注上海银行间同业拆放利率（SHIBOR）与美元伦敦银行间同业拆借利率（LIBOR）的变化。具体来说，资金成本核算应该应用于建仓前、持仓中与平仓后：建仓前估算资金成本列入跨市场套利计划；持仓中每日计算资金成本以辅助套利操作，尤其是持仓量大、持仓时间较长、利率变动较大时更应重点关注；平仓后精确核算资金成本，有助于更准确地考察套利的盈亏与效果。

5. 建仓头寸匹配

纽约黄金期货每张合约单位是100盎司，上海期货交易所黄金期货每手1000克，按照1盎司=31.1035克换算，纽约黄金期货与国内黄金期货合约建仓头寸比例应为1：3.11035。当分处两个市场的套利头寸比例不等于1：3.11035而不完全匹配时，就会出现以下情况：(1) 在买国外期金卖国内期金的套利操作中，若纽约期金持仓量偏大，则金价上涨增加收益，金价下跌会减少收益，反之类推。(2) 在卖国外期金买国内期金的套利操作中，若纽约期金持仓量偏大，则金价下跌会增加套利收益，金价上涨会减少套利收益，反之类推。因此，投资者在跨市场套利的操作中应注意建仓头寸匹配因素的影响。

第五节　场外期权运用

场外期权指的是在非集中性的交易场所进行的非标准化的金融期权合约的交易，按照交易双方需求自行制定交易的金融衍生品。场外期权以机构参与为主。

黄金企业对于价格波动最常用的风险管理策略是利用期货进行套期保值，然而这一方法只能使市场价格向不利方向变动时减少亏损，却不能在价格朝有利方向变动时维持现货市场的盈利。与黄金期货相比，黄金期权的交易更灵活多样。投资者支付权利金买入黄金期权后，可以自由地决定在期权到期时是否行权，即是否买入或卖出一定数量的黄金期货，而期权的卖方则需要在买方决定行权时，必须履行合约。在现货市场盈利时，企业可以选择不行权，损失仅仅是数额较小的期权费。

企业进行场外期权以规避风险主要通过“企业+期货公司”模式。客户向期货公司提出自己的风险管理要求，期货公司根据客户需求设计场外期权产品，并出售给客户。在期权到期时，若期权达到行权条件，客户行使权利按照合约价格进行期货的买进或卖出。

一、场外期权基础知识

（一）场外期权历史及境内外发展历程

1. 境外

期权（Options）是一种赋予持有人在特定时间或者之前的任意时间以确定价格买入或者卖出资产权利的合约。作为金融衍生品中最常见也是交易最活跃的品种之一，期权具有对冲风险、投机和套利的功能。期权买方只需支付一定的权利金，在到期可以选择行权或者放弃行权，由于期权的持有者有放弃行权的权利，决定了其损益并不是线性的，期权投资者最大亏损为期权的权利金，而可能的收益却有很大的空间。由于期权具有良好的性质，在过去的近50年中，它在金融领域中的地位变得越来越重要，在国外市场已经发展成熟，占有较高的市场份额。

按照不同的标准，期权有不同的分类方式：按照交易场所分类，期权可以分为场内期权和场外期权；按照权利分类，期权则可以分为看涨期权和看跌期权；按照行权时间划分，期权可以分为欧式期权、美式期权和百慕大期权；按照标的分类，期权可以分为股票期权、商品期权、股指期权、利率期权以及外汇期权等。

期权的出现源自避险的需求，最早出现在公元前 1750 年《汉谟拉比法典》中的一个信贷违约期权；17 世纪，荷兰郁金香泡沫事件中出现的郁金香球茎期权的二级市场，形成了早期的期权交易；18 世纪，在工业革命和运输贸易的刺激下，欧洲农产品期权开始交易，此时，场外期权市场开始形成。

1973 年 4 月 26 日，芝加哥期权交易所（CBOE）成立，场外期权开始进入标准化、规范化的全面发展阶段。场外期权交易最活跃的市场是美国，美国期权市场发展成熟，种类丰富。如今，有几十个国家开设期权市场，合约涵盖能源、金属、商品、股票、指数、债券、利率和货币等。

场外期权作为股票、商品市场重要的风险管理工具，海外市场的发展已较为成熟，市场规模也趋向稳定。

2. 境内

中国场外期权起步较晚，与美国场外期权交易规模相比，我国发展规模还比较小，无论是产品数量还是交易的活跃程度都远低于国外市场，处于发展的初始阶段。根据中国证券业协会公开的数据统计。自 2015 年 9 月起，权益类场外金融衍生品市场规模开始迅速增长，在所有未了结初始名义本金中，期权业务占比最大，从 2015 年 9 月的 50.43%逐步上升至 2017 年 11 月的 61.33%，保持 50%以上的高位。排名第二的是互换业务，2017 年 11 月其占全部业务的 38.67%。

场外期权（OTC Options）是指在非集中性的交易场所进行的非标准化的金融合约，是根据场外双方的洽谈，或者在中间商的撮合下，按照双方需求自行制定交易的期权产品，相对于场内期权具有更高的灵活性和弹性，交易对手方可以依据自己的需求制定交易规则使得产品更加个性化，投资者可以对冲本身暴露的风险，因此也越来越受机构投资者的青睐。与场外期权不同，场内期权在交易所内交易，有着较为流程化的交易规则，它们属于标准化合约，产品结构简单，估值公允且流动性好，我国目前场内期权品种数量较少——目前市场上最为活跃的是 50ETF 期权，在 2017 年大连商品交易所和郑州商品交易所分别推出了豆粕期权和白糖期权，填补了国内商品期权的空白。

2013 年 7 月是场外期权发展元年，部分券商获准开展场外期权、权益类收益互换等柜台市场创新业务资格。

2017 年 7 月“结构性牛市+杠杆”需求，个股期权需求大幅上市，场外期权发展提速。

2018 年 4 月证监会出台《场外期权交易商分类监管体系》，标志着场外期权市场走向规范化发展。

2018 年 8 月正式实施一、二级交易商分级管理，场外期权正式迈入分层监管时代。

2020 年 9 月证监会发布《证券公司场外期权业务管理办法》、监管体系以及法规，场外期权业务进入高速发展阶段。

（二）场外期权基本概念

1. 场外期权及相关概念

期权是指期权合约的买方有权利根据合约内容，在规定时间（到期日）以执行价格向期权合约的卖方买入或卖出指定数量的标的资产（商品、股票等）的权利。

期权市场分为场内交易市场和场外交易市场，两个市场都是全球风险管理的重要组成部分。

场内期权也称为“交易所交易期权”或“交易所上市期权”，是指由交易所设计并在交易所集中交易的标准化期权。场内交易采用标准化和集中交易，再加上结算机构提供了交易双方可靠的履约保证，有利于市场流动性的提高。

场外期权又被称为“店头市场期权”或“柜台式期权”，是指在非集中性的交易场所进行的非标准化的金融期权合约，是根据场外双方的洽谈，或者中间商的撮合，按照双方需求自行制定交易的金融衍生品。

场内期权是在交易商交易的标准化合约，通过清算机构进行集中清算。场外期权是根据客户的需求设计，是个性化的，更灵活的。虽然没有统一的挂牌和指令规则，但其在交易量和交易额上占据明显的优势。

2. 场内期权和场外期权的区别

（1）合约

场内期权是标准化合约，每一份合约上的合约要素，合约标的、交易单位、行权价格、到期日、最小波动单位等都由交易所规定，不可以改变，对每一位投资者都适用。

场外期权是非标准化合约，意思就是没有统一标准，其要素内容交易双方可以通过自身的需要，协商共同来确定。

（2）交易品种与形式

场外期权品种、交易形式和交易规模均可以按照交易者的需求进行定制，更能满足投资者的个性化需求。当下，我国场外期权品种众多，涵盖股票期权，商品期权和股票指数期权等，涉及的产业面非常广泛，能满足众多市场参与者的需要。而场内期权品种比较单一，可选择性比较小。

（3）流动性风险和信用风险

场内期权一般不会出现信用风险，交易所期权随时可以转让，结算机构可以保证卖方履约，而场外期权的流动性风险比较大。场外期权交易是交易双方签订期权协议，期权到期后，合约的履行依赖双方的信用。对手信用差，就可能会发生违约的风险。

（4）交易对手

场内期权的参与者众多，各种类型的投资者都可以参与期权交易，交易对手没有区分。场外期权的交易对手主要是机构投资者，交易形式通常是机构对机构以及个人对机构。

（三）场内外期权对比及场外合约基本要素

1. 场内外期权对比

场内外期权对比见表 13-5。

表 13-5　场内与场外期权对比

类别	场内期权	场外期权
产品类型	标准化	个性化
灵活程度	低	高

续表

类别	场内期权	场外期权
流动水平	高	低
透明程度	高	低
参与者	做市商、公司、机构投资者、个人投资者	做市商、公司、机构投资者
定价方法	估值	协商
报价模式	动态	静态
交易机制	集中交易	非集中交易
存在的风险	市场风险	市场风险、信用风险、流动性风险、结算风险
监管机制	政府监管与行业自律	以行业自律为主导
交易动机	投资、投机、避险	投资、投机、避险、产品开发
做市商成本	低，花费时间短	高，花费时间长

资料来源：渤海证券研究所。

2. 场外期权由五大基本要素构成

（1）标的资产，就是指期权合约中约定的标的物，可以是大宗商品、股票、利率、汇率等；做场外期权的第一步，就是挑选标的资产，判断标的资产的大致走势，再进行后续的投资计划。

（2）执行价格，就是约定的买卖标的资产的价格，俗称行权价；这个执行价格由期权结构决定。行权可以是实物交割或现金差价交割。

（3）名义金额，就是期权合约对应的资金规模；目前大部分券商要求 100 万元名义本金起，但也有部分要求 300 万元起，大宗商品为 200 万元起。

（4）到期日，就是期权的有效期限。期权到期日通常有 1 个月、2 个月、3 个月、6 个月、12 个月、24 个月的报价。

（5）期权费，就是指买方支付给期权卖方的费用，也称权利金。期权费由市场情绪、标的资产波动率、到期时间和期权结构等决定。

（四）场外期权价值

场外期权价格通常是期权交易双方在交易所内通过竞价方式达成的（见表 13-16）。

表 13-6　场外期权的实值、平值和虚值

要素	认购期权	认沽期权	内在价值
实值（价内）	市场价格>行权价格	市场价格<行权价格	正，权利方会行权
平值（平价）	市场价格=行权价格	市场价格=行权价格	零，权利方不会行权
虚值（价外）	市场价格<行权价格	市场价格>行权价格	零，权利方不会行权

场外期权价格由两部分构成：内在价值+时间价值。

1. 内在价值

场外期权的内在价值，是指买方在行使期权时可以获得的收益的现值。

内在价值的计算：由期权合约的执行价格与标的物的市场价格的关系决定。

看涨期权的内在价值=标的物的市场价格-执行价格

看跌期权的内在价值=执行价格-标的物的市场价格

如果计算结果小于零，则内在价值等于零，所以，期权的内在价值总是大于或等于零。

2. 时间价值

时间价值=期权价格-内在价值

时间价值对于期权买方来说反映了期权内在价值在未来增值的可能性，期权的买方愿意为这部分价值所付出的额外费用，是期权权利金中超出内在价值的部分。

期权交易是有时间期限的，因为有时间则意味着有标的资产价格波动的可能性越大。通常来说，期权合约的有效期越长，时间价值越大，权利金成本也相对更高，而随着期权合约临近到期日，其时间价值逐渐变小，直至归零。

二、场外期权的功能和风险

1. 风险对冲与风险转移

金融机构会设计一系列的衍生工具来对冲投资风险。比如说股指期货，它就可以规避方向性变化带来的风险，但同时股指期货也会使投资者放弃潜在的投资收益。

当我们使用期权来管理风险时，不仅可以使用保险策略来管理方向性风险，在锁定最大损失的同时，保留未来的潜在收益，还可以管理波动性风险，这就是使用期权来管理风险的优势。

期权可以成为套期保值工具，帮助投资者规避现有资产的投资风险。

2. 资金效率

场外期权通过期权费替代现货建立头寸，大幅度提升资金使用效率。场外期权具备期权产品的所有属性，杠杆倍数高达 10~50 倍。

杠杆性是期权吸引投资者的一个重要原因，投资者只需要付出少量的期权费，就能分享标的资产价格变动带来的收益。

3. 非对称性

场外期权交易双方权利义务不对称，卖方在锁定风险敞口的前提下，可完全保留收益空间。买方只需要付出权利金，即可获得理论上的无限收益空间。

4. 市场风险

标的资产的价格上下波动会造成期权的价格大幅波动。

若期权到期时价格低于买入价，买方损失全部权利金。

三、场外期权、权证、期货的区别

场外期权、权证、期货的区别见表 13-7。

表 13-7　场外期权、权证、期货的区别

项目	场外期权	权证
发行主体	没有发行人，每一位市场参与人在有足够保证金的前提下都可以是期权的卖方	通常是由标的证券上市公司、投资银行（证券公司）或大股东等第三方作为其发行人
合约当事人	个股期权交易的买卖双方	股票权证的发行人与持有人

续表

项目	场外期权	权证
合约特点	标准化合约： 期权合约条款基本相同，由交易所统一确定（欧式）	非标准化合约： 由发行人确定合约要素，包括行权方式可以选择欧式、美式、百慕大式等；交割方式可以自行选择实物或现金
合约供给量	理论上供给无限	权证的供给有限，由发行人确定，受发行人的意愿、资金能力以及市场上流通的标的证券数量等因素限制
持仓类型	投资者既可以买入开仓，也可以卖出开仓	投资者只能买入
履约担保	开仓一方因承担义务需要缴纳保证金（保证金随标的证券市值变动而变动）	发行人以其资产或信用担保履行
行权价格	交易所根据规则确定	发行人决定
项目	场外期权	期货
买卖双方的权利与义务	不对等，买方有以合约规定的价格买入或卖出标的资产的权利，而卖方则有被动履约的义务	买卖双方的权利与义务是对等的
保证金收取	只有期权的卖方需要缴纳保证金	买卖双方均需缴纳保证金
保证金计算	期权是非线性产品，保证金非比例调整	期货是线性产品，保证金按比例收取
清算交割	若期权合约被持有至到期行权日，期权买方若可以选择行权，或者放弃权利；期权卖方需做好被行权的准备，可能被要求行权交割	期货合约被持有至到期日，将自动交割
合约价值	期权合约类似保险合同，本身具有价值（权利金）	期货合约本身无价值，只是跟踪标的价格
盈亏	期权买方的收益随市场价格的变化而波动，但其亏损只限于购买期权的权利金；卖方的收益只是出售期权的权利金，其亏损则是不固定的	随着期货价格的变化，买卖双方都面临无限的盈利与亏损

四、场外期权的交易方式及策略

（一）场外期权的交易方式

1. 认购期权（CALL）

涨与不涨的合约。买权、看涨期权。

CALL：就是认为标的资产【会涨过压力区】与【不会涨过压力区】的人在对赌。

2. 认沽期权（PUT）

跌与不跌的合约。卖权、看跌期权。

PUT：就是认为标的资产【会跌破支撑区】与【不会跌破支撑区】的人在对赌。

（二）场外期权的交易策略

1. 买入认购期权（权利方）

当投资者预计标的资产（如贵金属、商品、股票、汇率等）价格将要上涨，但是又不希望承担下跌带来的损失时，可以买入认购期权。

最大盈利：没有上限。

最大亏损：权利金。

盈亏平衡点：权利金+行权价。

2. 卖出认购期权（义务方）

当投资者预计标的资产（如贵金属、商品、股票、汇率等）价格将要下跌，当标的资产价格低于期权合约的行权价时，认购期权的权利方就会放弃行权，于是投资者就可以通过卖出认购期权而赚取权利金。

最大盈利：权利金。

最大亏损：没有下限。

盈亏平衡点：权利金+行权价。

3. 买入认沽期权（权利方）

当投资者预计标的资产（如贵金属、商品、股票、汇率等）价格将要下跌，但是又不希望承担标的资产上涨带来的损失时，可以买入认沽期权。

最大盈利：行权价格-权利金。

最大亏损：权利金。

盈亏平衡点：行权价-权利金。

4. 卖出认沽期权（义务方）

当投资者预计标的资产（如贵金属、商品、股票、汇率等）价格将要上涨，当标的资产价格高于期权合约的行权价时，认沽期权权利方就会放弃行权，于是投资者就可以通过卖出认沽期权而赚取权利金。

最大盈利：权利金。

最大亏损：行权价格-权利金。

盈亏平衡点：行权价-权利金。

五、以风险对冲为目的的基本场外期权策略

（一）备兑开仓

问：我上个月买入了黄金，但是现在黄金市场正处于震荡盘整期，我预计黄金价格变化较小或者小幅上涨时，但是我又不甘心只被动持有，也不想以现在价格卖出，请问有什么方法可以增加我的收益呢？

答：您可以选择备兑开仓。备兑黄金认购期权是最基本的一种控制风险的策略。

1. 如何构建

持有标的资产（如贵金属、商品、股票、汇率等），同时卖出该标的资产的认购期权（通常为虚值期权）。

2. 组合构建理由

一方面，卖出虚值认购期权，行权价高于标的资产现有的价格，如果认购期权到期行权，可以行权价卖出持有的标的资产，从而获得价差收益（行权价-标的资产成本价）。另一方面，卖出认购期权可获得一笔权利金收益。

最大损失：购买标的资产的成本-认购期权权利金。

最大收益：认购期权行权价-支付的标的资产价格+认购期权权利金。

盈亏平衡点：购买标的资产的价格-认购期权权利金。

3. 备兑开仓案例

王先生手上已经持有目前价格为48.75元的B公司股票，他现在只需以1.6元的价格（权利金）卖出1份90天到期行权价格为50元的股票认购期权。三个月到期时，所持有的组合情况如下：

收益：

达到了2个目的。

（1）获得了1.6元的权利金收入，增加了投资收益，相当于减少了现货市场股票的持有成本。

（2）可以将X公司的股票以50元的心理价位出售。

风险：交割风险。

如果标的股票的价格涨到行权价50元以上，认购期权行权，王先生就必须以50元的价格出售给权利方。相当于放弃了所持股票在50元以上的收益。

（二）保护性买入认沽期权策略

问：除此之外，我还有一个另外的担忧：我上周买了另一家Y公司的股票，买入之后Y公司的股价果然不断上涨获得了收益，但我犹豫到底应不应该抛售股票呢？

——抛售吧，万一将来股价继续上涨怎么办？

——不抛售吧，万一将来股价下跌，那不是连现在的利润也保不住了吗？

答：您可以通过购买认沽期权的方法，对现在已获得的收益做出保护，这种“买入标的股票+买入股票认沽期权”的组合策略称为保护性买入认沽期权策略。

1. 如何构建：购买标的资产，同时买入该标的资产的认沽期权。

2. 组合构建理由

通过购买认沽期权，当现货市场上标的资产价格低至行权价（能承受的心理价格），可以行权价将标的资产出售给义务方。

最大损失：支付的权利金+标的资产购买价格-行权价格。

最大收益：无限。

盈亏平衡点：标的资产购买价格+期权权利金。

3. 保护性买入认沽期权案例

假设王先生手上已经持有目前价格为48.75元的C公司股票，现在只需以1.6元的价格（权利金）买入1份90天到期行权价格为46元的股票认沽期权。

三个月到期时，王先生所持有的组合情况如下：

收益：

（1）为股票的下跌买了一份保险，避免了现货市场上股票价格跌破行权价以下的风险损失。

（2）如果现货市场上股票价格上涨，可以安心享有股价上涨所带来的收益，收益无限。

风险：

买入保护性认沽期权需要支付权利金。

六、不同市场行情下的期权组合策略选择

（一）牛市行情策略

在牛市行情中，投资者的预期通常可以分为两类：

标的资产（如贵金属、商品、股票、汇率等）出现重大利好消息或是技术反转，预期后市价格将大涨（强烈看涨）。

预期后市标的资产价格上涨幅度有限，或回涨只是跌势反弹（温和看涨）。

结论：

强烈看涨：合成期货多头。

温和看涨：牛市价差期权策略。

1. 强烈看涨——合成期货多头

构建组合：

（1）因强烈看涨现货标的资产，所以首先买入一份认购期权（建议平值）。

（2）同时预计标的资产上涨导致认沽期权的行权可能性降低，于是售出一份具有相同到期日相同行权价的认沽期权（建议平值）赚取权利金，以增强收益。

最大亏损：期权行权价格+净权利金。

最大盈利：没有上限。

2. 温和看涨——牛市价差期权策略

问：如果我预计标的资产温和上涨，上涨幅度不高，或者上涨后可能出现回调，有没有什么期权策略能让我赚取上涨的收益，同时，如果标的资产价格下跌，我的风险也是锁定的？

答：在温和看涨的情况下，可以尝试采用“牛市价差期权”策略，这个策略的最大盈利和最大亏损都是锁定的。

构建组合：

（1）因温和看涨，所以买入一份较低行权价格 K1 认购期权。既可使盈利无上限，同时又将风险锁定。

（2）因温和看涨，所以通过卖出一份较高行权价格 K2 的认购期权赚取权利金，增强收益。K2>K1 的原因在于标的资产价格上涨至［K1，K2］之间时，K1 的认购期权行权，K2 的认购期权不行权，最大化客户的收益。

最大亏损：支付的净权利金。

最大盈利：两个行权价的差额-净权利金。

（二）熊市行情策略

在熊市行情中，投资者的预期通常可以分为两类：

标的资产出现重大利空消息，预期后市价格将下跌（强烈看跌）。

预期后市标的资产价格下跌幅度有限（温和看跌）。

结论：

强烈看跌：合成期货空头。

温和看跌：熊市价差期权策略。

1. 强烈看跌——合成期货空头

问：如果标的资产（如贵金属、商品、股票、汇率等）出现重大利空消息，预期后市标的资产价格将大跌，我是不是可以利用期权的做空机制和杠杆功能进行交易？有什么好的策略吗？

答：在强烈看跌的情况下，可以尝试采用“合成期货空头”策略，这个策略与前面提到的“合成期货多头”策略正好相反，就是构想一个期权组合，这个组合的收益类似于“期货空头”，杠杆做空标的资产。

构建组合：

（1）因强烈看空现货标的资产，所以买入一份认沽期权（建议平值）。

（2）同时预计标的资产下跌导致认购期权的行权可能性降低，于是售出一份具有相同到期日相同行权价的认购期权（建议平值）赚取权利金，以增强收益。

最大亏损：没有上限。

最大盈利：期权行权价格+净权利金。

2. 温和看跌——熊市价差期权策略

问：如果我预计标的资产温和下跌，下跌幅度不高，有没有什么期权策略能让我赚取下跌的收益，同时，如果标的资产上涨，我的风险也是锁定的？

答：在温和看跌的情况下，可以尝试采用“熊市价差期权”策略，这个策略与上述的“牛市价差期权”策略相反，最大盈利和最大亏损都是锁定的。

构建组合：

（1）因温和看跌，所以卖出一份较低行权价格 K1 认购期权，赚取权利金。

（2）为控制预期落空标的资产上涨导致认购期权行权所带来的损失，再买入一份较高行权价格 K2 的认购期权。K2>K1 的原因在于较低行权价的权利金较高。

最大亏损：两个行权价的差额-净权利金。

最大盈利：获得的净权利金。

（三）震荡行情策略

1. 标的资产波动较大——买入跨式期权策略

问：现在是震荡行情，标的资产波动挺大的，向上涨得多，向下跌得也多，涨一阵跌一阵，你有好的建议吗？

答：这种行情下，可以尝试使用“买入跨式期权策略”，标的资产上涨超过一定范围和股票下跌超过一定范围都可以赚钱。

买入跨式期权

构建组合：

①标的资产可能上涨，因此买入一份认购期权，价格上涨就可以获利。

②标的资产也可能下跌，因此买入一份认沽期权，价格下跌也可以获利。认购期权与认沽期权的行权价相同。

最大盈利：没有上限。

最大亏损：付出的权利金。

2. 标的资产波动较小——卖出跨式期权策略

问：那如果标的资产波动很小的，涨跌幅也都很小，是不是采用相反的策略？

答：您说对了，如果波动率小就可以使用“卖出跨式期权策略”，只要标的的价格在一定范围内，您都可以赚钱。

卖出跨式期权策略

构建组合：

同时卖出相同行权价格、相同期限的一份标的资产认购期权和一份认沽期权，而赚取权利金。只要价格上涨或下跌不超过一定的界限，权利金就可覆盖任何一份合约行权所带来的损失，使综合收益为正。

最大盈利：收到的权利金。

最大亏损：没有下限。

3. 买入蝶式期权

构建组合：

做空两手价平认购期权（中间行权价格），同时做多一手价外认购期权（较高行权价格）和做多一手价内认购期权（较低行权价格）。

七、黄金市场基本面

1. 全球黄金产量

2022 年，全球黄金总供应量延续了温和的上升轨迹，同比增长 2%至 4755 吨，金矿产量创下四年来新高，增加至 3612 吨。中国是全球最大黄金生产国。黄金是一种特殊的贵金属，具有商品和金融双重属性。尽管布雷顿森林体系崩溃后，金本位制正式退出历史舞台，但是由于黄金的价值属性和其稀缺性仍决定了其重要的地位。从黄金供给来看，目前全球各国基本都有黄金开采业务，根据世界黄金协会数据，2015 年至 2020 年全球黄金产量先增长后下降，在 2018 年产量为 3509. 3 吨，达近年来最高值，随后开始回落，2020 年全球黄金产量仅为 3359 吨，2021 年全球矿产黄金较 2020 年小幅回暖 2%（见图 13-8）。

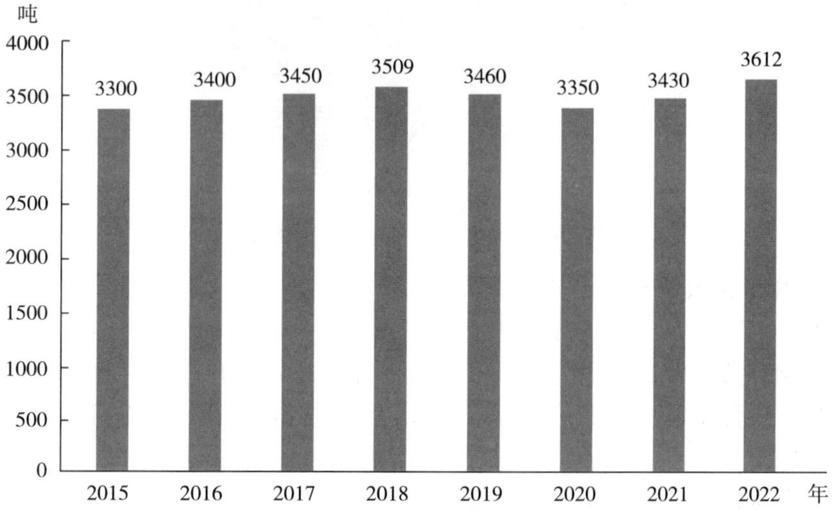

图 13-8 2015—2022 年全球矿产黄金产量

2. 全球黄金消费小幅回暖

从全球黄金消费需求来看，全球黄金消费数量呈现波动变化，整体在 4000 吨左右浮动。2020 年受疫情影响，全年全球黄金消费需求出现大幅下降，跌至 3759.6 吨，为近几年最低值。2021 年则有所回暖，全球黄金消费量 4021 吨。2022 年，全球黄金需求量较上年增长 18%，达 4741 吨，几乎与历史高位的 2011 年持平，并创下近 10 多年来新高（见图 13-9）。

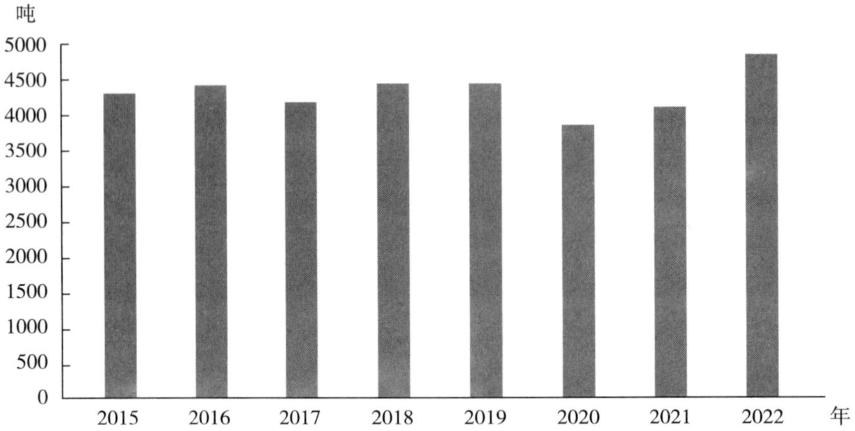

图 13-9　2015—2022 年全球黄金需求量

从具体需求来看，其中，黄金首饰消费需求占比高达 2220.95 吨，占全球黄金消费比重的 50%以上；金条及金币消费量 1180.37 吨，占比接近 30%（见图 13-10）。

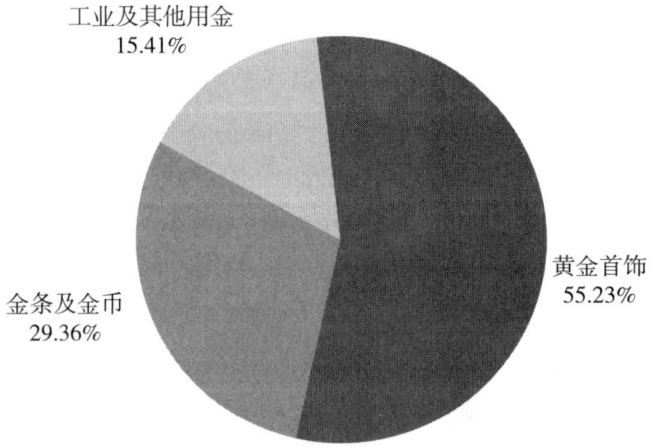

图 13-10　2022 年世界黄金消费需求占比

3. 全球黄金价格预计长期将持续增长

从黄金价格走势来看，2015 年以来，全球黄金价格呈波动增长态势，尤其是 2019 年下半年以来，全球黄金价格进入上升通道，2020 年底达近 2100 美元/盎司的高位，目前黄金价格处于高位震荡水平，2022 年 3 月、2023 年 5 月再次突破 2050 美元/盎司新高，12 月 3 日再次冲破前高，达 2146 美元/盎司，但预计未来在供给进一步缩进，需求持续回暖的影响下，黄金价格长期将保持增长态势（见图 13-11）。

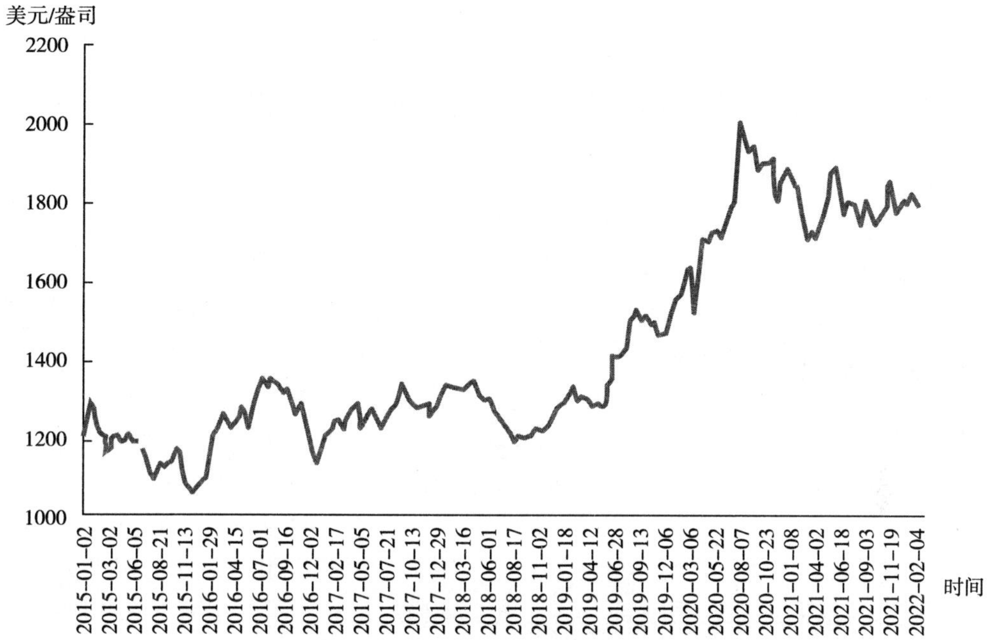

图 13-11　2015—2022 年全球黄金价格走势

第十四章　外汇风险管理

第一节　外汇交易

一、外汇的含义及分类

（一）外汇的含义

外汇具有双重含义。狭义的外汇是指以外国货币表示、为各国普遍接受、可用于国际间债权债务结算的各种支付手段。广义的外汇是指一国拥有的一切以外币表示的资产。简单来说，是国家与国家货币之间的价值的交换。国际货币基金组织对此的定义为："外汇是货币行政当局以银行存款、财政部库券、长短期政府证券等形式保有的在国际收支逆差时可以使用的债权。"它具有可支付性、可获得性和可兑换性。

（二）外汇的分类

根据不同的标准，外汇可以分为不同的类型。

1. 按外汇管制程度不同，可以分为现汇和额度外汇。
2. 根据交易性质不同，可以将外汇分为贸易外汇和非贸易外汇。
3. 根据外汇使用权不同，可将外汇分为中央外汇、地方外汇和专项外汇。
4. 除上述分类方法以外，还有其他的外汇分类。例如，留成外汇、调剂外汇、自由外汇、营运外汇、一次使用外汇额度外汇、非居民外汇等。

外汇货币主要有美元、欧元、英镑、日元、澳大利亚元、加拿大元、新加坡元等。

二、汇率的含义及分类

（一）汇率的含义

汇率是指两种货币之间的兑换比率，也可视为一种货币对另一种货币的价值。又称外汇利率或外汇行市。汇率变动对进出口贸易有着直接调节作用。汇率会因为利率、通货膨胀、国家政治和经济等原因而变动。

（二）汇率的分类

1. 按国际货币制度的演变划分，有固定汇率和浮动汇率。
2. 按制定汇率的方法划分，有基本汇率和套算汇率。
3. 按银行买卖外汇划分，有买入汇率、卖出汇率、中间汇率和现钞汇率。
4. 按银行外汇付汇方式划分，有电汇汇率、信汇汇率和票汇汇率。
5. 按外汇交易交割期限划分，有即期汇率和远期汇率。
6. 按对外汇管理的宽严区分，有官方汇率和市场汇率。

7. 按银行营业时间划分，有开盘汇率和收盘汇率。

（三）汇率的标价方法

由于各国家的货币汇率不同，依据标准不同，产生了几种不同的外汇汇率标价方法。

1. 直接标价法又称应付标价法。
2. 间接标价法又称应收标价法。
3. 美元标价法又称纽约标价法。

三、外汇交易

（一）外汇交易的含义

外汇交易是指一国货币与另一国货币进行交换。与其他金融市场不同，外汇市场没有具体地点，也没有中央交易所，而是通过银行、企业和个人间的电子网络进行交易。外汇交易可以分为现钞交易、现货外汇交易、合约现货外汇交易（外汇保证金交易）、外汇期货交易、外汇期权交易、远期外汇交易、掉期外汇交易等。外汇交易除周末外每天 24 小时进行。

"外汇交易"是同时买入一对货币组合中的一种货币而卖出另一种货币。外汇是以货币对形式交易，例如欧元/美元（EUR/USD）或美元/日元（USD/JPY）。举个例子，有人曾经到国外旅行，通常必须找到机场货币兑换亭，然后兑换该国货币。当你用手里的本币换另一种货币时，就参与了外汇市场的交易。汇率天天变动，有涨有跌，通过买卖赚这个变动的差价，就是外汇交易。而汇率也就成为一个投资的品种。

（二）外汇交易的守则

1. 顺势而为。
2. 看准时机。
3. 止盈止损。
4. 控制仓位。
5. 把握心态。

（三）外汇交易的方式

在中国适合中小投资者参与的外汇交易方式主要有两种：外汇实盘交易（又称外汇现货交易）和外汇保证金交易（又称虚盘交易）。前者可以通过开设银行账户交易，后者主要是通过在国外一些交易商在国内的代理商处开户后入金交易，因为国内目前没有自己的交易商。

（四）外汇交易时间

外汇交易时间见表 14-1。

表 14-1 2022 年国际各主要外汇市场开盘收盘时间（北京时间）

外汇市场	开放时间（北京时间）
新西兰惠灵顿外汇市场	05：00~13：00（冬令时间 04：00~12：00）
澳大利亚悉尼外汇市场	07：00~15：00（冬令时间 06：00~14：00）

续表

外汇市场	开放时间（北京时间）
日本东京外汇市场	08：00~14：30
新加坡外汇市场	09：00~16：00
英国伦敦外汇市场	15：30~23：30（冬令时间16：30~00：30）
德国法兰克福外汇市场	14：00~22：00
美国纽约外汇市场	22：20~03：00（冬令时间21：20~04：00）
中国香港外汇市场	09：00~16：00

四、外汇市场

1. 外汇市场的概念

外汇市场是指经营外币和以外币计价的票据等有价证券买卖的市场；是金融市场的主要组成部分；是在国际从事外汇买卖、调剂外汇供求的交易场所。它的职能是经营货币商品，即不同国家的货币。所有买卖外汇的商业银行、专营外汇业务的银行、外汇经纪人、进出口商，以及其他外汇供求者都可经营各种现汇交易及期汇交易，这一切外汇业务组成了一国的外汇市场。

2. 外汇市场的主体

外汇交易市场是全球最大的金融产品市场，其没有具体地点，也没有中央交易所，而是通过银行、企业和个人间的电子网络进行交易。外汇市场的参与者，主要包括中央银行、外汇银行、外汇银行的客户、外汇交易商和外汇经纪商。

3. 外汇市场现状

外汇市场是世界上最大的金融交易市场。比起每天成交量只有740亿美元的纽约证券市场，2022年，外汇市场的交易量达到每天7.5万亿美元，高于三年前的6.6万亿美元，增长达到14%。可谓非常强大！

追溯历史，外汇交易出现在20世纪70年代，那时候电话已经出现，只需通过电话、电传、电脑等设备，外汇交易的各方就能组成一个买卖自由的市场。它没有固定的交易场所，也不局限某个地点，时间上也是自由的。因为外汇交易的这种特性，外汇市场被认为是场外交易（OTC）或“国际银行”。目前，世界上有30多个“外汇交易中心”。

在OTC市场上，市场参与者根据交易条件，有吸引力的价格，以及交易对手的信誉决定他们想要和谁进行交易。表14-2是全球交易量最大的货币排行榜前十种最活跃的交易货币。

表14-2 2022年全球货币成交量前十名单

序号	货币	成交量占比（%）
1	美元	87.62
2	欧元	31.27
3	日元	21.56

续表

序号	货币	成交量占比（%）
4	英镑	12.78
5	澳大利亚元	6.94
6	加拿大元	5.13
7	瑞士法郎	4.73
8	人民币	3.97
9	瑞典克朗	2.22
10	墨西哥比索	2.2

五、外汇交易方式

1. 即期交易：又称现汇交易或现汇买卖，是指外汇交易双方以当时外汇市场的价格成交，并在成交后两个营业日内办理有关货币收付交割的外汇交易。

2. 远期交易：又称期汇交易，是指在外汇买卖成交时，双方先签订合同，规定交易的币种、数额、汇率以及交割的时间、地点等，并于将来某个约定的时间按照合同规定进行交割的一种外汇方式。

3. 套汇交易：套汇是指利用不同的外汇市场，不同的货币种类，不同的交割时间以及一些货币汇率和利率上的差异，进行从低价一方买进，高价一方卖出，从中赚取利润的外汇交易方式。

4. 套利交易：利用两国货币市场出现的利率差异，将资金从一个市场转移到另一个市场，以赚取利润的交易方式。

5. 掉期外汇交易：是指同时买进和卖出相同金额的某种外汇，但买和卖与交割期限不同的一种外汇交易方式。

6. 外汇期货交易：是指按照合同规定在将来某一指定月份买进和卖出规定金额外币的交易方式。它是金融期货中最早出现的品种，现在已经成为套期保值和投机的重要工具。

7. 外汇期权交易：是一种以一定的费用（期权费）获得在一定的时刻或时间内拥有买入或卖出某种外汇权利的合约的交易方式。期权合同的卖方可以在期权到期日之前按合同约定的汇率买进或卖出约定数量的外汇，但也有不履行这一合同的权利。

8. 以后将出现由银行和互联网投资公司合办的外汇交易平台，这样为个人投资降低了不必要的成本。

在中国外汇交易市场上目前还只有外汇即期交易。中国外汇市场由于条件不成熟和风险控制技术不完善，还没有其他交易，但是随着中国外汇市场的进一步发展和中国金融改革的逐步完善，上述交易未来会成为中国外汇市场的主角。

六、外汇交易特点

外汇交易作为国际化交易品种，是未来投资的主要趋势；是国际化的投资新渠道。有其自身的特点。

（一）全球最大最公平的市场

外汇市场平均日交易量 7.5 万亿美元，相当于期货市场的 4 倍，美股市场的 30 倍，令其成为全球最大、同时也是流通性最高的市场。庞大的市场容量，使投资者有足够的盈利空间。外汇交易流通量非常大，基本上是没有任何人或者机构能够操纵市场的。

（二）没有庄家，没人控盘，是一个相对公平、纯净的国际市场

大家都知道股票是有限制的。一只规模小的股票，大资金对于盘面的操纵就相对容易，可能几亿元的资金就容易对盘面价格有较大的左右，也就是对股价进行操控。而外汇市场每天有 7.5 万亿美元的交易量，没有哪个资金团队和个人可以操控的。投资者参与到外汇市场中赚钱，不用考虑是否被操控者暗算，不用考虑是否要跟着大庄家的消息走。所以外汇市场是一个相对纯净、相对公平的没有庄家的市场。

（三）交易成本低，没有任何佣金

外汇交易的成本是极低的，仅为买卖差价的几个点而已。此外，一个纯电子市场使得交易者可以直接与庄家进行交易，免除了标价和中间人的费用，从而可以进一步降低交易成本。因为外汇市场提供了 24 小时的流动性，交易者得到了狭窄和具有竞争力的价差，使在线外汇交易更成为短线交易者的乐园。

（四）“T+0”交易，交易时间长且自由

外汇市场是国际化的市场，提供的是周一到周五，每天 24 小时，连续不断的交易机会。不像股市，只在上午 9：30 到下午 3：00 交易。因此外汇市场适合活跃的交易者。投资者可以根据自己的作息时间进行交易。24 小时不间断的特性保证最小的市场裂缝；也就排除了开市价格戏剧性高于或低于收市价格的可能性。

为什么会连续不断？不休息吗？连续不断的交易市场是这样实现的：北京时间凌晨 4 点新西兰的惠灵顿市场最先开盘，然后开盘交易的是东京市场，香港市场，到了下午 4~5 点钟，香港、新加坡市场快收盘了，伦敦市场开始交易，紧随其后的是纽约市场。这样在一个交易所没有关闭的时候另一个地区的交易所就开盘交易，形成了每天 24 小时，周一至周五连续不断的市场，投资者可以在周一到周五的任何时间进行外汇交易。随时交易方便了投资者，可以把握到重要的交易机会。投资者参与的是一个真正国际化的市场。

（五）双向获利模式

外汇交易总是涉及货币对，买一个货币的时候，就必然卖另一个货币。既可持有多头头寸，也可持有空头头寸，无论行情如何，都有机会获利。

所谓双向交易就是既可做多，又可做空。行情上涨，如果你提前买入了，也就是做多，那么就赚钱了。如果行情下跌了，你提前卖出，也就是做空了，也能赚钱。也就是说只要方向把握的正确，无论行情是涨还是跌，都是有机会赚钱的。

很多朋友知道双向交易的好处，但不知道为什么可以双向交易。大多数投资者明白买涨，但不清楚什么是做空？不理解做空的原理。简单概括就是“借货卖钱”。

举个例子：现在杯子 3 元钱一个，未来杯子有机会涨价。你在 3 元钱时买了一个杯

子，价格涨到5元时，把杯子卖掉，中间赚了2元的差价，有了2元钱的利润。这就是做多。而做空的原理是“借货卖钱”。同样是投资杯子市场。现在杯子5元钱一个，杯子未来的价格肯定会下跌。怎么赚钱呢？投资者去市场里借了一个杯子，以现价5元钱卖掉。有了5元钱的现金并且欠市场一个杯子。等杯子价格跌到3元钱一个的时候，再花3元钱从市场买一个杯子还给市场。这时两清了，谁也不欠谁的。自己留下了2元钱的利润。这就是做空。一个先借货，高价卖钱，再低价买货，最后还货的过程。这是做空的原理。这也是为什么货物可以买其价格下跌，越跌越有人赚钱的道理。

（六）杠杆原理，以小博大

杠杆是金融市场中常用的工具。

企业收购就是运用杠杆工具，也是企业的特权，以小博大。在公司并购中，用杠杆收购公司是很常见的，通常只需要出资20%~40%。这相当于给投资加了2~5倍的杠杆，只要200万美元就能收购1亿美元的公司资产。可见，运用金融杠杆进行以小博大的投资，可以购买原本根本买不起的优质资产。

杠杆在英国以前是特权阶级才能享有的金融工具。但现在外汇市场中的外汇期货，普通投资者也可以享有此特权了。杠杆越大，撬动的资金就越大。外汇交易通常有50倍到200倍的杠杆。这就意味着用几千美元可以买卖几十万美元或等价的外汇。外汇市场提供了一个以小博大的机会，也有了高收益的机会。但要特别注意的是，在享有高杠杆以小博大的机会，也要注意风险的控制，交易仓位不能太重。

杠杆比率是决定某个市场是否值得投资的重要因素之一，因为交易者可以通过对杠杆的运用来量身定做暴露于风险的程度。外汇市场的主要特点有以下五个方面：

1. 世界上最大的金融交易市场

外汇市场是世界上最大的金融交易市场，2022年平均日交易额超过7.5万亿美元，高于三年前的6.6万亿美元。增长达到14%。其规模已远远超过股票、期货等其他金融商品市场，财富转移的规模越来越大，速度也越来越快。

2. 有市无场

欧洲等西方国家的金融业基本上有两套系统，即集中买卖的中央操作和没有统一固定场所的行商网络。股票买卖是通过交易所操作的，集中买卖金融商品，其报价、交易时间和交收程序都有统一的规定，并成立了同业协会，制定了同业守则。

投资者则通过经纪公司买卖所需的商品，这就是“有市有场”。而外汇买卖则是通过没有统一操作市场的行商网络进行的，它不像股票交易有集中统一的地点。但外汇交易的网络却是全球性的，并且形成了没有组织的组织，市场是由大家认同的方式和先进的信息系统所联系，交易商也不具有任何组织的会员资格，但必须获得同行业的信任和认可。这种没有统一场地的外汇交易市场被称为“有市无场”。全球外汇市场每天平均上万亿美元的交易。如此庞大的巨额资金，就是在这种既无集中的场所又无中央清算系统的管制，以及没有政府的监督下完成清算和转移。

3. 连续循环作业

由于全球各金融中心的地理位置不同，全球各大外汇市场因时间差的关系，成为昼夜不停、全天24小时连续运作的巨大市场。早上8：30（以纽约时间为准）纽约市场开市，9：30芝加哥市场开市，10：30旧金山开市，18：30悉尼开市，19：30东京开市，20：30中国香港和新加坡开市，凌晨2：30法兰克福开市，3：30伦敦市场开市。

外汇市场成为一个不分昼夜的市场，只有星期六、星期日以及各国的重大节日，外汇市场才会关闭。投资者可以寻找最佳时机进行交易，不管其人在哪里，都可参与任何市场、任何时间的买卖。因此，外汇市场可以说是一个没有时间和空间障碍的市场。

4. “零和游戏”

在外汇市场上，汇价波动表示两种货币价值量的变化，也就是一种货币价值的减少与另一种货币价值的增加。因此有人形容外汇市场是“零和游戏”，更确切地说是财富的转移。“零和游戏”是不产生效益的，股市也是如此，某股票或整个股市上升或者下降，那么，某股票的价值或整个股票市场的股票价值也会上升或下降。

5. 双向交易

外汇市场可以进行双向交易。交易者可以先买后卖进行多头交易，也可以先卖后买进行空头交易。而股票市场则只能是“先买后卖”进行单向交易。

（七）止损机制，风险可控

外汇交易的风险可以通过限价单，止损单，跟踪止损单等工具，自行控制。只要遵守交易规则和纪律，严格设置止损，增加风险管理知识，外汇交易的风险是可以自己把控的。

第二节　外汇风险的产生与影响

一、跨货币经营活动

从事外汇业务的金融机构和工商企业在其业务活动中所发生的外币收付，如应收外汇款项、应付外汇款项、外汇资金的借入及使用外汇资金对外投资等，除了要通过外币进行结算外，还要通过本币进行成本核算，以考核其经营效益，因为本币是衡量金融机构及工商企业经营效果的共同指标。这就发生了跨越不同货币之间的经营活动。而一种货币和另一种货币之间的折算依据是该两种货币之间的汇率。当今国际外汇市场上汇率的波动性之大是前所未有的。汇率的波动必然导致货币折算以后的价值发生变化。任何一个企业，无论是大型跨国企业还是纯粹的国内企业，无论是否直接与外币打交道，都会不可避免地受到汇率波动的影响。此外，时间对货币的价值也将产生影响。时间会产生不确定性。商品的出售日期和货款的支付日期之间、宣布分红和支付红利之间都存在时间的间隔。这一间隔就为货币价值的变动提供了机会。影响币值变动的原因有物价水平的变化、劳动生产力的变化、国际收支状况的变化、政府开支的变化、相对贸易优势的变化等。这些因素本身也在不断地变化，有时变化得很快。在这种环境下从事跨国经营，企业的外汇收付就会“暴露”于汇率风险之下。在当今动荡的市场环境下，企业亟待对外汇风险进行积极的防范和有效的管理。

一家出口企业在与国外进口商磋商出口交易时，双方可能商定以外国货币进行成交。尽管出口企业的活动可能没有超越本国领土，但其出口收入却是外币。在这种情况下，企业的经营活动涉及两种货币，即外币和本币。该两种货币价值的相对变动就会对企业经营活动的效益产生一定影响，进而也就会对该企业的价值产生影响。一般来说，各类企业的跨货币经营活动主要有下列几类：国际贸易（包括商品贸易和劳务贸易）、国际生产许可证贸易、国际特许权转让、国际技术转让、国际合资企业和国际直接投资等。

在以上各种跨货币的经营活动中，参与这些活动的企业或有部分以外国货币计价的资产负债，或有一定金额的以外币表示的未来资金流入或流出。例如，一个甲国企业在乙国持有一个分厂，这个乙国分厂应按照所在国的要求在当地注册、接受当地法律、税务等方面的管理。自然，分厂的会计记录是以当地货币为记账单位的，那么该甲国企业就有部分资产负债是以外币计值的。再如，一家企业签订了一项以外币从某外国购买某产品的合同，在今后一段时间内，该企业就要以某种方式支付一笔外币款项。

相对于一般国内企业来说，参与跨货币经营活动的企业所承受的汇率波动影响会更大些，但并不是说一般国内企业不受汇率波动的影响。一个没有直接参与跨货币活动的国内企业也会受到汇率波动的影响。实际上，即使一个企业没有外币资产负债，没有外币计价的交易或者海外投资，但如果其原材料供应商对它的供给，或者其客户对其产品的需求受到汇率波动影响，这个企业也间接地承担外汇风险。在开放型经济中的任何企业，都会直接或间接地承担或多或少的外汇风险。相反，参与跨货币活动的企业并非一定会受到汇率波动的影响。比如，一家美国出口商以英镑作为计价货币，同一家英国客户签订一笔出口合同。美国出口商一个月后得到的货款是英镑，而一个月后，这家美国出口商正好要对外支付相同金额的英镑货款，美元和英镑之间汇率波动的风险实际上在这两笔交易中自动抵消了。

二、外汇风险的含义

（一）风险

所谓“风险”，就是事物的不确定性，或者是事件发生的可能性。在经济活动中，风险意味着企业取得合理利润的可能性，反过来说，风险意味着企业没有取得合理利润或出现亏损的可能性。从某种意义上讲，从事国际经济、贸易活动实际上就是一个预测风险、避免风险的过程。

（二）外汇风险

所谓“外汇风险”，是指由于汇率波动导致企业、个人以外币计价的资产或负债的价值发生变化的可能性。这种价值变化的可能性有两种：一种可能是汇率波动使以外币计价的资产或负债的价值增加；另一种可能是使以外币计价的资产或负债的价值减少。无论是哪一种可能性，对于企业或个人来说，都是一种不确定的因素，因而是一种风险。这种风险可能给企业或个人带来额外收益，也可能给企业或个人带来意外损失。作为一个企业、金融机构等，应该考虑汇率变动带来损失的可能性。可见，这里所说的外汇风险，是指由于未来货币汇率是不确定的，有关企业未来的经营结果也就无法确定这样一种情况。

外汇风险有狭义和广义之分。狭义的外汇风险，又称直接外汇风险，是指与直接从事国际经济交易的企业和个人有关、汇率变动使其蒙受损失的可能性。它可以用外汇金额来测定。

广义的外汇风险概念，或称间接外汇风险，是汇率变动使那些与国际经济交易无直接关系的企业和个人获得收益或蒙受损失。

外汇风险在许多方面对企业的经营产生影响。主要影响有以下几个方面。

第一，对企业经营效益的影响。外汇风险使企业的未来收益因汇率的变动而上下波动。由于汇率的不确定，导致企业经营效益的不确定。在汇率频繁波动的今天，企业如果对其面临的外汇风险不加以管理，在不考虑其他因素的情况下，其未来的经营效益取决于外汇汇率。

第二，对税收的影响。由于汇率的变化，企业的资产、负债、销售收入或投资收入折算为本币时可能上升或下降，从而影响企业的税收负担。外汇风险对税收的影响因国家不同而不同。一般来说，只有已经实现了的外汇损失才能享受所得税减免。由于税收政策是由企业的所在国决定的，作为一个跨国经营的企业，应该从全局考虑制定其外汇风险管理策略。在其他条件不变的情况下，一个企业应该设法将外汇风险所造成的税后结果降到最低，使税后收益达到最高。

三、对企业长远经营战略的影响

本币对外升值的结果会导致本国出口商品以外币表示的价格上涨，从而降低本国产品在国外市场的竞争能力。日元的升值给日本企业带来的影响最为典型。日元对外升值给日本经济造成的影响不亚于1974年和1978年的两次石油危机。石油危机使日本出口企业的出口业绩受到极大影响。然而，除了特别依赖进口原料的企业以外，日本各企业均以节约能源、提高技术得以转轨，在某些领域甚至超过欧美企业。日元升值的危机，不但冲击日本的大企业，同时也波及了周边的企业。本币对外升值，对国内企业的生产和销售也会产生影响。本币对外升值，使进口商品在国内的售价降低，竞争力增强。那些本国企业受到外来竞争的压力，其产品在国内市场上的销售额会因此而下降。本币对外贬值所带来的效应恰恰相反。那些从事出口业务的企业，由于本币对外贬值，其出口商品的外币价格会有所下降，其产品在国外市场上的竞争能力则会加强，出口销售额因此上升。本币对外贬值，对国内企业来说，由于进口商品的国内售价上升，国内企业的产品在国内市场上的竞争力增强。但是，如果国内企业生产所需的部分或全部原材料、零部件等需要进口解决，则本币贬值所带来的好处会因进口成本的上升而被部分或全部抵消。

四、我国企业外汇风险现状

1979年我国实行改革开放政策以来，与金融体制、外贸体制改革相配套，外汇体制也进行了一系列改革，实行了外汇留成制度，在此基础上，建立了外汇调剂市场，把市场机制引入了外汇分配领域，改变了以往的“统收统支”的办法。汇率也由过去的几年不变的固定汇率制，变为有管理的浮动汇率制度。人民币对外币的汇率基本上是固定的，企业在其经营过程中，汇率意识相对比较薄弱。自1994年1月1日起，我国实行外汇体制改革以后，实现汇率并轨，实行以市场供求为基础的、单一的、有管理的浮动汇率制。随着外汇供求和国内外政治、经济形势的变化，人民币汇率也会几乎每天都在变化，偶尔还会发生较大的波动，汇率风险时刻存在。如何防范外汇风险，对各类企业构成了一个新的挑战。

企业不能盲目迷信某一种或某几种货币了。在计价货币的选择问题上，应该有一个理性的标准，并且在投资前做好风险防范的准备工作和战略安排。在出口业务方面，由于国际市场竞争激烈，形成了买方市场。买主对出口商的附加条件越来越多，也越来越苛刻。在出口贸易中，实行即期付汇的比重呈下降趋势，而多半要求采用远期付汇，给国外买主一定的信贷期限（账期），以争取订单。而到真正收汇时，人民币和外币的汇率可能已经发生了变化，从而影响企业的出口效益。

从进口业务方面来看，我国外贸进口实行统一以美元与用户结算。不论对外签订的进口合同是使用什么货币计价，如果进口合同是非美元成交的，则我国用户将承担双重货币汇率变化的风险。即美元折合人民币汇率的变化和其他外币折合美元汇率的变化。由于美元对人民币的汇率经常变化，而美元对其他主要国际货币的汇率也在不断变化，这样，以美元以外的货币成交的进口合同可能带来的外汇风险就会更大。在外汇体制改革以前，外贸公司、用户拥有的只有人民币和外汇额度，只有在对外付款时，才能兑换成美元现汇，因此企业进行外汇风险管理的主动性受到很大限制。人民币汇率的并轨，也为进行外汇风险的防范提供了有利条件。

所以，我们在外汇风险面前，不能抱任何侥幸心理。只有积极面对风险，采取合理防范措施，制定理性的管理战略，才能掌握主动权，将风险造成的损失降到最低。

外汇交易是国际化的交易，是未来投资的主要趋势。在国外外汇投资的群体庞大，基础深厚，全球每天外汇的交易量达到 7.5 万亿美元的水平。可以说外汇交易在我国是一个新兴的、国际化的投资新渠道。1999 年国内银行才开放，个人才可以进行外汇交易，到目前才短短的二十三年。

随着我国经济的发展，人民也越来越富有，出国留学、旅行等需求，都促使百姓不断地关注外汇交易和汇率的变化。外汇交易的基础和需求不断地随着老百姓的需求而不断变化，促使外汇交易在国内蓬勃地发展。这也是投资者越来越多地参与到外汇投资领域的一个原因。

随之而来的问题，就是如何在市场中控制好风险？如何提升投资的收益的问题？在客户投资前要学会投资的基本知识，要对风险控制有一个初步的了解和概念。投资者没有经过专业的培训和指导，容易使市场中一些不良机构有机可乘，误导投资者。导致善良、缺乏投资知识的百姓严重亏损，甚至血本无归。所以，不仅是政府在努力让投资者提高风险意识，我们也希望投资者丰富自己的投资知识，强化自己的投资理念，正确合理地分配投资资金，对投资有正确的概念。

第三节　外汇风险的类型

一、经营风险

（一）经营风险的含义

经营风险，又称经济风险，是指由于非预料的汇率变化导致企业未来的收益发生变化的外汇风险。风险的大小取决于汇率变化对企业产品的未来价格、销售量以及成本的影响程度。经营风险相比交易风险、会计风险对企业长远健康发展的重要性更为突出。

（二）经营风险的不同类别

1. 间接经营风险

当地货币汇率的变动对流入变量和流出变量的影响有时可能是间接的，因而与预期的结果相反。例如，一家美国公司从加拿大进口木材，如果美元贬值了，加拿大出口商会因此而收到较少的加拿大元。为了弥补其收入的减少，这家加拿大出口商在未来的交易中可能会向美国进口商报出较高的价格。这样，美国企业以美元表示的用于支付进口的现金流出增加了。可见，这里美元贬值对美国这家企业的影响是间接的。

2. 国内企业的经营风险

在国际经济联系日益密切的今天，即使是单纯的国内企业也会受到经营风险的影响。经营风险之所以存在，是因为企业的现金流量在汇率发生变动时会受到影响。如果外国竞争对手的发票货币相对于当地货币贬值，则购买货物的客户会转向外国竞争者，从而使对当地企业产品的需求减少，最终导致净额现金流入减少。发票货币相对于当地货币贬值，则购买货物的客户会转向外国竞争者，从而使对当地企业产品的需求减少，最终导致净额现金流入减少。跨国企业的经营风险是一个从事国际业务的企业和一个单纯的国内企业相比，在汇率波动的情况下，可能面临更大的经营风险。

二、交易风险

（一）交易风险的含义

所谓“交易风险”是指汇率变化导致企业应收账款和应付债务的价值发生变化的风险。交易风险指企业以外币计算的现金流量已定，而汇率变动会影响以本币计算的现金流量发生变动的情况。应收账款或应付债务发生在汇率变化以前，而实际的结算发生在汇率变化以后。

（二）交易风险的类别

交易风险可以分为买卖风险、交易结算风险和意外风险三类。

1. 买卖风险

买卖风险又称金融性风险，它产生于本国货币和外国货币间的反复兑换。以买卖外汇为基本业务的银行以及以外币进行借贷款的企业承担的主要是这种风险。买卖风险产生的前提是银行或企业一度买进或卖出外汇后，将来又必须反过来卖出或买进外汇。

2. 交易结算风险

交易结算风险又称商业性外汇风险。它随以外币计价的商品和劳务的交易而产生，这类风险主要由进出口商承担。

3. 意外风险

意外风险是交易风险的延伸。它是指已知的、潜在的，但尚未实现的外汇交易风险。例如，企业投标于某个外币计价的项目，授标时可能已经过去好几个月了，时间带来了不确定性。在对标价进行评估的过程中，汇率的变动可能导致严重的计划问题。最终中标的企业可能希望在评估阶段对这笔交易进行套期保值，而没有中标的企业则不愿意对该笔交易进行套期保值。然而，企业在事先并不知道其是否会中标，但是的确存在交易风险。

三、会计风险

（一）会计风险的含义

会计风险又称转换风险、折算风险、账面风险等。会计风险指由于汇率变动导致资产负债表中某些外汇项目的价值发生变化的风险。任何一个跨国公司在编制世界范围内的统一财务报表时，都要面对这种风险。这是一种根据会计制度的规定对公司的经营活动编制统一的财务报告时产生的外汇风险。当公司将其以外币计量的资产负债、收入和费用折成以本国货币表示的有关项目时，汇率的变动可能给公司造成账面受益或损失。这种账面损益就是由会计风险带来的。

（二）记账本位币与报表货币

当一个跨国公司编制其全球财务报表时，应当明确其记账本位币与报表货币。记账本位币是子公司所在的经济环境使用的货币。报表货币是母公司在编制其财务报表时所使用的货币，通常是母公司所在国的货币。但是，在某些特定条件下，记账本位币也可能不同于子公司所在国货币，而报表货币也可能不同于母公司所在国货币。

（三）折算汇率

在把记账本位币的财务报表汇总到母公司所在国时，常常要考虑如何进行货币的转换，究竟是采用“历史汇率”还是采用“当前汇率”，这一切都取决于有关国家财会制度的具体规定。

四、其他法律及税务风险

近年来，随着外汇行业的不断发展壮大，涉及外汇行业的刑事犯罪也逐年增多，罪名主要有：诈骗罪、反洗钱罪、合同诈骗罪、职务侵占罪、挪用资金罪等，解决问题的根本是找到原因，有针对性地规避风险。

（一）刑事法律风险

1. 外汇企业个人面临的刑事风险

按照刑事法律风险发生的阶段性，大体分为三个部分：一是企业设立过程中的刑事法律风险（包括所在地的政策法律变化风险）；二是企业经营过程中的刑事法律风险（包括所在地的政策法律、大事件、操作等风险）；三是企业在清算过程中的刑事法律风险（包括所在地项目完工事项变化风险及当地政策法规风险）。按照刑事法律风险来源进行分类，可以分为以下两种：一是企业或者企业家作为触犯刑法的主体，包括个人犯罪和企业法人犯罪；二是企业遭受到刑事犯罪的侵害。

2. 外汇企业个人刑事犯罪风险成因

（1）跨国跨区域业务面大、政策不一，提供了便利。

（2）利益的诱惑，驱使铤而走险。

（3）外汇风险平台的不规范、繁杂，为犯罪提供了机会。

（4）操作者利用外汇交易的优势，引诱诈骗钱财。

（5）人为操作性诈骗。

（6）其他不确定性因素利用和引诱犯罪。

（二）税务风险管理

1. 税务风险的来源

外汇行业作为特定行业，产品特性、企业管理、税收政策等方面都有较强的典型性和特殊性。一是外汇行业的市场区域性决定了税务机制的多样性。二是外汇的多重风险影响了税务的复杂性。三是外汇黑平台的私下交易为税款的征收带来了难度。四是外汇其他方面的税务风险。

2. 税务风险的成因

（1）外汇行业全球性。各个国家税法、规定均不相同，导致外汇行业的税务风险。

（2）汇率、利率的变动性给税务风险带来了不确定性。

（3）企业多种货币记账。跨国企业的多种记账币，导致税务风险的产生。

（4）不懂或忽视税务风险。

（5）人为操作性税务风险。

（6）企业其他方面影响税务风险的因素。

第四节　外汇风险的识别与衡量

外汇风险管理的最重要的任务是将对货币汇率变化的预期融入企业所有的决策之中。为此，企业必须了解到底是什么处在风险之下。然而，相对衡量外汇风险而言，在会计实践和现实经济生活中存在很大偏差，即企业到底在多大程度上受汇率变化的影响。

一、经营风险的识别与衡量

（一）经营风险的识别

经营风险是外汇汇率变动对企业未来收益和成本的影响。因此，在识别企业的经营风险时，不仅考虑眼前的风险，而更重要的是从长远角度来考虑企业的经营风险。识别企业是否面临外汇经营风险，主要从以下几方面考虑。

1. 销售市场

即企业的产品销往何处？国内销售额和国外销售额的比例如何？以及在这些市场上如何进行必要的促销活动。

2. 竞争对手

企业的主要竞争对手是谁？主要是国内竞争对手还是国外竞争对手？回答这些问题可以帮助企业明确自己的竞争对手是否受到外汇风险的影响，以及受到何种影响、影响的程度如何等。只有知己知彼，方能百战不殆。

3. 生产地点和原料来源

企业主要在国内生产还是在国外生产？主要使用国内原材料还是国外原材料？企业在国际间转移生产和获取原材料的能力如何？企业在国内外投入和在国内外生产相互替代的灵活性越大，其面临的外汇风险就越小。在其他条件不变的情况下，拥有跨国生产体系的企业可以通过增加在货币贬值国的生产，减少在货币升值国的生产来应付外汇风险。

4. 定价策略

企业产品的价格是根据世界市场行情定价还是根据国内市场行情定价？计价货币是本国货币、对方国家货币还是第三国货币？

5. 需求的价格弹性

即确定消费者对企业产品的需求受价格影响的程度如何。真实汇率的变化对企业的影响体现在很多方面。

6. 竞争程度和主要竞争对手的所在地点

企业产品的差异性越大，其所面临的竞争就越少，在国内外维持以其本币衡量的价格的能力就越强。

7. 关于跨国企业的海外业务，经营风险的决定因素也与上述因素相类似

上述分析的主要结论是：企业经营的环境（出口、进口竞争或单纯国内生产），企业的原料来源（进口、国内交易或非交易商品）以及汇率的波动是识别企业外汇经营风险的主要因素。一般来说，在国内生产供应国外市场比在国外生产供应当地市场面临的外汇风险更大。原因是国内工厂所用的劳动力和原料是用本币支付的，而产品是用外币销售的。

（二）经营风险的衡量

1. 净现值法

对外汇风险从会计角度下定义，无论是采用何种方法，都是将资产负债表的资产和负债分为受汇率变化影响和不受汇率变化影响的两部分账户，而企业的价值是用其预期的未来现金流量的现值来衡量的。

2. 收入与成本对可能发生的汇率波动的敏感度

衡量跨国公司经营风险的第二种方法是将现金流量分为不同的收入科目，并主观地根据预测的汇率来预测每个收入科目。然后，再考虑另外一个汇率的情形预测收入项目的变化情况。通过分析收入科目对不同汇率情形的变化情况，企业可以预测出货币汇率变动对收入及现金流量的影响。若企业的成本和收入受汇率影响的程度相近，它可以将因汇率波动造成的影响消除。

3. 回归分析法

分析企业真正的经营风险是非常困难和复杂的。这需要非凡的能力预测未来现金流量的金额及其对汇率变动的敏感度。这一方法是企业面临的外汇风险的程度取决于本币现金流量的变化与名义汇率变化的相关程度。

二、交易风险的识别与衡量

（一）交易风险的识别

交易风险是由各种需以外币进行结算的交易带来的，如进出口贸易、以外币进行的借贷以及海外分支机构的当地采购及销售活动。严格来说，企业资产负债表上已经存在的项目，如贷款和应收账款等，已构成了这些交易的一部分。然而，一个详细的交易风险报告还必须包括一些资产负债表以外的项目，如未来的销售、租赁费的支付、远期合同、贷款的偿还以及其他已经承诺的和预期的外币收付。看企业是否从事了以外币计价的交易，可以从以下几方面来考虑：

1. 企业是否从事了以延期付款方式，用外币计价的商品、劳务的买卖。

2. 企业是否从事了以外币结算的借、贷款业务。

3. 企业是否从事了面额为外国货币表示的其他金融资产交易，如外汇远期合同等。当企业购买远期外汇合同时，它实际上是人为地创造了交易风险。这通常是为了对已有的交易风险进行套期保值才进行的。

4. 企业是否存在潜在的外汇交易。

企业参与某个以外币计价项目的投标。投标和授标之间有一个时间差，企业在事先并不知道其是否会中标，但它们的确存在交易风险。

（二）交易风险的衡量

由于汇率的高度可变性，交易风险对企业极为重要。对交易风险进行衡量时，可以采取两个步骤：第一，确定每种货币的预期流入量和流出量；第二，确定这些货币的总体风险。

1. 净额现金流量法

对外汇交易风险进行衡量时，要求对按货币划分的各分支机构的现金流出、流入量的净额进行预测。

（1）外币升值

外币价值的上升导致这笔债务发生会计损失，但远期合同却可获得现金流量收益。

（2）外币贬值

外币贬值导致这笔债务产生会计收益，但远期合同却出现现金流量损失。

（3）货币的相对价值没有发生变化

2. 根据货币变化程度衡量交易风险

每个跨国企业都有其自己的预测汇率的方法。在几乎无法准确地预测汇率的同时，跨国企业可以通过对历史数据进行分析以便至少对每种货币的潜在波动程度有所了解。

3. 利用货币相关系数估算交易风险

尽管标准差可以协助企业衡量交易风险，但货币相关分析也是必不可少的。

三、会计风险的识别与衡量

1. 会计风险对企业有无影响

合并报表将财务报表的货币进行转换，并没有影响到跨国企业的现金流量。但合并后的报表代表了跨国公司的经营业绩，合并后收益的减少是因分支机构货币的疲软造成的。因此，会计风险与企业有关。

2. 决定会计风险的因素

（1）分支机构的参与程度

跨国公司的业务由国外分支机构承担的比重越大，财务报表中特定项目承受会计风险的比例也就越大。

（2）国外分支机构的地点

分支机构的地点可以影响会计风险的程度，因为每个分支机构的财务报表多采用其所在国的货币进行编制。

（3）会计制度

跨国公司的会计风险在很大程度上会受到它编制合并的会计报表时转换货币使用的会计程序的影响。

3. 不同的折算方法

因为许多会计科目的性质不相同，再加上汇率的变动是由许多性质不相同的原因引起的。

（1）流动和非流动法

（2）货币和非货币法

货币和非货币法所作的区别是在货币资产和负债与非货币（即实物）资产和负债之间，该法以折算日的汇率对货币科目进行折算，以原始汇率折算非货币科目余额。

（3）临时法

临时法与货币和非货币法十分近似，唯一的不同在于对存货的处理。使用临时法对存货折算一般采用原始汇率。

（4）通行汇率法

通行汇率法最为简单，即除股东权益外，所有会计科目，包括所有资产、负债科目和收益表科目的余额均按折算日通行的汇率由外币折算成以本币计的余额。

4. 美国有关折算和外汇损益的规定

在 1976 年 1 月 1 日以前，对于折算方法，美国没有专门的会计规定。企业可以采用任何一种通行的方法进行折算。1975 年 12 月美国财务会计标准委员会（Financial Accounting Standards Board，FASB）发布了第 8 号财务会计标准的说明，简称 FASB-8，统一了美国各公司所采用的折算方法。FASB-8 于 1976 年 1 月 1 日开始生效。FASB-8 所规定的折算方法是以临时法为依据的。采用此法主要是因为此法与一般会计方法的计价基础是一致的，即资产负债表科目是按市价还是按原始成本记账。1981 年 12 月美国 FASB 又提出了关于折算问题的第 52 号财务会计标准说明，即 FASB-52。该说明于 1982 年生效。FASB-52 规定，企业必须用折算日的通行汇率来折算其所有外币资产和负债，而对于收入和费用科目，或使用收入与费用发生日的汇率进行折算，或使用本期适当的平均汇率进行折算。与 FASB-8 不同，FASB-52 设有一个叫作“累计折算调整”之类的权益科目，折算损失或利益的大部分都记入该科目，而不进入收益表。

由于这种调整而产生的折算损益则要记入该分公司的损益表。此外，在分公司涉及其非记账本位币计的资产负债科目的交易活动中，由有关科目记账汇率和账面汇率不同而引起的外汇损益，也记入该分公司的收益表。只有以下三种情况例外：

（1）归因于对在分公司的净投资进行保值的外币交易的外汇损益，必须作为单独科目列入股东权益折算调整项下。

（2）在对有关分公司的投资是以股权法记入母公司财务报表的情况下，具有长期投资性质的分公司间外币交易的外汇损益必须单独列入股东权益。

（3）归因于对所承诺交易进行保值的交易的外汇损益，必须作为递延项目，与有关交易一同考虑。

5. 中国有关外币规定

随着中国对外开放，企业参与对外经济活动的形式越来越多，特别是外国企业到中国进行直接投资的现象日益普遍，需要有一套关于外币资产负债折算的完整规定。财政部从1979年开始着手研究这方面的问题。根据具体情况，我国这方面的工作有两个特点：一是有关会计规定由财政部负责制定；二是有关规定是作为中外合营企业会计制度的一部分制定公布的。从1979年11月草拟《关于中外合营工业企业财务会计问题的若干规定》到1985年3月发布《中华人民共和国中外合资经营企业会计制度》，以及1987年12月发布《中外合资经营企业外币业务会计处理的补充规定》，1992年7月1日起施行《中华人民共和国外商投资企业会计制度》，我国逐步完善外币资产负债折算的规定，使之更适合我国国情，并更接近国际同行的做法。

第五节　外汇风险的管控

一、经营风险管理

在汇市频繁波动的情况下，制定企业的营销战略可以获得很多竞争优势。国际营销经理的主要任务之一应该是确定货币汇率变动可能带来的效应，并据此调整定价策略和产品策略。世界上许多国家和地区在经济腾飞初期，都实行了本币对外贬值，相反，如果本国货币对外升值，而且这种升值趋势具有长期性，企业在选择市场时，可以考虑在国内市场上多下功夫。

（一）定价策略

在货币汇率波动频繁的情况下，制订价格策略时必然面临两种选择：强调市场份额/利润率以及价格调整频率。

1. 市场份额和利润率。
2. 价格调整频率。

（二）产品战略

企业常常通过改变其产品战略，对外汇经营风险做出反应。应付汇率波动的方法之一是改变新产品推出的时机。

（三）外汇风险的生产管理

1. 生产要素的组合

在本币升值的情况下，国内生产要素的成本上升。为了降低生产成本，维持或加强产品的竞争地位，企业应当设法利用国外相对较便宜的生产要素进行生产。

2. 转移生产

在世界不同国家和地区拥有工厂的跨国企业，根据本币生产成本的变化，将生产任务分配给不同的工厂完成。尽量增加在货币贬值国生产，而减少在货币升值国生产。转移生产战略实际上假定了企业已经在世界上建立一系列生产设施。

3. 工厂选址

当一个在国外没有生产工厂的企业向货币贬值国家出口时，可能会发现，仅从国外购买零部件是无法维持其单位利润率的。尽管它以前不愿意，这家企业必须考虑在国外设立新厂。

4. 提高劳动生产率

许多企业在本币升值时，努力通过实行高度自动化、严格的质量管理、关闭低效率的工厂等提高生产率，从而争取或维持市场占有率。

（四）外汇经营风险的财务管理

营销管理战略和生产管理战略有一个共同特征，即要有效地实施这些战略需要花费时间。而财务管理战略则是对企业的债务结构进行重新调整，以便在进行战略经营调整时，资产收益的下降会被相应的清偿债务的成本下降所抵销。

1. 资产债务匹配

在资产债务匹配管理方式下，企业将融资的来源与未来将要获得的收益进行搭配，以消除因汇率波动可能造成的损失。

2. 业务分散化

企业通过在国际范围内实行业务分散化，可以使决策人员在外汇经营风险产生以前及时作出准确判断，并积极作出反应。

3. 融资分散化

如果企业对其融资来源实行分散化，它就可以利用市场暂时偏离国际费歇效应的时机获利。如果利率差额不等于预期的汇率变动，企业就有可能降低其融资成本。企业还可以通过将其借入资金和将来预期收入的货币相搭配的方法来降低风险。很多企业利用这一方法，抵消它们的外汇经营风险、交易风险和会计风险。

4. 营运资本管理

跨国营运资本管理与国内营运资本的管理没有本质的区别，两者都是为了选择流动资产——现金、证券、应收账款以及库存的最佳组合，从而使企业的价值最大化。转移价格是比较常用的营运资本管理手段。转移价格可以用于原材料、零配件、半成品、制成品、机械设备、租赁等有形资产，也可以用于专利、专有技术、商业秘密等无形资产。

二、交易风险管理

外汇交易风险的管理措施与技巧可以分为内部技巧和外部技巧两种。

（一）交易风险的内部管理技巧

交易风险管理的内部技巧是指企业内部用于管理和降低外汇风险的方法。内部管理技巧的形式很多，取决于外汇风险的影响范围以及公司业务的复杂程度。大多数企业采取资产负债表调整的形式，包括将货币资产或债务转换成对自己有利的货币。其他方法如定价策略等属于防御性策略。这里，企业确定哪种货币对其经营有利，有效地避免潜在的外汇风险。各个企业在运用这些措施时做法不一。规模较小的企业，或者单纯的进出口企业，可以利用的内部技巧很有限，而大公司可供选择的技巧余地很大。

1. 资产债务调整法

以外币表示的资产及债务容易受到汇率波动的影响。币值的变化可能造成利润下降或折算成本币后债务增加。资产和债务管理是将这些账户进行重新安排或者转换成最有可能维持自身价值甚至增值的货币。在任何情况下，企业使用这些策略，都避免了使用更为专业的保值方法。

（1）借贷法

当企业拥有以外币表示的应收账款时，可借入一笔与应收账款等额的外币资金，以达到防范交易风险的目的。

（2）提前滞后法

提前滞后收付法是指根据汇率预测及相关利率情况，有意加快或拖延应收款的收进或应付款的付出。

（3）长期借贷及投资

在国外，进行长期投资面临着借贷资金的来源及抵补风险的严肃问题。特别是市值疲软国家，长期投资对其风险防范更加困难。在与长期借贷相关的外汇风险已确定的情况下，风险管理人员管理风险的方法之一是使其投资资产及其融资来源搭配起来。

（4）平行贷款和背对背贷款

平行贷款或背对背贷款是处于不同国家的企业之间的一种独特的借贷协议。每个公司的资金需求必须正好相反。两个企业都有以其本国货币表示的闲置资金，且每个公司在对方国家都有一个子公司。每个子公司都需要当地货币资金。

（5）货币互换

互换交易是降低长期资金筹措成本和资产、债务管理中防范利率和汇率风险的最有效的金融工具之一。一般来说，互换交易是指交易双方按市场行情通过预约，在一定时期内相互交换货币或利率的金融交易。货币互换是处在不同国家的两家公司进行即期货币兑换并在将来的某个日期再进行反方向的兑换。最佳的货币互换对象是拥有相似但方向相反的融资或投资需求的企业。

（6）定价政策

将保值措施融入日常的外汇交易，是一种有效地降低潜在外汇风险的方法。定价政策是在可能的情况下，利用价格战略在产品销售价格上采取一定的措施，以达到防范交易风险的目的。

2. 转移定价

转移定价与其说是一种保值战略，不如说是一种现金管理工具。确切地说，转移定价是为了便于在公司内部转移收入而提高或降低内部销售价格。

（二）交易风险的外部管理技巧

企业外部有更多的套期保值工具和战略可利用。最常用最基本的工具是远期合同法。远期合同是交易双方事先确定价格、在将来某个日期进行某种货币买卖的协议。今天，远期合同衍生出多种套期保值措施，如外汇期货、外汇期权交易等。

1. 远期外汇合同

远期外汇合同是银行及其客户之间就将来用一种货币兑换另一种货币达成的协议。在签订协议时，就确定了汇率、交割日期以及合同的金额。远期合同主要用来抵消套期保值者预期的外汇风险。因此，作为保障收益和现金流量的工具，远期合同随着货币市场波动的加剧而更加重要。

2. 外汇期货合同

期货交易是在专门的交易所买卖期货合同的交易。期货合同是交易所为进行期货交易而制定的标准化合同。外汇期货交易采用交易双方在交易所内通过公开喊价的方式，买卖在将来某一日期以既定汇率交割一定数量外汇的期货合同。合同必须有保证金作为后盾。在期货合同有效期内，保证金的金额随合同价值的变化而变动。套期保值可以分为空头套期保值和多头套期保值两种。

3. 外汇期权交易

（1）外汇期权交易概述

①期权交易的含义

所谓期权交易，是在事先确定的货币、股票和债券等商品的交易日期或期间内，以事先确定的价格进行“卖的权利”或“买的权利”的买卖交易。交易中，被买卖的是外汇时，称为外汇期权交易，又称外币期权。

②看涨期权和看跌期权

期权交易按买入或卖出外汇的选择权划分，可以分为看涨期权和看跌期权。看涨期权指期权的买方有权购买外汇，又称远期外汇买入选择权。看跌期权指期权的买方有权卖出外汇，又称远期外汇卖出选择权。

③协定价格

期权契约中，交易双方未来行使期权买卖外汇的交割汇率被称为协定价格。

④保证金

期权的卖方在买方要求履约时，有以协定价格进行交割的义务，而为了确保契约义务的履行，须在定约时交付保证金。卖方所交保证金通过清算会员存入清算所的保证金账户内，随市价涨跌，并于必要时追加。

⑤期权保险费

又称期权费、权利金。它是定约时由买方付给卖方，以取得履约选择权的费用。由于买方除了支付保险费以外，不承担任何义务，所以买方在定约时不必交纳保证金。外汇期权的保险费由内在价值和时间价值两部分构成。一个看涨期权在市场价格超过期权协定价格时，就有内在价值存在；一个看跌期权在市场价格低于协定价格时就存在内在价值。即：

看涨期权：内在价值=市场价格−协定价格

看跌期权：内在价值=协定价格−市场价格

时间价值：时间价值=期权保险费−内在价值

（2）期权交易风险保值功能

对套期保值者来说，外汇期权有三个其他保值方法无法比拟的优点。

其一，将外汇风险局限于期权保险费。

其二，保留获利的机会。

其三，增强了风险管理的灵活性。

4. 期权交易实例

2022 年 6 月 18 日，美国一家 A 公司招标进口一批设备。参加投标的英国 B 公司中标的可能性较大。但是招标要到三个月后开标。三个月后，如果英国 B 公司中标，美国 A 公司就要支付 120 万英镑的货款。在此期间，如果美元兑换英镑的成本上升，这笔远期英镑支付就使该公司承受了可能的外汇风险。美国 A 公司有以下几种选择：

(1) 不采取任何保值措施。等三个月，看是否需要支付这笔英镑。如果需要，就在即期市场上买入英镑。

(2) 现在就签订一笔远期合同，委托银行买入三个月的英镑远期外汇。

(3) 现在买进一笔英镑期货合同。

(4) 买进一笔英镑看涨期权。

最有利的是第四种，买入英镑看涨期权。

5. “综合”远期合同

远期合同仅仅可以从银行获得。但与银行进行远期交易是最容易和最方便的。有时远期合同无法通过正常渠道获得，可以通过一些方法“综合”远期交易。与标准的远期合同一样，“综合”的远期合同也有两种基本形式：综合远期出售和综合远期购买。

三、会计风险管理

跨国企业在对其会计风险进行套期保值时，受到许多方面的局限。

第一，分支机构对其年终的收益预测不可能完全准确。如果实际收益高于或低于预测收益，将使预期的会计风险损失或收益发生变化。

第二，外汇市场上的远期合同只面向几种主要货币。因此，处于较小国家的子公司可能无法利用远期合同对其会计风险进行套期保值，而采用其他方法风险也无意义。

第三，远期汇率的损益反映了远期汇率和未来即期汇率的差额，而会计损益反映了有关期间的平均汇率。而且，会计损失不能从应税收入中扣除，但对会计风险进行套期保值的远期合同收益却包括在应税收入中。

第四，跨国公司在对会计风险进行套期保值时可能会增加其交易风险。其使用的有效方法是十分有限的。而且，跨国公司必须认识到，减少会计风险的同时会增加交易风险。

（一）会计风险套期保值基本策略

1. 调整资金流量

对当地货币贬值进行套期保值时，大多数保值技巧都会减少当地货币资产或者增加当地货币债务。如果要降低会计风险，这些资金必须转换成硬币资产。

2. 远期合同套期保值

远期合同可以通过创造一笔具有抵消效应的外币资产或负债降低会计风险。

3. 风险冲销

风险冲销是当跨国公司拥有一种以上外币头寸或者拥有同一种货币的相反头寸时可以利用的一种风险管理技巧。风险冲销主要有两种形式：双边冲销和多边冲销。双边冲销是指如果两家子公司有相互销售交易的话，可以以某种固定汇率，把双方相互间的到期应收款抵销结算。多边冲销是指有多家子公司相互交易的账款相互抵销结算。

（二）会计风险套期保值成本分析

保值的成本必须合理。如果预期的成本大于潜在的风险损失，进行保值就不值得了。理想的是保值成本只占潜在损失的一小部分。降低现金持有水平以降低风险，也可能对子公司的经营产生消极影响。总之，管理外汇风险需要付出代价。

四、银行外汇风险管理

（一）银行主要外汇业务

1. 个人汇兑业务

（1）个人国际汇兑

①汇出汇款

汇出汇款指客户将款项交给银行，委托银行将款项汇给国外收款人的业务。境外汇出汇款有电汇和票汇两种。

②汇入汇款

收款人应在中国银行或分支机构开立一个活期外汇储蓄账户，然后将账号、户名（标准汉语拼音）和开户行名称、地址、SWIFT CODE 告诉国外汇款人即可。

③境外托收

凡中国银行不承担付款责任的私人支票、邮政支票、财政支票、汇票、公司支票、银行本票等，中国银行均可根据客户的委托向境外有关付款机构收款。

（2）外币现钞兑换

①收兑币种

目前可兑付英镑、美元、瑞士法郎、欧元、新加坡元、瑞典克朗、丹麦克朗、挪威克朗、日元、加拿大元、澳大利亚元、菲律宾比索、泰国铢等外国货币及港元、新台币、澳元等货币。

②兑换手续

客户需持有法律、行政法规规定的有效证件办理兑换业务。

③退汇手续

外籍客户及港澳台地区同胞可凭原中国银行外汇兑换水单及护照在 6 个月内出境时办理退汇业务。

④旅行支票

英国通济隆、巴克莱银行/美国运通、花旗银行、日本住友银行、三菱银行、东京银行、富士银行等银行出售的旅行支票。

（3）外币储蓄存款

①存款对象

中国银行外币储蓄存款根据存款对象不同，分为乙种外币存款和丙种外币存款。

②存款账户

中国银行对外汇或外币现钞存入采取不同账户管理原则，即区分外汇账户和外钞账户。

③货币种类

可直接存入外钞存款账户的货币种类有：美元、英镑、日元、港元等货币；可直接存入外汇存款账户的货币：加拿大元、瑞士法郎、澳大利亚元、欧元等货币。其他可自由兑换的外币由存款人自由选择上述一种，按当日外汇牌价折算存入。

④存款品种。包含活期存款和定期存款。

2. 外汇信贷业务

（1）“三贷”贷款

“三贷”贷款是指外国政府贷款、外国政府混合贷款、外国政府赠款、外国买方信贷、外商贴息贷款、配套商业贷款等国外优惠贷款的总称。其特点是利率较低，贷款期限较长，综合条件十分优惠，主要用于促进出口国设备、技术等的输出及满足政府间合作等目的。

（2）BOT 项目融资

BOT（Build-Operate-Transfer）项目融资是指私营机构参与国家公共基础设施项目，并与政府机构形成一种“伙伴”关系，在互利互惠的基础上分配该项目的资源、风险和利益的融资方式。

（3）出口买方信贷

（4）出口卖方信贷

（5）项目融资

项目承办人为该项目筹资和经营成立的一家公司，项目公司承担贷款。以项目公司的现金量和收益作为还款来源，项目公司的资产作为贷款安全的保障。该融资方式一般应用于现金流量稳定的发电、道路、铁路、机场、桥梁等大规模的基础建设项目，且应用领域逐渐扩大。

（6）银团贷款

银团贷款是由多家银行或金融机构采用同一贷款协议，向一家企业或一个项目提供一笔融资额度的贷款方式。

（二）外汇交易业务

1. 即期外汇买卖。
2. 远期外汇买卖。
3. 掉期外汇买卖。
4. 择期外汇买卖。
5. 超远期外汇买卖。
6. 外汇宝业务（个人实盘外汇买卖，称为“外汇宝”）。

（三）外汇金融衍生产品

1. 外汇期权。
2. 利率期权。
3. 货币互换（又称“货币掉期”）。
4. 利率互换（又称“利率掉期”）。

（四）银行外汇风险分析

1. 银行外汇业务类型

（1）国际融资业务

国际融资业务是指银行筹集外汇资金的业务，主要有外汇借款和发行外币债券。

（2）国际投资业务

国际投资业务是指银行利用其所筹集的外汇资金在国内和国外进行的以外汇为载体的盈利活动，主要包括国际信贷业务和国际证券投资业务。

a. 国际信贷业务是指银行为国际经济金融交易活动发放贷款并从中获取收益的业务，主要包括以下几项。

①出口信贷。

②进出口押汇。

③打包贷款。

④票据承兑。

⑤购买应收账款。

⑥福费廷。

⑦国际贷款。

b. 国际证券投资业务

银行的国际证券投资业务主要指其在海外买卖有价证券业务。包括外国政府债券、外国政府机构债券、外国地方政府债券、跨国公司债券及股票、金融机构债券和国际经济机构债券等。

（3）外汇买卖业务

外汇买卖业务是指银行在国际和国内外汇市场从事的外汇买卖业务。按其性质可分为自营买卖和经纪买卖；按买卖的方式可分为即期外汇买卖、远期外汇买卖、掉期外汇买卖、套汇、套利和外汇期货及期权交易等。

2. 银行外汇风险分析

银行外汇风险主要来自银行外汇业务经营过程中发生的各个环节。其主要有汇率风险、流动性风险、利率风险、信用风险和经营风险等。

（1）汇率风险

汇率风险指银行在其经营活动中，由于保持外汇多头和空头的头寸，在平仓时（即轧平头寸），由于汇率波动而蒙受损失的风险。

（2）流动性风险

流动性风险是指银行在外汇交易中，由于外汇头寸买卖而导致的外汇资金短缺的风险，主要是由于银行的外汇资产和负债的最终到期日不匹配引起的。流动性风险的大小还取决于外汇交易合约的标准化程度和市场交易状况。一般来说，场内外汇交易的流动性较好，流动性风险较小；而场外市场的流动性较差，平仓成本比较高，流动性风险相对较高。

（3）利率风险

在外汇交易中，银行的利率风险是指国际金融市场上利率变化给外汇银行以外币计值的资产和负债带来损失的可能性。主要有以下三种情况。

第一，在外汇银行的借贷交易中，由于各种货币的资金存款利率和贷款利率不匹配产生的利率风险。

第二，隔夜敞口头寸造成的外汇银行在短期拆借市场上承担的利率变动风险。

第三，在外汇买卖中，由于不同期限的远期外汇买卖和即期外汇买卖的起息日不同，产生现金流量缺口，也会带来利率风险。

（4）信用风险

信用风险是指外汇交易一方因无法履行外汇交易合约，给银行以外币计值的资产或负债带来损失的可能性。

（5）经营风险

经营风险主要是指由于银行内部管理及操作原因而引起的风险。首先是工作人员因操作疏忽而造成的损失。其次是工作人员故意作弊造成的损失。

（五）银行外汇风险管理

1. 汇率风险管理

（1）外汇头寸管理

银行汇率风险来源之一是银行外汇买卖中形成的敞口头寸，因此，避免汇率风险的方法之一是使持有的敞口头寸调整到最小程度甚至为零。

（2）外汇资产负债配对管理

银行外汇买卖风险的另一个来源是由银行外汇资产负债不匹配而产生的净外汇头寸。对于这种风险，就需要通过银行外汇资产负债的配对管理来实现。所谓配对管理是指通过对银行外汇资产负债的时间、币种、利率、结构的配对，来减少外汇资产负债不匹配产生的净头寸，从而避免外汇风险。

（3）利用外汇衍生工具管理外汇头寸

银行除了运用上述方法管理外汇头寸外，还可利用外汇衍生产品来管理外汇风险，如远期外汇交易、外汇期货交易、外汇期权交易及货币互换等。

2. 流动性风险管理

外汇交易中的流动性风险主要表现在以下两个方面：一是外汇市场和以外汇计价的金融工具的流动性风险。二是在现金流量上存在无法轧平的外汇资金缺口带来的流动性风险。银行也可以通过限额方式控制现金流量的风险。通过分别设定不同期限外汇资金调度的额度，对外汇资金收付进行集中管理，统一安排。

3. 利率风险管理

利率风险管理是商业银行外汇风险管理的重点之一。要控制利率风险，就要对利率走势进行科学分析。利用各种利率衍生工具对冲利率风险是利率风险管理的重要方法。

4. 信用风险管理

银行的外汇信用风险，包括因信贷、交收引起的风险及国家风险等被动信用风险，均可归纳为由于交易对手的原因造成的风险，管理和控制这类风险主要有以下几种方法。

（1）收取保证金

控制信用风险的方法之一是向交易对手收取保证金，以保证外汇资金收付。

（2）限额管理

在银行同业间的外汇交易中，一般采用限额管理。银行根据交易对手的资信状况确定相应的信用额度。

（3）轧差交割

银行信用风险还可通过与交易对手签订轧差协议的方式进行管理。通过签订轧差协议交易双方同意在外汇交易中，以轧差的方式进行资金收付，即双方只交割交易资金的差额而不必逐笔地进行资金的全额收付。显然，这种方式也可有效地降低信用风险。

5. 经营风险管理

银行外汇业务的经营风险主要来自交易员的操作错误和故意作弊。对于交易员的操作差错引起的风险，应通过建立一套高效可靠的风险管理系统，并不断提高他们的业务素质和交易水平，降低发生差错的可能性。对交易员故意作弊引起的外汇风险，可通过对外汇交易敞口头寸制定最高限额的方式来控制和管理风险。外汇交易的限额管理，包括交易头寸限额和止损限额等。

五、外汇资金风险管理

在这里，外汇资金风险侧重于个人操作，应当遵循以下八条总原则。

（一）设止损

在市场中机会是无限的，本金是有限的。做单就应该设止损，这样可以在一定程度上保护投资者的本金，不至于让亏损不受控制，让投资者有能力从事下一笔交易。也可以把风险控制在预定的范围之内。这是设止损的好处和优点。但有些投资者还是不愿意设止损，简单总结主要有两点原因：

1. 认为此次交易一定会盈利，对交易有信心，所以不设止损。一旦有一次大行情方向错误了，一次损失就会前功尽弃，损失惨重，而且不容易翻身。

2. 之所以不设止损，是因为止损不好用。因为止损每次都被打掉了，而且都是刚刚打掉止损行情就向我预计的方向走了。这只能说明选择的止损点有问题。

（二）定下买卖风险与回报比率

这个比率通常在 1：3 和 1：4 以上是合适的，也就是说用一份的风险换取 3 份到 4 份的盈利回报。从交易商角度上看，就是拿 20 点的止损来博取 80 点以上的盈利空间。或者用 30 点的止损博取 120 点以上的盈利空间，是符合通常规则的。小止损换取大盈利。这样盈利一次的利润够亏 3 次以上，这样即便做单准确率在 50%，随着时间的推移，本金是累计增长的。

（三）不下重仓

不下重仓，对从事保证金交易的投资者尤为重要。有些投资者下重仓是喜欢赌数据，尤其是赌非农，之所以喜欢重仓赌数据，因为赌准一次就会盈利翻倍，错一次就会爆仓。不建议大家赌数据。

（四）制定切实可行的目标

很多投资者在制定交易目标的时候不切实际。甚至定下每天盈利 100 点才休息，不盈利 100 点不收工。建议大家不要去争取或者创造自己的盈利目标，而去等待。

（五）接受亏损

大多数投资者不愿意接受亏损，通常表现在以下三个方面：

1. 频繁更改止损，有很多投资者会把已经设好的止损一改再改。一旦行情快要达到止损了就把止损再改一改。频繁更改止损，就失去了设止损的意义。设止损就是为了让它达到的，为的是保住本金不受到进一步的损失。所以建议大家不要频繁更改止损。

2. 有些投资者不设止损，亏了钱就扛着。等待行情反转来解套。这也是不接受亏损的一种表现。不管行情是否反转到解套，投资者都失去了对交易的主动权，等于把原本有计划、主动的交易变成了任凭市场摆布的交易。

3. 短时间内频繁地进行交易，而且改变交易的操作方向。比如 5 分钟前做多的欧元/美元，亏了，5 分钟后做空，接着再做多。这也是不接受亏损的表现。

（六）盈利时保护利润

盈利时保护利润的做法通常有以下两种情况：

1. 把止损提升为止盈。在盈利 350 点的时候，完全可以把止损提升为止盈，提升到 300 点或 280 点都可以，行情一旦出现反转，保护了自己的利润。“装到口袋里的才是钱”，浮动盈亏算不上是赚到的钱。

2. 及时平仓不要吝惜手续费。

（七）永远用你可以亏得起的钱进行交易

不要用生活费、孩子学费进行投机性交易。不要借钱进行投机交易。这样做不仅影响了生活而且对交易也没有好处，用这样的钱交易会过多地影响到你的交易心态。

（八）不持单隔周

不持单隔周，主要是为了防止高开、跳空、止损不保这种情况。萨达姆被捕那天是一个周日的下午 2 点左右。萨达姆被捕非美货币会下跌。但可以想象一下，如果在那个周五持有了欧元多单，因为没有办法预计萨达姆被捕情况，新闻的偶发性使你的亏损很严重。

第六节　企业的外汇风险战略

每个企业在管理其外汇风险时，所遵循的程序不尽相同，但一般来说，外汇风险管理的程序应包含以下几个步骤。

第一，确定和衡量受险部分。即确定企业是否存在外汇风险并衡量承受外汇风险的具体金额等。

第二，确定目标。根据公司的政策、优势和劣势、内部和外部环境确定企业的风险管理目标。不同的企业可能有不同的风险管理目标。一般来说，实力较弱的企业，承受外汇风险的能力有限，其管理风险的主要目标是避免或减少损失。而实力较强的企业，承受外汇风险的能力较强，其风险管理目标可以不仅是避免或减少风险损失，还可以利用风险提供的机会盈利。

第三，确定风险管理战略。即对汇率进行预测及确定风险管理方法。

第四，实施管理过程。根据风险管理战略确定的方法对外汇风险进行管理，同时对风险管理过程不断观察、修正、控制风险管理的业绩并在事后对其进行评估。

一、外汇风险管理的总体目标

（一）外汇风险管理策略的内涵和外延

外汇风险管理策略旨在根据外汇风险管理目标和宗旨，在科学的风险分析基础上，合理地选择风险管理工具，从而制订出管理风险的总体方案。外汇风险管理策略从内涵来看有以下两个基本方面。其一，外汇风险管理策略是基于外汇风险管理目标和宗旨之上的，有什么样的风险管理目标，就有相应的外汇风险管理策略，风险管理绝不能脱离这个目标，而必须遵循以最少的费用开支，获得最大的风险管理效果或安全保障效益的原则。其二，风险管理策略是对风险管理各项工具的优化组合和综合运用，是对风险管理基本程序的具体实施和统筹安排。

（二）外汇风险管理的总体目标

在大多数情况下，对所有风险都进行防备是不可能的。企业在防范外汇风险以前，必须根据自身的实际情况确定风险管理目标，再根据风险管理目标确定风险管理策略。

企业管理外汇风险的目标主要有以下几个方面：

1. 长期收益最大化。特别强调税后利润的最大化，宁可其短期收益发生一定的波动。

2. 短期收益最大化。力求短期收益最大化而忽视长期的经营结果。

3. 外汇损失最小化。在于尽量减少外汇损失。一般来说，这类企业的风险损失承受能力较小，宁愿维持较低收益率，也不愿冒可能产生损失的风险。

4. 市场份额。这类企业首先考虑的是扩大、维持自己的市场份额，即使在短期内牺牲一些利润也在所不惜。

二、外汇风险管理策略的确定

企业的风险管理目标在很大程度上决定了它使用的风险管理策略。企业的这些目标应反映企业对周围环境的看法，特别是它对市场运作的看法。

企业的经营政策、规模和业务性质等决定了企业所采用的风险管理策略的类型，外汇风险管理策略是指从事国际经济交易的外汇银行、进出口商等对外汇风险所持的一般态度。主要有以下几种类型的策略。

（一）否定型策略

对一切外汇风险均持否定态度，只用本国货币进行国际经济交易。由于没有外汇头寸，无须进行外汇买卖，因此，企业根本不承担任何外汇风险。这种策略对企业来说非常安全可靠，但不易被交易对方所接受。

（二）消极型策略

对一切外汇风险都不采取任何措施，汇率变动有利时坐收渔利，汇率变动不利时甘愿蒙受损失。

（三）防守型策略

采取这种策略的企业，以稳健为原则，尽量减少可能发生的外汇损失。较保守的企业并不准备获得意外的收益，更重要的是不希望出现意外的损失。

（四）进攻型策略

采取进攻型策略的企业对外汇风险持积极态度。不仅希望减少损失，还尽力利用汇率的有利变动获得利益。

总的来看，消极型策略和否定型策略是不可取的，而防守型策略和进攻型策略各有利弊。企业具体选择何种策略，主要取决于它们对外汇汇率变动的预测能力。在当前汇率不断浮动的情况下，企业应采取防守型策略。在采取防守型策略时，企业根据自身的具体情况，采取适合自己的实际步骤。从事对外经济交易的企业分为三个类型：偶尔从事出口业务的企业，主要从事出口业务的企业和纯粹的国际性企业。它们实施防守型策略的步骤，也有所区别。

1. 偶尔从事出口业务的企业

这类企业的产品主要是内销，但有时也会出口国外，偶尔也可能遇到外汇风险。此类企业回避外汇风险的基本方法是使用远期外汇市场，以使企业的本币收入免遭汇率变动的影响。若远期外汇交易的成本过高，企业将产品内销，放弃出口业务。

2. 主要从事出口业务的企业

这类企业的产品及其服务主要面向国外市场。这类企业在面对外汇汇率变动的风险时，首先考虑变动出口商品的价格或调整出口商品的数量。其最好的方法是在大量出口的同时，持有该种外币的债务，这样，汇率的任何变动都将被债权、债务的相反运动所抵消。

3. 国际性企业

这类企业的特点是在至少一个以上的国家或地区设有分支机构。它们的原材料、半成品元器件等，可能来自不同的国家或地区。从国际经验来看，这类企业规避外汇风险的较好方法是加强资产和负债管理，特别是负债管理。

三、外汇风险管理的组织安排

由于外汇风险会对企业经营活动的财务状况产生重大影响，因此，有对外业务的企业财务部门，应把管理外汇风险作为其重要的职能之一。为了有效地进行管理，企业财务部门应达到这样两项基本的组织目标。

第一，将外汇风险管理同企业的经营活动结合起来，可以使企业广泛利用已有的外汇风险管理技巧。

第二，外汇风险管理必须是协调的。也就是说，企业对外汇风险进行管理时应坚持集中管理的原则，因为企业所面临的外汇风险只有从企业的全部外汇状况来考察才是有意义的。如果企业的各个下属单位为了防范外汇风险而各自为政，各自采取相互抵消性的行动，则会增加企业的交易成本，并过分强调外部技巧，同时，也不利于企业有效地控制其外汇交易。企业要对外汇风险实行协调的、集中的管理并非易事。因为，有许多因素会制约企业外汇风险管理的集中。在一般情况下，企业对外汇风险实行协调的、集中的管理，主要有以下两种方法：

1. 集中呈报法

企业的各下属单位将其外汇风险状况呈报给企业主管部门之后，决策权同时也转移给了企业的有关主管部门。该主管部门在收到外汇风险信息之后，做出管理决策并将这些决策通知下属单位。在这一过程中，企业外汇风险的集中管理，又可分为以下三个层次：

第一，企业主管部门对其下属单位只给予一般性的指导原则。

第二，企业主管部门对某些外汇风险的管理发出特定的指示。

第三，企业主管部门代替其下属单位，实际从事风险管理。

2. 结构化管理法

在这种方法下，企业下属单位将实际发生的外汇风险状况都呈报给公司总部。若该企业是一个国际性的公司，在全世界各地都设有分支机构，则可转呈其地区性的总部，如设在亚洲的总部等。随后，再由其总部（或地区性总部）直接进行外汇风险管理。

四、外汇风险管理中的信息系统

在当今的信息时代，企业在管理外汇风险时，信息的作用是十分重要的。虽然对不同的企业来说，外汇风险管理的信息系统可能很不相同，但对信息的基本要求，则大体上有以下一些基本原则。

（一）外汇风险管理所需的信息，应该具有先期性、先导性。因为企业管理外汇风险的目的是作出决策以应付未来事件的影响，所以，需要的预测性的资料、历史性的信息资料都是有限的。

（二）信息的报告期应该及时、充分。

（三）信息流动要减少中间层次。即有关外汇情况的各类信息应尽量直接地传递给财务主管部门，而不必层层加总，或层层进行分解。

（四）对信息的要求应该使人能够理解。有关主管部门应使下属负责收集信息资料的单位理解其所收集的资料将如何使用，以及这些资料的重要性。这样，可以更好地激励这些单位的信息收集工作。

（五）对信息的繁简程度应有明细的要求。信息不但应该详细明确，而且对不同的单位和部门应区别情况，提出不同的要求。

在以上基础上，企业还应建立有关外汇风险的信息系统。它可以分成以下三部分：

1. 外汇风险的识别系统

其主要任务是提供整个企业的外汇风险信息资料。为此，应当有一系列的有关外汇风险的报表，其中主要有：资产平衡预测表、收入预测表、资金流量预测表、信贷和投资机会评论报告以及关于外汇风险实际变动的特别通知书等。企业的财务部门，还应定期编制按货币和国别分类的总的外汇风险总览表。由此构成企业外汇风险的识别系统。

2. 外汇风险的管理信息系统

企业计算出其外汇风险之后，就要决定采取何种管理行动。对大部分企业来说，决策过程最基本的一步是形成对汇率将如何变动的看法。而这就牵涉收集和总结内部信息及外部信息。其次，则要编制汇率变动趋势的统计直方图，即由各预测者给出未来的汇率变动范围的概率，然后按一定的权数将其加总。这种以直方图形式进行加权的汇率变动范围的概率，可以用来同市场上的远期汇率进行比较，也用于做出管理决策。

3. 外汇风险的管理决策

在这一过程中，企业还应该注意外国货币对本国经济单位的预测，因为这些单位往往对其本国货币的情况更熟悉。通过收集这些单位对货币趋势的估计，企业可以收到信息的双向流动的利益。

五、外汇风险管理策略应考虑的问题

从外汇风险管理的内涵和外延的分析中，我们知道外汇风险管理决策的制定，风险管理各种工具的有机结合，必须建立在风险管理的特定目标基础上。这既是风险管理的内涵的基本要求，也符合现代科学管理的要求。

为了实现外汇风险管理的目标，在运用各种工具时，应该考虑到企业自身具有的应付损失的能力。目标不同，直接决定着企业应付损失的程度。一旦目标已经确定，则应注意分析以下几个因素：

1. 风险管理工具的作用

所选择的风险管理工具必须能够起到预期的作用，也就是避免风险的作用。

2. 成本与风险

外汇风险管理的成本必须合理。如果预期的风险管理成本大于潜在的风险损失，显然这种风险管理的成本太高。理想的风险管理成本只占潜在损失的一小部分，甚至根本没有成本。

3. 时间

风险管理的工具必须和外汇风险的期间相一致。一旦风险期间已过，借贷期间就没有风险可以抵消，因而其本身就变成一种风险。

4. 灵活性

风险管理工具必须满足其要管理风险的敏感度要求。如果企业用签订远期外汇合同的方法管理未来的或有销售（可能实现也可能不实现的销售）。若销售没有进行，企业则会处于投机地位。

六、重视心理分析

基本面分析法和技术分析法是期货市场中流行的两种分析方法。而心理分析法完全可以作为另一种分析法独立出来，因为对比前两种分析法，它有着不同的原理，有着无可比拟的优势和独到之处。

（一）心理分析法的特点

1. 基本面分析法

基本面分析是一种客观的分析法，它以价值回归理论作为分析基础，以追寻价格变动的根本原因作为主要途径，以期待达到对市场未来走向的较准确的预测。基本面分析主要涉及：政治因素，经济因素，气候因素，中央银行干预因素（外汇市场），结转库存，产量，气候因素（农产品期货）等。

2. 技术面分析法

如果基本面分析走的是“价值到价格”的分析思路，那么技术面分析则走的是“价格到价格”的分析思路。技术面分析法是以“历史价格”为参考来预测“未来价格”的分析方式。它是一种主观的分析法，是一种通过人的主观经验来判断市场未来走向的分析法。

3. 心理分析法

心理分析法是一种从“市场心理到价格”的分析思路。其定义是在市场方向即将逆转或维持原方向的临界点时，通过推测市场主导势力控制者的心理价格定位，以此为基础，分析主导资金的流向（资本流向）从而判断未来市场走向的方法。资本流向掌握在市场参与主体——“人”的手中。市场方向的控制者“人”本身就同时具有感性和理性两种情态。而正是因为两种情态“偶有冲突”造成的价格波动的原因。

心理分析法的优势是既包含主观因素也包含客观因素，是介于客观和主观之间，感性和理性之间的“模糊”分析法。因同时具备技术面分析法（主观）、基本面分析法（客观）的特点，所以从理论上讲，心理分析法更好地融合了两者的优势，以投资者心理预期为基础，以一个更中立、更平和的态度预测市场方向，提高了预测的准确度。

（二）心理分析法的优势

1. 打破期市的三个传统理论依据，抛开旧策略、旧思路

（1）打破古典经济学中的平衡概念

价值不完全决定期市价格，价值规律在期市交易中不为实用。古典经济学理论中的“平衡”说的是一种资源配置和盈利的平衡，但期货是个零和游戏，“平衡”虽然在理论上说得通，但这种“平衡”的前提从来没有在任何一个期货市场中出现过。所以价格不完全是由价值决定的，古典经济学的平衡概念在期货市场中也就行不通了。价值规律在短线期货交易中不为实用尤为突出。

（2）承认价格在一定程度上决定供求关系

以往的经济学体系中“供求关系决定价格，价格对供求关系有一定的反作用”似乎已成为真理。但在期货市场由于其特殊性，运作结构不应该以一般的商品买卖来定论。经济学体系里的所谓“价格对供求关系的反作用”在期货市场理应升级为“价格在一定程度上对供求关系起决定作用”。因为如果一个市场掺杂了较多的投机成分，那么这个市场暂时就不会是一个仅仅由供求关系来决定价格的市场。相反，随着投机势力的强大，价格越来越倾向于决定供求关系。

以技术面做分析的投资者，是在一种历史价格的基础上推测未来价格。这也是一种由价格决定供求关系的表现，否则期货市场就不会出现很规则的双顶（底）型、头肩顶（底）型、上扬（下跌）三角形作为参与者的参考。这一切都可以很好地说明价格已经在某种程度上决定了买卖，决定了供求关系。所以，在期货市场中价格的确已在某种程度上决定了供求关系。

（3）否定期货市场纯理性化，认定市场的运转不单纯受其自身的理性和逻辑性控制

在经济学里，假如在一个无规律的市场盈利，是绝不会有准确的盈利模式的。这是投资者不愿看到的，不愿承认的，也是他们所恐惧的。这是大多数人更乐意承认“理性市场”理论的原因，并且很多经济学家也是理性市场的支持者、拥护者。而且现在的市场分析也正是基于市场理性化的理论。市场的运转不单纯受其自身的理性和逻辑性控制。

2. 以全新、独特的理论作为市场分析的基础

心理分析法否定了诸多传统理论有其新的理论依据：追踪市场行为的动机，谋求动机

中的共性，把握市场方向，顺势而为，博取利益。由于市场心理先行于市场行为，所以要以市场心理预期为基础，可以更快速、更准确地反映出市场的未来动向。太过单纯地使用技术面分析，忽视市场心理价格是不可取的。心理分析法打破传统的预测模式，不过分看重历史价格所形成的“规律”，也不太看重消息面带来的影响，其出发点就是“市场心理”。心理分析法追踪的是未来涨跌的根本原因，而不是一个靠历史价格猜测的传统模式。

3. 表现形式独特

心理分析其表现形式有很多种，通过 K 线图看心理分析法。技术面分析着重看的是图形，历史价格所留下的图形，用观察图形得来的专业感觉勾勒出另一半“即将出现”的图形，着重于图。而心理分析法则是当价格接近关键点位时，一根 K 线从开始到这根 K 线收完的全过程，透过此过程窥视多空双方的力量对比、阻力（或支撑）位的强度等。心理分析法也看连续的几根 K 线收完后的形态，但不是图形。

运用心理分析法的实效性很强，在市场中运用此法将带来颇为丰厚的利润。如果能够结合基本面分析和技术面分析，将会使此法的运用近乎完美，给投资者带来更为巨大的盈利回报。

总之，心理分析法以全新的理论，独特的表现形式，为诸多投资者所应用，盈利颇为丰厚。它填补了基本面分析法和技术面分析法的空白，使偏理性和偏感性的预期分析更好地融合在一起，对市场做了一个更准确的预期。

（三）避险情绪

关键看规避的是什么风险。比如在资金层面，美元和黄金通常是走向相反的，这是因为资金流向加息升值的美元，通常就不会留在没有利息的黄金里，两种商品争相吸引国际资金，此消彼长。但也有特殊情况，美元和黄金产生同向波动的情况，价格一起攀升，比如欧债危机期间，资金规避的是欧洲方面的风险，就会从欧洲出来流向美元和黄金，形成美元和黄金都上涨的局面。这个时候的避险，避的是欧洲经济较差，黄金和美元发挥的是储备功能。所以，避险情绪先要看规避的是何种风险，再预测金融市场的波动情况。

结束语

黄金珠宝企业风险管理是一个不断发展和演变的过程。撰写《黄金珠宝企业风险管理》只是万里长征的第一步，目的是希望引起行业企业管理层的注意，尽快开展相关项目和专业队伍的建设工作，加大培训力度提高决策层风险认知和应对风险的能力，有效地为企业规避风险、把握时代发展机遇。

随着行业的发展和技术的进步，黄金珠宝行业的风险管理将会被更多的行业精英们所重视，继而不断发展和完善。遥想20世纪60年代，其他行业的风险管理开始在企业中得到广泛应用。20世纪80年代，风险管理在金融领域得到长足发展。而今，随着信息技术的发展和新技术的应用，黄金珠宝行业的现代风险管理将会使用各种技术来帮助企业更好地管理风险，如人工智能、大数据和区块链等技术的运用等。

黄金珠宝行业自市场化改革以来，保持了快速稳定的发展，行业体量和企业规模都实现了质的跨越，国际影响力不断攀升。只要企业重视风险管理工作，根据所制定发展战略建立完善的风险管理体系，风险就可以降低或规避，企业就会得到更好的发展。黄金珠宝企业应通过风险管理防止由于各种风险而导致的经营失败，减轻对社会的不利影响，从而更好地履行社会责任。

本书编撰过程中，参考和引用了很多相关专家、科研机构以及相关行业协会的文字、图表与数据资料，采纳了黄金珠宝行业数十位专家和领导的意见与建议，同时得到了中国黄金报社、上海黄金交易所、上海期货交易所和中国金融期货交易所相关会员单位的大力支持，填补了黄金珠宝行业在风险管理领域的空白。

另外，本书的出版得到中国金融出版社的大力支持，责任编辑吕楠等老师也付出了辛勤劳动。在此一并致谢！

编委会

2023. 11. 28